Luka LUSALA lu ne NKUKA, SJ

De l'origine égyptienne des Bakongo

Étude syntaxique et lexicologique comparative des langues r n Kmt et kikongo

L'Érablière

Luka LUSALA lu ne NKUKA, SJ

De l'origine égyptienne des Bakongo

Étude syntaxique et lexicologique comparative des languesr n Kmt et kikongo

L'Érablière

Dépôt légal : 2020
Bibliothèque et Archives nationales du Québec
Bibliothèque et Archives Canada
© Editions de l'Érablière
C.P. 8886, succ. Centre-ville
Québec, Canada (H3C 3P8)
Droits de traduction et de reproduction réservés pour tous les pays.
Toute reproduction, même partielle, de cet ouvrage est interdite
ISBN 978-2-981799647
Photo de couverture : Scribes dans la tombe d'Horemheb (18e dynastie, 1550-1292 av. J.-C.)
© Jean-Claude Kuhn. Source : http://www.mafto.fr/2010/03/les-scribes-a-marseille/ (17/02/2019).

« Sans la contribution éclairante de la langue égyptienne, pharaonique et copte, qui demeure le sanscrit de la linguistique générale africaine, il est radicalement impossible d'entrevoir la profonde unité génétique des langues négro-africaines, leur dimension historique, temporelle » (Théophile OBENGA, *Origine commune de l'égyptien ancien, du copte et des langues négro-africaines modernes. Introduction à la linguistique historique africaine*, Paris, L'Harmattan, 1993, p. 373).

« Les langues donnent une cartographie des origines des peuples et de leurs cultures » ("Langues", disponible sur https://www.peuplesdumonde.voyagesaventures.com/linguistique.html (consulté le 15/10/2018)).

Nous dédions ce livre
à notre père Arthur Lusala lu Nkuka,
à notre mère Stéphanie Nzuzi Mbuata,
au Père Henri Matota Masinda, SJ,
au Frère Paul Binankabidi Bwanga, SJ,
au Père Edouard Ndundu Masamba, SJ,
au Frère Paul Nianda Dila Kungangu, SJ,
à l'Abbé Albert Ndandou (Diocèse de Matadi),
à l'Abbé Mampila Mambu (Diocèse de Kisantu),
à l'Abbé Benoît Mabungu Benua (Diocèse de Matadi),
à l'Abbé Philippe Dinzolele Nzambi (Diocèse de Matadi),
à l'Abbé Alphonse Kavenadiambuko (Diocèse de Matadi),
à l'Abbé Pierre Mayivangwa Balela (Diocèse de Matadi),
au Prof. Marimba Ani,
au Prof. Gyavira Mushizi,
au Prof. José Badika Wane,
au Prof. Molefi Kete Asante
et au Prof. Consantin Bashi Murhi-Orhakube.

REMERCIEMENTS

Nous n'avons jamais pensé en premier lieu à écrire ce livre. Mais durant l'année 2000, suite à une santé un peu fragile, nous devions quitter Rome où nous faisions des études de missiologie à l'Université pontificale grégorienne pour regagner notre pays natal, la République démocratique du Congo. Une fois, à Kinshasa, au cours d'une conversation, notre compatriote congolais et confrère jésuite, le Père Edouard Ndundu Masamba nous demanda si l'on pouvait identifier des ressemblances entre l'égyptien ancien et le kikongo comme c'était le cas, suivant les recherches de Cheikh Anta Diop, entre l'égyptien ancien et le wolof. Notre réponse fut oui ! Comme il nous répétait souvent cette demande, nous avons fini par comprendre qu'il y accordait une grande importance et qu'il nous donnait poliment un ordre. Notre ouvrage, qui est aussi le sien, présente aux lecteurs le fruit des recherches que nous avons menées quasi quotidiennement pendant vingt ans.

Outre le Père Edouard Ndundu, nous voulons remercier toutes les personnes qui nous ont encouragé, directement ou indirectement, à poursuivre la rédaction de cet ouvrage. Nous nommons entre autres : Mgr Donat Bafuidinsoni Maloko-Mana, SJ, Mgr Joseph Gwamuhanya, Abbé Jean-Marie Balegamire, Abbé Herman Muzindusi, Abbé Crispin Bunyakiri, Abbé Paul Nzinga, Abbé Alphonse Kavandako, Abbé Yambula Mbanzila, Abbé Daniel Kitsa, Abbé Charles Badesire, Abbé Emmanuel Cishugi, Abbé Jean de Dieu Karhabalala, Abbé Jean-Marie Vianney Kitumaini, Abbé Justin Nkunzi, Abbé Emmanuel Murhebwa, Abbé Georges Barhimusirwe, Don Bortolo Gastaldello, Père Simon-Pierre Metena M'nteba, SJ, Père Georges Katumba, SJ, Père Ntima Nkanza, SJ, Père José Minaku, SJ, Père Wenceslas Kiaka, SJ, Père Vincent Van Haelst, SJ, Père Juan Haidar, SJ, Père Robert Deiters, SJ, Père Donal Doyle, SJ, Père Nobukuni Suzuki, SJ, Père Gérard Triaille, SJ, Père Théoneste Nkeramihigo, SJ, Père Tite Mutemangando, SJ, Père Martin Bahati, SJ, Père Alain Nkisi, SJ, Père Yvon Elenga, SJ, Père Mpay Kemboli, SJ, Père Gauthier Malulu, SJ, Père Hubert Mvula, SJ, Père Alain Nzadi-a-Nzadi, SJ, Père Germain Kambale, SJ, Père Philippe Nzoimbengene, SJ, Père Xavier Bugeme, SJ, Père Jean-Pierre Bodjoko, SJ, Père Modeste Modekamba, SJ, Père Donald Hinfey, SJ, Père Octave Kapita, SJ, Père Ngenzi Lonta, SJ, Père Léon de Saint-Moulin, SJ, Père Yvan Fuček, SJ, Père Ugo Vanni, SJ, Père Magdi Nazmi, SJ, Père Guillaume Konda di Mbala, SJ, Père Nguyên Tinh, SJ, Père Anicet N'Teba, SJ, Père Gustave Lobunda, SJ, Père Michel Lobunda SJ, Père Vata Diambanza, SJ, Père Yves Gipalanga, SJ, Père Nzuzi Bibaki, SJ, Père Simon Nsielanga, SJ, Père Claudien Bagayamukwe, SJ, Père Christian Mukadi, SJ, Père Adélard Tite Insoni, SJ, Père Leo Amani, SJ, Père John Ghansah, SJ, Père Minani Bihuzo, SJ, Père Victor Setibo, SJ, Père Tekadiomona Nima, SJ, Père Bienvenu Mayemba, SJ, Père Bienvenu Matanzonga, SJ, Père Pierre Luhata, SJ, Père Augustin Kalubi, SJ, Père Paulin Manwelo, SJ, Père Dieudonné Mbiribindi, SJ, Père Bernard Awazi, M.Afr, Père John Bukelembe, M.Afr, Père Joachim Kalonga, OCD, Frère Gérard Landu, SJ, Frère François Mukini, SJ, Frère Innocent Kibangu, SJ, Frère Walter de Vreese, SJ, Frère Michael Milward, SJ, Frère Gérard Mukoko Ntete Nkatu, FSJK, Sœur Charline Mihigo, Sœur Lucie Sené Bahati, FSCJ, Sœur Annette Nsukula, SCJ, Sœur Patricia Maria Oliveira dos Santos, ASF, Sœur Anastasie Kubota,FR, Sœur Eugénie Bahati, FR, Sœur Ernestine Ciza, FR,Sœur Sylvie Ilunga, Sœur Anne-Marie N'niwe, Sœur Antoinette Mapendo, Sœur Valériane Namutumu, FR, Sœur Devota Kabuo, Sœur Edwige Nshokano, Sœur Blanche Neige Basilwango, Sœur Régine Bora, Sœur Julienne Kishumbi, Sœur Noella Habamungu, Sœur Marie-Salomé Sebumba, Sœur Clotilde Uwamahoro, Sœur Véronique Asumani, Sœur Bélise Niyongere, Sœur Riziki Kinyanza, Sœur Pilar Delgado Baeza, Sœur Simonetta Caboni, Sœur Jackie Mankenda, Sœur Jacqueline Ntakobajira, Sœur Monica Impraim, OLA, Sœur Irène Binia, OLA, Sœur Claire Wama, Sœur Sarah Korkor, OLA, Mlle Régine Manzongani, Mlle Léocadie Lushombo, Paul Songo Ntulu, Prof. Anthony de Souza, C.T. Gervais Chirhalwirwa, C.T. Asclé Mufungizi, Dr Achille Monegato, Emanuela Loro, Viviane Ansah, Prof. Zigashane Bugeme, Porf Charles Bashige, Prof. Pascal Sundi, Prof. Magloire Mpembi, Dr Victoria

Masamba, Dr Claude Madaka, Dr Géronce Balegamire, Dr Huguette Boroto, Dr Marie-Noël Wameso, Dr Muyandi Wameso, Monika Taranteijn, Dibeti Bobo, Betsy Kabena, Flavie Dorothée Ngah Nnono, Carine Mpolo Matumona, Matthieu Bunda, Prof. Gaston Mpiutu ne Mbodi, Prof. Dieudonné Muhinduka, Prof. Hippolyte Mimbu, Prof. Kamala Kaghoma, Prof. Kasereka Kavwahirehi, Prof. Justin Cikomola, Prof. Igor Matonda Nsakala, Jean Mpembele, Jean-Luc Malango, Vincent Kishali, Peter Mutsvairi, Eunice Kingenga, Désiré Kaguku, Jean Mboyi, Dr Guillaume Mapendo, Dr Alain Sumaili, Dr Achille Bapolisi, Dr Furaha Bonheur, Dr Déo Ngoma, Dr Raissa Nsensele, Dr Nadine Muhune, Julienne Ombeni, Marie-Laure Nsimire, Léon Bisengambi, Aimé-Claude Libakata, Bijou Konda, Elie Yanga, Philomène Uwambajimana, Bénédicte Kavira, Espérance Marhabale, Isabel Ferreira, Florence Cikuru, Brigitte Nyembo, Maryse Cirhuza, Me Maxence Kiyana, Me Aude Linda, Betty Mpiutu, B. J. Jaymes, Julia Kabowaki, Anna Bordignon, Charlotte Diakanua, Jean-Paul Nsongo Ntulu, Angèle Nsimba, Guy-Firmin Nzuzi, Annie Nlandu Tika, Carlin Lukombo, Esaïe Bazangika, Elvis Amoateng, Angel Bukomare, Irène Bigabwa, Julie Matabaro, Elsie Adjei, Kelly-Grâce Molinganya, Ella Mindja, Douce Nabintu, Ghislain Mugisho, Dombel Sylva, Liévin Naniakweti, Dr Isaya Zahiga, Dr Matondo Miakasisa, Mary Bugambwa, Nicole Kinkela, Safi Aluma, Arsène Ntamusige, Shukuru Malyanga, Freddy Mpembele, Antoine Nsibu, Zeus Mandangi, Sylvain Mulabaka, Toté Ndodioko, Astrid Binja, Elisée Ombeni, Clémence Bany, Pila Bindele, Popo Lambert de Paul Klah, Rose Wahome, Mao Inubushi, Rena Aoyama, Mizuki Shindo, Mariko Tadokoro, Ryohei Okamura et Me Nadine Muderhwa Nzigire.

Nous ne pouvons pas passer sous silence nos professeurs d'égyptien ancien à l'Institut biblique pontifical de Rome, notamment la Prof. Loderana Sist et le Père Pierre-Vincent Laisney, O.S.B, ainsi que les créateurs des programmes hiéroglyphiques **JSesh** et **tkesh** que nous avons utilisés gratuitement dans l'élaboration de notre livre. C'est au Père Anton Ploem, SJ et au Père Jan Evers, SJ que nous devons la plus grande partie de la documentation - grammaires et dictionnaires - de la langue kikongo. Enfin, le Père Arij Roest Crollius, SJ nous avait procuré les moyens pour l'achat de l'ordinateur avec lequel notre infatigable collaboratrice Nathalie Mpolo Ndengila a saisi pendant quatre ans cet ouvrage écrit originellement à la main. Aux uns et autres, nous exprimons notre profonde et sincère gratitude.

En novembre 2006, après notre retour à Rome, nous avons eu l'occasion de rencontrer le Prof. Théophile Obenga en marge d'un colloque sur la philosophie africaine organisé par l'Université pontificale urbanienne. Il avait accepté volontiers de dédicacer pour nous son livre *Origine commune de l'égyptien ancien, du copte et des langues négro-africaines modernes. Introduction à la linguistique historique africaine* (Paris, L'Harmattan, 1993). On pouvait lire ce qui suit dans cette dédicace : « Au Père Lusala / Avec toute mon admiration et tous mes meilleurs encouragements. Merci. / Th. Obenga ». Cette dédicace nous a effectivement servi d'encouragement pour continuer ce travail. A notre tour de lui dire : Merci Prof. Théophile Obenga !

Pour finir, nous voulons rendre hommage au feu Prof. Badika Wane. Au début de nos études philosophiques au grand séminaire de Mayidi dans le Kongo central, il fut le premier et l'unique enseignant à attirer notre attention sur l'importance de la connaissance de l'Égypte ancienne pour la compréhension des civilisations africaines. Le Prof. Badika Wane, homme très intelligent et très affable, est à la base de notre passion pour les recherches africologiques.

PRÉFACE

Il revient aux Africains eux-mêmes de se prononcer en premier lieu sur leur propre histoire millénaire, d'en être les meilleurs spécialistes ; en tant qu'héritiers directs de cette prodigieuse histoire, qui inaugure celle de toute l'humanité. En effet, l'humanité ayant été exclusivement africaine pendant des centaines de millénaires, l'histoire de cette humanité est d'abord l'histoire de l'Afrique, et l'histoire de l'Afrique est incontournable pour connaître véritablement celle de toute l'humanité.

Or, les archives de l'Égypte ancienne constituent la base documentaire la plus volumineuse et la plus riche de cette histoire africaine ancestrale. C'est pourquoi, lesdites archives Mdw Ntjr tiennent une place centrale, inexpugnable, dans la recherche historiographique afrocentrée ; celle initiée par Cheikh Anta DIOP, poursuivie par Mwene Nzale OBENGA, Asante Kete MOLEFI et leurs épigones ; soit la prestigieuse école africaine dite des « humanités fondamentales »…

L'une des innovations épistémologiques majeures réalisées par ce courant historiographique consiste dans la place prépondérante faite à l'étude de la langue – en tant que « boîte noire de toute civilisation » - pour la compréhension radicale des institutions et pratiques culturelles ancestrales. La linguistique historique africaine, inaugurée par Cheikh Anta DIOP et Mwene Nzale OBENGA, consolidée récemment par Jean-Claude MBOLI, demeure assurément l'édifice théorique contemporain le plus imposant jamais construit par les Africains pour les Africains ; sur le chemin de la connaissance de soi juste et vraie.

Aussi, la présente contribution de mon cher frère Luka LUSALA lu ne NKUKA constitue-t-elle une très belle pièce venue enrichir cet édifice théorique, dont le chantier est ouvert à tous ceux qui ont à cœur de remobiliser nos incommensurables ressources linguistiques comme matériau anthropologique primordial. Ce travail, mettant en évidence des propriétés linguistiques décisives sur la parenté génétique du kikongo avec l'égyptien ancien, vient donc prendre toute sa place dans la suite des études comparatives de l'égyptien ancien avec d'autres langues africaines : celles de Cheikh Anta DIOP avec le wolof, Mwene Nzale OBENGA avec le mbochi, Oum NDIGI avec le bassa, Mubabinge BILOLO avec le ciluba, Jean-Claude MBOLI avec le sango, zande, hausa et somali ; sans oublier Jean-Luc Djolo DIVIALLE avec le « woucikam ».

Cela dit, établir un lien de parenté génétique linguistique est une chose ; caractériser ce lien par les moyens appropriés en est une autre. Luka LUSALA lu ne NKUKA pense que la relation de parenté entre l'égyptien ancien et le kikongo est telle que la dernière procède de la première. Une prise de position audacieuse, si l'on songe que l'humanité est apparue dans la région des Grands-Lacs et que les ancêtres des anciens Égyptiens sont originaires des confins du bassin du fleuve Kongo. Mais une position soutenue par l'auteur avec forces arguments, qu'il verse ainsi au débat stimulant de la linguistique historique africaine.

Un tel effort gigantesque (vingt années de recherches !) mérite toutes les plus chaleureuses félicitations et les plus vifs remerciements, qu'il me plaît particulièrement d'exprimer ici à mon frère Luka LUSALA lu ne NKUKA. Assurément, cet ouvrage sur « l'origine égyptienne des Bakongo » est une pièce maîtresse des contributions, de plus en plus nombreuses, à l'historiographie antadiopienne des « humanités fondamentales ». Il ouvre ainsi magistralement la voie à la rédaction d'un dictionnaire étymologique du kikongo tant attendu.

Popo KLAH
Réseau Actif Panafricain (RAP)
Sainte-Luce (Martinique)
31 mars 2020

INTRODUCTION : ADIEU AU PROTO-BANTU

Nos recherches sur les relations entre l'égyptien ancien et le kikongo[1], bien qu'étendues dans le temps, n'ont pas été si difficiles en réalité. Notre tâche a été en grande partie facilitée par les travaux de Cheikh Anta Diop sur l'égyptien ancien et le wolof[2], de Théophile Obenga sur l'égyptien ancien et le mbochi[3], et d'Aboubacry Moussa Lam sur l'égyptien ancien et le peul[4]. Grâce à eux, nous n'étions jamais loin pour retrouver les formes syntaxiques et lexicales kikongo derrière l'égyptien.

Cet ouvrage constitue, nous le croyons bien, une réponse au souhait exprimé en 1974 par Serge Sauneron au colloque du Caire : « L'égyptien est une langue stable durant au moins 4500 ans. L'Égypte étant placée au point de convergence d'influences extérieures, il est normal que des emprunts aient été faits à des langues étrangères ; mais il s'agit de quelques centaines de racines sémitiques par rapport à des milliers de mots. L'égyptien ne peut être isolé de son contexte africain et le sémitique ne rend pas compte de sa naissance ; il est donc légitime de lui trouver des parents ou des cousins en Afrique »[5].

Le but de ce livre, qui comprend deux parties, est de montrer que le kikongo est relié à l'égyptien. La partie grammaticale, présente d'abord la phonologie du kikongo et le principe de l'écriture égyptienne. Elle montre ensuite la continuité existant entre l'égyptien et le kikongo. Elle expose enfin quelques innovations que le kikongo a réalisées à partir de l'égyptien. Quant à la partie lexicale, elle met côte à côte les mots égyptiens et kikongo qui sont morphologiquement et sémantiquement identiques. Grâce à ce travail, le kikongo est mis en parallèle avec un témoin ancien du parler africain. La voie est donc ouverte pour la rédaction d'un dictionnaire étymologique de la langue kikongo. Nous sommes complètement d'accord avec Théophile Obenga qui pense que le rapprochement des langues africaines modernes avec l'égyptien ancien fournira aux chercheurs des étymologies éclairantes[6]. Ainsi, pour donner ici juste quelques exemples, nous suggérons que le mot **Nzambi**, Dieu, dérive de l'égyptien **Ra-Imn**, une inversion d'**Imn-Ra**. Nous suggérons également que le qualificatif **Mpungu** qui

---

[1] Le kikongo est la langue parlée par les Bakongo, peuple issu de l'ancien royaume du Congo en Afrique centrale. Voir Isidore NDAYWEL è NZIEM, *Histoire générale du Congo. De l'héritage ancien à la République Démocratique*, Paris, Bruxelles, De Boeck & Larcier s.a., 1998 ; R. BATSIKAMA, *L'ancien royaume du Congo et les Bakongo. (Ndona Béatrice et Voici les Jagas). Séquenced'histoire populaire*, Paris, L'Harmattan, 1999.
[2] Voir entre autres Cheikh Anta DIOP,*Nations Nègreset Culture. De l'antiquité nègre égyptienne aux problèmes culturels de l'Afrique Noire d'aujourd'hui*, Paris, Présence Africaine, 1979 (3e édition).
[3] Voirentre autres Théophile OBENGA, *Origine commune de l'égyptien ancien, du copte et des langues négro-africaines modernes. Introduction à la linguistique historique africaine*, Paris, L'Harmattan, 1993.
[4] Voir entre autres Aboubacry Moussa LAM, *De l'origine égyptienne des Peuls*, Paris, Présence Africaine, Khepera, 1993.
[5] Cité par Jean DEVISSE (Version établie par), « Annexe au chapitre 1 : rapport de synthèse du colloque sur "Le peuplement de l'Egypte ancienne et le déchiffrement de l'écriture méroïtique" », in *Histoire générale de l'Afrique, II. Afrique ancienne*, Paris, Présence Africaine/Edicef/Unesco, 1987, p. 87. Sauneron rejoignait Alan Gardiner qui, dans sa célèbre grammaire égyptienne, considérait que l'égyptien ne faisait pas partie du groupe sémitique et qu'il fallait étudier ses relations avec les langues africaines : « Egyptian differs from all the Semitic tongues a good deal more than any one of them differs from any other, and at least until its relationship to the African languages is more closely defined, Egyptian must certainly be classified as standing outside the Semitic group » ; Alan GARDINER, *Egyptian Grammar. Being an Introduction to the Study of Hieroglyphs*, Oxford, Griffith Institute, Ashmolean Museum, 2001 (3e édition, révisée), p. 3. Pour Théophile Obenga, il ne fait l'ombre d'aucun doute que l'égyptien est une langue apparentée aux autres langues africaines : « La langue égyptienne, pharaonique et copte, n'est ni une langue indo-européenne (comme le hittite ou le grec) ni une langue sémitique (comme l'accadien ou l'hébreu ou encore le l'arabe) ni une langue berbère (comme le berbère de Siwa ou encore le rifain). […]. En revanche, la langue égyptienne est apparentée génétiquement aux autres langues négro-africaines du continent africain, anciennes et modernes » ; Théophile OBENGA, *La philosophie africaine de la période pharaonique. 2780-330 avant notre ère*, Paris, L'Harmattan 1990, p. 21.
[6] Théophile OBENGA, *Origine commune de l'égyptien ancien, du copte et des langues négro-africaines modernes*, p. 9.

accompagne souvent le mot **Nzambi** dont nous venons de parler dérive de l'égyptien **wr**, grand, alors que selon Joseph van Wing, « en dépit des efforts des Bantouistes, le sens originel des deux mots, Nzambi et Mpungu, reste obscur »[7]. Par ailleurs, nous pensons que le mot **muntu**, homme, vient de l'égyptien **wn(n)**, être. Le mot même **kongo**, qui désigne un pays, un peuple et une langue, est relié par nous à l'égyptien **km**, noir, car selon nous, la racine du mot **kongo** est *kn* : noir[8].

Notre conviction profonde est que le kikongo[9], comme langue bantu, dérive directement de l'égyptien ancien, et qu'il est donc une langue néo-pharaonique. En effet, la fusion entre **Amon** de Thèbes et **Ra** d'Héliopolis qui représentaient au départ deux systèmes théologiques différents fut réalisée historiquement en Égypte[10]. Dans l'hypothèse que le mot **Nzambi** en dérive, l'antériorité de l'égyptien sur le kikongo n'en serait que confirmée. C'est aussi le cas pour le mot **kmt**. Si l'Égypte est le premier État africain à porter ce nom, et si le mot **kongo** en dérive, alors la dépendance du kikongo vis-à-vis de l'égyptien devient une réalité effective. Dans ce sens, nous ne sommes pas d'accord avec Théophile Obenga qui pense que les langues nigéro-kordofaniennes, dont font partie les langues bantoues, et l'égyptien ancien dériveraient d'un ancêtre commun qu'il nomme « négro-égyptien »[11]. Pour nous, l'ancêtre commun des langues bantoues et des langues ouest-atlantiques, à l'instar du wolof et du peul, est l'égyptien lui-même ! En cela, nous sommes plus que d'accord avec Aboubacry Moussa Lam qui a pensé la même chose, mais bien avant nous[12]. D'ailleurs, dans une étude intitulée *Rapports Égypte-Afrique Noire : aspects linguistiques*, Gilbert Ngom révèle que Lilias Homburger « dès 1928, soutenait que le Peul et les langues bantoues sont issues directement de l'égyptien »[13]. Nos recherches viennent confirmer les travaux de cette linguiste qui sur cette question des liens entre l'égyptien ancien et les autres langues africaines a fait preuve d'une grande probité intellectuelle.

Notre travail sur le kikongo fait partie d'une longue histoire des recherches sur cette langue. A part les auteurs mentionnés dans la bibliographie, à savoir A. Seidel et I Struyf (1910), Butaye (1910), Karl Laman (1936, 1964), Léon Dereau (1955), J. Vandick (sd), nous pouvons citer entre autres :

-J. A. De Polanco (1548 : Textes ignatiens, 4e Série. « *Le Chronicon* » de J.A. De Polanco, III). Dans les chroniques de cette année qui parlent entre autres du « grand Congo », on rencontre des termes kikongo encore d'usage courant de nos jours et leurs significations. Ces termes avaient été recueillis par des missionnaires jésuites travaillant au royaume du Congo.

-Filippo Pigafetta et Eduardo Lopez (1591 : *Le Congo*, Bruxelles, J.-J. Gay, Libraire-Editeur, 1883 ; *Le royaume de Congo & les contrées environnantes*. La description de Filippo Pigafetta & Duarte Lopez. Traduite de l'italien, annotée et présentée par Willy Bal, Paris, Éditions Chandeigne-Librairie Portugaise, Éditions Unesco, 2002). Dans ce livre, on rentre beaucoup des mots kikongo et ce qu'ils désignent.

---

[7] Joseph van WING, *Etudes Bakongo. Sociologie, religion et magie*, [Bruxelles], Desclée de Brouwer, 1959, p. 296.
[8] Pour les significations que traditionnellement on donne au mot **kongo**, voir NDAYWEL è NZIEM, *Histoire générale du Congo. De l'héritage ancien à la République Démocratique*, Paris, Bruxelles, De Boeck & Larcier s.a., 1998, pp. 80-81.
[9] Le kikongo est classé dans le groupe H de Malcolm Guthrie. Cf. http://en.wikipedia.org/wiki/Guthrie_classification_of_Bantu_languages (07/05/2013; 12 h 49).
[10] E.A. Wallis BUDGE, *The Egyptian Book of the Dead. The Papyrus of Ani, Egyptian Text, transliteration and translation*, New York, Dover Publications, 1967, p. cxxvi.
[11] Théophile OBENGA, *Origine commune de l'égyptien ancien, du copte et des langues négro-africaines modernes*, p. 9.
[12] Aboubacry Moussa LAM, *De l'origine égyptienne des Peuls*, p. 189.
[13] Dans *Présence Africaine*, n°137-138, 1986, p. 45.

-Mattheus Cardoso (1624 : *Le catéchisme kikongo de 1624*, réédition critique par François Bontinck et D. Ndembe Nsasi, Brusselles, Académie royale des Sciences d'Outre-Mer, 1978).

-Manuel Roboredo (1648 : *Le plus ancien dictionnaire bantu*, édité par J. van Wing et C. Penders, Louvain, 1928). Il s'agit du cours de kikongo que l'abbé Manuel Roboredo, plus tard capucin sous le nom de François de Salvador, dispensa à des missionnaires capucins entre mai et septembre 1648.

-Antonio do Couto (1661: *Gentilis Angollae fidei mysteriis*, Sacrae congregationis de propaganda fide).

-Bernardo Maria de Cannecattim (1805: *Collecção de Observasões grammatocaes sobre a lingua Bunda ou Angolense [e] Diccionario abbreviado da lingua congueza*, Lisboa).

-William Holman Bentley (1895: *Dictionary and Grammar of the Kongo language as spoken at San Salvador*, London).

Au final, ce travail que nous offrons aux lecteurs voudrait montrer que les Bakongo sont d'origine égyptienne, l'égyptien et le kikongo étant les témoins d'une parenté ethnique entre les locuteurs de ces deux langues. En effet selon Ferdinand de Saussure, le père de la linguistique, « Sur la question de l'unité ethnique, c'est avant tout la langue qu'il faut interroger ; son témoignage prime tous les autres »[14]. Et parlant de la lexicologie, Théophile Obenga renchérit : « L'une des valeurs de la comparaison lexicologique réside dans le fait que le vocabulaire reflète tout un monde culturel commun aux peuples dont les langues sont ainsi comparées »[15]. Voilà des affirmations qui donnent à notre travail toute sa valeur.

Ce travail reste bien sûr perfectible. Cela dit, nous attendons beaucoup de la critique.

---

[14]Ferdinand de Saussure cité par Théophile OBENGA, « Nouveaux acquis de l'historiographie africaine » in *Ethiopiques*, n° 27, juillet 1981. Disponible sur http://ethiopiques.refer.sn/spip.php?article805 (consulté le 4 août 2011).
[15]Théophile OBENGA, « Esquisse d'une histoire culturelle de l'Afrique par la lexicologie », in *Présence Africaine*, n° 145, 1988, p. 3.

PREMIÈRE PARTIE : ETUDE SYNTAXIQUE

Cette partie est consacrée à la comparaison entre quelques règles de grammaire de l'égyptien et du kikongo. Comme l'égyptien est connu à travers l'écriture, nous parlerons de sa phonétique en nous appuyant sur les principes de son écriture.

I. Eléments de phonologie du kikongo

A. Les voyelles

1) **Le kikongo a cinq voyelles : a, e, i, o, u (ou).**

-Deux voyelles antérieures non arrondies, dont l'une est fermée [i] : bídi/*abondance* ; et l'autre mi-fermée [e] : kēkete/*dureté*.

-Deux voyelles postérieures arrondies, dont l'une est fermée [u] : kúulu/*jambe* ; et l'autre mi-fermée [o] : kólo/quartier de gibier.

-Une voyelle centrale ouverte [a] : máza/*eau*.

2) **Les diphtongues**

Karl Laman, grand kongologue du 20ᵉ siècle, croit identifier des diphtongues en kikongo. En effet, pour lui **ai, au, eo, ia, oa, oi** sont des diphtongues et peuvent être notées **ay, ayi** : vaíka ou váyka ou vāyika, *sortir* ; **awu** : n'kāu ou n'kawu, *bâton* ; **ewo** : leoka ou lewoka, *être mou* ; **ya** : dīa ou dyā, *manger* ; **wa** : n'koati ou n'kwàti, *machette* ; **oyi** : ngòi ou ngòyi, *païen, étranger* (Laman, 1964, p. XI).

3) **La nasalisation**

La nasalisation n'existe que dans les onomatopées ou les interjections et se traduit par le signe ~ au-dessus de la voyelle : mpórõ, *son du sifflet nkwanana ou mwemvo (sifflet de chasse à deux tons fait de bois ou d'une tige de pois, etc.)* ; ngõ, interjection, *ne veux pas !* mono ~, *je ne veux pas* (Laman, 1964, p. XI).

4) **Rapprochements vocaliques**

Le rapprochement illustre la valeur distinctive des voyelles :

V	Rap	Exemple	Traduction
I	e	dìba/dèba	fermer/être mou
	o	kína/kóna	danser/plier
	u	fína/fúna	enlever en grattant/fermenter
	a	tímba/támba	être raide/pêcher
E	i	kémba/kímba	être content/être vaillant
	o	léla/lóla	être lisse/avoir du zèle
	u	ténda/túnda	couper/exceller

	a	mpénza/mpánza	nudité/morceau de racine du cassave
O	i	tónda/tínda	remercier/être paralysé
	e	sòma/sèma	enfiler (une aiguille, des perles)/sanctifier
	u	sónga/súnga	montrer/se proposer de
	a	lōnzama/lānzama	être saillant/être mis, jeté de côté
U	i	mpùni/mpìni	mensonge/torrent
	e	tùngama/tèngama	pousser/s'incliner de côté
	o	túmba/tómba	consacrer/chercher
	a	kúlu/kálu	vieillesse/place
A	i	vánga/vínga	faire/attendre
	e	kála/kéla	sécheresse/attention
	o	lába/lóba	voler (prendre quelque chose à quelqu'un)/pêcher à la ligne
	u	vándu/vúndu	fond/repos

5) La longueur vocalique

Une voyelle est généralement longue dès qu'elle est précédée par une semi-voyelle ou qu'elle est suivie par une combinaison nasale. La longueur vocalique peut aussi exprimer une valeur distinctive entre deux mots qui seraient autrement identiques.

a) La longueur vocalique peut être distinctive :

I	I		Ii
	tìta, *gaspiller*		tììta, *frissonner*
E	E		Ee
	béla, *perdre*		bēela, *être malade*
O	O		Oo
	kóko, *croûte*		kóoko, *bras*
U	U		Uu
	nkùsu, *perroquet*		nkùusu, *clameurs*
A	A		Aa

mb**á**la, *tubercule*	mb**à**ala, *espèce de civette*

b) La longueur vocalique après une semi-voyelle :

I	W	Y
	mw**ī**na [mw-**ii**-na], *parler tout seul, murmurer*	ngyisama [ngy-**ii**-sama], *modestie*
E	W	Y
	fw**è**ma [fw-**ee**-ma], *se fâcher*	by**ē**k**ā** [by-**ee**-ka], *sanctifier*
O	W	Y
	mfw**ō**folo [mfw-**oo**-folo], *allumettes*	dy**ò**ko [dy-**oo**-ko], *racine de manioc*
U	W	Y
	w**ú**nu [w-**uu**-nu], *aujourd'hui*	ky**ū**bula [ky-**uu**-bula], *avaler quelque chose d'un trait (liquide)*
A	W	Y
	bw**à**ka [bw-**aa**-ka], *devenir rouge*	by**ā**ma [by-**aa**-ma], *être fort*

c) La longueur vocalique devant une combinaison nasale (n ou m + consonne) :

I	b**ì**nd**a** [b-**ii**-nda], *tresser*
	n**ì**mb**a** [n-**ii**-mba], *sommeiller*
E	k**ē**nto [k-**ee**-nto], *féminité*
	l**ē**mfuka [l-**ee**-mfuka], *être docile*
O	l**ò**ngo [l-**oo**-ngo], *marriage*
	l**ó**mba [l-**oo**-mba], *prier*
U	t**ū**nsama [t-**uu**-nsama], *arriver à la surface*
	v**ù**mvula [v-**uu**-mvula], *tâtonner*
A	k**à**nga [k-**aa**-nga], *lier*
	k**à**mba [k-**aa**-mba], *dire*

d) Cumul des conditions précédentes : semi-voyelle-v-combinaison nasale

I	W	Y
	mw**í**nda [mw-**ii**-nda], *lampe*	ny**ì**mbi [ny-**ii**-mbi], *oiseau de proie*
E	W	Y
	kw**è**nda [kw-**ee**-nda], *aller*	y**é**nga [y-**ee**-nga], *crier d'une voix aiguë*
O	W	Y
	w**ó**nga [w-**oo**-nga], *crainte*	y**ō**nzula [y-**oo**-nzula], *éduquer*
U	W	Y
	w**ū**ngana [w-**uu**-ngana], *courrir*	y**ú**nga [y-**uu**-nga], *clameurs*
A	W	Y
	sw**ā**ngila [sw-**aa**-ngila], *défricher, cultiver*	y**ā**ntika [y-**aa**-ntika], *commencer*

6) L'augment

Dans son livre *Parlons mashi*, Constatin Bashi Murhi-Orhakube définit l'augment comme « une voyelle longue qui précède souvent le nom, et dont l'emploi présente des analogies avec l'article défini en français » (Bashi, 2005, p. 38). En mashi, on en a trois, à savoir **o**, **a** et **e**. On l'emploie aussi pour conférer la qualité de substantif aux verbes et aux locatifs (Bashi, 2005, p. 40).

Le kikongo connaît l'usage de l'augment, en l'occurrence des voyelles **e** et **o**. Leur emploi est facultatif. A propos de la voyelle **e**, Karl Laman écrit: « e, article un, une, le, la » (Laman, 1964, p. 144). Ex. "Ontu andi utwashilu mun'elonga, y'ovewa kwa dumbelele; otwese wo kwa ngw'andi. Et la tête, apportée sur un plateau, fut donnée à la jeune fille, qui la porta à sa mère" (Seidel et Struyf, 1910, pp. 186, 187). Et s'agissant de la voyelle **o**, Karl Laman a ces mots : « o, article employé dans certaines classes : un, une, le, la » (Laman, 1964, p. 839). Ex. tirés du catéchisme kikongo de 1624 écrit par Matteus Cardoso : **o** muntu (classe 1 ba), *l'homme* (p. 58) ; **o** Zambi (classe 2 zi) a mpungu, *Dieu* (p. 64) ; **o** Papa (classe 1 ba), *le Pape* (p. 110) ; **o** mbongo (classe 2 zi), *le fruit* (p. 90) ; **o** mulongo (classe 3 mi), *la loi* (p. 58) ; **o** tueka (classe 6 tu, pluriel) tua Nkanka, *les articles de la sainte foi* (p. 114) ; **o** Untu (classe 8 bu), *l'humanité* ; **o**tu nsambwadi (devant un préfixe d'accord), *sept* (p. 114) ; **o**luu lua ntente (devant un préfixe d'accord), *le premier* (p. 114) ; **o** Igreja (devant un mot d'origine étrangère, cl 4), *l'Eglise* (p. 102).

Selon Laman, on se sert également de la voyelle **o** « pour former un adverbe à partir du substantif ; **kwenda o n'swalu**, marcher vite » (Laman, 1964, p. 839).

Et selon René Butaye, « Devant les substantifs qu'on veut bien déterminer, on exprime souvent un préfixe verbal qui fait l'office d'article. Ex. u mwana mfumu ufwa cet enfant-là du chef, celui qui est mort » (Butaye, 1910, p. 20).

B. Les semi-voyelles

Le kikongo a deux semi-voyelles, à savoir **w**, **y**.

[w], labio-vélaire, se prononce comme la semi-voyelle correspondante en français [w] dans moi [mwa] : mwana/enfant.

[y], palatale, se prononce comme la semi-voyelle correspondante en français [j] dans ail [aj] : yàlama/être étendu.

Comme les voyelles, les semi-voyelles ont également une valeur distinctive :

1	twālumuna/tyālumuna	*conduire rapidement/arroser autour, humecter*
2	vwētuka/vyētuka	*avoir de la peine à respirer/partir secrètement*
3	wītakana/yītakana	*être enchevêtré çà et là/être en tas*
4	bwónga/byónga	*plier/attacher*
5	wúba/yúba	*amasser (des provisions)/renverser*

C. Les consonnes

1) Les consonnes du kikongo, au nombre de quatorze, sont : **b, d, f, g, h, k, l, m, n, p, s, t, v, z.**

Selon leur mode d'articulation, on distingue les occlusives [p, b, t, d, k, g], fricatives [f, v, s, z, h, (g)], nasales [m, n] et latérale [l].

Selon leur lieu d'articulation, on a les consonnes bilabiales [p, b, m], labio-dentales [f, v], apico-dentales [t, d, n], apico-alvéolaires [s, z, l], dorso-vélaires [k, g] et laryngale [h].

Et selon leur voisement, elles se repartissent en consonnes sourdes [p, f, t, s, k, h] et sonores [b, m, d, v, n, z, l, g].

a) **Description des consonnes**

Mode d'articulation	Voisement	1	2	3	4	5	6
Occlusive	*sourde*	p	T			k	
	sonore	b	D			g	
Fricative	*sourde*			f	s		h
	sonore			v	z		
Nasale	*sonore*	m	N				
Latérale	*sonore*				l		

1 : bilabiale

2 : apico-dentale

3 : labio-dentale

4 : apico-alvéolaire

5 : dorso-vélaire

6 : laryngale

b) Graphie, mode, lieu d'articulation, voisement et illustration

n°	Graphie	Phonème	Mode/lieu d'articulation/voisement	Exemple
1	p	p	occlusive, bilabiale, sourde	**p**àmuka, *bondir*
2	b	b	occlusive, bilabiale, sonore	**b**ànza, *penser*
3	t	t	occlusive, apico-dentale, sourde	**t**ūkulu, pl. ma-, *frontière*
4	d	d	occlusive, apico-dentale, sonore	**d**ífa, *frapper*
5	k	k	occlusive, dorso-vélaire, sourde	**k**òla, *être fort*
6	g	g	occlusive, dorso-vélaire, sonore	n**g**èta, interjection *oui !*
7	f	f	fricative, labio-dentale, sourde	**f**únda, pl. ma-, *paquet d'une feuille*
8	v	v	fricative, labio-dentale, sonore	**v**ùnda, *se reposer*
9	s	s	fricative, apico-alvéolaire, sourde	**s**é, pl. ma-, *père naturel, oncle paternel*
10	z	z	fricative, apico-alvéolaire, sonore	**z**áyi, *sage, intelligent*
11	h	h	fricative, laryngale, aspirée sourde	**h**ābalala, *être assis négligemment*
12	m	m	nasale, bilabiale, sonore	tú**m**a, *envoyer*
13	n	n	nasale, apico-dentale, sonore	tŭ**n**i, pl. ma-, *stupidité, imbécilité*
14	L	l	latérale, apico-alvéolaire, sonore	**l**èzima, *briller*

2) **Paires minimales**

Les paires minimales font voir la valeur distinctive de chaque consonne comme le rapprochement illustrait la pertinence de chaque voyelle.

Consonne	Exemple	Traduction
p/b	kùm**p**i/kùm**b**i	*mensonge/dessein de tatouage*

t /d	kútu/kúdu	*oreille/colère*
k/g	fwénka/fwénga	*bercer (un enfant)/se fâcher*
f/v	tófa/tóva	*frapper sur/compenser*
s /z	sīngama/zīngama	*se tenir droit/être emmailloté*
h/f	hònga/fònga	*guetter/s'asseoir bien*
h/v	kúha/kúva	*rive/faucille*
m/n	kūmama/kūmana	*être debout/rivaliser*
l/s	lèema/sèema	*être chaud/arriver*

Il y a des consonnes qui sont particulières à l'un ou l'autre dialecte du kikongo (Laman, 1964, pp. XL-XCIV). Il s'agit de :

-bv : **b+v** : se trouve au lieu de **v** dans quelques mots de Bembe. Ex. : bvilu, **pl. bi-**, v. m'vílu, *suie*.

-dz : **d+z** : se trouve dans les dialectes au Nord au lieu de **z**. Ex. : dzinga, v. zìnnga, *vivre*.

- ð : fricative dentale, a le son **th** dans dans l'anglais **then**. Se trouve dans le dialecte Ndingi [Nd] au lieu de **z**. Ex. ðiba, **pl. bi-**, v. ziba, *bassin*.

-γ : fricative vélaire voisée, en usage à l'Est et au Nord-Est, au lieu de **v**. Ex. γaγala, v. vavala, *copeau*. Dans la littérature de cette région, on écrit **g**. Plus à l'Est, il est également exclusivement utilisé pour **y** ou pour **gy** (**g** palatal), et au Nord, pour **k** ou pour **ng**.

- nyy : fort palatalisé, il remplace **y** dans les dialectes de l'Ouest et Nord. Ex. nyyandi, v. yandi, *il*.

- ŋ : la nasale vélaire, a le son de ng dans l'anglais sing, l'allemand singen ; se trouve dans les dialectes du Nord. Ex. ŋami, v. ngami, *acidité*.

-pf : se prononce au lieu de **f** ou **v** comme **pf** dans le mot pfennig. Ex. pfűdi, **pl. ma-**, v. fudi, *coton* ; pfùbuka, v. vùbuka, *faire explosion*. Remplace le préfixe **m+f** dans le dialecte de l'Ouest. Ex. pfinda, v. mfinda, *bois*. Tous les mots qui commencent ainsi se rapportent à la classe **m**, **n**.

-r : avec **l** et **d** rétroflexe en Bembe se trouve seulement au dedans des mots. Ex. : uru, ulu, udu, est. En Kunyi, il prend la place de **t**. Ex. releme (telama), taara (taata), *père*.

- ts : se prononce au lieu de **s** comme **ts** dans tsetse. Ex. tsuku, v. súku, *jour*. **Ts** remplace le préfixe **n+s**. Ex. tsa, v. nsa, *acide*. Tous les mots qui commencent ainsi se rapportent à la classe **m**, **n**.

- Θ : fricative dentale, a le son **th** dans l'anglais **thin** ; se trouve dans le dialecte Ndingi [Nd] au lieu de **n+s** ou **ts**. Ex. Θi, pl. ði- [zi-], v. nsí ou tsi, *pays*.

3) Groupe consonantique

23

Des consonnes peuvent se combiner à d'autres consonnes ou semi-consonnes pour former des groupes consonantiques.

1	2	3	4	5	6
pf	th			kw	
pfw	thw			ky	
pfy	ts				
ph	tsw				
phw	tsy				
phy	tw				
pw	ty				
py					
bw	dw			gy	
by	dy				
		fw	sw		hw
		fy	sy		hy
		vw	zw		
		vy	zy		
mb	nd				
m'b	n'd				
mbw	ndw				
m'bw	n'dw				
mby	ndy				
m'by	n'dy				
mf	ng				
m'f	n'ng				
mfw	ngw				
m'fw	nngw				
mfy	ngy				

m'fy	n'h				
mp	nk				
m'p	n'k				
mpw	nkw				
mpy	n'kw				
mv	nky				
m'v	n'ky				
mvw	n'l				
m'vw	n'lw				
mvy	n'n				
m'vy	n'ny				
mw	ns				
my	n's				
	nsw				
	n'sw				
	nsy				
	n'sy				
	nt				
	n't				
	nts				
	ntsw				
	ntsy				
	ntw				
	n'tw				
	nty				
	n'ty				
	nw				
	n'w				

	n'nw				
	ny				
	nz				
	n'z				
			lw		
			ly		

1 (bilabial), 2 (apico-dental), 3 (labio-dental), 4 (apico-alvéolaire), 5 (dorso-vélaire), 6 (laryngal

Ex. :

1 : **pf**íba/*qui est sensuel*, **pfw**alu/*douceur, beauté*, **pfy**ó/*rein*, **ph**òlo/*dette*, **phw**èle/*quantité, foule*, **phy**àka/*mensonge*, **pw**ò/*onomatopée indiquant le bruit de tomber*, **py**àta/*lécher*, **bw**àka/*devenir rouge, jaune, mûr*, **by**ēka/*sanctifier*, **dy**àmba/*chanvre des Indes*, **m'b**odi/*plomb*, **mbw**á/*chien*, **mby**óngo/*vin de palme qui est tiré de la moelle du palmier*, **m'by**éte/*qui est gros et gras*, **mf**úla/*prononciation*, **m'f**ula/*violence*, **mfw**éba/*qui n'est pas mûr*, **m'fw**ò/*petite averse*, **mfy**ātuna/*claquement de la langue ou des lèvres*, **m'fy**efi/*calebasse ornée de dessins*, **mp**úku/*rats et souris [nom générique], rat à long poil [Pelomisdybowskii]*, **m'p**endo/*palmier duquel on tire le vin de palme*, **mpw**íla/*soif*, **mpy**àza/*incendie de prairie*, **tá**mvu/*branches de palmier qui sont fendues et dont on fait les murs de maisons*, **m'v**ílu/*noir de fumée*, **mv**wèla/*robe*, **m'vw**ìla/*courant du milieu d'un marais, rigole, bas-fond*, **mv**yŭdu/**nsafu** *noir et bon*, **m'vy**àsu/*malchance*, **mw**āmu/*ici*, **my**amuna/*lâcher*.

2 : **th**éwa/*colère*, **thw**ādi/*possession commune*, **ts**oni/*honte*, **tsw**esu/*jeune fille*, **tsy**aki/*rapplaudissement*, **tw**aka/*déchirer*, **ty**àsa/*déchirer*, **dw**énza/*mâcher*, **dy**àmbu/*foule, multitude*, **sí**nda/*soigner une personne malade*, **n'd**éeke/*cadet*, **ndw**énga/*intelligence*, **n'dw**ādi/*quelqu'un qui blesse*, **ndy**àfu/*quelqu'un qui mange n'importe quoi*, **n'dy**áfu/*manière de répondre n'importe comment*, **ns**éngo/*houe*, **n'ng**onde/*plume de la queue [du coq, etc.]*, **ngw**ēnzeme/*qui aime à causer, à parler beaucoup*, **n'ngw**āngila/*grande longueur*, **ngy**ála/*bavardage*, **n'h**úngu/*temps*, **nk**őokila/*soir*, **n'k**úvu/*odeur d'urine*, **nk**wa/*non*, **n'k**wá/*camarade, ami*, **nky**áma/*pourquoi ?*, **n'ky**ènde/*qui fait le tour en dansant*, **n'l**úmba/*grandeur [de caisse, marmite], homme gras, grand*, **n'lw**àzi/*tireur de vin de palme*, **n'n**ùni/*mari, homme*, **n'ny**ènge/*sable*, **ns**őni/*pudeur, honte*, **n's**òngo/*douleurs de l'enfantement*, **nsw**ēngina/*asthme*, **n'sw**ìku/*bordure d'une étoffe*, **nsy**ésye/*antilope*, **n'sy**ūkutù/*grandeur, rondeur, largeur [d'une corbeille]*, **nt**ōnto/*feuille tendre qui vient de pousser*, **n't**óto/*terre, pays, sol battu, globe terrestre*, **nts**úda/*poisson électrique*, **ntsw**entswe/*bruit de quelque chose tombant goutte à goutte*, **ntsy**átsya/*déchirure*, **ntw**énya/*jeunesse*, **n'tw**ālakani/*écho*, **nty**ongo/*absence de toute énergie ou force pour parler ou pour agir*, **n'ty**òkwa/*quelqu'un qui s'est rassasié*, **nw**īka/*donner à boire*, **n'w**ídi/*gosier, gorge*, **n'nw**ánga/*grenouille*, **ny**èma/*serrer, presser*, **kw**ànza/*frotter, gratter*, **n'z**ā/*mœurs, pratique, conduite*.

3 : **fw**èma/*se fâcher*, **fy**àma/*être prêt l'un de l'autre*, **vw**àma/*avoir, posséder beaucoup de bien*, **vy**ōka/*dépasser, aller plus loin que*.

4 : **sw**ētama/*être mince*, **sy**enga/*dédaigner*, **zw**ángi/*bosquet*, **zy**èta/*se promener*, **lw**āla/*se blesser*, **ly**oso/*riz*.

5 : **kw**ĭka/*mettre le feu à*, **ky**àda/*mettre en rang*, **gy**ala/*étaler*.

6 : **hw**ahula/*bruire, se dit du vent dans l'herbe*, **hy**ú/*rien, c'est fini*.

D. Les tons

Le système tonal kongo est très complexe comme le reconnait Karl Laman dans l'introduction de son dictionnaire kikongo-français. Mais on peut distinguer principalement trois tons : le ton bas [à], le ton moyen [ā] et le ton haut [á](Laman, 1964, p. XII).

« Originairement, estime Laman, le ton du radical a très souvent un caractère onomatopéïque ou figuratif suivant la hauteur du ton et sa signification, par exemple un son fort ou léger, un bruit sonore ou sourd, un mouvement énergique ou faible, une couleur vive, tranchante ou pâlie, un goût bon ou fade, un sentiment vif ou faible, être loin ou près de, être fermé ou ouvert, être dur ou mou, sec ou mouillé, etc. Ex. : **bó-bó**, *pour un coup de fusil* ; **bò-bò**, *pour le cri d'aboiement de l'antilope* **nkabi** ; bōo, *bruit produit si l'on suce en claquant les lèvres, fumer* ; bòo, *rouge clair* ; bò, *mou, mouillé*, etc. […]. De ces radicaux viennent leurs dérivés » (Laman, 1964, p. XIV).

« Dans un même mot, écrit Butaye, l'accent est généralement sur la syllabe radicale. Ex. súnda, *surpasser* ; isúndidi, *j'ai surpassé* ; bóka, *appeler* ; bókila, *appeler pour*. / Dans les mots de plus de trois syllabes, il y a un accent secondaire. Ex. yángalála, *se réjouir* ; bakuntóndelánga, *ils l'aiment*. / Dans les mots de deux syllabes, où la première syllabe est un préfixe, l'accent est sur la dernière. Ex. kitó, *cuisse* ; kikwá, *patat*. / Mais : kítu, *métamorphose* ; lóso, *riz*. / […]. / Les monosyllabes terminant une proposition attirent généralement l'accent sur la syllabe qui précède immédiatement ce monosyllabe. Ex. uenda múna, *entre là*/ uenda muná nzo, *entre dans la maison* ; ntóndele kio kwamo, *j'aime cela*/ k'itondele kió ko, *je n'aime pas cela* » (Laman, 1964, p. 81).

Le ton peut aider dans la différentiation des mots homographes. Par exemple : sanzala, *boiter* et sānzala, *être large* ; n'kúvu, *odeur d'urine* et n'kuvu, *bord*.

Bibliographie

Constantin BASHI MURHI-ORHAKUBE, *Parlons mashi. République démocratique du Congo*, Paris, L'Harmattan, 2005.

Constantin BASHI MURHI-ORHAKUBE, *Grammaire du mashi. Phonologie, morphologie, mots grammaticaux et lexicaux*, Paris, L'Harmattan, 2012.

François BONTINCK, D. NDEMBE NSASI, *Le catéchisme kikongo de 1624. Réédition critique*, Bruxelles, Koninklijke Academie voor Overzeese, 1978.

BUTAYE, *Grammaire congolaise*, Roulers, 1910.

Karl E. LAMAN, *Dictionnaire kikongo-français avec une étude phonétique décrivant les dialectes les plus importants de la langue dite kikongo*, Bruxelles, 1936 (Republished in 1964 by The Gregg Press Incorporated, 171 East Ridgewood Avenue, Ridgewood, New Jersey, U.S.A.).

Nkanda utangila français (Manuel pour apprendre le français), Kisantu, Imprimérie Saint Ignace, 1955.

A. SEIDEL et I. STRUYF, *La langue congolaise. Grammaire, vocabulaire systématique, phrases graduées et lectures*, Paris, Heidelberg, Londres, Rome, St. Petersbourg, Jules Groos, 1910.

II. Principes de l'écriture égyptienne

A. Le système phonétique

Dans l'écriture égyptienne, on distingue les idéogrammes et les phonogrammes:

1. **Les idéogrammes ou signes-paroles**. En anglais on dit « sense-signs » ou « ideograms » (Gardiner, 2001, § 22) et en italien « segni-parola » ou « logogrammi » (Roccati, 2008, 17). Les idéogrammes sont des signes qui véhiculent leurs sens à travers des images.

Le plus souvent, ils sont accompagnés des signes-sons qui indiquent de manière précise le mot dont il est question. Ils sont alors des déterminatifs, parce qu'ils déterminent la signification des signes-sons et ils définissent la signification de différentes manières. Ainsi ⊙, l'image pour le soleil, entre dans des mots comme ⚊⊙ *ra*[écrit aussi |), soleil, jour ; ⬜🦅⊙ *hrw*[écrit aussi |), jour, temps du jour ; ⬡⊙ *rk*, temps, période ; 🦅⊙ *wbn*[écrit aussi 🦅⬟), se lever, briller [Gardiner, 2001, § 22, 23].

2. **Les phonogrammes ou signes-sons**. En anglais on dit « phonograms » ou « sound-signs » [Gardiner, 2001, § 17] et en italien « fonogrammi » (Roccati, 2008, p. 17). Ils sont de trois sortes :

1) Les **unilitères** ou signes alphabétiques. Exx. ⚊*f* ; ⬡ *r* (Gardiner, 2001, § 17). Ils représentent, selon Gardiner, « single consonants (une seule consonne) » (Gardiner, 2001, § 22, 23). Mais selon Théophile Obenga, qui s'appuie sur J. Vergote, il y a aussi des voyelles parmi eux. « /i/,/A/ et/a/*sont des laryngales* qui se sont transformées en voyelles en copte et même en égyptien ancien ; elles marquaient la présence des voyelles » (Obenga, 1993, p. 41).C'est aussi l'avis de Alessandro Roccati. « La ricostruzione linguistica ha accertato l'esistenza di quatro vocali (*a, e, i, u*) (la reconstruction linguistique a confirmé l'existence de quatre voyelles [*a, e, i, u*]) » (Roccati, 2008, p. 17). Les unilitères sont les signes les plus importants, étant les plus fréquemment utilisés (Gardiner, 2001, § 17).

Alphabet égyptien de base formé des unilitères (Obenga, 1990, p. 24 ; Obenga, 1993, pp. 29-52 ; Lam, 1993, p. 9 et Roccati, 2008, pp. 21-22)

Signe	Transcription	Son approximatif	Objet représenté
🦅	A	a	vautour
⚊	a	a, aa, euâ	avant-bras
⅃	b	b (occlusive bilabiale sonore ou spirante bilabiale)	pied
🐍	D	dj (occlusive palatale sonore)	cobra
⚊	d	d (occlusive apico-dentale sonore)	main

	f	f (spirante labio-dentale sourde)	vipère à cornes
	g	g (occlusive dorso-vélaire sonore)	support de jarre
	H	h (pharyngale sourde)	écheveau de lin tressé
	h	h (aspirée)	cour de maison
	i	I	roseau fleuri
	k	k (occlusive dorso-vélaire sourde)	corbeille à anse
	m	m (occlusive bilabiale nasale)	chouette
	m	m (occlusive bilabiale nasale)	côte de gazelle
	n	n (occlusive nasale apico-dentale)	filet d'eau
	n	n (occlusive nasale apico-dentale)	couronne rouge
	p	p (occlusive labiale sourde ou aspirée ou apicale)	siège
	q	k (occlusive vélaire sourde)	pente sablonneuse
	r	r (vibrante apico-alvéolaire)	bouche
	s	sh (sibilante palatale)	bassin d'eau
	s	s (sibilante sourde)	étoffe pliée
	s	s, z (sibilante sonore ?)	verrou
	T	tch, tsh, tj (occlusive palatale sourde)	corde pour entraver les animaux
	t	t (occlusive dentale sourde ou spirante ou apicale)	pain

	t	t (occlusive dentale sourde ou spirante ou apicale)	pilon
	w	w, ou (spirante bilabiale sonore)	petite caille
	X	kh (fricative palatale)	ventre et queue de mammifère
	x	kh (fricative gutturale)	placenta (?)

2) Les signes **bilitères** ou combinaison de deux consonnes. Exx. ⎓⎓⎓ m+n (*mn*) ; ⊏⊐ p+r (*pr*) (Gardiner, 2001, § 17).

Bilitères principaux (du Bourguet, 1980, pp. 11-13 ; Gardiner, 2001, § 41, 449, 463, 482, 495, 500, 501, 506, 511, 514, 515, 518, 521, 524, 529, 538, 540 et Roccati, 2008, p. 23).

Signe	Transcription	Objet représenté	Signe	Transcription	Objet représenté
	Aw	épine dorsale		iw	faon
	Ab	ciseau (voir mr)		im	côte de gazelle (voir gs)
	in	poisson		mt	phallus
	ir	œil		nw	vase, herminette, vase et petite caille
	is	roseaux liés		nb	corbeille
	aA	poteau		nm	couteau
	aq	cormoran		nn	joncs
	aD	navette		nH	pintade
	wA	lasso		ns	langue
	wa	harpon		nD	?

	wp	cornes		rw	lion
	wn	lièvre, fleur		HA	buisson
	wr	hirondelle		Hw	défense d'éléphant (voir bH)
	wD	corde sur bâton		Hm	puits
	bA	cigogne		Hn	herbe
	bH	défense d'éléphant (voir Hw)		Hr	visage
	pA	canard volant		Hs	aiguière
	pr	plan		HD	massue, de couleur blanche
	pH	arrière-train de léopard		xA	lotus
	mA	faucille		xa	horizon
	mi	cruche à lait		xt	branche
	mw	surface ridée de l'eau		XA	oxyrrhinque
	nr	vautour	,	Xn	outre (peau de chèvre), bras ramant
	mn	jeu de dames		Xr	bloc de boucher
	mr	ciseau (voir Ab), houe	,	sA	oie, entrave
	mH	fouet	, anciennement	sA	revers d'objet

	ms	tablier de peaux		km	peau de crocodile
	sw	jonc		gm	ibis
	sn	harpon		gs	côte de gazelle (voir im)
	sk	balai (voir wAH)		tA	four de potier
	st	peau et flèche		ti	pilon
	SA	lotus sur étang		tm	traîneau
	Sw	plume d'autruche		TA	petit canard
	Sn	corde		DA	briquet
	Ss	corde		Dw	colline
	Sd	outre		Dr	panier de fruits
	qd	instrument de maçon		Dd	fétiche d'Osiris
	kA	bras levés		xw	avant-bras avec la main tenant un flagellum
	qb	cruche d'eau avec de l'eau s'écoulant d'elle		Hp	partie de volant d'un bateau ?
	kp	encensoir		tp	tête vue de profil
	sH	maison ouverte supportée par un pieu		Ts	un nœud de ceinture
	As	un nœud fait d'un fil pour		rs	plante poussant à

		le fabriquer (voir sTA)			partir de la bouche
	qs	tête d'un harpon fait d'os		ds	couteau
	st	siège		id	oreille d'un bœuf
	pD	arc lié par le milieu quand c'est hors d'usage		mD	combinaison d'une étable et d'un cobra
✕	sD	deux bâtons croisés			

3) Les signes **trilitères** ou combinaison de trois consonnes. Exx. n+f+r (*nfr*) ; h+t+p (*htp*) (Gardiner, 2001, § 17).

Trilitères principaux (du Bourguet, 1980, p. 13 ; Gardiner, 2001, § 42 ; Roccati, 2008, p. 23).

Signe	Transcription	Objet représenté	Signe	Transcription	Objet représenté
	iwn	pilier		nfr	cœur et trachée
	xpr	scarabée		aHa	mât
	nTr	étendar	✱	sbA	étoile
	anx	nœud		nDm	gousse
	tyw	buse		wAH	balai (voir sk)
	HAt	protome de lion		DbA	flotteur en joncs
	wAs ou Dam	sceptre		Htp	pain sur natte
	Dba	doigt		As	un nœud fait d'un fil pour le fabriquer (voir As)

B. Le système auxiliaire

Il est de deux sortes : phonétique et sémantique (Roccati, 2008, p. 24).

1. **Phonétique.** Les signes bilitères (et aussi les signes trilitères) sont presque toujours accompagnés par des signes alphabétiques qui expriment une partie ou le tout de leur valeur phonétique. Ainsi, ⬚⬚ doit être lu *SA*, jamais *SAA* ; de même ⬚⬚⬚ doit être lu, non pas *bbAA*, mais simplement *bA*. Les signes alphabétiques utilisés de cette manière s'appellent compléments phonétiques (Gardiner, 2001, § 32).

2. **Sémantique.** Les idéogrammes qui servent à déterminer un nombre considérable de différents mots ne peuvent naturellement qu'exprimer le genre de sens (*kind* of sense) qu'ils portent, et non pas leur signification spécifique. Dès lors ils sont appelés déterminatifs de genre (Gardiner, 2001, § 24).

Déterminatifs usuels (du Bourguet, 1980, pp. 13-14 ; Gardiner, 2001, § 24).

Personnage					
🛉	homme, personne	🛉	transport	🛉	enfant, jeune
🛉	toutes les actions de la bouche	🛉	vieillesse	🛉	dieu, roi
🛉	fatigue, faiblesse, repos	🛉	fonctionnaire, grand	🛉 , 🛉	roi
🛉 , 🛉	adoration, prière	🛉	force, effort	🛉	personnage vénérable
🛉	joie, hauteur	🛉	femme	🛉	gens
🛉	momie, mort				
Corps					
👁	œil et vue	🗛	respiration, joie	🗛	oreille, entendre
🗛	dent	🗛	force, effort	🗛 , 🗛	mouvements des bras
🗛	négation	🗛	virilité, engendrer, uriner	🗛	marche en avant

⌒	marche en arrière		viande, chair		maladie, odeur
	offrir, présenter		bras, courber le bras, saisir		envelopper, embrasser
	jambe, pied, actions du pied		décharge corporel		

Animal

	troupeaux, gros bétail		petit bétail		peau, mammifère
	oiseau, insecte		petitesse, faiblesse, mal		divinité, royauté
	poisson		serpent, ver		sauvage

Plante

	arbre		plante, fleur		saison, période
	bois, arbre		semences, graines		vigne, fruit, jardin

Elément

	ciel, hauteur		nuit, obscurité	⊙	soleil, temps
★	astres		terre, pays		désert, pays étranger
	pierre	∘ ∘ ∘ ,	sable, médicaments		route, lieu
	liquides		liquide, étendue liquide		cuivre, bronze

Habitation

⊗	lieu habité		maison, édifice		muraille
	porte, ouvrir		boite, cercueil		chapelle,

Bateaux

	navigation		barque sacrée		vent, souffler
Objet					
	étoffes, vêtements		lier, délier, document		corde, attacher
	écriture, abstraction		vaisselle, liquide		cérémonies
	pain, gâteau		pain, offrandes		feu, chaleur
	couper, trancher		cultiver, hacher		partager, compter
	jeter, peuple étranger		pluralité		dualité
	substituts		nom royal, roi		

Bibliographie

Pierre du BOURGUET, SJ, *Grammaire égyptienne. Moyen Empire pharaonique*, Louvain, Peeters, 1980.

Alan GARDINER, *Egyptian Grammar. Being an Introduction to the Study of Hieroglyphs*, Oxford, Griffith Institute, Ashmolean Museum (3e édition, révisée), 2001.

Raymond O. FAULKNER, *A Concise Dictionary of Middle Egyptian*, Oxford: Griffith Institute, Ashmolean Museum, 2002.

Aboubacry Moussa LAM, *De l'origine égyptienne des Peuls*, Paris, Présence Africaine/Khepera, 1993.

Théophile OBENGA, *La philosophie africaine de la période pharaonique. 2780-330 avant notre ère*, Paris, L'Harmattan 1990,

Théophile OBENGA, *Origine commune de l'égyptien ancien, du copte et des langues négro-africaines modernes. Introduction à la linguistique historique africaine*, Paris, L'Harmattan, 1993.

Allessandro ROCCATI, *Introduzione allo studio dell'egiziano*, Roma, Salerno Editrice, 2008.

III.   Continuité entre l'égyptien ancien et le kikongo

A. Absence de l'article

A propos de l'article en égyptien, Gardiner écrit : « Old and Middle Egyptian dispense, as a rule, with any equivalent of the English article, whether definite or indefinite. Thus *rn* may be rendered, according to the demands of the context, by 'the name', 'a name', or simple 'name' (L'ancien et le moyen égyptien ne fait pas cas, comme règle, d'aucun article comparable à l'article anglais, qu'il soit défini ou indéfini. Ainsi […] *rn* peut être rendu, selon le contexte, par 'le nom', 'un nom', ou simplement ' nom') » (Gardiner, 2001, § 21).

Butaye a le même avis concernant l'article en kikongo. « Nous avouons que, malgré nos recherches, nous n'avons pas réussi à constater l'existence d'un article proprement dit » (Butaye, 1910, 20). Seidel et Struyf disent la même chose que Butaye, mais en étant un peu plus précis. « Il n'y ni article défini ni article indéfini ni article partitif » (Seidel et Struyf, 1910, § 36).

Les démontratifs « *pA*, *tA*, *nA* » qui ont le sens de « ce, cet, cette » ont avec le temps acquis « the force of the **definite article**, their regular use in the Late Egyptian and onwards. So already before Dyn. XVIII : [hieroglyphs] *nA n it nty m pA mXr* 'the corn which is in the storehouse' (la force de l'article défini, leur usage habituel dans l'égyptien tardif et au-delà. Ce fut déjà le cas avant la XVIIIe dynastie : […] *nA n it nty m pA mXr* 'les graines qui sont dans le grainier) » (Gardiner, 2001, § 112).

Et pour exprimer l'article indéfini, l'égyptien a dans la période tardive fait usage de l'adjectif numéral un. « The word for 'one', when written phonetically, as a rule follows its noun […]. Or else it precedes it and is connected with it by the genitival adjective […]. At a later stage of the language, the last-named construction gives rise to the **indefinite article**; an early example is [hieroglyphs] *waw n qAqAw* 'a ship' (Le mot pour 'un', lorsqu'il est écrit phonétiquement, comme règle, suit le nom […]. Ou bien il le précède et s'y joint à l'aide d'une préposition […]. A un stade avancé de la langue, cette dernière construction a donné naissance à l'article indéfini. Un des premiers exemples est : […] *waw n qAqAw* 'un bateau') » (Gardiner, 2001, § 262).

En kikongo, il existe aussi un moyen pour remédier à l'absence des articles défini et indéfini. Pour l'article défini. « Devant les substantifs qu'on veut bien déterminer, on exprime souvent un préfixe verbal qui fait l'office d'article. Ex. *u mwana mfumu ufwa* cet enfant-là du chef, celui qui est mort » (Butaye, 1910, p. 20). « Certaines expressions marquant le temps semblent faire l'office d'article. Ex. *o mpimpa* la nuit, *o mwini* le jour » (Butaye, 1910, 21). Pour l'article indéfini, on peut employer l'adjectif numéral un. « **mòsi**, nombre un ; un certain, un particulier » (Laman, 1964, p. 572).

pA (sous la forme ba), *tA* et *nA* existent aussi en kikongo où ils jouent le rôle d'articles en tant que préfixes ou suffixes. Nous les avons répertoriés dans la partie lexicale.

B. Dépendance, temps et attitude

La phrase égyptienne fait peu cas des expressions servant à lier les mots. « The student must realize from the start that Egyptian is very sparing in its use of words meaning 'when', 'if', 'though', 'for', 'and', and the like; consequently, it often devolves upon the translator to supply the implicit logical nexus between words. /Similarly, distinctions of *tense* and *mood* are not marked in the same clear way as in English (Dès le début, l'étudiant doit réaliser que l'égyptien est très avare dans son usage des mots significant 'quand', 'si', 'bien que', 'pour', 'et', etc.. Par conséquent, il revient souvent au traducteur de suppléer les connections logiques implicites entre les mots. /De même, les différences de temps et de modes ne sont pas marqués aussi clairement qu'en anglais) » (Gardiner, 2001, § 30). « In their particular contexts any of the following renderings may be legitimate: [hieroglyphs] *wbn ra m pt* the sun rises in the sky, the sun rose in the sky, the sun will rise in the sky, when the sun rises in the sky, when the sun rose in the sky, if the sun rise in the sky, let the sun rise in the sky, that the sun may (might) rise in the sky, etc. (Dans leurs contextes particuliers, les versions suivantes sont acceptables : [...] *wbn ra m pt* le soleil se lève dans le ciel, le soleil s'est levé dans le ciel, le soleil se lèvera dans le ciel, quand le soleil se lève dans le ciel, que le soleil se lève [puisse se lever] dans le ciel, etc.) » (Gardiner, 2001, § 30).

En kikongo, remarque Butaye, la coordination n'est pas non plus fort marquée. « Dans la narration, l'énumération, on se sert peu de conjonctions de coordination. On juxtapose les propositions. Ex. *Uele, utadidi, uvutukisi* il alla, il vit, il revint » (Butaye, 1910, p. 85).

Pour le temps, il en est en kikongo comme en égyptien. « Le présent est souvent employé avec le sens du futur. Ex. *Batonda*, peut signifier : ils aiment, ils aimeront. / Pour mieux marquer le futur, on double le verbe.Ex. *Kuisa bakuisa*, ils viendront. / La forme du futur en **sa** [...] ne s'emploie que pour marquer un futur immédiat, ou tout a fait certain (...). Ex. *Sa kagana*, il donnera certainement » (Butaye, 1910, p. 57). Lorsque « le temps passé est précisé », on emploie l'imparfait ou le passé défini. « Ex. *Zono iasumba*, j'ai acheté hier. / *Zuzi ki nsona nzila iafuka*, la route s'est achevée, s'acheva avant-hier le jour du nsona » (Butaye, 1910, p. 57).

Concernant l'impératif, le subjonctif et le futur, Dereau pose la question suivante : « Est-il bien nécessaire de distinguer ces trois temps en kikôngo ? » (Dereau, 1955, p. 165). Et il donne la réponse suivante : « Il semble que non » (Dereau, 1955, p. 165).

C. Voix passive

Parlant de la formation de la voix passive en égyptien, Gardiner note : « To create the *passive* of the *sDm. f* form, an element ⟨hiero⟩ *.tw*, sometimes more briefly written ⟨hiero⟩ *.t* (*w*), is inserted immediately after the verb-stem, as in ⟨hiero⟩ *sDm.tw r pn* 'this utterance is heard' (Pour créer le passif de la forme *sDm. f*, un élément [...]. *tw*, quelque fois plus brièvement écrit [...]. t(w), est inséré immédiatement après la radical du verbe, comme dans [...] *sDm.tw r pn* 'cette parole est entendue') » (Gardiner, 2001, § 39).

La formation de la voix passive en kikongo se réalise de la même manière qu'en égyptien. « **L'infinitif passif** se forme en changeant la terminaison **a** de l'infinitif actif en *wa*. Exemples : *planter* : kuna. /*être planté* : kunwa. /*aimer* : zola. /*être aimé* : zolwa » (Dereau, 1955, p. 149).

D. Adjectifs

A propos des adjectifs égyptiens, on peut observer ce qui suit : « **Adjectives** may be used as *epithets*, as *predicates*, or as *nouns* (Les **adjectifs** peuvent être utilisés comme épithètes, prédicats ou noms) » (Gardiner, 2001, § 48).

Les adjectifs en kikongo offrent les mêmes caractéristiques. « L'adjectif n'est généralement qu'un substantif ou qu'un verbe dont la fonction a changé dans le discours par suite du contexte » (Butaye, 1910, p. 23).

En égyptien, « when used as *epithets*, they follow theirs nouns, *agreeing with them in number and gender* [...]. Exx. ⟨hiero⟩ *sxr pn bin* this evil counsel. / ⟨hiero⟩ *xt nbt nfrt* every good thing (lorsqu'ils sont utilisés comme épithètes, ils suivent les noms, s'accordant avec eux en

38

nombre et en genre [...]. Exx [...] *sxr pn bin* ce mauvais conseil. /[...] *xt nbt nfrt* toute bonne chose) »
(Gardiner, 2001, § 48).

En kikongo également, l'"adjectif doit se placer après le substantif. Ex. *Nzila nda*, une longue
route" (Butaye, 1910, 24). "**Au pluriel** les adjectifs de **toutes les classes** doivent prendre le préfixe
d'accord du substantif" (Butaye, 1910, 23). "**Au singulier des six dernières classes** (5-10) tous les
adjectifs doivent prendre également le préfixe d'accord du substantif" (Butaye, 1910, p. 23).

Concernant les adjectifs, l'égyptien et le kikongo ont en commun quelques particularités.

En égyptien, « demonstrative adjectives [...] have precedence of position over other adjectives.
So too suffixes when used possessively. Ex. [hieroglyphs] *sAt. f Srit* his little daughter (les
adjectifs démonstratifs précèdent les autres adjectifs. C'est aussi le cas des suffixes quand ils sont utilisés
comme des possessifs. Ex. [...] *sAt. f Srit* sa fille [qui est] petite) » (Gardiner, 2001, § 48).

Du côté kikongo, "Lorsqu'un nom est suivi de plusieurs adjectifs, parmi lesquels un adj.
démonst., celui-ci se place en premier lieu après le nom ; les autres suivent et prennent l'accord préfixal.
Ex. Nti ewu wanda » (Vandyck, p. 49). C'est aussi le cas pour les possessifs. « L'adjectif possessif prend
place immédiatement après le substantif, même si d'autres adjectifs se rapportent à ce substantif. Ex.
Mwân'âme wa mbote » (Dereau, 1955, p. 35).

E. Comparatif et superlatif

La formation du comparatif et du superlatif en égyptien et en kikongo obéit à une même
mentalité. « The Egyptian adjective has no special forms to indicate the degree of comparison.

Comparison is effected by means of the preposition [hieroglyph] *r*, which here signifies 'more than', literally
perhaps 'relatively to' (L'adjectif égyptien n'a pas de forme spéciale pour indiquer le degré de
comparaison. **La comparaison** est rendue au moyen de la préposition [...] *r*, qui ici signifie 'plus que',
littéralement peut-être 'relativement à') » (Gardiner, 2001, § 50). Pour former un superlatif, il y a
plusieurs possibilités. Entre autres, la répétition d'un suffixe. « The repetition of a suffix may help to
indicate superlative meaning (La répétition d'un suffixe peut aider à indiquer l'idée d'un
superlatif) » (Gardiner, 2001, § 97).

Et qu'en est-il en kikongo? « Le kikongo n'a pas de désinences ou préfixes pour les comparatifs
et les superlatifs. Pour exprimer les degrés de comparaison il faut recourir à des périphrases ou se
contenter de l'indiquer par le contexte » (Butaye, 1910, p. 25). Pour obtenir les superlatifs, le kikongo
recoure souvent à des répétitions. « On forme le superlatif relatif et absolu [...] en répétant l'adjectif
[...], en répétant le préfixe (classes 5-10) pour marquer l'insistance [...] » (Butaye, 1910, p. 26).

F. Formation du passé

En égyptien, « Not infrequently the *sDm. n.f* form serves to express *relatively past* time, i.e. time
which is past relatively to the time of the adjacent context (Pas de manière rare, la forme *sDm. n.f* sert à
exprimer *relativement* le temps passé, c'est-à-dire le temps qui est passé relativement au temps du
contexte adjacent) » (Gardiner, 2001, § 414. 2). « This second common form of the verb is constructed,
as regards its pronominal or nominal subjects, as well as in its mode of expressing the passive, exactly

like the *sDm. f* form. From that form it differs only in the insertion of an *inseparable* element [hieroglyph] *n*
immediately after the verb-stem or after any determinative which the verb-stem may have. Exx.

39

⬜️𓂝𓏤 *pr.n.f* he went out. / 𓁹𓏏𓈖 *ms. n.tw.i* I was born (Cette deuxième forme commune du verbe est construite, en parlant de ses sujets nominaux et pronominaux, comme de sa manière d'exprimer le passif, exactement comme la forme *sDm. f*. De cette forme, il diffère seulement par l'insertion d'un élément *inséparable* […] *n* immédiatement après la radical du verbe ou après n'importe quel déterminatif la forme du verbe pourrait avoir. […] *pr.n.f* il est sorti. /[…] *ms.n.tw.i* j'étais né) » (Gardiner, 2001, § 67).

Le kikongo connaît, pour certains verbes, cette manière de construire le passé. « **Les verbes, dont la dernière consonne est N ou M, changent la terminaison** *a* **de l'infinitif en** *ini* **ou** *ene*, **selon que l'avant-dernière voyelle est a, u, i, ou o, e, s'ils ne sont** *pas composés de plus de deux syllabes*. Exemples : s*a-n*a = san-*ini*. /t*i-m*a = tim-*ini*. /t*u-n*a = tun-*ini*. /t*o-m*a = tom-*ene*. / sê-*m*a = sêm-*ene* » (Dereau, 1955, p. 59).

Mais « **Les verbes, dont la dernière consonne n'est pas N ou M, changent la terminaison** *a* **de l'infinitif en** *idi* **ou** *ele*, **selon que l'avant-dernière voyelle est a, u, i, ou o, e, s'ils ne sont** *pas composés de plus de deux syllabes*.Exemples : b*a-k*a = bak-*idi*. /v*u-z*a = vuz-*idi*. /bî-*k*a = bîk-*idi*. /s*o- k*a = sok-*ele*. /bê-*l*a = bê-*ele* » (Dereau, 1955, p. 59). C'est *idi* et *ele* ne sont à vrai dire que des déformations de *ene*.

La seule exception est celle qui concerne les verbes de plus deux syllabes. « **Les verbes composés de** *plus de deux syllabes* **changent la terminaison** *a* **de l'infinitif en** *i* **ou** *e*, **selon que l'avant-dernière voyelle de l'infinitif est a, u, i ou o, e**. Exemples : bu-k*u*-na = bukun-*i*. /to-k*u*-na = tokun-*i*. /yi-m*i*-na = yimin-*i*. /tô-mb*o*-la = tômbol-*e*. /do-do-k*e*-la = dodokel-*e* » (Dereau, 1955, p. 59).

G. Formation du future

1. Pour former le futur, l'égyptien emploie la préposition ⬭ r : « **The pseudo-verbal construction with** *r* **+ infinitive**. This construction is often used to express *future* action, whether simply or as conditioned by the speaker's will; in other words, it corresponds alike to English 'will' and to English 'shall'. Ex. 𓏏𓏤𓀀𓂋𓆴𓈖𓂝𓅓𓅬𓅬 *ib n Hm. k r qbb n mAA* the heart of Thy Majesty will be refreshed at seeing (**La construction pseudo-verbale avec** *r* **+ infinitif**. Cette construction est souvent utilisée pour exprimer une action future, simplement ou voulue par l'intention de celui qui parle ; en d'autres mots il correspond à l'anglais 'will' et à l'anglais 'shall'. Ex. […] *ib n Hm.k r qbb n mAA* le cœur de Sa Majesté sera rafraichi en voyant) » (Gardiner, 2001, § 332).

Quant au kikongo, s'il « veut insister sur la certitude que le fait arrivera nécessairement dans l'avenir, il fait précéder le verbe de la particule si dans le S., et sa dans le N. [Ex.] si isala [je travaillerai] » (Dereau, 1955, p. 163).

2. La particule 𓈖 in « en effet (indeed) » (Gardiner, 2001, §227) peut servir à introduire le futur (Obenga, 1980, p. 64 ; Gardiner, 2001, §227). Alan Gardiner écrit à ce propos: « 1. When employed to qualify whole sentences, *in* gives to them *interrogative* force (Lorsqu'il est utilisé pour qualifier des phrases entières, *in* leur donne une force *interrogative*). […]/2. In its other uses *in* emphasizes some particular nouns. So in the construction *in* + noun + *sDm. f* (or in independent pronoun + *sDm. f*), which has always *future* sense. […]. Exx. As to everyone who shall lift up his hand to this image, 𓈖𓅡𓏏𓏏𓅬 *in DHwty Hs. f sw* Thoth shall praise him. /

[hieroglyphs] ...... [hieroglyphs] *in wr n pA Xrdw 3* .... *In. f n.k sy* the oldest of the three children .... shall bring it to thee. Or better: it is the eldest of, etc. .... Who shall bring, etc. (Dans ses autres utilisations *in* souligne certains noms particuliers. Ainsi, dans la construction *in* + nom + *sDm. f*[ou dans le pronom indépendant + *sDm. f*], qui a toujours un sens *futur*. [...] Exx. Quant à celui qui lèvera sa main vers cette image, [...] *in DHwty Hs.f sw* Thoth le louera. /[...] *in wr n pA Xrdw 3.... In. f n.k sy* l'aîné des trois enfants.... te l'apportera. Ou mieux: c'est l'aîné de, etc..... qui apportera, etc.) » (Gardiner, 2001, §227).

En kikongo, on a la particule *na* qui exprime cette nuance du futur dans les verbes conjugués à l'impératif. A ce propos Karl Lam affirme : « **ná**, part. emphat. que l'on emploie ordinairement devant le verbe à l'impératif mais qui peut également se trouver devant d'autres mots, par exemple **naseti !** fais-le donc ! **nabwe ya sa ?** comment vais-je faire ? **nabyempi ?** mais où donc peuvent-ils être ? » (Laman, 1964, p. 654).

3. Voir **P. Forme continuative**

H. Terminaison en y/i

On peut former des adjectifs, en égyptien, à partir des noms et des prépositions. « The ending – *y* is employed to form adjectives from nouns and prepositions (La finale –*y* est employée pour former des adjectifs à partir des noms et des prépositions) » (Gardiner, 2001, § 79). « Like other adjectives, those ending in –*y* are often employed as nouns. Exx. [hieroglyphs] *sxty* 'peasant', 'fowler', properly 'one-belonging-to-the-country [hieroglyphs] *sxt*'. / [hieroglyphs] *Hryw-Sa* 'those-upon-the-sand', i.e. the Bedâwîn (Comme les autres adjectifs, ceux qui terminent en –*y* sont souvent employés comme noms. Exx. [...] *sxty* 'le paysan', proprement 'celui-qui-appartient-au-pays [...] *sxt*'. /[...] *Hryw-Sa* 'ceux-sur-le-sable', c'est-à-dire le bédouin) » (Gardiner, 2001, § 81).

Certains substantifs kikongo créés cette fois à partir des verbes ont la terminaison en **i**. Dereau les appellent « **Substantifs indiquant le nom de celui qui pose l'action désignée par le verbe (nomen agentis)** » (Dereau, 1955, p. 153). « Pour les former, on fait suivre le préfixe nominal N' (classe MU-MI) (N. : KI, classe KI-BI), de l'infinitif actif dont on change la terminaison **a** en **e** pour les monosyllabiques et en **i** pour les polysyllabiques. Exemples : nwa : *boire* ; n'nwe : *buveur* (N. : kinwa). /sala : *travailler* ; n'sadi : *travailleur* (N. : kisadi). /longa : *enseigner* ; n'longi : *toute personne qui enseigne* (N. : mulongi). /vânga : *faire, créer* ; m'vangi : *créateur* » (Dereau, 1955, p. 153).

I. Déclinaison

Selon Gardiner, « Egyptian shows no trace of case-endings, and the syntactic relations of nouns were indicated either by the word-order or by the use of prepositions and the like, e.g. the use of *n* 'to', 'for' to express the dative (L'égyptien ne montre aucune trace des cas, et la relation syntaxique des mots était indiquée soit avec l'ordre des mots soit avec l'usage des prépositions, etc., exemple l'usage de *n* 'à', 'pour' pour exprimer le datif) » (Gardiner, 2001, § 83).

Butaye fait presque la même remarque pour le kikongo. « En kikongo il n'y a pas de flexions de déclinaison. On exprime les relations des cas au moyen de particules ou de verbes relatifs » (Butaye, 1910, p. 21).

J. Génitif

L'égyptien, fait remarquer Gardiner, a deux sortes de génitifs, « *direct* and *indirect* (*direct et indirect*) » (A. Gardiner, 2001, § 83).

« The **direct genitive** follows the noun that governs it, immediately and without connecting link. Exx. 𓄿𓂋𓉐 *imy-r pr* overseer of the house, i.e. steward. / 𓎟𓂜𓏏 *nb imAq* possessor of veneration, venerable » (A. Gardiner, 2001, § 85). « This form of genitive is usual wherever the connection between governing and governed noun is particularly close, as in titles, set phrases, etc. (Le **génitif direct**suit le nom qui le gouverne, immédiatement et sans un connecteur. Exx. [...] *imy-r pr* le surveillant de la maison, c'est-à-dire gérant. /*nb imAq* possesseur de vénération, vénérable) » (Gardiner, 2001, § 85).

« In the **indirect genitive** the noun is preceded by the **genitival adjective** 〰〰*ny* 'belonging to', a derivative in –*y* from preposition 〰〰*n* 'to' 'for'. The genitival adjective agrees in number and gender with the governing word [...]. Exx. 𓇓𓏏𓈖𓆎𓏏𓊖*nsw n Kmt*, the king of Egypt. / 𓊖𓏏𓈖�*niwt nt nHH*, the city of eternity. / 𓅨𓂋𓅱𓈖𓍿𓏏𓊖*wrw nw AbDw*, the great ones of Abydus. / 𓄿𓅱𓈖𓐍𓏏𓏭𓏪*aAw n sxty pn*, the asses of this peasant. / � 𓈖 𓊖*Hmwt nt wrw*, the wives of the chiefs (Dans le cas du **génitif indirect**,le nom est précédé par l'adjetif génétival [le connecteur] [...] *ny*'appartenant à', une derivation en –*y* à partir du pronom [...] *n* 'à', 'pour'. L'adjectif génitif s'accorde en nombre et en genre avec le nom qui le gouverne [...]. Exx. [...] *nsw n Kmt*, le roi de l'Égypte. /[...] *niwt nt nHH*, la cité de l'éternité. /[...] *wrw nw AbDw*, le grands d'Abydos. /[...] *aAw n sxty pn*, les déjections de ce paysan. /[...] *Hmwt nt wrw*, les femmes des chefs) » (Gardiner, 2001, § 86).

Comme l'égyptien, le kikongo connaît deux formes de génitifs.

« a) **par addition du préfixe d'accord** : au pluriel de toutes les classes, au singulier des six dernières classes, au singulier aussi des quatre premières classes, s'il y a insistance. Ex. *Bana ba Nzambi*, les enfants de Dieu. / *Nzila zi gata*, les chemins du village. / *Bimenga bi nganga nkisi*, les sacrifices des féticheurs. / *Mankondo ma mfumu*, les bananes du chef. / *Buya bu nseke*, les champignons des champs. / *Dinkondo di kiala*, une banane du jardin. / *Nzila i gata*, le chemin du village. / *Mwana u mfumu*, l'enfant du chef » (Butaye, 1910, p. 22).

« b) **par simple juxtaposition** au singulier des quatre premières classes, quand il n'y a pas insistance. Ex. *Nzila gata*, le chemin du village. /*Muana mfumu*, l'enfant du chef » (Butaye, 1910, p. 22).

K. Conjonction

D'après Gardiner, « Egyptian has no special word for 'and'. The co-ordination of nouns or adjectives is often effected by direct juxtaposition [...]. Closely connected words may be coupled by means of 𓏤 *Hr*, lit. 'upon'. Or else 𓎛𓈖𓂝 *Hna* 'together with' is employed, especially when the coordination is less close (L'égyptien n'a pas de mot spécial pour 'et'. La coordination des noms ou des adjectifs est souvent réalisée par une juxtaposition directe [...]. Des mots qui sont très proches peuvent être connectés au moyen de [...] *Hr*, lit. 'au-dessus'. Ou bien [...] *Hna* 'ensemble avec' est employé, spécialement quand la connection n'est pas très proche) » (A. Gardiner, 2001, § 91).

En kikongo également, l'emploi de la conjonction n'est pas généralisé. Butaye écrit : « La conjonction *ye*, et, s'emploie bien avec les substantifs, mais on ne relie guère les propositions par *ye*, on les juxtapose » (Butaye, 1910, p. 79).

L. Verbe avoir

Parlant du verbe avoir en égyptien, Gardiner note : « Egyptian has no verb meaning 'to possess', 'to have', nor yet any verb meaning 'to belong to'. In order to express these notions, use is made of the

preposition ⸺ *n* 'to', together with its derivatives [...]. Exx.

xt.i nbt m SA m niwt n sn. i IHy-snb all my

property in country and in town (shall belong) to my brother IHysonb. / *iw n.k anx* thou

shalt have life, lit. life is to thee. / *nn wn ib n s* no man has a heart (L'égyptien n'a pas de verbe significant 'posséder', 'avoir', pas non plus de verbe significant 'appartenir à'. Pour exprimer ces notions, on fait usage de la préposition [...] *n* 'à', avec ses dérivatifs [...]. Exx. *xt. i nbt m SA m niwt n sn.i IHy-snb* toutes mes propriétés, en champagne comme en ville [devront appartenir] à mon frère IHysonb. /[...] *iw n. k anx* tu dois avoir la vie, lit. La vie est à toi. /[...] *nn wn ib n s* personne n'a un cœur) » (Gardiner, 2001, § 114).

Gardiner fait encore remarquer : « To convey the meaning 'I have (had) a ...', 'thou hast (hadst) no...' the existential sentences may be employed, the subject being qualified by a suffix-pronoun. Exx.

ist wn Hmt. f and he has a wife, lit. lo, there was a wife of him. /

nn wn tp. f he has no head, lit. not exists a head of him (Pour traduire le sens de 'j'ai [eu] un...', 'tu n'as pas [eu] les phrases existentielles peuvent être employées, le sujet étant qualifié par un suffixe pronom. Exx. [...] *ist wn Hmt. f* et il a une femme, lit. Voilà, il était une femme de lui. /*nn wn tp.f* il n'a pas de tête, lit. Il n'existe pas de tête de lui) » (Gardiner, 2001, § 115).

Tout comme en égyptien, en kikongo, le verbe avoir n'existe pas. Dereau le dit si bien : « Le verbe AVOIR n'existe pas en kikôngo. On le traduit par ÊTRE AVEC : KALA YE. (N. : BA NA). Exemple : j'ai un enfant = je suis avec un enfant : ngina ye mwana » (Dereau, 1955, p. 30). « Il faut cependant remarquer qu'à la forme **affirmative**, le kikôngo tourne souvent la phrase autrement ; il met comme *sujet* de la phrase *la chose possédée*, et dit non pas : je suis avec un enfant, mais : 'un enfant est avec moi'. Exemple : *j'ai un enfant* : mwâna una yâme » (Dereau, 1955, p. 30).

La préposition égyptienne *n* se retrouve dans le kikongo *na* pour s'associer aux pronoms personnels et donner le sens d'appartenance. « **nà**, conj. et prép., correspondant à **ye** ou **ya**, et, avec, etc., comme telle on l'unit également aux pron. pers. **naami, naaku, naandi (naani), neeto, neeno, nau** au lieu de **yaami, yaaku** etc.» (Laman, 1964, p. 654).

M. Verbe être

En égyptien, dans certains cas, le verbe être n'est pas exprimé. « The principle underlying the Egyptian sentence with nominal or pronominal predicate is the principle of *direct juxtaposition*, the *subject preceding the predicate* as in the sentence with adverbial predicate. This construction is still very common in Middle Egyptian when the subject is a *personal pronoun*, and a previous lesson has taught us that in this case the independent pronouns are used; the copula is not expressed. Exx. [hieroglyphs] *ink Smsw* I was a follower. / [hieroglyphs] *swt nb. n* he is our lord (Le principe guidant la phrase égyptienne qui contient un prédicat nominal ou pronominal est le principe de la *juxtaposition directe*, le *sujet précédant le prédicat* comme dans la phrase contenant un prédicat adverbial. Cette construction est encore très commune dans le moyen égyptien quand le sujet est un *pronom personnel*, et dans une leçon précédente nous avons appris que dans ce cas on fait usage des pronoms indépendants ; le verbe copule n'est pas exprimé. Exx. [...] *ink Smsw* j'étais un suivant. /[...] *swt nb. n*il est notre seigneur) » (Gardiner, 2001, § 125). Gardiner ajoute: « When it is a *noun*, direct juxtaposition is practically obsolete, though it was still common in the Pyramid Texts. A few Middle Egyptian examples may be quoted, notwithstanding. Exx. [hieroglyphs] *mkt. t mkt. Ra* thy (f.) protection is the protection of Rē. / [hieroglyphs] *rn n mwt. s TwiA* the name of her mother is Tjuia (Lorsque c'est un *nom*, la juxtaposition directe n'est pas nécessaire, bien qu'elle a toujours été commune dans les textes des pyramides. Un petit nombre d'exemples venant du moyen égyptien peuvent, de toute façon, être cités. [...] *mkt. t mkt. Ra* la protection, c'est la protection de Râ. /[...] *rn n mwt. s TwiA* le nom de sa mère est Tjuia) » (Gardiner, 2001, § 125).

En kikongo de même, le verbe être n'est pas d'un emploi contraignant. « Comme verbe auxiliaire le verbe 'être' peut ne pas être exprimé du tout : *oyau mpe mfumu* = ils sont des chefs, eux aussi ; *ke mono ko* = ce n'est pas moi » (Seidel et Struyf, 1910, § 87).

N. Adverbes

Dans la formation des adverbes en égyptien, il existe un type qui consiste en la combinaison d'une préposition et d'un nom. « Other adverbs correspond to the compound prepositions, many originating, like the latter, in the combination of a preposition with a noun. Only a few examples need be quoted: [hieroglyphs] *m bAH* 'formerly', 'in front'; [hieroglyphs] *Xr Hat* 'formerly'; [hieroglyphs] *m xt* 'afterwards'; [hieroglyphs] *Hr sA* 'subsequently', 'later'; [hieroglyphs] *tp im* 'previously' (D'autres adverbes correspondent aux prepositions composes, beaucoup provenant, comme pour ces derniers, dans la combinaison d'une preposition avec un nom. On peut en citer un petit nombre d'exemples. [...] *m bAH* 'anciennement', 'en avant'; [...] *Xr Hat* 'anciennement'; [...] *m xt* 'après tout' ; [...] *Hr sA* 'par conséquent', 'plus tard' ; [...] *tp im* antérieurement) » (Gardiner, 2001, § 205. 2).

L'égyptien connaît aussi « the adverbial use of nouns. Some particularly common examples, besides the dates, are [hieroglyphs] *Dt* 'eternally'; [hieroglyphs] *ra nb* 'every day'. So too whole phrases such as [hieroglyphs] *Hat. f r pHwy.fy* '(from) its beginning to its end' (l'usage adverbial des noms. Quelques exemples frequents à part les dates, sont [...] *Dt* 'éternnellement' ; [...] *ra nb* 'chaque jour'.

Aussi des phrases entières comme […] *Hat.f r pHwy.fy* '[de] son début jusqu'à sa fin')» (A. Gardiner, 2001, § 205. 6).

En kikongo, les adverbes de manière se forme « a) au moyen des substantifs précédés de *muna*, *kuna*, *ye* : par. *Muna ngolo*, de force ; *ye ngangu*, d'une manière intelligente ; *mu luniatu*, avec dégoût. /b) au moyen des substantifs employés absolument. /*Ngolo*, de force ; *ngangu*, adroitement ; *ntinu*, en courant. /c) avec des substantifs en *ma*. /*Mantelama*, debout ; *mamfukama*, à genoux ; *manseka*, la face en haut » (Butaye, 1910, pp. 77-78).

O. Discours direct et discours indirect

L'égyptien ignore pratiquement le discours indirect. « It must be observed that the highly developed indirect speech found in Latin, where all the pronouns after 'he said' or the like are reduced to 3rd pers., hardly exists in Egyptian […]. / Contrary to expectation, *ntt* 'that' is not found after verbs of saying. The speech is usually introduced directly, without any introductory phrase. So very frequently after ⟨glyph⟩ *Dd. f* 'he says', 'he said' and its equivalent ⟨glyph⟩ *Dd*. Exx. ⟨glyph⟩ ..... ⟨glyphs⟩ *r-pat HAty-a .... SA-nht, Dd.f: ink Smsw* the prince…Sinuhe said: I was a henchman. / ⟨glyphs⟩ *Xry-tp nsw imAxw TTi, Dd: ink mry nb. f* he who is at the head of the king, the revered Tjetji, says: I was one beloved of his lord (Il doit être noté que le discours indirect qui est très développé en latin, où tous les pronoms après 'il a dit' et ses semblables, sont réduits à la 3e personne, pratiquement n'existe pas en égyptien […]. / Contrairement à ce que l'on pourrait penser, *ntt* 'que' ne se rencontre pas après les verbes du type dire. Le discours est généralement introduit directement, sans une phrase introductive. Ainsi, très fréquemment après […] *Dd. f*'il dit', 'il a dit' et son équivalent […] *Dd*. Exx. […] *r-pat HAty-a.... SA-nht, Dd.f: ink Smsw* le prince…Sinuhe dit : j'étais un compagnon. / […] *Xry-tp nsw imAxw TTi, Dd: ink mry nb. f*celui qui est à la tête du roi, le respecté Tjetji, dit : je suis un bien aimé de son seigneur) » (Gardiner, 2001, § 224).

Comme l'égyptien, le kikongo évite le discours indirect dans les phrases. « On ne fait guère du discours indirect. On préfère citer textuellement les paroles qu'on rapporte. Ex. *Bu kasidi : mbasi ngisidi*, il a dit qu'il viendrait demain ; il dit ainsi : demain je suis arrivé, j'arrive » (Butaye, 1910, p. 86).

P. Forme continuative

En égyptien, « ⟨glyphs⟩ *kA* 'so', 'then', var. ⟨glyphs⟩, is doubtless akin to the similarly written verb 'to plan', 'devise'. Combined with *sDm. f* it serves to express either a simple *future* event arising out of what has previously been said, or else an *injunction* or *determination*. Exx. O that (*Hw*) thou mayst do as I say; ⟨glyphs⟩ *kA Htp MAat r st. s* then Right will rest in her place. ⟨glyphs⟩ *kA ir.tw xft iry* then one shall act accordingly ([…] *kA* 'ainsi', 'alors', […] est indubitablement proche du verbe écrit de la même manière, à savoir 'planifier', 'imaginer'. Combiné avec la forme *sDm. f* il sert à exprimer soit un simple événement futur résultant de ce qui a été précédemment dit soit une *injonction* ou une *détermination*. Exx. Oh que [*Hw*] tu puisses faire comme je dis ; […] *kA Htp MAat r st.s* alors le droit reposera à sa place. […] *kA ir.tw xft iry* alors on agira en conséquence) » (Gardiner, 2001, § 242).

Pour sa part, Théophile Obenga parle ainsi de *kA* : « Dans les textes religieux notamment, la particule égyptienne qui sert à exprimer le futur de façon vraiment caractéristique est *kA/ka*. Elle se réfère à une action future dépendant de ce qui a été déjà relaté : "Ils seront certainement contents (*ha.kA.sn*) lorsqu'ils te verront" (Urkunden, IV, 569, 10) (Obenga, 1980, p. 64).

Et en kikongo, kaet ngaont les même sens que l'égyptien kA : « **ká**, parce que ; **~ ti bu kasiila**, quoiqu'il fasse » (Laman, 1964, p. 197). « **kádi**, parce que, puisque, car ; toutefois, mais pourtant ; ainsi, donc » (Laman, 1964, p. 200). « **ngà**, part. conj. (sans doute, donc, alors), dont on se sert pour introduire des phrases qui sont dépendantes de qqch qui a été fait auparavant ou sous-entendu, p. ex. **vo nzo ambote ~ nsumbidi yo**, si cela avait été une maison bien conditionnée je l'aurais achetée ; **fyuma fisiidi ~ mfwidi**, j'ai été près de mourir ; **nga** devant le futur signifie que certaines actions suivront naturellement ; **~ mbazi mwendo ami**, demain j'irai (tout naturellement) ; **~** ou **~i** avant le temps écoulé exprime les idées de aurait dû, devrait avoir dû ; l'action est considérée comme une suite naturelle de qqch qui a été dite ou sous-entendu ; **~ wakombele vava zono**, tu aurais dû, hier, balayer ici ; **~ vo i (mono)**, pour ce qui (me) concerne » (Laman, 1964, p. 681) ; « **ngā**, après, ensuite ; **yateka sonika ~ ngiiza**, j'écrirai d'abord, ensuite je viendrai » (Laman, 1964, p. 682). Finalement, on peut évoquer « **-ngā**, suff. verbal d'un sens continu, continuatif » (Laman, 1964, p. 682).

Q. Réduplication

L'égyptien connaît la réduplication dans la formation de certains mots. « Verbs signifying continuous or repeated human actions, habitual occupations, sounds, and colours, and violent movements are apt to be created from biliteral or triliteral stems by the repetition of two of the radical consonants. Thus are formed quadriliteral verbs like *nDnD* 'take counsel' from *nD* 'ask', *snsn* 'fraternize' from *sn* 'brother', *ptpt* 'crush' (simplex unknown), and quiquiliterals like *HAgAg* 'exult' from *Hag* 'be pleasant, be glad'; *swtwt* 'walk', 'promenade' (simplex unknown) (Les verbes significant des actions humaines répétées ou continues, des occupations habituelles, des sons, des couleurs et des mouvements violents sont susceptibles d'être créés à partir de deux ou de trois racines par la répétition de deux des consonnes du radical. Ainsi sont formés des verbes à quatre sons comme […] *nDnD* 'prendre conseil' de […] 'demander', […] *snsn* 'fraterniser', de […] *sn* 'frère', […] *ptpt* 'écraser' [la forme simple est inconnue], et à cinq sons comme […] *HAgAg* 'exulter' de […][…]*HAg* 'être content, être heureux' ; […] *swtwt* 'marche', 'promenade' (la forme simple est inconnue)) » (Gardiner, 2001, § 274).

En kikongo aussi, la réduplication existe. « Un mot répété une ou plusieurs fois constitue une espèce de mot composé à sens intensif. Ex. *Malu-malu*, très vite ; *mbi-mbi*, très mauvais. *Lulamba-lamba madia*, préparez vite la nourriture, ou : faites cuire longtemps » (Butaye, 1910, p. 86).

R. Causatif

Pour former le causatif, verbe qui indique que le sujet cause l'accomplissement d'une action, l'égyptien utilise un préfixe. « The consonant *s*, later also *s*, when prefixed to a verb-stem, gives to it causative meaning. The new verbs thus formed are derived not only from transitive and intransitive verbs, but also occasionally from nouns and prepositions. Exx. *smn* 'make to remain', 'establish'

46

from ◻︎◻︎ *mn* 'remain'. / ◻︎◻︎ *sanx* 'make to live', 'nourish' from ◻︎◻︎ *anx* 'live' (La consonne
[…] *s*, […] lorsqu'elle est préfixée à une racine verbale, elle lui donne une signification causative. Les
nouveaux verbes ainsi formés dérivent non seulement des verbes transitifs et intransitifs, mais aussi
occasionnellement des noms et des prépositions. Exx. […] *smn* 'faire demeurer', 'établir' de […] *mn*
'demeurer'. /[…] *sanx* 'faire vivre', 'nourrir' de […] *anx* 'vivre') » (Gardiner, 2001, § 275).

Pour former le causative, le kikongo utilise la même consone que l'égyptien, mais comme
suffixe. « Le verbe causatif se forme du verbe primitif en remplaçant la finale **a** par le suffixe **isa**, **esa**.
Ex. Tanga, *lire* (devient) Tang**isa**, *faire lire*. /Vonda, *tuer* (devient) Vond**esa**, *faire tuer* » (Vandyck,
147). C'est aussi le cas dans la formation des causatifs indirects. « Ils se forment par l'addition de la
terminaison **isisa**, **esesa** » (Vandyck, p. 147). « Ils expriment que le sujet est indirectement cause de
l'accomplissement de l'action. Ex. Tesea (de ta, faire) : être cause que quelqu'un est obligé de faire »
(Vandyck, p. 148).

S. Impératif

L'égyptien couple parfois le verbe conjugué à l'impératif avec un infinitif. « The imperative

◻︎ *ir* 'make' is occasionally used with an infinitive as a periphrasis for the simple imperative. So with

a verb of motion. Ex. ◻︎◻︎◻︎ *ir n.k iwt r Kmt* return thou (lit. make for thyself
coming) to Egypt (L'impératif […] *ir* 'faire' est occasionnellement utilisé avec un infinitif comme
périphrase pour le simple impératif. Ainsi avec le verbe de mouvement. Ex. […] *ir n.k iwt r Kmt* rentre
toi [lit. Fais pour toi-même venir] en Egypte) » (Gardiner, 2001, § 338).

Le kikongo connaît un usage plus ou moins similaire. « Les impératifs sont parfois composés
de l'impératif du verbe kwênda ou du verbe kwîza, suivi de l'infinitif terminé par **e** s'il est
monosyllabique, et par i s'il est polysyllabique. Exemples : wênda tângi. / îza îzi » (Dereau, 1955, p.
101).

T. Interrogation

Comment l'égyptien rendait-il les questions ? « It may be conjectured that the earliest
interrogation was marked only by the speaker's voice. Middle Egyptian examples of this are rare:

◻︎◻︎ *mw*   *im*   is   water   there?   /

◻︎◻︎◻︎ *sp pw n xsf.tw n DHwty-nxt pn Hr nhy n Hsmn Hna nhy n HmAt* is it a case for one's punishing this

Djehutnakht on account of a little natron and a little salt? / ◻︎◻︎◻︎ *kt ixt irt. n.k
n.s* what else hast thou done to it? Lit. another thing that thou hast done to it? /In the first two examples
the Egyptian seems to say 'water is there', 'it is a case'. English indicates the questions by an inversion
of words unknown to the ancient language. Our third example is virtually a question for specification,
and is quoted here only to illustrate the absence of any mark of interrogation (L'on peut supposer que la
plus ancienne interrogation était simplement marquée avec la voix de celui qui parle. Les exemples du
moyen égyptien de cela sont rares. […] *mw im* est-ce qu'il y a de l'eau là? /[…] *sp pw n xsf.tw n DHwty-
nxt pn Hr nhy n Hsmn Hna nhy n HmAt* est-ce qu'il y a lieu punir ce Djehutnakht à cause d'un peu de
natron et d'un peu de sel? /[…] *kt ixt irt. n. k n.s* quoi d'autre as-tu fait à ça? Lit. Une autre chose as-tu

47

fait à ça ? /Dans les deux premiers exemples, l'égyptien semble dire 'l'eau est là', 'il y a un problème'. L'anglais indique la question par une inversion des mots inconnue de l'ancienne langue. Notre troisième exemple semble être une question de spécification, et il est cité ici pour illustrer seulement l'absence d'une marque d'interrogation) » (Gardiner, 2001, § 491).

Le kikongo forme l'interrogation de la même manière que l'égyptien. Aucune inversion n'est observable dans la phrase. « L'interrogation se rend par l'intonation de la voix. Souvent la phrase interrogative se termine par la particule interrogative **e**. Ex. Nti una yaku e ? Keti nti una yaku ? Nti ame, nga una yaku e ? » (Vandyck, p. 12).

U. Omission du sujet

L'égyptien omet parfois les pronoms sujets. « The subject of the verb-forms of the suffix conjugation is sometimes omitted. Exx. [hieroglyphs] *pr is m Xt. i n a iry* it came forth from my body because of the condition thereof. The peasant is referring to his grievance, which he is unable to contain. / [hieroglyphs] *xpr.xr m 4* it will become 4, i. e. the result will be 4. /In these instances the omission is due either to the subject being too clear to need expression, or to its being vague and a matter of indifference (Le sujet des verbes conjugués avec des suffixes est parfois omis. Exx. [...] *pr is m Xt. i n a iry* c'est sorti de mon corps à cause de la condition qui se présentait. Le paysan se réfère à son problème qu'il est incapable de maîtriser. /[...] *xpr.xr m 4* ça deviendra 4, c'est-à-dire le résultat sera 4. /Dans ces cas, l'omission est due soit au sujet qui est trop clair pour être mentionné soit trop vague et matière à l'indifférence) » (Gardiner, 2001, § 486).

C'est un peu la même chose en kikongo, du moins pour un cas, « Les préfixes verbaux ne peuvent jamais s'omettre ; ils sont essentiels à la conjugaison des verbes [...]. En style familier, dans la narration rapide on peut omettre le préfixe de la 3e personne du singulier. Ex. *yani tadidi*, *vutukisi*, il a regardé, est revenu » (Butaye, 1910, p. 34).

V. Un sujet pour plusieurs verbes

En égyptien, un même sujet peut être à la tête de plusieurs verbes. Gardiner parle de « **Several verb-forms before a single subject (Plusieurs formes verbales devant un seul sujet)** » (Gardiner, 2001, § 488) et ajoute « Examples are not rare. [hieroglyphs] *mrr Hss sw xnty (w) imntyw* Khont-amentyu (the god of Abydus) shall love and favour him. / [hieroglyphs] *ir Hm wdf in ntiti dmD n Sp pn Xrdw. f* but if there delay, lag, or be impeded the joining to this Sep of children. / [hieroglyphs] *n hqs, n wbn mAat* justice is not scanty nor (yet) in excess (Les exemples ne sont pas rares. [...] *mrr Hss sw xnty [w]imntyw* Khont-amentyu [le dieu d'Abydos] devra l'aimer et le favoriser. /[...] *Hm wdf in ntiti dmD n Sp pn Xrdw. f* mais si ça traîne, prend du temps ou est empêchée la rencontre à ce Sep d'enfants. /[...] la justice n'est pas rare ni [en encore] en excès) » (Gardiner, 2001, § 488).

Le kikongo ne procède pas autrement que l'égyptien. « Le sujet logique de la proposition est toujours sujet grammatical ; dans diverses propositions qui se succèdent, on aime à maintenir le sujet logique. Ex. *Tala dibaya dina dikatukidi nsonso*, vois cette planche, un clou s'en est détaché, (elle est partie quant à au clou). /*Yakala dila kadila, ufwididi nkas'andi*, ce mari pleure, sa femme est morte, (il est mort quant à sa femme) » (Butaye, 1910, p. 85).

W. Formatif

Pour former des noms de lieu ou d'instrument, l'égyptien fait usage du préfixe **m-** . Nous rencontrons cette règle chez Alessandro Roccati : « Un formativo particolare per nomi di luogo o di strumento è dato da un prefisso *m-*. Esempi: ⟦hieroglyphs⟧ *aHa*, être : ⟦hieroglyphs⟧ *maHat*, tombe ; ⟦hieroglyphs⟧ *xAi*, mesurer : ⟦hieroglyphs⟧ *mxAt*, balance (Un formatif particulier pour des noms des lieux et des instruments est fait à partir du préfixe *m-* . Exemple : […] *aHa*, être : […] *maHat*, tombe ; […] *xAi*, mesurer : […] *mxAt*, balance) » (Roccati, 2008, 40).

En kikongo, nous avons : « **mu**, préf. de la cl. locative » (Laman, 1964, p. 593) et « **La classe N-N**[…]. C'est dans cette classe que viennent se plasser certains substantifs dérivés des verbes : ceux qui indiquent le nom de l'action et la manière de poser une action (nta : *action de dire* ; *ntewolo* : la manière de dire) » (Dereau, 1955, p. 20).

Bibliographie

Butaye, *Grammaire congolaise*, Roulers, 1910.

A. Seidel et I. Struyf, *La langue congolaise*, Paris, Jules Broos, 1910.

Karl E. Laman, *Dictionnaire kikongo-français avec une étude phonétique décrivant les dialectes les plus importants de la langue dite kikongo*, Bruxelles, 1936 (Republié en 1964 par The Gregg Press Incorporated 171 East Redgewood Avenue, Redgewood, New Jersey, USA).

Léon Dereau, *Cours de kikongo*, Namur, Ad. Wesmaël-Charlier, S.A., 1955.

J. Vandyck, *Étude du Kikongo*, Tumba, Imprimerie Signum fidei (sd).

Théophile Obenga, Pour une Nouvelle Histoire, Paris, Présence Africaine, 1980.

Alan Gardiner, *Egyptian Grammar. Being an Introduction to the Study of Hieroglyphs*, Oxford, Griffith Institute, Ashmolean Museum (3e édition, révisée), 2001.

Allessandro Roccati, *Introduzione allo studio dell'egiziano*, Roma, Salerno Editrice, 2008.

IV.   Innovations du kikongo à partir de l'égyptien ancien

A.   Redoublement des consonnes égyptiennes en kikongo

Au cours de nos recherches, nous avons remarqué que les mots égyptiens formés d'une seule consonne se retrouvent souvent en kikongo avec la même consonne, ou son équivalent, redoublée. Voici quelques exemples :

Ab :arrêter, cesser = **bába** : commencer à cicatriser (blessure) ; **aDA** : (être) coupable ; culpabilité, crime = **dēeda** : crime ; **bw** : pied = **būbu** ou **búbú** : jambe, cuisse, fémur, tibia et péroné ; **DA** (lire dja) : saisir = **dàada** : habileté à attraper la balle ; **dA** : disparaître = **dàada** : mourir subitement ; **HAi**(h très aspiré) : parties externes (?) d'une maison = **hého** : véranda, avant-toit, saillie avant la maison ; = **heke** : en dehors de la maison ; devant la porte ; **hi** : descendre = **kūuka** : tomber ; **im** : là, de là = **mīmi** : précisément ceux-ci, ceux-là ; **ky** : autre, un autre = **káka** : autre ; **m** : dans, comme, par, au moyen de, avec, avec, de, hors de, quand, bien que = **mūmu** : ici, en ce même lieu ; auprès de ; **ni** : rejeter = **níini** : économie; prudence, avarice (dans ses achats ou en mangeant, en donnant) ; **p** : base (pour une statue) = **pepe** : être égal, uni, plat ; **qi** : manière, méthode = **n'kñku** : coutume régulière, habituelle, mœurs ; règle (de grammaire), loi (naturelle ou du pays) ; **r** (originellement **rA**) : bouche, paroles, sortilège, charme, langue, langage, porte = **lōola** : vomir, cracher sur la tête ou sur le corps de quelqu'un pour le guérir (au moyen d'un fétiche) ; **Sa** (lire sha) : couper (têtes, etc.) = **sàasa** : couper, découper, dépecer, massacrer, mettre en pièces, en morceaux, en lambeaux, en deux (un animal, de la viande, etc. ; abattre, tuer) ; **sA** : dos = **sasa** : la partie dorsale du lien en cercle pour monter sur le palmier ; **tA** : (être) chaud = **táta** : être réduit en charbon, charbonné ; être tout brûlé ; **w :** ne… pas = **vīivi** : image trompeuse ; = **wawa** : faim ; **xA** : être jeune, petit = **kēeke** : petit, chétif.

B. Autres innovations réalisées par le kikongo

Nous pouvons signaler les innovations suivantes que le kikongo a réalisées à partir de l'égyptien :

1) **Un adjectif peut devenir un suffixe**, **km** : noir = **-ākana** : suffixe verbal donnant un sens indéterminé, souvent le sens de sombre, noir.

2) **Un substantif peut devenir un suffixe**, **wt** : l'enveloppe corporelle, les bandelettes du corps momifié = **- ūtu** : suffixe adjectif signifiant gris, sale (couvert de cendre).

3) **Un substantif peut devenir un pronom**, ⬜𓅦𓅦𓏤𓏤 **hAw** : environnement, voisinage, temps, voisins, apparentés, parents, famille = **kwé** : pronom interrogatif locatif, de quoi ? d'où ? Pronom interrogatif, comment ? quoi ?.

4) **Un verbe peut devenir un suffixe**, 〰️𓈖 **ann** : revenir = **-āna** : suffixe verbal indiquant une action réciproque, **ula (ola)**, **una (ona)** : suffixe verbal exprimant l'idée contraire de celle que renferme le radical du verbe.

5) **Un préfixe peut devenir un suffixe**, 𓊨**s** : « The consonant 𓊨 s, later also ━━ s, when prefixed to a verb-stem, gives to it causative meaning (la consonne […] **s**,[…], lorsqu'elle est préfixée à une racine verbale, elle lui donne une signification causative) » = **-īsa** : suffixe verbal causatif introduisant une action, c'est-à-dire est cause qu'une action se produit, ou que qqn exécute, entreprend librement ou non qqch, **-īsisa** : suffixe verbal causatif double introduisant l'idée que le sujet, d'une manière ou d'une autre, directement ou indirectement, est cause qu'une chose se produit.

6) **Un suffixe peut devenir un préfixe**, 𓀀 **-i** : pronom suffixe 1ère personne commune singulier, je, moi, me, mon; ou omis = **i-**: pronom personnel sujet, conjoint de la première personne je, moi.

7) **Une conjonction peut devenir un suffixe**, 𓎡𓅦𓀀 **kA** : alors, donc = **-ngā** : suffixe verbal d'un sens continu.

8) **Une conjonction peut devenir un verbe**, 𓄤𓂋 **xr**: et, en plus = **kúla** : pousser, croître, grandir, se développer.

Bibliographie

Alan GARDINER, *Egyptian Grammar. Being an Introduction to the Study of Hieroglyphs*, Oxford: Griffith Institute, Ashmolean Museum (3e édition, révisée), 2001.

Raymond O. FAULKNER, *A Concise Dictionary of Middle Egyptian*, Oxford: Griffith Institute, Ashmolean Museum, 2002.

Karl E. LAMAN, *Dictionnaire kikongo-français avec une étude phonétique décrivant les dialectes les plus importants de la langue dite kikongo*, Bruxelles, 1936 (Republié en 1964 par The Gregg Press Incorporated 171 East Redgewood Avenue, Redgewood, New Jersey, USA).

DEUXIÈME PARTIE : ÉTUDE LEXICOLOGIQUE

I. Sigles d'études citées

APPP : Théophile OBENGA, *African Philosophy. The Pharaonic Period: 2780-330 BC*, Translated by Ayi Kwei Armah, Per Ankh, 2004.

BEC: Oum NDIGI, « Le Bassaá, l'égyptien pharaonique et le copte. Premiers jalons révélateurs d'une parenté insoupçonnée », in *Ankh*, n° 2 (avril 1993), pp. 85-123.

BMSEA: Aboubacry Moussa LAM, « Bâtons, massues et sceptres d'Égypte et d'Afrique noire », in *Ankh*, n° 3 (juin 1994), pp. 114-131.

CDME: Raymond FAULKNER, *A Concise dictionary of Middle Egyptian*, Oxford, Griffith Institute, 2002.

CN : Aboubacry Moussa LAM, *Les chemins du Nil. Les relations entre l'Égypte ancienne et l'Afrique Noire*, Paris, Présence Africaine/Khepera, 1997.

CRE : Moustafa GADALLA, *Comprendre la religion égyptienne*, Paris, Seld/Jean-Cyrille Godefroy, 2002.

DEH: Karl-Theodor ZAUZICH, *Discovering Egyptian Hieroglyphs. A practical Guide*, Translated and adapted by Ann Macy Roth, London, University of Texas Press, 2002 (Re-impression en 2004).

DKF : Karl E. LAMAN, *Dictionnaire kikongo-français avec une étude phonétique décrivant les dialectes les plus importants de la langue dite kikongo*, Brussels (Republié en 1964 par The Gregg Press Incorporated 171 East Redgewood Avenue, Redgewood, New Jersey, USA).

DKFFK : René BUTAYE, *Dictionnaire kikongo-français, français-kikongo*, Roulers, 1910.

DKKF : Pierre SWARTENBROEK, *Dictionnaire kikongo-kituba-français*, Bandundu, CEEBA, 1973.

DRA : Théophile OBENGA, « Les derniers remparts de l'africanisme », in *Présence Africaine*, n° 157 (1998), pp. 47-65.

DSDE: Manfred LURKER, *Dizionario dei simboli e delle divinità egizie*, Roma, Astrolabio Ubaldini Editore 1995.

EAAN : Aboubacry Moussa LAM, « Égypte ancienne et Afrique Noire : quelques nouveaux faits qui éclairent leurs relations », in Babacar MBAYE DIOP (éd.), *La conscience historique africaine*, Paris, L'Harmattan 2008, pp. 125-139.

EB : Joseph van WING, *Études Bakongo. Sociologie, religion et magie*, [Bruxelles], Desclée de Brouwer, 1959.

EBD: E.A. Wallis BUDGE, *The Egyptian Book of the Dead. The Papyrus of Ani, Egyptian Text, transliteration and translation*, New York, Dover Publications, 1967.

EG: Allan GARDINER, *Egyptian Grammar Being an Introduction to the Study of Hieroglyphs*, Oxford, Griffith Institute, Ashmolean Museum (3e édition, révisée), 1994.

EGEA : Théophile OBENGA, *L'Égypte, la Grèce et l'école d'Alexandrie. Histoire interculturelle dans l'Antiquité. Aux origines égyptiennes de la philosophie grecque*, Paris, Khepera/L'Harmattan, 2005.

EHCAL : Théophile OBENGA, « Esquisse d'une histoire culturelle de l'Afrique par la lexicologie », in *Présence Africaine*, n° 145 (1988), pp. 3-25.

EK : J. VANDYCK, *Etude du Kikongo*,Tumba, Signum Fidei, sd.

GE : Théophile OBENGA, *La Géométrie égyptienne. Contribution de l'Afrique antique à la mathématique mondiale*, Paris : L'Harmattan, 1995.

GEMEP : Pierre du BOURGUET, SJ, *Grammaire égyptienne. Moyen empire pharaonique*, Louvain, Éditions Peeters, 1980.

GRE : Pierre du Bourguet, *Grammaire égyptienne. Moyen Empire pharaonique*, Leuven, Peeters, 1980.

HPY : Babacar SALL, « Herkouf et le pays de Yam », in *Ankh*, n ° 4/5 (1995-1996), pp. 56-71.

ISE : Alessandro ROCCAT, *Introduzione alla studio dell'egiziano*, Roma, Salerno editrice, 2008.

JLMPN : Jean DELLO, « Jeunesse et langue maternelle à Pointe-Noire », in http://horizon.documentation.ird.fr/exl-doc/pleins_textes/pleins_textes_4/sci_hum/36884.pdf (2 janvier 20010)

LEG: Jaroslav ČERNÝ, Sarah ISRAELIT GROLL, assisted by Christopher EYRE, *A Late Egyptian Grammar*, Roma, Editrice Pontificio Instituto Biblico, 1993.

LES : Alan H. GARDINER, *Late-Egyptian Stories*, Bruxelles, FERE, 1932.

LH : Ruth SCHUMANN-ANTELME, Stéphane ROSSINI, *Lecture illustrée des hiéroglyphes. L'écriture sacrée de l'Égypte*, [Paris], Editions du Rocher, 1998.

LPADB : J. van WING, SJ, C. PENDERS, SJ (éd.), *Le plus ancien dictionnaire bantu*, Louvain 1928.

MEA : S. MAYASIS, *Mystères et initiations de l'Égypte ancienne. Compléments à la religion égyptienne*, Milano, Archè, 1988.

OC : Théophile OBENGA, *Origine commune de l'égyptien ancien, du copte et des langues négro-africaines modernes. Introduction à la linguistique historique africaine*, Paris, Khepera/L'Harmattan, 1993.

OEP : Aboubacry Moussa LAM, *De l'origine égyptienne des Peuls*, Paris, Présence Africaine/Khepera, 1993.

OSGK : Jean-Philippe OMOTUNDE, « Omotunde sur le Gwo Ka dans "Raphaelle & Vous" », disponible sur https://www.youtube.com/watch?v=Ytpst6CQY8E (consulté le 02/02/2018).

PECS : Théophile OBENGA, « La parenté égyptienne. Considérations sociologiques », in *Ankh*, n° 4-5 (1995/1996), pp. 138-183.

PAPP : Théophile OBENGA, *Philosophie africaine de la période pharaonique. 2780-330 avant notre ère*, Paris, L'Harmattan, 1990.

PGED : Gilbert NGOM, « Parenté génétique entre l'égyptien pharaonique et les langues négro-africaines modernes. L'exemple du Duala », in *Ankh*, n ° 2 (1993), pp. 28-83.

PK : Hubert van ROY & Jan DAELEMAN, *Proverbes kongo*, Tervuren, Musée Royal de l'Afrique Centrale, 1963.

PSM: Alain ANSELIN, « Parenté, sexualité et maternité dans l'Égypte ancienne », in *Présence Africaine*, n ° 158, 1998, pp. 22-46.

PUARP:Isaac D. OSABUTEY-AGUEDZE, *The Principles Underlying the African Religion and Philosophy*, Nairobi, Maillu Publishing House, 1990.

REAN: Gilbert NGOM, « Rapports Égypte-Afrique Noire : Aspects linguistiques », in *Présence Africaine*, n ° 137-138 (1986), pp. 25-57.

SEMEP : Zerner VYCICHL, « La shat, étalon monétaire de l'Égypte pharaonique », in *Bulletin de la Société d'Égyptologie*, Genève 3 (1980), pp. 27-29.

SI : Théophile OENGA, « La Stèle d'IRITISEN ou le premier Traité d'Esthétique de l'humanité », in *Ankh*, n ° 3 (1994), pp. 28-50.

SH: Ruth SCHUMANN-ANTELME et Stéphane ROSSINI, *Les secrets d'Hathor. Amour, érotisme et sexualité dans l'Égypte pharaonique*, [Paris], Editions du Rocher, 1999.

SVAEA: Jean Charles COOVI GOMEZ, « La signification du vocable AKHU en Égypte ancienne et en Afrique noire contemporaine », in *Ankh*, n ° 3 (1994), pp. 82-173.

II.   Les correspondances alphabétiques de l'égyptien ancien et du kikongo

Egyptien	kikongo
A	a, à, á, aa, àa, áa, āa, bà, bá, bì, bùu, byá, e, è, é, ē, ee, èe, ēe, ha, i, ì, í, ī, î, īa, ka, kà, la, o, ò, ó, ō, òo, óo, mba, mbe, mé, mo, na, nā, nè, n'ká, nú, ta, u, ù, ú, ū, ùu, úu, va, và, vá, vā, vō, vu, vú, w, wa, wà, wá, wā, wè, y, ya, yà, yé, yì, yí, yīi,
a	a, à, á, ā, â, àa, áa, ba, bà, e, è, é, ē, ée, ēe, ha, i, ī, íi, īi, o, ò, ō, u, ù, ú, ū, ūu, va, vā, ví, vú, w, wa, y, ya, yà, yá, yā, ye, yè, yé, yē, yì, γa, ø
b	b, d, e, g, k, l, m, mb, m'b, n, ng, p, t, v, w, yà, z
D	

	b, d, g, k, l, m, mv, n, nd, n'd, ng, nk, nt, s, t, th, v, y, z
⬢ d	b, d, l, m, mb, nd, n, nt, s, t, th, y, z
⬢ f	b, e, f, h, k, m, mf, m'f, mmbu, mp, v, w, y
⬢ g	g, h, k, kh, m, ng, v, y, γ
⬢ H	a, b, by, e, f, i, g, h, k, kh, l, mp, nd, ng, nk, n'k, ò, p, v, w, y, z
⬢ h	f, h, k, ng, nk, w, y
⬢ i	a, à, á, ā, āa, ba, bēe, da, bi, by, di, dya, dyā, e, è, é, ēe, hy, i, í, ī, íà, īa, ii, īi, là, lé, mba, mè, mì, mò, mu, ndya, n, na, nga, nge, ngi, no, nu, nza, o, ó, sa, su, ti, tíi, u, va, vè, vi, vī, vy, w, wa, wēe, wì, wī, y, ya, yà, yá, yā, ye, yè, yé, yē, yēe, yi, yì, yí, yī, yìi, yíi, yo, yò, yu, yú, zi, zo
⬢ k	g, k, kh, ng, nk, n'k
⬢ , ⬢ m	b, d, l, m, mb, mf, mp, n, nd, ng, t, v
⬢ n	á, b, d, f, g, k, l, m, mp, n, nd, n'd, ng, ngy, nk, n'l, ns, nt, ny, nz, r, t, y, z
⬢ p	b, d, f, h, m, mb, mf, mp, m'p, m'v, ng, p, ph, t, v, w
⬢ q	

	h, k, kh, ng, n'ng, nk, n'k, v
r	d, g, k, l, m, mp, n, nd, nt, r, t, v, y, z
S	d, k, l, n, ng, nk, ns, s, t, y, z
, s	c, d, l, ns, n's, nt, nz, s, t, th, y, z
T	d, k, l, n, nd, nt, n't, t,
t	b, c, d, g, k, l, m, n, nd, ns, nt, n't, nz, r, s, sy, t, ts, v, y, z
w	a, ā, áù, áaù, awá, àwâ, ba, bà, bi, bō, bu, bú, bw, dwé, e, è, é, fu, fū, fwè, ha, há, hò, hù, i, ka, ke, khú, kò, kō, kú, kū, la, m, mbú mfú, mpú, mù, mv, mvù, ndá, ngu, n'w, ny, o, ò, òo, pè, tù, tū, u, ù, ú, ū, uu, úu, v, va, và, vè, vī, vu, vù, vú, vū, vw, vwe, vwé, w, wa, wà, wá, wā, wáa, wè, wé, wē, wò, wō, wu, wú, wű, wū, y, ya, yà, ye, γ̞
X	g, k, ng, nk, nz, y
x	g, h, k, kh, ng, nk, n'k, t, y
y	a, á, àa, ā, e, é, èe, e-e-e, i, la, lu, ng, o, w, y

r n Kmt (langue de l'Égypte)	kikongo

A, CDME, 1 : 1. vautour, 2. oiseau en général

mbemba, DKF, 527 : aigle maritime, vautour, vautour – pêcheur (**Cypchierax angoleusis**)

mbi, ~ **ansimba**, DKF, 529 : épervier, faucon

A, CDME, 1 : traverser (?) une place

bà, ou **bá**, DKF, 5 : se jeter, se battre contre, marcher comme un lézard

bàba : se jeter, s'enrouler comme un serpent, marcher comme un lézard

bàbala, DKF, 6 : marcher comme un lézard ; se jeter, s'enrouler ; courir, s'enfuir

bùuba, DKF, 58 : fuir, se sauver

A, EG, 549 : « encl. part. with exclamatory force »

á, DKF, 1 : interj. ah ! ho ! ha ! est souvent joint à d'autres interj. ~ **bu** : ha !donc !

AA, CDME, 1 : une montagne de ruines

kúnka, DKF, 339 : tas, amas

kúnki : agglomeration; tas; amas

kúnkika : ramasser

vàva, DKF, 1053 : placer en ordre, placer ça et là

Aabt, CDME, 1 : oppression

yābala, DKF, 1110 : crier, geindre

Ab, EG, 549 : arrêter, cesser ; CDME, 2 : tarir, demeurer ; éviter

abu, ~ **mpya**, DKF, 2 : fini

Abw, OEP, 388 : arrêt, cessation

bába, DKF, 6 : commencer à cicatriser (blessure)

bābala : chose dont on ne saurait se servir, chose sans valeur

bābasa : chose sans valeur

bé, na ~, DKF, 25 : interj. silence

bí, na ~, DKF, 34 : interj., silence ! écouter!

bòoba, DKF, 47 : être faible, être lâche, vieux ; passer la fleur de l'âge ; pendre (mamelle)

bòoba : vieille femme ; trop âgé ; vieillard décrépit

bòmba, bombe, DKF, 52 : vieille femme insolente

bu, abū mpyà, DKF, 58 : tout à fait fini

buuba: maigrir

bùubu, DKF, 59 : ombre, ténèbres, non transparent, opaque, densité, ignorance, état de non initiation, qui n'est pas informé.

bwáya, DKF, 90 : interj., cela ne fait rien, c'est égal

bwāyi : chose mauvaise, chose qu'on ne peut pas manger ni toucher

bwēfu-bwefu, DKF, 91 : manque de consistance, mou (comme purée, etc.)

mbàmbuluka, DKF, 520 : négatif, dénégation

mbó, DKF, 532 : exclamation joyeuse quand on fait une trouvaille ou qu'on a reçu ce qu'on désirait depuis longtemps, voyez ! maintenant ! enfin !

mpémbe-mpémbe, ou **na ~**, DKF, 579 : en vain

mpyàka, DKF, 592 : mensonge, propos en l'air, discours vides, malchance, guigne

phyàka, DKF, 857 : mensonge

Phyàka : nom de **nkisi**

Phyákala, DKF, 558 : nom propre = qui ment

pyàkulu : nier, mentir

píi, DKF, 849 : calme, tranquillité, paix

pīdila, **na ~** : tout à fait silencieux, tranquille, pas un son

pīdi-pidi, **na ~** : profond silence, silencieux, tranquille (qui ne répond rien)

pīlama : être silencieux, tranquille, calme, paisible

pú, **na ~**, DKF, 853 : tout à fait fini (toute l'histoire) ; avoir cherché soigneusement qqch

pyàka, DKF, 857 : mentir, tromper

vāama, DKF, 1047: bégayer

𓌻𓏤𓏤𓃀 **AbAb**, CDME, 2 : être enchanté

yémba, DKF, 1126 : rire de, plaisanter de

𓌻𓃀𓇋𓆛 **AbDw**, CDME, 3 : un poisson

bète, DKF, 33 : cinq poissons (ordin. **n'todya**) embrochés sur un bâton, ou cinq **mabete** (25 poissons) sur un bâton plus grand appelé **tooto kyambizi**

𓌻𓃀𓃟 **Abi**,EG, 549 : désirer

bíki, DKF, 36 : grandeur, sentiment exagéré de qqch, désir, aspiration, etc.

yābala, DKF, 1110 : forniquer

yèba, DKF, 1122 : essayer de persuader, tromper ; médire

𓌻𓃀𓂋𓎰𓏤𓏥 **Abt**, OEP, 404 : torche

bētula, DKF, 21 : brûler, brûler complètement (une maison)

botaka, DKF, 57 : être réduit en cendre

būsusu ou **na ~**, DKF, 83 : qui est lumineux, bien éclairé

Abt, OEP, 413 : famille

bóota, DKF, 56 : section d'un village, hameau ; village dépendant

lu-vìla, DKF, 458 : nom de famille, de clan ; nom de la race, de la branche ; clan, tribu

mvìla, DKF, 634 : nom de famille, nom de lignage, de race, de clan ; race, clan

Abw, EG, 549 : éléphant

nzàmba, DKF, 821 : éléphant

nzàu, DKF, 823 : éléphant ; un grand coléoptère (avec cornes) ; une grande espèce de champignon, de grande igname, de banane, etc. ; gigantesque, de la taille très grande d'un éléphant

Abw, OEP, 404 : marquer (au fer rouge)

bānga, DKF, 18 : être rouge

bāuka, DKF, 24 : être mûr, jaune, rougeâtre (comme certains fruits) ; **na ~** : très mûr, etc.

bāwa : être rouge

bèe, DKF, 25 : fig. au sens d'être rouge, mûr, etc.

bòo, **na ~**, **nabóobo**, DKF, 46 : fig. au sens d'être rouge clair, au teint clair

boòba, DKF, 47 : devenir rouge, chauffé à rouge, à blanc ; être bien mûr, jaune (papaye, etc) ; être bien rôti, mou

bunga, DKF, 77 : reflet, reflet rouge (dans le ciel) au lever ou coucher du soleil ; embrasement

bwàbwa, **na ~**, DKF, 88 : teint rose, rougeâtre, couleur de corps d'un blanc

bwàka, DKF, 89 : être, devenir rouge, jaune, mûr, ardent au feu

bwàkuluka : rougir, être, devenir rougeâtre, rouge, brun

Abx, EG, 549 : joindre ensemble, unir

bàaka, DKF, 9 : nettoyer (un palmier pour l'extraction du vin de palmier) ; abattre, démolir ; diviser ; distinguer ; mettre en morceaux ; détruire, déchirer

bàakuna, DKF, 11 : abattre, démolir, diviser, déchirer, etc. ; défaire, annuler (un contrat) ; lâcher, divulguer

bāngala, DKF, 18 : se fendre (comme crépissage)

bàngula, DKF, 19 : casser, réduire en miettes, briser

béka, DKF, 26 : couper noix du palmier ; casser, apprivoiser, tourmenter à la mort ; être fragile, cassant

būkuna, DKF, 66 : couper, casser en deux, en morceaux, briser

bungutuna, DKF, 79 : couper

m'bánga, DKF, 521 : fruit écrasé et mêlé de sel et de poivre)

Aby, EG, 549 : panthère, léopard

mbala,(-àa-), DKF, 588 : espèce de civette (genette)

Ad, CDME, 7 : trembler, palpiter

dàda, DKF, 106 : être secoué ; trembler ; s'agiter, frétiller, battre les ailes ; nager

dàdila : secouer, trembler (de froid)

dèdima, DKF, 110 : trembler ; secouer

tèntima, **tètima**, DKF, 967 : trembler ; secouer, trembler de peur ; être très malade

Ad, CDME, 7 : se décomposer, pourrir

dandumuka, DKF, 107 : être gluant, visqueux

ndélo, DKF, 665 : abcès, pus, pus et sang (d'une blessure), des jambes enflées, douleur en marchant tòoto, DKF, 986 : polype du nez ; tòto : abcès

tùtu, DKF, 1003 : abcès

Ad, OC, 298 : être furieux ; furieux, agressif

dàadu, na ~, DKF, 106 : irrité, indigné

dàaduka : être irrité, fâché, en colère ; de mauvaise humeur, avoir faim, bailler de faim

Adt, CDME, 7 : préparer une place pour dormir

yātula, DKF, 1120 : étendre

Afa, PAPP, 161 et 163 : gloutonnerie

afA, CDME, 42 : dévorer (?)

dáfa, DKF, 107 : manger avec la bouche pleine, faire du bruit avec la bouche

dámva, DKF, 107 : mâcher comme quand on a la bouche pleine, mâchonner

dūfalala, DKF, 131 : être rassasié, bourré

dūvalala, DKF, 136 : être rassasié, bourré ; manger et boire beaucoup

dūvika, ~ nkalu : mettre une calebasse à la bouche pour boire

kábi, DKF, 198 : gourmandise, avidité, voracité, gloutonnerie, désir immodéré de qqch

kàfa, DKF, 200 : manger beaucoup ; boucher, bourrer (une pipe)

kēefuna, DKF, 227 : manger beaucoup

kuufu, kik., DKF, 324 : interdiction pour une famille de manger une chose ou une autre

làbika, DKF, 375 : être glouton, boire dans sa main

lāafika, DKF, 376 : mettre dedans, enfoncer dans

ndyàfu, DKF, 678 : qqn qui mange n'importe quoi, mangeur ; personne vorace, glouton ; gourmand nyāfuna, DKF, 811 : faire un signe avec la bouche

nyómva, nyōmvuna, DKF, 817 : mâcher, mâchonner

táfa, DKF, 944 : manger (gloutonnement)

tāfuna: jouer des mâchoires, mâcher

tāfwana, DKF, 945 : boulette de nourriture mâchée

Afnt, EG, 557 : « (royal) head-dress »

fúnnda, DKF, 163 : couverture, étoffe pour ensevelissement

Afry, CDME, 3 : bouillir

bìla, DKF, 37 : cuir, bouillir (marmite) ; être en ébulition ; sons pareils à ceux de l'eau bouillante ; son du tambour ; murmurer, grogner

mabìla, DKF, 472 : marmite qui se soulève, monte

vùdisa, DKF, 1023 : chauffer

vúla, DKF, 1025 : cuire, préparer des aliments, de la nourriture, cuisiner, cuire un peu, faire blanchir, devenir chaud, brûlant, s'échauffer

AgAb, EBD, 91 : inondation

Agb, PAPP, 97 et 98 : inondation

kībula, DKF, 240 : plonger, sauter dans l'eau

ngabu, DKF, 682 : marais, marécage

AH, CDME, 4 : sorte de pain

yáka, DKF, 1111 : racine de manioc, qu'on a fait tremper pour la peler ; cassave

AHt, EG, 550 : champ

kàaka, DKF, 201 : piocher, arracher (à la pioche) avec les racines, labourer, retourner (un champ) ; écobuer (= enlever par tranches la couche superficielle d'un sol couvert de plantes)

lu-kàaka, DKF, 420 : bande de terre non labourée entre deux champs

váta, DKF, 1052 : bêcher, piocher, cultiver ; défricher ; semer, planter

Ahd, PAPP, 310 : faiblesse

Ahd, EG, 550 : (être) faible

hōndakani, na ~, DKF, 190 : affaibli par la faim

hóso, na ~ : faible, vacillant

yìngi, kiy., DKF, 1136 : fatigue dans le dos ; faible, débile dans le dos

Ahmt, CDME, 4 : tristesse

kēndalala, DKF, 231 : être très inquiet, affligé, alarmé, triste, angoissé ; être dans de grandes difficultés, embarras (d'argent, d'esprit) ; troublé, gêné

kēndidika, DKF, 232 : rendre inquiet, angoissé, anxieux ; déranger, troubler inquiéter, affliger, attrister, faire souffrir causer de la douleur

nkènda, DKF, 716 : charité, sympathie, pitié, compassion, souci (des autres) ; douleur, chagrin, grâce, pardon, bienveillance, faveur, ambition (pour le bien) ; qui est compatissant, charitable, sympathie, soucieux de

yinga, kiy., DKF, 1136 : chagrin ; baka ki ~ : être affligé, triste

Ahw, CDME, 3 : misère, trouble, peine, blessure, maladie

kwálala, DKF, 349 : faire mal

kwáma, DKF, 350 : faire mal (se dit de plaie)

Ahw, CDME, 4 : un malade

kwáma : tourment, peine, mal, supplice, douleur, plaie, souffrance ; qqch de douloureux, difficile, gênant

yóko, DKF, 1139 : faim

yùkila, DKF, 1144 : qui fait souffrir par douleurs lancinantes, par accès

Ais, OEP, 377 : viscères

hinzili, DKF, 190 : glande

nsáu, DKF, 760 : maux de reins

Ak, CDME, 6 : être courbé

ki-kokekwa, 244 : cercle anneau

kokekwa, DKF, 302 : cercle, anneau

kòoko, DKF, 303 : bosse

kòoto, DKF, 319 : bosse, saillie, protubérance

yēkuka, DKF, 1124 : être penché, courbé (comme l'épi sur la tige) ; se disloquer ; être disposé, porté à

Akr, EG, 550 : Aker, un dieu –terre

kaalala, DKF, 205 : lande, plaine sans herbe

yúki, DKF, 1144 : pot de terre, cruche à eau

Am, EG, 550 : brûler

lámba, DKF, 380 : cuire, étuyer ; bouillir, brasser, préparer les aliments, mettre sur le feu

mema, DKF, 548 : qqch de rouge

ménga, ménnga, DKF, 549 : poêle à frire, marmite à frire ; braisière, grand ou petit morceau, fragment d'une marmite de terre dans lequel on rôtit les arachides

yénnga, DKF, 1127 : être brûlé, grillé, trop rôti ; roussir, s'attacher au fond ; brûler avec éclat, flamber à grandes flammes, rougir au feu, brûler avec des flammes

Ama, CDME, 3 : « a perching bird »

yémbe, DKF, 1126: poule, pigeon, ramier, colombe

yìmbalala, DKF, 1134 : se tenant pendu en dehors (comme des branches) ; pendre en bas (comme les seins d'une femme) ; saillir (comme de grandes joues) ; être couché (se dit d'un grand animal

Ami, EG, 550 : mélanger, composer

Amm, PAPP, 267 : saisir

Amm, EG, 456 : saisir ; prise, emprise, pouvoir, compréhension, connaissance

mbú, DKF, 537 : articulation ou attache des ailes ; poitrine, thorax ; aile de poule

míma, DKF, 565 : manger, remplir la bouche, mâchonner

mpĩmbidi, DKF, 582 : articulations des ailles

yàmbakani, DKF, 1114 : sorte de mélange de médecine

yímba (**mm**), DKF, 1133 : assembler, entasser, empiler

ki-nàma, DKF, 262 : propriété de pouvoir s'accrocher fortement à, de se tenir à, de suivre, d'imiter, qqch qui est avec, qui suit partout

làma, DKF, 379 : s'attacher, se coller adhérer, être visqueux ; être collant (dit des choses), accompagner, suivre qqn ; être responsable de

màngu, DKF, 495 : prodige, qqch de stupéfiant, de merveilleux, surprenant, de surprenant, de mystérieux, d'incompréhensible ; vision

nàma, DKF, 655 : suivre, être intelligent

nàmbukisa, DKF, 655 : coudre, attacher

nànama, DKF, 657 : qui pend et adhère

yàmmba, DKF, 1114 : s'étendre, recouvrir, envahir, répandre ; (**amba**) : couvrir un objet de (cuivre)

yàmbama: être mis au-dessus, étendu (couverture, etc.) ; atteindre, s'étendre jusqu'à ; tomber à la renverse tout de son long, les bras tendus ; être couché sans secours (p. ex. après un coup de bâton, etc.) ; frapper contre qqn, heurter qqn et serrer violemment contre soi dans la joie ou dans la coèlre ; frapper contre ; lécher au visage comme des flammes (du vent, etc.) ; tomber sur (p. ex.

l'esprit de Dieu) ; rouler sur, bouillonner, onduler lourdement (les vagues)

yĩima, DKF, 1134 : arracher qqch à qqn

yímmba, DKF, 1133 : attaquer (en général se dit d'un grand nombre de personnes) ; se tenir, se cramponner, saisir, s'emparer, se réunir autour de ou au-dessus de qqn

yìmbi : oiseau de proie

Ams, EG, 550 : un sceptre royal ou bâton

Mbenza, DKF, 528 : un **nkisi** ; grand chef ; grande dignité et titre de chef ; nom propre

Ams, EG, 550 : montrer la sollicitude

mēsuna, DKF, 551 : aider qqn dans ses souffrances, dans ses afflictions ; atténuer ses difficultés

yàmbizi (**ambizi**), DKF, 1115 : qui est affable

Ams, CDME : fausseté

zĩmbakana, DKF, 1165 : s'égarer, se perdre, se fourvoyer en actions ou en paroles, s'oublier, faire erreur, se tromper, manquer

zimuka : tromper

Apd, CDME, 3 : courir en avant, se précipiter

bāda-bada, DKF, 8 : onomatopée pour marcher, bondir vite ou courir mais cela va mal, lentement

byá, DKF, 94 : fig. au sens de renverser ; culbuter, bondir, courir ; **na ~** : qui saute, bond, etc.

byádda, DKF, 95 : courir, bondir

byàda-byada : courir en hâte, venir en hâte, accourir

ki-pálu, DKF, 290 : rapidement, promptement, lestement, subitement, tout d'un coup, prestement

páadi, DKF, 841 : pied fourchu

pàdika-padika : onomatopée, trotter, aller au trot, en trottinant (en troupe)

pìdumuka, DKF, 849 : sauter, bondir (comme une chèvre)

pùda, DKF, 853 : essayer inutilement d'apprendre qqch ; se jeter ça et là, de côté et d'autre (dans le lit)

Púudi (**pula n'kusi**, **pula n'samu**) : nom d'une personne qui laisse échapper des vents (des flatuosités) ; une personne qui dit le mot décisif dans un procès

pùdila : activité ; force, intelligence pour faire qqch ; assiduité ; action d'être vigoureux, énergique, adroit

pùududu, na ~ : qui cherche qqch avec zèle

pùdumuka : faire qqch très vite ; préparer la nourriture vite

pùla, DKF, 854 : voleter, battre des ailes, s'en aller en voletant ; se tordre, s'agiter, sauter ça et là, se replier, changer de place, aller de-ci de-là ; apprendre qqch en vain, chercher (des biens, etc. en vain) ; ramer, papayer ; souffler

Apd,EG, 550 : oie, oiseau

dibàtà, DKKF, 49 : canard (cane, caneton)

m'póodi, DKF, 584 : un oiseau

pódi, DKF, 851 : un oiseau

pōpodì, DKF, 852 : un oiseau

vwadingi (**a**), DKF, 1035 : canard

Aq, EG, 550 : périr

nkūuka, DKF, 730 : rédemption

nkūkutu, DKF, 731 : état maladif, maladie

Ar, CDME, 3 : écarter ; opprimer les pauvres

làdi, i ~, DKF, 376 : c'est fini, il n'y a plus rien ; c'est disparu

làla, DKF, 378 : être perdu, se perdre, disparaître, s'évanouir, diminuer, s'user, finir, prendre fin, se détruire, servir à, s'amincir, s'amoindrir, s'affaiblir, s'évaporer, se dissoudre, se fondre, s'anéantir, mourir

yàlula (alula), ~ **mooyo**, DKF, 1113 : affliger, tourmenter, opprimer, molester, persécuter, inquiéter

ASr,EG, 550 : rôtir

sàlamana, DKF, 869 : être ardent, en chaleur, s'accoupler (chien, chèvre etc.) ; couver

seelo, DKF, 887 : être, feu de bivouac

sila, DKF, 898 : couleur rouge (poudre, etc) ; ébène

yòka, DKF, 1139 : brûler, détruire (par le feu) ; consumer ; griller, rôtir ; faire mal

As,EG, 550 : hâter, dépasser

n'swálu, DKF, 781 : rapidité, vitesse, vivacité, hâte, précipitation, légèreté, souplesse (dans l'exécution) ; promptitude, facilité ; leste, vif prompt léger, souple ; lestement, avec élan, rapidement, promptement, hâtivement, hardiment, facilement, incessamment

sáasu, DKF, 880 : agilité, rapidité

sáazu, DKF, 882 : agilité, rapidité, hâte, vitesse, facilité (à se mouvoir) ; facile, agile, leste, léger, aise, libre, à la hâte, de suite, agilement, lestement

sãazuka : être agile, leste, se hâter, se dépêcher, aller vite, se presser

sãazula : presser qqn, dire à qqn de se dépêcher, hâter ; pousser, aiguillonner, presser, exciter ; se préparer, se disposer, prendre ses dispositions pour aller vite, se presser

yasuka (asuka), DKF, 1120 : être distant ; **kya** ~ : qui est éloigné de

Asb,(Azb), CDME, 5 : féroce, sauvage (de rayonnement, d'éclat)

Asbyw, CDME, 5 : flammes

Ast, EG, 500 : Isis ; CRE, 79 : « **Auset** est vénérée en tant que Vierge Mère, car c'est après la mort de son époux que son fils **Heru** fut conçu et naquit », « **Auset** est la divinité associée à la conception de toute créature vivante. Les Égyptiens l'appellent "**Auset aux dix mille noms et attributs**" »

yēeta, DKF, 1129 : marcher, rôder (dans le bois, dans les champs)

sēmbila, DKF, 888 : chaleur excessive, forte ; ardeur (du soleil)

yàzima (**wàzima**, **azima**), DKF, 1122 : briller, luire, étinceler, resplendir, reluire

nsóna, DKF, 772 : un des quatre jours de la semaine ou de marché ; jour de fête, jour férié (indigène, du pays) ; jour de **nkisi**

Nsóna : nom de femme ; jour de marché

síta, ki-, DKF, 906 : stérilité, infécondité, infertilité ; incapacité de porter du fruit, de se reproduire (êtres humains ou animaux des deux sexes) ; personne ou animal stérile ; stérile, infécond, infertilité

Síta : nom propre = stérile

Asx (Azx) CDME, 6 : moissonner, faucher

sāaka, DKF, 865 : moissonner, faucher (les céréales)

AT, CDME, 6 : soigner, allaiter, bercer

yākama (**akama**), DKF, 1111 : soigner, s'occuper de, diriger

ATp, plus tard **Atp**, EG, 550 : charger

dèfa, DKF, 110 : être plein, nombreux, assemblés, serrés (gens)

tēefuka, DKF, 959 : être rempli

tèmfwa, na ~, DKF, 963 : plein jusqu'au bord

tèmpa, DKF, 963 : être plein, débordant ; être augmenté, grossi, multiplié ; être, devenir, se faire beaucoup de, reproduire bien de

tèmpo, DKF, 964 : foule, grand nombre, quantité, multitude

yáki, DKF, 1111 : qui est grand

ATwt, CDME, 6 : lit

dūdikila, DKF, 130 : s'allonger

At, EG, 549 : moment, attaque (du cobra), « striking power »

tā, DKF, 942 : piquer, mordre (serpent) ; serpent, tuer avec un fusil, porter un coup (bon tireur)

tási (-aa-), **~ dyantangu**, DKF, 955 : éclat du soleil qui vient directement du soleil l'après-midi vers le soir (quand il a fait sombre auparavant)

táasi : le temps jadis ; instant ; peu de temps ; près (de la mort)

AtA, EBD, 167: ne... pas

-asa, DKF, 4 : s'emploie avec la 3ᵉ pers. ou **kadi** pour exprimer rien, personne ; **wasa muutu** : personne ; **kadi kyasa** : rien

-ata : rien du tout

fyāsa, DKF, 180 : rien, rien du tout ; il n'y a pas

fyāta : rien

tàta, DKF, 955 : être enroué

táta: sécher, dessécher (peinture)

Atf, CDME, 6 : être couronné

Tàafi, DKF, 944 : place où **bankimba** sont consacrés, bénis ; **~ Malwangu** : idole de **nkimba** ; **Na ~** :place pour le couronnement (d'un roi)

Atp, CDME, 7 : coffre

ntúba, DKF, 799 : corbeille carré avec couvercle

AwH, CDME, 2 : faire violence

Awi, EG, 549 : étendre, sans dét. ou (être) long ; (du cœur), content, « litt. expanded »,

Aw : décédé, « litt. étendu » ; **Aw**, dét. longueur

Aw, OEP, 411 : mort

r –Aw, PAPP, 81 -86 : à tous

vāngula, DKF, 1051 : tourmenter, blesser grièvement ; estrpier ; rendre impotent, infirme, invalide ; défaire, détruire, dévaster, bouleverser

-āakulù, DKF, 3 : tous

fwā, DKF, 170 : mourir ; crever ; se perdre ; succomber ; être détruit, usé ; être nul, inutile

fwàfala, DKF, 171 : chose inutilisable, simplicité, bêtise

fwàna : suffire ; être suffisant, ressembler, être semblable, analogue, égal, convenir, être juste, convenable, s'accorder avec, aller ensemble, aboutir, s'étendre jusqu'à

fwàba, **na ~** : rempli, plein jusqu'au bord

fwàssa, DKF, 173 : blesser, battre ; gâter, détruire ; rendre inutilisable

fwède, DKF, 174 : une maison vieille ou démolie, masure, baraque (se dit pauvre maison), cabane, hutte, chaumine, chaumière

fwembo, DKF, 175 : vieille maison, masure, bicoque, ruine

fwèpe : vieille maison

fwìkila, DKF, 176 : ressembler à, être semblable à

fwòbangana, DKF, 178 : être plat (aplati), être en foncé, affaisse, rabougri, amaigri, mourir

fwoluka, DKF, 179 : dormir lourdement

kùufa, DKF, 324 : mourir

ku-fu : mourir

wā, DKF, 1089 : finir, prendre fin, cesser

wádi, DKF, 1090 : ci-devant, se met devant le nom d'un décédé, N. le bien heureux, l'endormi, le décédé, le défunt wédi, DKF, 1094 : ci-devant, feu (un tel)

wìdi, DKF, 1097 ; ci-devant feu un tel, feu, le feu roi

Awt,PAPP, 67 et 70 : nomes

kuvi, DKF, 345 : location

w, EG 559 : district, région

mbàmbi, DKF, 520 : frontière, limite (de champ) ; district, contrée, région

m'bánda : province, district, contrée, partie du pays

nlambu,DKFFK, 204 : région, district, zone

Awt, CDME, 1 : cadeaux

kàba, DKF, 198 : partager, diviser, sectionner ; distribuer, donner, faire cadeau

kàbu : générosité, libéralité, munificence ; don (cadeau, présent) gratuit ; pl. ma- : aumône, petit cadeau (généralement ce qu'on n'aime pas) ; qui est généreux

kàbula, DKF, 199 : diviser, démonter, séparer, sectionner, partager

AXa,EG, 550 : égratignure, rayure, éraflure, coup de griffe ; rayer, érafler, griffer

kwànga, DKF, 351 : se gratter (en cas de gale) ; démanger, avoir des démangeaisons)

kwànga : gale, éruption ; lèpre

kwánga : gratter, frotter, raser, déchirer, arracher ; s'écorcher

kwànza, DKF, 352 : racler, frotter contre, écoucher, érailler, égratigner, faire une marque ; blesser par frottement, par écorchure

kwánza : gale, éruption sous forme de boutons

Ax, CDME, 4 : 1. être, devenir un esprit ; 2. glorieux, splendide ; bénéfique, utile, profitable

kàwa, na ~, DKF, 223 : rouge

nkanka, DKF, 711 : grande amabilité, bonté, grand dévouement ; désintéressement, esprit

74

𓄿𓐰𓄿𓏥 **Axw**, EG, 550 : lumière du soleil ; **sAx** dét.

𓐰 béatifier, rendre béni ; **sAxw** dét. 𓏤𓏤𓏤 bons charmes, glorifications

𓄿𓐰𓄿𓏛 **Axw**, SVAEA, 84 : Esprit lumineux de et impérissable du défunt

𓄿𓐰𓄿𓏤𓏤𓏤 **Axw**, CDME, 4 : puissance de dieu, maîtrise sur le travail

𓄿𓐰𓄿𓐰✶✶✶ **AxAx**, CDME, 5 : étoiles

de sacrifice ; foi, confiance, assurance, fidélité, religion

n'kúya, DKF, 737 : esprit du défunt

n'kùya-n'kùya : oiseau à bec corné (**Lophicero fasciatus**)

n'kúyu : l'âme d'un défunt, esprit, démon, lutin, farfadet ; l'ombre (d'un mort) ; spectre

sākadi-sakadi, na ~, DKF, 865 : sain, salubre, frais et dispos ; vif, gai, bien portant ; joyeux, content, facile à contenter ; fort, vigoureux, comme quand on boit du vin de palme

sākalala, DKF, 866 : être ou devenir sain ; aller mieux, gai, plein de vie, de santé ; être en grande joie ; se sentir joyeux, gai, content, satisfait ; être agile, rapide, léger ; prendre plaisir à, jouir ; avoir bon cœur ; être plein de cœur, sans crainte ; montrer une grande colère ; avoir la volonté de tuer (quand quelqu'un était indiqué comme **ndoki**)

sàkila, DKF, 867 : luire, être radieux

sākumuka, DKF, 868 : être béni ; être l'objet d'une bénédiction ; être rafraîchi, ranimé, réconforté ; rendre fort, fortifié

kàka, DKF, 202 : qui est rouge

kénnga, DKF, 232 : luire (la lune)

ngánga, na ~, DKF, 684 : rouge

ngànyanga, na ~, DKF, 685 : rouge

ngànyanya, na ~ : rouge

ngènga, DKF, 686 : brûler (le feu)

ngéngo, DKF, 687 : torche, flambeau, lumière, lampe des indigènes, une mèche ou un fragmnet d'étoffe qui trempe dans l'huile de palme

ngèngo-ngèngo : qui brille haut, qui crépite ça et là (comme de plusieurs feux) n'kangu, DKF, 710 : lumière, lampe de style indigène

nkéngo, DKF, 717 : lampe, chandelle

𓄿𓏤𓄿𓏤𓆷 AxAx, PAPP, 79 et 84 : verdir

kàka, DKF, 201 : sorte d'herbe que mangent les porcs-épics

kākafù, na ~, DKF, 202 : qui croît, pousse avec vigueur (herbe, barbe)

ngānganyà, DKF, 684 : une sorte de plante à feuilles

ngènge, DKF, 687 : un arbre

nkaka, DKF, 705 : un champignon, une herbe très forte (**Sporobolus barbigerus**)

n'kākalà : esp. d'arbre (haut), plante grimpante dont ou se sert pour grimper sur un palmier

n'kénge, DKF, 716 : arbre à épines

nkéngesi, DKF, 717 : espèce d'herbe piquante

nkéngezi : herbe grimpante à fueilles serrées et tranchantes ; une herbe marécageuse à feuilles tranchantes ; perçant, tranchant

n'kengi : essence d'arbre du genre **Dracaena Pandanus**

𓈖𓄿𓏤𓏥 Axt, CDME, 4 : terre arable

kénnda, DKF, 263 : houer, piocher, couper avec une épée

𓄿𓏤𓈙 Axt, SVAEA, 88 : flamme, feu

kēdika, DKF, 226 : mettre, jeter du bois au feu, allumer

kèlama, DKF, 229 : briller

kēlama : être posé, mis (bois sur le feu)

kita, DKF, 292 : avoir chaud, chaleur (dans la fièvre)

Axt, EG, 155, 550 : quelque chose d'avantageux, utilité

Axt, EG, 550 : horizon, ⌂⌷**Axt**, tombeau

kīndakasì, DKF, 263 : chose qu'on conserve (relique) ; vieille personne ; totem ; place, demeure, village de **nkisi wan'yaadila**

kōtana, DKF, 319 : ne pas réussir, venir à rien

kùnda, DKF, 335 : aller, se rendre à la maison, se sentir chez soi, s'habituer à ; être, se trouver bien, se plaire quelque part ; habiter, demeurer, faire un séjour, devenir vieux ; vieillir

kúnda,**lokila**, **bwa**, **bemba**, **banda ~**, DKF, 336 : chercher protection auprès de qqn, se réfugier chez qqn, trouver abri chez qqn, se livrer à, s'en remettre entre les mains de (celui qui prend qqn sous sa protection, tire un coup de fusil)

kúnda : hauteur, colline

kúndu, DKF, 337 : gardien, garde, conservateur, personne dévouée à une autre et qui prend bien soin d'elle, qui lui témoigne du dévouement, de l'affection, la met à l'aise

kùndu, DKF, 337 : demeure, habitation, résidence, (lieu de) séjour, domicile, billot de bois, bloc, souche (pour s'asseoir) ; siège, lieu de repos dans le bois

kùndulu : perchoir (à poules), **ki ~** : endroit à l'ombre où l'on s'étire, où l'on dort

a, EG, 556 : bras, main

kóoko, DKF, 303 : bras, main ; patte de devant (quadrupède) ; manche (d'habit) ; manche (d'outil ou autres objets, p. ex. le lien en cercle **lukamba** pour grimper aux arbres ; chien de fusil ; grande espèce de banane (avec trois « mains ») ; une poignée (d'arachides)

a, CDME, 36 : brevet, certificat, record, registre

n'kanda, DKF, 708 : peau, cuir, écorce, croûte, enveloppe, couverture ; peau de bête dont on enveloppe les étoffes, le tabac, etc. ; parchemin, papier, livre, lettre, contrat, document, note, facture, lettre de change

a, CDME, 36 : digue

n'káma, DKF, 707 : amas d'herbes et de terre pour arrêter l'inondation ; endiguement, digue, quai, berge ; la voie lactée

a, CDME, 36 : coupe

bìmba, DKF, 39 : goûter ; déguster ; éprouver ; examiner ; faire, rendre attentif par le messager chargé de présenter des salutations lorsqu'il frappe dans ses mains ; essayer de

a, CDME, 36 : baguette

mbamba, DKF, 519 : palmier rotin ; canne

mpáana, DKF, 574 : bois debout, traverse au-dessus d'un metier de tisserand près de la terre

vúvu, DKF, 1083 : perche, tige, branche de palmier bambou

aA, CDME, 37: puissant, fils aîné

aA (**i**): grand, pelin de, riche (en possession; aîné (d'âge)

aAi,EG, 557: (être) grand; **aAw** : grandement

ɣakama, DKF, 185 : une personne grande, grosse, dodue

ɣáma : mettre au monde un enfant grand

ɣáma ou **kiɣ.** : un très grand arbre dont les feuilles sont pâles en dessus

ɣangalakana : (étant assis), grand, large, étendu ; se dit aussi d'un gros tronc d'arbre étendu

ɣangana, **ɣanganya** : aller avec les jambes écartées

vava, **~ kitsusu**, DKF, 1053 : petit poulet

vava :extraordinaire, peu ordinaire, peu commun, inusité, remarquable, exceptionnel

vívi, ~ **dyamuntu**, DKF, 1068 : grandeur (d'une personne)

yáki, DKF, 1111 : qui est grand

yàla, DKF, 1112 : étendre

yáaya, DKF, 1121 : frère ou sœur aîné ; mère, père, beau-père, grand'mère (partenelle ou maternelle) ; parents de la mère. De làle mot **yaaya** s'emploie comme titre respectueux ou appellation adressée à une personne (en général aux femmes) que l'on veut honorer

yāayilà: grandeur

yèla, DKF, 1124 : être mûr ; mûrir, être entièrement développé, grand et fort ; devenir adulte ; avoir le poids voulu ; être lourd ; être satisfait ; être parfait et exactement comme il faut (même au point de vue moral) ; commencer à engraisser ; prendre de l'embonpoint ; être ferme, sûr, tout à fait applicable (au point de vue légal, etc.) ; passer pour, suffire, faire loi ; être intelligent, adroit, entendu, avisé

yéla : perdre, avoir le dessous (au jeu, à la guerre, dans un procès) ; avoir tort, se rendre ; être vaincu, battu ; être dans des difficultés, dans un grand embarras ; corriger, amender, reprendre, réprimander

aA, EG, 556 : ici

kūku, DKF, 326 : pron. dém. locatif, justement ici, là ; **ku-kuku**, ici

γaγa, DKF, 185 : ici

vàuva, DKF, 1053 : ici

vāava : pron. dém. cl. **va**, 1ère forme, ce, cette (place). C. adv., ici, là, y, là-dessus, ci-dessus, ci-devant, de ce côté-ci, par ici ; c. pré., là-dessus (puis, sur ces entrefaites)

vāava, ke... ko : c. adv., dedans, pendant que... ne pas encore

vàvana : pro. dém., cl. **va**, 3e forme, celui-là, celle-là, là-dessus, là devant

võovo, DKF, 1077 : pron. dém., cl. **va**, 2e forme, cette place-là. S'emploie également comme adv. et prép., là-dessus, là haut, là-devant, en haut, devant

aA, EG, 557 : porte

ky-àvu, DKF, 366 : diagonale, ouverture dans une digue

ky-àvulu : porte

mémo, DKF, 548 : seuil d'une porte

váka, DKF, 1044 : seuil ; porte de lattes ; porte d'entrée d'un treillage ; portillon (disposé dans l'ouverture d'une porte pour empêcher les chiens d'entrer ; poulailler (pour les poules, les canards) ; colombier, pigeonnier ; étable, basse-cour ; cage

aAa, CDME, 38: influence démoniaque qui cause une maladie

vàlata, DKF, 1046 : calomnie

aAb, CDME, 38 : plaisant, désirable ; égoïste

bw-ími, DKF, 93 : manque de complaisance, inospitalité ; qui est très avare, avarice ; parcimonie excessive

vãmbila, DKF, 1047 : demander, mendier

yèma, DKF, 1126 : aimer, vouloir

yèema : verdir, (s'en) feuiller, croître abondamment ; être luxuriant ; être d'un vert naissant

yémba : rire de, plaisanter de

yombombo, DKF, 1140 : fertilité, fécondité, abondance, richesse, bonheur

aAd,~ nsxt, CDME, 38 : sol fertile

yádi, DKF, 1110 : un champ labouré, houé

yàdika : houer, cultiver

aAd, CDME, 38 : être pâle, blême

yàdika, DKF, 1110 : réchauffer, tiédir ; faire monter la température (chez un malade, etc.)

yàlama, DKF, 1113 : avoir chaud, être frévieux, avoir une température élevée

aAg, EG, 557 : fouetter, « beat feet of »

vāngula, DKF, 1051 : tourmenter, blesser grièvement, estropier, rendre impotent, infirme, invalide, défaire, détruire, dévaster, bouleverser

vāngula, tuba ~ : lancer, jeter un objet (pour assener un coup avec)

vāngu-vangu : perche, gaule, rame, tuteur, échalas, piquet, morceau de bois, arme, contre-bûche, bâton (que l'on peut jeter, lancer) ; règle, verge

wànga, DKF, 1092 : frapper

yàkana(akaana), DKF, 1111 : attaquer, assaillir, lutter avec

yīkana, DKF, 1132 : heurter, frapper contre ; donner des cornes

yóka, ~ n'ti, DKF, 1139 : frapper sur un bâton (avec le poing)

yōkika : frapper, renverser, attaquer

yonga, DKF, 1141 : frapper, heurter avec qqch ; faire souffrir, faire mal

yúka, DKF, 1144 : battre, frapper ; marteler, bâtonner, souffleter ; choquer

yúka : coup

yùngima, DKF, 1147 : quereller

aAgt, CDME, 38 : sabot

yúnnga, DKF, 1147 : errer, rôder, rendre visite, aller chez celui-ci et celui-là, aller, mouvoir, se promener

yūngana : errer, rôder

aAm, EG, 557 : Asiatique

aAt, CDME, 38 : vêtement de lin

aAt, PAPP, 67 et 70 : pierre

aAt, CDME, 38 : pierre couteuse, métal

aAy, CDME, 37 : excès

aab, CDME, 38 : coupe

yúnngi, kiy. : marchand, négociant

māmba, ~ mu m'filu mu n'lolo, DKF, 489 : cri de guerre pour que l'on ne soit pas atteint par les balles mais qu'au contraire elle frappent l'arbre mfilu et nlolo

hàata, DKF, 188: retrousser le pagne (à la hanche)

vàata, DKF, 1052: retrousser l'étoffe de hanche

yāala, DKF, 1112 : pagne déchiré

zàmba, DKF, 1153 : frange, houpe, touffe, châle, étoffe à franges ; petit pagne (des femmes) ; graines, etc. qui s'attachent aux habits ; 2 mètres d'étoffe avec franges ; houpe, touffe de cheveux

zàmba : un demi-mètre ou 1 mètre d'étoffe ; étoffe dont se revêtent les femmes

yéla, DKF, 1125 : plomb, petit bâton de plomb ; petit saumon de plomb ; balle ; cartouche

yéle : petit bâton, ou saumon de plomb, grain de plomb, balle

yītikwa, DKF, 1137 : sorte de bracelet en laiton (petits cercles pour les chevilles)

yava, DKF, 1121 : prendre beaucoup, avidement, avec ardeur, passionnément

yába, DKF, 1109 : grande chope évasée

yābala, DKF, 1110 : être évasée, ouvert (bouche, ouverture, etc.), **na ~** : large

aab, CDME, 39 : paigner (les cheveux)

vèmpa, DKF, 1057 : gratter, frotter, doucir, aplanir, nettoyer (en grattant) ; piocher à la surface

, var. de **iaf**, CDME, 39 : tordre, presser

nyéfa, DKF, 814 : frapper, battre

aai, CDME, 38 : bafouiller, bredouiller, jacasser, baragouiner

lába, DKF, 375 : jaser, parler ; assurer, protester

lava, DKF, 385 : jaser, parler

túba, DKF, 987 : dire, parler, mentionner, raconter

vāama, DKF, 1947 : bégayer

γaama, DKF, 185 : bégayer en parlant

yàhula, DKF, 1111 : miauler, crier

yàmmba, DKF, 1114 : bavarder, dire le vrai et le faux ; pleurer, se lamenter, geindre ; bénir

yàna, DKF, 1116 : se vanter, se faire, se faire valoir, se glorifier de, promettre qqch

yàaya, DKF, 1121 : mensonge, vanterie, vantardise ; qqch dont on parle

yìnga, DKF, 1135 : faire ronron (chat) ; murmuer, râler

yìnga : bavarder

yóka, DKF, 1139 : vanterie

aany, EG, 557 : tente ; CDME, 39 : camp

yōnzama, DKF, 1142 : être réunis ; se réunir, s'assembler ; être mis sous toit, récolté, mis à l'abri

aany, CDME, 39 : refouler, confiner

lomba, DKF, 404 : répugnance, défense de manger ou boire qqch ; certain (de la naissance) sans être tabou ; homme qui s'abstient de boire des liqueurs énivrantes, sobre, tempérant

yāngula, DKF, 1119 : étendre, élargir, agrandir

var. de **ian**, CDME, 39 : babouin

yángi, DKF, 1118 : chimpanzé

aaw, CDME, 38 : palpiter (du cœur)

bába, DKF, 5 : battement

bàbila, ~ **mbundu**, **mooyo**, DKF, 7 : craindre, avoir inquiétude ; anxiété

vába, DKF, 1043 : battre, frapper, fouetter, asséner un coup à ; casser, briser ; couper, tailler (à coup de hache) ; trancher ; imprimer (opposer en frappant) une marque sur, une incision, une encoche (p. ex. avec une hache) ; entailler le sol à la pioche (pour marquer la place d'une fosse)

wáwa, DKF, 1093 : frémissement, tremblement

yavulala, DKF, 1121 : se démener, se débattre

aaw (**y**), EG, 557 : dormir

wá-wá, DKF, 1093 : se dit pour en dormir les enfants ; **lumbu kya** ~ : jour de repos, quand on n'a rien à faire

ab, CDME, 40 : corne ; arc

bēmbama, DKF, 29: être suspendu, penché sur ou de côté; être courbé

mpàka, DKF, 573 : corne

mpòka, DKF, 584 : corne (d'un animal)

mpòko: corne (des animaux)

ab, CDME, 40 : repas

bembekete, DKF, 29 : espèce d'igname

bemvuna : bouffer

bemvwene: lait

kwámbula, DKF, 350 : déjeuner (en parlant d'une personne plus élevée)

ab varr. de **iab** CDME, 40 : unir; aussi var. de **abA** : présenter

abA, CDME, 41 : présenter, faire une présentation, présenter ses mains dans un geste rituel, fournir

abw, CDME, 40 : offrandes

abA, CDME, 41 : pierre d'offrandes

bá, DKF, 5 : fig. au sens de prendre, saisir, serrer, presser, fermer

bāaba, DKF, 6 : couvercle, dessus

babu, **na ~**, DKF, 7 : lâcher, jeter (p. ex. de la main)

bàbula : pousser, jeter de côté, jeter de la nourriture dans la bouche (arachides, maïs) ; taper, donner des chiquenaudes sur le nez

bàmba, DKF, 13 : coller, fixer de la glaise (comme les termites, quand ils se font un passage) ; attacher ferme, serrer ; calomnier, accuser de ; coudre ; tresser

bàmba : rapprocher, mettre d'accord, réunir

bēbama, DKF, 25 : se suspendre à ou s'y fixer ; fig. coucher avec des femmes

bēbika : appliquer (p. ex. la main sur la poitrine) ; suspendre, attacher à ; donner, faire cadeau de

bémba, DKF, 28 : donner un cadeau

ha, DKF, 187 : donner

mbù, **na ~**, DKF, 537 : en masse, ensemble, en bande

mbú : jumeau

mbú : articulation ou attache des ailes ; poitrine, thorax ; aile de poule

m'búba (**uu**) : paquet, pièce, rouleau d'étoffe ; un rouleau complet ; rouleau, gerbe, botte (d'herbe)

mpē, DKF, 577 : interj., donnez ici ! passer ici !

mpíka, DKF, 581 : le premier-né des jumeaux (si c'est un garçon)

vā, DKF, 1043 : donner, produire, porter (du fruit)

vāana, DKF, 1048 : donner, faire don, cadeau ; donner en présent ; gratifier de ; daigner, accorder, conférer, doter de ; faire accorder la grâce de ; donner en partage, distribuer ; remettre, rendre, dépenser, sortir (son argent)

yàmmba, DKF, 1114 : s'étendre, recouvrir, envahir, répandre ; couvrir un objet

yèba, DKF, 1122 : être large ; s'étendre

yèbuka : briser et tomber (p. ex. un morceau d'une bordure, d'un cardre) ; se casser ; être écrasé, brisé (une noix) ; être ouvert (un piège) ; être découvert (une plaie) ; être dépouillé (une brûlure)

yémba, DKF, 1126 : donner, faire cadeau de, payer largement

yēmbula, DKF, 1127 : donner, faire cadeau de

yoba, DKF, 1138 : ceinture (d'étoffe)

yòobama : s'attacher, s'accrocher (à un crochet, à une épine)

yòbana : fraterniser

yobi : pied de marmite ; couvercle ; couvre-plat

yòbika : entrelacer

yòbika : serrer la main ; mettre autour, etc.

abA, CDME, 41 : scintiller

bàya(àa), DKF, 24 : briller fortement, chaleur (soleil) ; qui réchauffe, avoir chaud ; presque bouillant (seulement dit de l'eau à bouillir)

yámbi, DKF, 1114 : lumière, jour

aba, EG, 557 : orgueil, exagération

ábé, DKF, 1 : interj.

âbè ou **abé** : interj., ohé ! tiens ! écoutez !

bà'a, DKF, 5 : parler (hypocritement), etc.

bába : tromper, égarer, duper, mentir

bàya, DKF, 24 : parler hypocritement, mensongèrement ; orgueilleux, vaniteux ; détester ; refuser (de faire)

abab, CDME, 41 : apparaître (?), luire (?)

bé, DKF, 25 : fig. au sens d'étendre ; ouvert, en vue, etc.

bēbalala : être ouvert, en vue, visible

yēmbadala, DKF, 1126 : s'obscurcir

yēmbalala : faire sombre, faire nuit

abab, CDME, 41 : seuil

mémo, DKF, 548 : seuil d'une porte

abab, CDME, 41 : être excité ?

bùba, DKF, 58 : se rouler, se jeter de côté et d'autre ; jeter ou se jeter à terre ; sauter en frappant le sol de pieds ; poser lourdement, violemment ; branler, secouer (comme un animal mort)

yābakana, DKF, 1109 : crier, faire les cent coups, se jeter de côté et d'autre, s'arracher les cheveux, gesticuler, agiter en l'air, brandiller, se tourner comme des grandes feuilles au gré du vent, aller les jambes et les bras ballants, aller ça et là en travaillant, sans achever ; chercher ardemment partout, pousser loin (plante grimpante)

yābala, DKF, 1110 : crier, geindre

yàbangana : se jeter de côté et d'autre se jeter n'importe où (sous l'action de la douleur, etc.)

yāabana : crier, geindre (comme un bébé)

yaba-yaba : qui travaille mal ; qui traite rudement ; démangeaison de parler, envie de jaser ; mauvais penchants

abb, CDME, 41 : cogner (?) (sur une porte)

búba, DKF, 58 : frapper, frapper sur

abS, CDME, 41 : cruche de vin

basala, na ~, DKF, 21 : très fort (vin de palme)

mbúngu, DKF, 542 : broc, pot ; vase, calice

Mbúngu: du pré., nom propre

abt, CDME, 40 : une chose fourchue

mpándi, DKF, 575 : fourche

mpāndukwa : support, bâton ; tuteur ordinairement fourchu (pour soutenir le bananier)

mpáti, DKF, 577 : branche ; fourche

abw, CDME, 40 : purification

abw, CDME, 40: impureté

kóobila, DKF, 299 : se baigner, se bassiner, jeter de l'eau sur

kóobisa : baigner

oela, DKF, 839 : nager, se baigner

yàmbula, DKF, 1115 : laver

yèbila, DKF, 1122 : baigner

yòba, DKF, 1138 : fiancé, qui est enduit de **nkula** pour une danse, etc.

yóbi, na ~, DKF, 1138 : trempé

yòbila: se baigner, se laver, s'inonder ; s'oindre (de pommade, etc.)

yòbisa : baigner qqn, l'oindre de pommade, etc.

Yòbisa : nom de femme = qui baigne qqn

yódi, na ~ : tout mouillé

yòeka (oeka) : enduire, oindre

yòela (oela) : se baigner, nager

yofi, na ~ : graisseux

yòwa,DKF, 1142 : oindre, se graisser avec (de l'huile, etc.), se rouler (comme un porc dans la boue)

yòweka : oindre

yòwela,DKF, 1143 : bain, lieu du bain

abw, CDME, 40 : victimes

yēmbula, DKF, 1127 : faire prisonnier, tuer d'un coup de feu, faire une capture (à la chasse, etc.) la première fois

(le déterminatif [un légume ?] est absent du Sign-list de Gardiner) abw, CDME, 41 : salade

bùba, DKF, 58 : croître vite

bùba : endroit, place où il croît des champignons

bùwa, DKF, 86 : nom générique des champignons

bu-wòya, : champignon en général

yèbikila, DKF, 1122 : verdir, croître abondamment, fortement (les plantes, les bêtes)

yèbita : verdoyer

yebuka : avoir acquis tout son développement ; être mûr

yìmmba, DKF, 1134 : croître convenablement, abondamment (feuilles, poils, etc.) ; nombreux rameaux (palmiers sans nettoyage ou émondage)

abxn, CDME, 41 : grenouille

ky-úluou yúula, DKF, 373 : grenouille

yába, DKF, 1109 : marais, marécage

aD, CDME, 51 : bobine, tambour, canette, rouleau

ndónga, DKF, 672 : bobine, broche

aD, var. **ad**, EG, 559 : être en bonne condition

dèedama, DKF, 109 : être en ordre, être placé, assis en bon ordre, convenablement ; être capable, exact, convenable ; être assis tranquille dans la maison ; moral, honorable, chaste, pudique, pur

aD, plus tard **ad**, EG, 559 : percevoir, reconnaître

dá, **na ~**, DKF, 106 : fig. au sens d'être précis

dé, **dēe**, **na ~**, DKF, 109 : fig. au sens d'être d'accord, précis, etc.

dèbama : être accordé (instrument)

dede : comme ; aussi

dēdede : ressemblance, accord, entente, correspondance, analogie ; égalité

aD, plus tard **ad**, EG, 559 : « desert-edge »

ndéngo, DKF, 667: bord, ligne

ndùnda, DKF, 675: partie de la tête, partie central, pointe, sommet, faîte, aiguillon

aD, CDME, 51 : limite, marge d'un champ

aDA, EG, 559 : (être) coupable ; culpabilité, crime

dēeda, DKF, 109 : crime ; **nata ~** : être coupable

aDw, CDME, 51 : le poisson buri

ndùndu, DKF, 675 : albinos, blondin, homme blanc, Européen ; poisson **seese**

Ndùndu : non propre = blond ; **nganga** assistant

ad, EG, 559 : gros

dàada, DKF, 106 : commencer à maigrir, être, devenir mince ; qui tombe, qui se défait (enflure) ; s'enfoncer, retrousser (le ventre)

ad, var. Ancien Empire **aD**, EG, 559 : hacher, tailler

afAy, EG, 557 : campement

afd, CDME, 42 : conduire (en parlant de chemin) ; attractif

aff, EG, 557 : voler (« fly »)

afn, CDME, 42 : couvrir

afnt, EG, 557 : « (royal) head-dress »

afty, EG, 557 : brasseur

agn, CDME, 51 : piédestal

dáada : qui est très gras, huileux

dēeda, DKF, 109 : écorcer, casser (des arachides) ; écosser (des pois, des haricots) ; becqueter (un œuf) ; briser (bois à brûler) ; couper une bande

dēeda : tailler, émonder, couper uni, égal

fáama, DKF, 147 : place

fíla, DKF, 149 : pousser, déplacer, conduire, amener, mener ; accompagner, faire escorte ; tourner (le corps) ; expédier, envoyer

fùfula, DKF, 156 : souffler des balles d'arachides

fúnda, DKF, 163 : paquet d'une feuille; feuille de palmier, etc. pliée (recourbée) pour y conserver des poissons, etc. ; boîte, petit sac, **nkisi**-sac, baluchon, paquet (lié) ; biens, prix pour lequel une personne est vendue ; gain, profit (d'un ballot, etc.)

fúnnda : paquet, balle, petite charge dans un morceau d'étoffe, etc. : couverture, étoffe pour ensevelissement ; estomac

fi, fyà, fyè, fyò, DKF, 147 : fig. au sens d'être pressé, mince, maigre

fyàta, DKF, 180 : être bien serré, pressé (l'un contre l'autre) ; être contigu

yànnga, ~ meeno, DKF, 1117 : montrer les dents (communément se dit si on est furieux, comme un chien)

91

yāngama, DKF, 1118 : flotter (sur une surface liquide) ; être visible (p. ex. sur une éminence) ; être exposé, découvert, dominer les environs, être élevé, haut, gigantesque (se dit des personnes) ; s'élever, être grand large (une caisse)

yāngana : s'élargir, s'élever (eaux refoulées dans un fleuve)

agwt, CDME, 50 : une préparation de graine

yāngidi, DKF, 1118 : morceau du pépin **nsafu**

aH, CDME, 46 : corde

kākala, DKF, 202 : tresser, lier

kànkala, DKF, 216 : lier, assugétir sur un toit, sur un mur, des branches de palmier sur lesquelles on fixe le chaume (herbe)

nkānkula, DKF, 711 : tresse à nœud coulant dont on se sert pour grimper sur un arbre (palmier)

yánga, DKF, 1117 : un modèle à tresser (d'un mur)

aH, CDME, 46 : effacer, supprimer

kùka, DKF, 324 : frotter, se frotter à, gratter ; oindre, enduire de (médecine) ; appliquer, graisser sur ; enlever en frottant (qui est sale)

kúka, DKF, 325 : prendre, emporter (ordinairement tout ensemble) ; netoyer la maison, faire place nette, voler, dérober, piller en butinant

yéka (eka), DKF, 1123 : laisser, lâcher, renoncer à, délaisser, abandonner qqn à son sort ; permettre, omettre

yèkele, DKF, 1124 : remettre ; abandonner, délaisser

yèkula, DKF, 1124 : abandonner, délaisser, laisser perdre ; déposer, livrer ; lâcher ; trahir ; renoncer à ; jeter au vent

aH, EG, 558 : filet, attrape, piège (des animaux)

kóki, DKF, 302 : sorte de truble, filet fait de plantes, liane à liasse, qui est mis dans le courant. Les côtés sont un peu barrés. Après le poisson est chassé, qu'il court dans le filet, celui-ci est retiré

nkàku, DKF, 705 : petite nasse pour la pêche

nkàkula, DKF, 706 : filet, truble

nkánda, DKF, 709 : trappe à souris tissée, étroite en conique

nkándu, DKF, 709 : trappe, piège pour l'antilope **nkabi**

zākulu, DKF, 1152 : sorte de filet, treillis de lattes de palmier, nasse pour poissons

aHA, CDME, 46 : poisson (**lates niloticus**)

kaka, DKF, 202 : paquet (poisson)

kākatì, DKF, 203 : poisson qui mis dans l'eau (à la pêche avec **buumi**, etc.)

káki : crustacé ; petit poisson strié, à épines

kánki, DKF, 217 : poisson

nkanda nkombo, DKF, 709 : genre de petit poisson

nkánka, DKF, 711 : un poisson à piquants aigus

aHA, PAPP, 327 et 328 : combattre

khaaka, DKF, 202 : qui autrefois a tué plusieurs hommes, barbare

yánga, DKF, 1117 : crime, grief, offense, injure; inconvenance ; présent, paiement de réconciliation ; amende

yenga, DKF, 1128 : épée

aHa, EBD, 90 : stabilité

aka, DKF, 2 : toujours, sans cesse, seulement, etc.

aHaw, EG, 558 : stèle

aHa, EG, 558 : tas, monceau ; entasser, amonceler

káka, DKF, 201 : seul, seulement, isolément ; il faut (obligatoirement) ; quand même, décidément, expressément, nécessairement ; certainement ; directement ; absolument

yika, DKF, 1132 : même, seul

yőkoto, DKF, 1139 : immobile, ferme (un arbre)

káha, DKF, 201 : être rabougri, de petite taille, fluet

kàka, DKF, 201 : un très grand hibou

kaka, DKF, 202 : paquet

kákùfwá, ~, DKF, 203 : quantité de, se dit d'une maladie de la peau (cutanée) qui s'étend beaucoup

kàsa, DKF, 219 : être maigre, mince, petit, arrêté dans sa croissance ; rabougri

kēkese, DKF, 228 : grand termite soldat qui a une grande tête)

kóka, DKF, 302 : grand poisson, gros crabe ; grand serpent

kōkolò, DKF, 304 : grosseur, grandeur

kúka, DKF, 325: faire une levee de terre; disposer la terre en plates-bandes; construire un tertre, une butte pour semer dessus; butter (des pommes de terre)

kùukhu, kik., DKF, 326 : monceau, bloc

ma-hālakasa, DKF, 477 : grandeur de qqch

ma-ngau, DKF, 495 : multitude, foule

méngi, DKF, 549 : beaucoup

ma-ngau, DKF, 495 : multitude, foule

mu-γongole, DKF, 596 : grandeur, largeur, espace

mu-hānanà : grandeur

yéka, DKF, 1123 : se ramifier, s'augmenter, devenir gras, prendre un enbonpoint ordinaire

yēkeke, DKF, 1124 : très enflé (se dit des malades qui ont les oreillons)

yengedele, na ~, DKF, 1128 : gros

yìka, DKF, 1132 : augmenter, offrir davantage (dans le commerce) ; ajouter (des détails historiques) ; amplifier (une histoire)

yūngulù, DKF, 1148 : chose ronde et grosse

zēngetè, DKF, 1160 : grandeur, embonpoint

aHa, EG, 558 : se mettre debout, se lever, tenir bon, « to attend »

kākafu, na ~, DKF, 202 : qui croît, pousse avec vigueur (herbe, barbe)

kākaka : promptitude, vitesse, rapidité ; à la hâte

zāngama, DKF, 1154 : être debout ou assis sur une éminence, au-dessus du sol, sur une hauteur ; être haut, plus haut que le voisinage ; être levé, hissé, soulevé du sol ; être élevé, considéré

zānganana : se tenant debout, sur la pointe des pieds ; être libre ; être fixé légèrement dans ou sur qqch (p. ex. un bouchon mal enfoncé) ; être prêt, prêt à faire qqch de pressé, plein d'ardeur

zāngata, DKF, 1155 : lever, élever ; grandir rapidement, se développer ; grossir

aHa, CDME, 46 : mesure pour la bière

yenge, kiy., DKF, 1128 : petite marmite

aHat, OEP, 378 : dos, épine dorsale

kùta, DKF, 342 : rester, s'arrêter, être arrière

n'kèke, DKF, 715 : épine dorsale, partie des dos (d'un animal) ; généralement la partie intérieure avec une partie d'os de la poitrine après avoir enlevé la partie moyenne de la poitrine

n'kèki : dos, reins, côté d'une feuille de palmier

nkőotolo, DKF, 729 : os dorsale, vertébrale ; qui est osseux

aHaw, PAPP, 80 et 86 : temps de vie

kwà, DKF, 346 : nombre indéterminé ; quelques-uns (-unes) ; peu nombreux, petit nombre de ; **lumbu ~** : quelques jours (peu de) jours

kwà : pron. interrogatif, combien ? Que... ?

mw-áka, DKF, 644 : an, année, saison, temps jadis, autrefois

aHt, EG, 558 : champ, ferme, domaine

kàaka, DKF, 201 : piocher, arracher (à la pioche) avec les racines, labourer, retourner (un champ) ; écobuer (= enlever par tranches la couche superficielle d'un sol couvert de plantes)

nkàaka, DKF, 705 : champ labouré après un feu de prairie, champ avec des herbes piochées

nkòto, DKF, 728 : pointe de terre, cap, coin, entrée (forêt, champ, village)

yánga, kiy., DKF, 1117 : endroit où on sèche du manioc, etc.

yāngala : plaine, plateau, grand champ (avec des arachides, etc.) ; ferme, propriété rurale

am, OC, 331 : connaître

memata, DKF, 548 : douter

mēemita : mentionner qqch à l'avance, sans le vouloir ; mettre qqn sur ses gardes à l'avance, raconter qqch de secret ; ébruiter une histoire ; mettre un sujet sur le tapis

yàama, DKF, 1114 : chercher en vain, vouloir mais ne pas avoir

$\overline{}$ 𓄿 𓂝 🦅 𓀁 **am**, EG, 557 : avaler ; « with **ib** obj., **am ib**: lose consciousness, faint »

mámba, DKF, 489 : voracité

ngámbu, DKF, 683 : évanouissement, syncope, défaillance, pâmoison qui a perdu connaissance

ngáama, DKF, 682 : évanouissement engourdissement (p.ex. dans les jambes)

míma, DKF, 565 : manger, remplir la bouche, mâchonner

vámpa, DKF, 1047 : manger très gloutonnement ; se servir copieusement, trop

$\overline{}$ 𓄿 𓂝 🦅 𓀀 **ama**, EG, 557 : maculer; **amat** dét. 𓏤𓏤𓏤 : boue

ma-màa-mánga, DKF, 489 : taches

ma-mánga : moucheté, taché

ma-mánga-mamánga : taché partout

mámba : eau, liquide, jus, suc, sève ; réservoir, inondation

ntáva ou **n'táva**, DKF, 789 : marais, marécage, boue, terrain boueux ; jardin, champ, prairie marécageuse, champ de tabac

ntéba : vase, limon, boue ; pâte

n'téba (**ée**) : racine de manioc trempée, pêlée et séchée au soleil

ntébe : argile à brique

$\overline{}$ 𓄿 𓂝 🦅 ⌒ **amaAt**, EG, 557 : « throw-stick »

váma, DKF, 1047: frapper, batter, asséner un fort coup à

$\overline{}$ 𓄿 𓂝 🦅 𓊪 **amam**, CDME, 43 : conteneur (de pain, etc.)

mbamba, DKF, 519 : grande calebasse de vin de palme ; dame-jeanne

yámbi, DKF, 1114 : une très grande calebasse

$\overline{}$ 𓄿 🦅 🦅 ⵔ **amm**, CDME, 43 : cerveau

wombo, DKF, 1100 : cerveau

an, PAPP, 77, 84 et 89 : beau, brillant

nòna, DKF, 749 : reluire, briller, luire, p. ex. de la peau, paraître, se montrer, être visible, **na ~** : luisant, brillant (comme ce qui est gras)

nòna : ce qui est luisant comme la peau graissée

ki-nòna, DKF, 277 : graisse, sécrétion sébacée (de la peau qui la rend (sic) luisante, p. ex. sur le visage

yànnga, DKF, 1117 : briller, luire comme la graisse, qui vient sur la surface et se propage au-dessus d'un plat

ana, var. de **ian**, CDME, 43 : babouin

yángi, DKF, 1118 : chimpanzé

anb, CDME, 43 : tige de roseau (pour la fabrication des tapis)

mbámba, DKF, 519 : palmier rotin; canne

yómbo, DKF, 1140 : plante grimpante

anan, CDME, 43 : menton

nongo, DKF 750 : chose saillante, pointe, langue de terre, aiguille

yánga, DKF, 1117 : être dur (du ventre) ; être saillant, gonflé, s'enfler

yānganga, na ~, DKF, 1118 : saillant, gonflé (du ventre)

anay, CDME, 43 : se plaindre, plainte

anan : se plaindre, plainte

nangi, DKF, 658 : ennuyeux, gênant, pénible

nīngina, DKF, 703 : geindre, gémir, souffler

yandakana, DKF, 1116 : crier appeler

yāndana : s'informer au sujet d'un objet perdu, faire des questions, une enquête

yāndana : crier, pleurer, hurler

yāngalakana, DKF, 1117 : pleurer, crier à haute voix

anDw, CDME, 45 : jarre, pot, bocal

n'díida, DKF, 668 : une petite dame-jeanne ; flacon

nkálu, DKF, 706 : cruche, jarre (d'argile) ; courge ou calebasse

ndingwa, DKF, 670 : gargoulette

anDw, CDME, 45 : aube, aurore; se lever, poindre

nkángu, DKF, 710 : lumière, lampe de style indigène

and, plus ancien **anD**, EG, 558 : (être) peu

là, DKF, 375 : longueur, hauteur de la taille, altitude ; distance ; oblong, allongé

làbuka : être long

lèa, DKF, 386 : être long

lèya, DKF, 399 : être long ; s'allonger ; s'étendre

ndá, DKF, 661 : distance, longueur

n'daa : ancêtre

ndábi : d'hier, âgé d'une nuit ; goût de la veille, acide, acidule, fermenté

ndádi : un petit poisson

n'dàadu, **nguba ~**, DKF, 663 : arachide avec trois noix

ndàka : abondance

ndamvu, DKF, 663 : grandeur

ndà-ndà : plein jusqu'au bord

ndè, na ~, DKF, 664 : figure d'être lourd, pesant

ndēmbo, DKF, 666 : grandeur, qqch de grand et de haut (une armoire) ; une grande grappe de noix de palme ndènnde ou ndè-ndè, na ~ : lourd, accamblant, pesant

ndéndende, na ~ : lourd

ndèndiba, na ~ : lourd, pesant

ndébe : qqch de petit, d'insignifiant

ndèbila, DKF, 665 : un petit tuyau rond, roseau

ndēkibà, na ~ : pesant, lourd

ndela : petit poisson (**Eurtropius Grenfelli**)

ndibwa, DKF, 668 : une grande quantité qui remplit à l'excès

n'díida : une petite dame-jeanne ; flacon

ndìfinga : moustique, moucheron

ndúba, DKF, 673 : petits poissons

and, CDME, 45: un onguet

ndende, DKF, 666 : une pierre rougeâtre ressemblant au **ndimba** dont ou fait de la couleur et de la pommade rouge

ndĕnde : huile de palme

ndī-ndimbà, DKF, 670 : argile creuse rouge

ann, EG, 557 : « turn back »

any, EBD, 102 : revenir

-āna, DKF, 3 : suffixe verbal indiquant une action réciproque

nānaba, DKF, 657 : aller, s'en aller aux champs ou dans la forêt, parce qu'on a faim, pour y trouver à manger

nānamana : se rendre aux champs ou à la forêt pour y trouver à manger, parce qu'on a faim

níma(-ii-), DKF, 702 : dos, revers (de la main, d'une étoffe) envers (dos) ; derrière, partie postérieure, retournée, à l'envers, d revers (le vent) arrière (d'un navire)

ula (ola), **una (ona)**, EK, 152 : suffixe verbal exprimant l'idée contraire de celle que renferme le radical du verbe

-ūla, DKF, 1015 : suff. verbal réversif, inversif, donnant un sens contraire à celui du verbe primitif

-ūlula : suff. verbal iterative introduisant l'idée qu'une action se répète une ou plusieurs fois

-una, DKF, 1016 : suffixe verbal réversif ou inversif des verbes dont le radical est caractérisé par **m** ou **n** ; **yèmuna** : sevrer (un enfant), de **yèmika** : donner le sein, allaiter, nourrir

ant, EG, 557 : griffe, serre ; Anty, un dieu, lit. « he with-the-claw(s) » **anty** :

lu-zála, DKF, 462 : ongle de la main ou du pied, griffe; serre, doigt de la patte (d'une poule)

n'tālafu, DKF, 785: filet; épervier

yánsa, DKF, 1119 : égratigner profondément avec les griffes (léopard)

(le déterminatif de la houe utilisé ici est absent du Sign-list de Gardiner) **ant**, CDME, 43 : houe

nzàila, DKF, 820 : déblaiement, défrichement d'herbes, etc. (près de l'eau) qui commence au commencement de mai

yànnza, DKF, 1119 : paître, frapper, houer (cultiver)

ant, CDME, 43 : anneau (d'or), « socket for jar »

n'takala, ~ **mimatu**, DKF, 785 : oreilles courbées (injure)

nzéla, DKF, 824 : anneau de canne noué dans un mur ou dans le toit

nzéle : tour, qui enveloppe (qui attache, s'enroule autour) ; fil, cordon tordu, cordon, paquet de perles de verre ; anneau, virole de canne dans le mur et dans le toit ; un bostryche

yèndekele, DKF, 1127: chose sphérique

ʿnḫ, CDME, 44 : personne

ki-ngándi, DKF, 267 : qqch de certain ; qqch dont il a été fait mention, qui a été promis ; **na ~** : se dit aussi des personnes : quelqu'un, un certain, un tel, qui est ainsi et ainsi ; personne dont on a oublié le nom ou qu'on ne veut pas nommer

ne-ngandi, DKF, 680 : un tel, un certain, ainsi et ainsi

ngáni, DKF, 684 : d'un autre, d'autrui, étranger

ngáani : qqch qui appartient à un autre, à d'autres ; qqch sur quoi personne n'a aucun droit, libre, indépendant

ʿnḫ, CDME, 44 : captif

n'nànga, DKF, 657: esclave; serviteur, domestique, officier

ʿnḫ, EG, 48, 557 : vie, vivre ; **sʿnḫ** : faire vivre

lu-zìnga, DKF, 463 : durée, vie

mòka, DKF, 570 : vivre longtemps

ʿnḫ, EG, 557 : miroir

nánga, DKF, 657 : tarder, attendre, rester, séjourner quelque part plus ou moins longtemps, demeurer (pour quelque temps), se plaire, prospérer ; être stable ; être bien portant, grandir bien

nánga : qui vit longtemps malgré sa faiblesse et ses infirmités

vánga, DKF, 1049 : faire, fabriquer, confectionner, construire, former ; arranger, réparer ; s'acquitter de, achever, produire ; causer, occasionner, commettre, exécuter, accomplir, déterminer, décider ; se conduire, se comporter à l'égard de ; montrer, manifester, témoigner (p. ex. de la bienveillance, de la miséricorde)

vánga, kiv. : faiseur, p. ex. **~ mbi** (**mbote**) : malfaiteur (bienfaiteur)

sāngu, DKF, 876 : efficacité

sāngula : abattre, tuer

sāngulu : râle de la mort ou de l'agonie

yánnga, DKF, 1117 : jouer, s'amuser, se divertir ; être joyeux (se dit des enfants qui ont été malades et qui reprennent goût aux jeux)

yāngalà : vie, vitalité, vanterie, ostentation

zìnnga, DKF, 1166 : vivre

zinga : retard

zìnngu, DKF, 1167 : vie, état, fait de vivre longtemps, d'être vivace ; longévité, vivre, persister (se dit même des choses) ; persistance, continuation, constance, stabilité, force vitale, vitalité ; grand âge ; persistant, sans tenir compte de, éternel, immortel

anx, EG, 557 : lanière de sandale

kànga, DKF, 213 : lier, relier (un livre) ; nouer, serrer, attacher, bander, conclure, lacer, sangler, ficeler, fermer (au moyen d'un lien) ; durcir, coaguler, se figer, geler, emprisonner, charger de liens ; marcher lentement, arrêter ; persévérer

anx, CDME, 44 : jurer, jurement

yánnga, DKF, 1117 : parler de tout ce qui se passe dans la vie domestique ; faire des cancans, calomnier, tourmenter ; menacer de frapper

anxt, EG, 557 : chèvre

nkómbo, DKF, 725 : chèvre

Nkómbo : nom propre = chèvre

anxt, CDME, 44 : œil

nánga, DKF, 657 : douleur dans les yeux

apf, □□〰 **app**, EBD, cxxix : le grand serpent qui menace d'attaquer les morts dans leur séjour

lu-mpìmpila, DKF, 433 : crépuscule (soir) ; aurore (matin), bouillard ; obscurité, commencer à faire noir, avoir les yeux, la vue trouble

mpémba, DKF, 578 : place réservée aux tombes ; cimetières

Mpémba : une montagne où il y a des tombes

mpémba, nkadi a ~, DKF, 579: personne cruelle qui ne se fait pas scrupule de tuer plusieurs personnes ou animaux ; le diable

mpìmbisi, DKF, 582 : ténèbres, nuit, obscurité

mpìmisi : obscurité, ténèbres, nuit

mpìmpa : soir, obscurité, moment où la nuit tombe

mpīmpikitì : grandeur

mpìmpila : qui est nouveau, étrange, qu'on n'a jamais entendu, difficile à comprendre, à expliquer

mpìmpila : crépuscule du soir, obscurité

mpī-mpīndì : grandeur, grand muscle

mpīmpisi : obscurité, soir

mpīmpitì : grandeur

mú-mpīmpikiti, DKF, 607 : grandeur

pìpa, DKF, 850 : errer, mentir

pípa, na ~ : obscur, sombre (dehors) ; s'obscurcir, s'assombrir, se noircir ; devenir noir

pipa : tâter, tâtonner

phíipha : nuit, obscurité, ténèbres

pípakani, na ~ : obscur, sombre (dehors)

pipalala : être, devenir très noir, obscur ; faire noir comme dans un four

pìpana : faire qqch de mal, errer, mentir, ruiner, détruire, entendre mal, ne pas savoir si qqn est sorti

pípidi, phípidi : grande obscurité (dehors)

pípiti, na ~ : obscur, sombre

pìta : être noir, sombre

api, CDME, 41 : traverser un chemin dans l'eau (« traverse a waterway ») ; passer, voler

yàbata, DKF, 1110 : marcher, patauger dans un marécage

yàbata : marécage, marais, terrain spongieux

apr, PAPP, 149 et 153 : acquérir (complètement)

pàla, DKF, 842 : travailler ou faire qqch en vain ou en pure perte

apr, EG, 557 : équiper, apprendre, maîtriser

pàla-pàla, na ~, DKF, 843 : ardent (à apprendre, à enseigner, à travailler)

aprt, CDME, 42 : une sorte de jarre

mbínda, DKF, 530 : calebasse, vase pour l'eau, pour le vin de palme

aprw, CDME, 41 : bijoux

mbála ou **mbala ntyantya**, DKF, 518 : perle tubulaire de verre rouge et grande

mbala ncyance, DKF, 519 : agate (bijou)

m'pala, DKF, 573 : grande perle rouge

apSAy, CDME, 42 : cafard, blatte, scarabée

mpèse, DKF, 580 : cancrelat; bractées de noix de palme

aq, EG, 558 : entrer

kàka, DKF, 201 : empêcher, refuser de donner ou de délivrer le poison **nkasa** ; défendre, s'opposer à ; barrer, barricader, bloquer ; endiguer ; obstruer

khàka : bouchon

kàkala, DKF, 202 : ramper, aller lentement ; traîner la jambe ; frotter, frictionner, buter contre ; se glisser, se faufiler ; porter qqch volumineux ; racler dans la gorge en avalant ; avoir de la difficulté à avaler

kòta, DKF, 318 : entrer, pénétrer dans ; faire irruption, (s') insinuer, (s') introduire, passer derrière les nuages (soleil) ; tomber, enfoncer (dans l'eau) ; entrer dans une société ; entrer en pourparlers, en relations d'affaire

aqA, PAPP, 82 et 87 : face

khánga, DKF, 214 : guet-apens

kīika, ~ **mbeevo**, DKF, 243 : visiter un malade ; aller saluer, visiter ; aller voir comment qqn se porte

kīika : aller se mettre aux aguets, à l'affût, en sentinelle, ne travers du chemin, couper la route (dans la chasse) ; soutenir, protéger contre ; **kwenda kiikani** : aller au devant de, à la rencontre de (ennemis ou amis) marcher contre (les ennemis)

aqA, CDME, 50 : corde

yánga, DKF, 1117 : un modèle à tresser (d'un mur)

aqA, EG, 558 : (être) précis, exact

aka, DKF, 2 : oui justement ainsi

ékà, DKF, 145 : oui naturellement, cela va sans dire

enga, **é-nga** : oui

ikà, DKF, 195 : oui

ínga (**yínga**), DKF, 196 : interj. affirmative, oui, si (fait)

ingeta : interj. dont on se sert pour introduire respectueusement une remarque, exprimer une opinion ou faire une réponse polie à un gouverneur, etc. ; tient lieu aussi d'interj. affirmative polie : oui, si

ngèta, DKF, 687 : interj., oui !
(respectueusement)

ngète : interj., je vous remercie ! bien ! c'est
bien !

yèká, DKF, 1123 : naturellement

aq-ib, CDME, 50 : ami intime

kòbana, DKF, 299: fraterniser

kòbo : profond respect, vénération, influence
(sur); ascendant, qui inspire du respect (un
grand animal)

aqw, CDME, 50 : pains

yáka, DKF, 1111 : racine de manioc, qu'on a
fait tremper pour la peler, cassave

yànga, DKF, 1117 : donner à manger, faire
cadeau de

aqw, LH, 89 : amis

n'kúndi, DKF, 734 : ami, compagnon ;
relation, connaissance

ar, CDME, 45 : monter ; pénétrer,
s'étendre

bàla, DKF, 11 : monter

bàala : enfoncer, fendre, scier, couper ; fig.
raconter, dire, révéler, mettre en circulation
(une histoire)

bàluka, DKF, 12 : monter, monter sur,
grimper, faire l'ascension (d'une montagne) ;
s'élever

bàluka: écailler, se désagréger

bàluka : se tourner, changer (de couleur) ; être
traduit, rétrograder

bàlula : méditer, réfléchir à, calculer,
combiner, imaginer, peser, prendre en
considération

bàlula : soulever, hisser, élever, porter en haut,
surélever, élever, augmenter les prix

107

bàlula : fouiller et ameublir la terre, changer, retourner, tourner, altérer, transformer, fausser

bàlumuna, DKF, 13 : répandre, étendre, donner de l'extension, répandre au loin, disséminer, ouvrir tout grands (les yeux)

yàluka, DKF, 1113 : courir, bondir, sauter, danser en bondissant et en se tournant, faire une grande gambade, prendre son élan pour sauter, monter, monter, grimper

yàlukila : se lever brusquement, sauter rapidement

yàlula : faire sauter, bondir, faire monter (sur une colline)

yàzala, DKF, 1122 : monter, s'élever, augmenter (eau) ; se remplir, bien fréquenté (marché)

arar, CDME, 44 : menton (?)

yèedi, kiy., DKF, 1123 : menton, barbe

arf, EG, 558 : envelopper, ficeler ; sac, paquet

dèfa, DKF, 110 : être plein, nombreux, assemblés, serrés (gens)

dèfana : être assemblés, au complet, serrés, entassés, encaqués

dèfangana : local plein, maison pleine (de gens)

láfi, DKF, 376 : fragment d'étoffe qu'on emploie de diverses manières

lāfika : raccommoder.

arq, CDME, 45 : courber

léka, DKF, 387 : agiter, flotter doucement (au gré des vents) ; être chargé de fruits (branche)

lēkila, DKF, 388 : agiter, flotter, brandir (comme l'herbe)

lēkita : se plier, se courber (qqch de long et souple)

arq, CDME, 46 : corbeille (?)

arq, EG, 558 : attacher, dét. comprendre; dét. ⌇, ⌇ (être) compréhensif, sage ; dét. ⌇ juger, faire un serment, ⌇

arqy : dernier jour (du mois) ; **sarq** dét. ⌇ mettre fin à (des ennemis)

arrt, var. **arrwt**, **arryt**,EG, 558 : porte, place du jugement

lēkilà, DKF, 388 : coffre, caisse

láki, DKF, 377 : jour, temps fixé

léeki, DKF, 388 : un jour fixé

lekila :s'exprimer respectueusement, s'adressera une personne, respecter

léeki, DKF, 388 : un jour fixé, fixé (jour)

lòka, DKF, 402 : faire une chose bien, soigneusement, clairement

lòkana : comprendre, apprendre, connaître, savoir

lòkwa, DKF, 403 : instruit

lūuka, DKF, 420 : être intelligent, fin, rusé, astucieux prudent, attentif à, calculateur ; être sur ses garder ; être précautionneux ; se méfier

nzèngo, DKF, 826 : décision, sentence, jugement, verdict ; qui détermine, conclut (une affaire judiciaire), qui se décide ; pensée, vue, sentiment, qqch de conclu, de convenu (p. ex. un prix, etc.)

zínga, DKF, 1166 : mettre au maillot, envelopper, lier, attacher, tourner, virer, enrouler, friser, boucler (cheveux)

ky-éla ou **kyéle**, **kyélo**, **kyélu**, DKF, 368 : trou de porte ; se dit aussi d'ouverture de fosse ; fosse creusée

ky-èlo : petit, peu (de trou)

ky-élo : porte, grille, portail ; issue, passage

ky-élu : porte

mu-wélo, DKF, 630 : jour de porte

mw-élo, DKF, 648 : ouverture en général ; ouverture d'une porte, entrée, porte cochère ;

passage avec porte ; une maison grande et longue avec même trois toits ; entourer

art, EG, 558 : mâchoire

tándi, DKF, 951 : une dent qui est pourrie, corrompue et malade ; grande dent qui est noire ; tartre, etc. sur les dents

tándi : (dent) molaire

art, EG, 558 : « sheet (of papyrus or leather) »

n'léle, DKF, 744 : étoffe (de fabrication européenne) ; nappe, un vêtement, une robe, un pagne, un manteau (fait ordinairement d'une grande pièce d'étoffe) ; tissu, toile

tànda, DKF, 951 : morceau d'étoffe qui est placé devant ou derrière sur le corps des femmes ; chemisette, morceau d'étoffe de poitrine ; tablier ; aune (mesure d'étoffe)

tanda : tapis rond de la même matière que les corbeilles

aS, EG, 551 : appeler, appel

sābila, DKF, 862 : vanter, faire l'éloge de, honorer qqn, crier **taata** de joie ou de chagrin

sìba, DKF, 894 : appeler, invoquer, conjurer, adjurer (un **nkisi**) ; répéter, redire, débiter machinalement (des prières à l'adresse d'un **nkisi**, etc.) ; faire de vaines redites ; raconter tout clairement, distinctement

yākimina, DKF, 1112 : obliger, presser

yeki-yeki, kiy., DKF, 1124 : criant de joie

yíka, **yīika**, DKF, 1132 : appeler, nommer, désigner, parler de, dénommer ; faire observer, dire qqch à propos de, donner un sobriquet

yísi, DKF, 1136 : interj., gros mot, insulte, contradiction énergique, offensante ; étonnement, surprise ; **sa ~** : offenser, insulter, contredire (d'une manière offensante)

**aS**, CDME, 49 : grogner, gémir

kása, DKF, 219 : criailler

káta, DKF, 1120 : pleurer (les bébés)

kūkama, DKF, 325 : bégayer ; bredouiller

sàasama, DKF, 880 : hésiter ; gémir

sàasana : pleurer, pleurnicher, crier, se lamenter, se plaindre ; étonner

tàta, DKF, 955 : crier, appeler ; faire mal ; se lamenter, crier tata, tata ! claquer, craquer, éclater (du tonnerre)

yākalakana, DKF, 1111 : pleurer, crier fort

yasuka, DKF, 1120 : pleurer fort

yātakyana : crier, piailler (comme un petit enfant)

yātana : pleurnicher ; souffler, dire (un mot)

yíta, ~ **loosi**, DKF, 1137 : crier, pousser un cri (**loosi**)

aSA, CDME, 49 : beaucoup, nombreux, riche, ordinaire ; souvent ; quantité, multitude

káha, DKF, 201 : être rabougri, de petite taille, fluet

kàka, DKF, 201 : un très grand hibou

kaka, DKF, 202 : paquet

kákùfwá, ~, DKF, 203 : quantité de, se dit d'une maladie de la peau (cutanée) qui s'étend beaucoup

kàsa, DKF, 219 : être maigre, mince, petit, arrêté dans sa croissance ; rabougri

kēkese, DKF, 228 : grand termite soldat qui a une grande tête)

kóka, DKF, 302 : grand poisson, gros crabe ; grand serpent

kōkolò, DKF, 304 : grosseur, grandeur

111

kúka, DKF, 325: faire une levee de terre; disposer la terre en plates-bandes; construire un tertre, une butte pour semer dessus; butter (des pommes de terre)

kùukhu, **kik.**, DKF, 326 : monceau, bloc

kūlazi ou **kulázi**, DKF, 328 : paquet de perles bleues comprenant 10 **sanga** (colliers) de 100 perles chacun, valeur = 10 centimes ; mille

kùlu : une grande espèce de poisson **nsangi**

kūlukutu, DKF, 330 : grandeur, grosseur

ky-ási, DKF, 366 : 10, 000 ; un grand nombre

ky-áta : quantité, masse, superflu, abondance, richesse

nkáti, DKF, 713 : qui est radical, le plus important, le vrai sens, signification ; tout à fait, complètement, absolument comme, ainsi que

n'káati : grandeur, grandes proportion ; quantité

sàba, DKF, 862 : amasser, rassembler, entasser

sába: en abondance, beaucoup de qqch (p. ex. au marché), être riche, abondant, avoir beaucoup de biens, surpasser

sáka, DKF, 865 : (s') augmenter, (s') accroître ; y avoir de plus en plus, toujours plus ; devenir de plus en plus nombreux, riche, lourd ; trop nombreux, trop grand, trop lourd

sáasa (-a-), DKF, 880 : grande quantité de qqch ; qui est fort, gros, vaste

sá-sába, **na ~** : abondance des poissons

sá-sáka, **na ~** : abondance (arachides)

tata, DKF, 955 : beaucoup de, bien de choses

yéka, DKF, 1123 : se ramifier, s'augmenter, devenir gras, prendre un enbonpoint ordinaire

yēkeke, DKF, 1124 : très enflé (se dit des malades qui ont les oreillons)

yengedele, na ~, DKF, 1128 : gros

yìka, DKF, 1132 : augmenter, offrir davantage (dans le commerce) ; ajouter (des détails historiques) ; amplifier (une histoire)

yūngulù, DKF, 1148 : chose ronde et grosse

zēngetè, DKF, 1160 : grandeur, embonpoint

aSA, CDME, 49 : colombe (?)

kàaka, DKF, 201 : l'oiseau **pangi**, est aussi appelé ~ **tusevo**

kūuku, DKF, 326 : un pigeon

nkúka, DKF, 730 : un oiseau brun-rouge (**Turacus persa**)

nkunku, DKF, 735 : épervier, faucon

aSA, CDME, 49 : odieux, infect

kàkisi, DKF, 203 : goût de qqch qui est pouurri

kùku, kik., DKF, 326 : teint sale, saleté du corps ; couleur de suie, apparence débile, faible, mine décrépite ; personne ayant une telle mine, abcès dans le creux de l'aisselle, **na ~** : noir, sale, impur, boueux, souillé

súusi ou suuzi, DKF, 929 : saleté, ordure ; tache, malpropreté ; eau qui découle d'un cadavre peandant qu'on le sèche

aSA-r, CDME, 49 : parler, être loquace

kéka, DKF, 227 : répondre évasivement ; inconsciemment, sans bien savoir qqch ; mentir avec ardeur ; témoigner avec incertitude

kēkama : bégayer, bredouiller ; balbutier, annoncer

kēekele, DKF, 228 : chanter, diriger un chant, commencer un chant ; glousser

kēekila : pleurer, crier, jaser, parler, chanter, glousser, caqueter (poules qui viennent de pondre) ; fig. personne qui bavarde beaucoup

sòsa, DKF, 916 : parler, dire ; chercher à savoir ; être au courant de

yàata, DKF, 1120 : causer, bavarder (ordinairement de vétilles)

yàtata : parler, bavarder de quoi que ce soit, de quelque manière que ce soit

zònza, DKF, 1172 : (se) quereller, (se) disputer ; être en désaccord ; parler, discuter, plaider, discourir, s'entrenir de qqch, débattre

zònzi : avocat

aSaS, OEP, 378 : gorge, larynx ?

kúukutwa, DKF, 327 : se gorger, se rassasier

sasa, DKF, 880 : grand trou, cavité, à l'intérieur

yùkuta, DKF, 1145 : être rassasié, assouvi ; être content, satisfait (de nourriture, etc.) ; avoir assez de ; avoir assez mangé ; recevoir suffisamment

aSmw, EBD, 109 : formes visibles

kīmbama, DKF, 248 : être visible, apparent, se montrer, se faire voir, apparaître

sèma, DKF, 887 : former, façonner, moduler ; créer, faire, figurer un spectre, un fantôme, représenter une figure (en argile, etc.)

sèmvula, DKF, 888 : lever, soulever, tirer qqch au jour pour le rendre visible (p. ex hors de l'eau) ; relever, soulever, tâcher de lever pour voir qqch qui se trouve par-dessous

at, EG, 556 : membre

tó, DKF, 977 : jambe de devant avec l'épaule ; épaule ; cuissot, derrière ; croupe (animal) ; cuisse, jambon ; partie du corps, membre ; quartier d'animal ; des os (des poules) ; le corps ; prépuce

at, EG, 556 : chambre, département, maison

tába, DKF, 942 : lieu

tábu, DKF, 943 : lieu de refuge ; refuge ; protection, asile, retraite

tánda, DKF, 951 : nid, tanière, aire, demeure étagère, monture, endroit où on met des marmites

tatikinyi, DKF, 956 : faîtière

thó, DKF, 978 : cachette

atx, EG, 559 : tendre fortement, mettre à l'épreuve

tākalakana, DKF, 945 : être prêt à combattre, en humeur de combattre, être d'humeur belliqueuse, combattre, lutter, être en combat l'un avec l'autre, les uns les autres, lutter

tāakana : faire qqch avec force, avec énergie, frapper fortement

tākata : saisir par (le cou, etc.)

awA, CDME, 39 : se gâter, pourrir

bő, DKF, 46 : sécrétion, résidu, marc ; crasse ; débris, fermentation ; crème ; fluide visqueux, dépôt de liquide

bő, DKF, 47 : qui est sal, malpropre

bő : glande de musc

bòla, DKF, 50 : être mou, liquide ; être mouillé, humide, trempé, amolli ; moisir, pourrir ; être gâté ; se corrompre ; se décomposer ; être ou devenir impropre à l'alimentation ; fig. être doux, tendre, dégagé ; paisible au contraire d'être dur (**ngolo, mbalu**)

bòla, DKF, 51 : pourriture, etc. ; tartre dentaire ; manioc moisi ; un plat de légume (de feuilles aigries)

bòla : durer, continuer, longtemps

bòla : une vieille chose

wālakazi, DKF, 1090 : mauvaise odeur, odeur de lait ; odeur de bave ; évaporation ou odeur d'une femme qui nourrit, d'une femme qui vient d'accoucher ou qui nourrit ou d'une femelle d'animal qui vient de mettre bas

wòla, DKF, 1099 : pourir, se gâter, se corrompre

wòlumuna, DKF, 1100 : faire pourir, se désagréger, cuire à l'excès, etc.

yéwa-yéwa, DKF, 1130 : mollesse, ce qui est tendre ; na ~ : mou, liquide, mal mûr, juvénile

yóva, DKF, 1142 : être fatigué, éreinté, faible, affaibli, exténué, sans forces, à bout de forces ; faiblesse, défaillance (par suite de l'âge ou de la maladie)

yòoya, DKF, 1143 : être bien mûr, mûr, rougé (ananas) ; être trop mûr ; être blet, presque pourri ; être pourri, délabré (toit) ; se pourrir, se putréfier ; perdre (dans un procès) ; être découragé ; être sans forces ; s'énerver, s'étioler

yóya : être incapable de poursuivre son travail et laisser tout aller à vau-l'eau ; renoncer, cesser toute résistance

yōyelo : faiblesse

awA, EBD, 106 : faire violence

búla, DKF, 66 : frapper ; marteler ; tuer (un pou) ; rompre ; casser, écraser ; broyer ; partager, diviser ; serrer, presser (huile)

m'fula, DKF, 555 : violence, injustice

váma, DKF, 1047: frapper, battre, asséner un fort coup à

wùla, DKF, 1104 : jeter violemment, lancer

yōvuna, DKF, 1142 : frapper qqn cruellement

awAi,EG, 557 : voler, voleur ; volé

wéla, DKF, 1094 : perdre

116

yevoka, yevola (evoka, evola), DKF, 1130 :
ôter, enlever, retirer, écarter, éloigner

yìya, DKF, 1138 : voler, usurper

yòvula, DKF, 1142 : s'emparer de ;
s'approprier à vil prix

awAy, CDME, 39: moissoner, faûcher

wāyika, DKF, 1094 : frapper, abattre, faire
tomber (un arbre)

awAyt, CDME, 40 : une boisson
fermentée

ma-làvu, DKF, 486 : vin de palme, alcool, vin
(en général)

awaw, CDME, 40 : anneau,
bague

wāla-wala, DKF, 1091 : grande ouverture
(d'un pot à anse, d'une chope, etc.)

wele-wele, na ~, DKF, 1095 : gros, ouvert
(trou)

wōwo, DKF, 1103 : grand anneau de pied
(creux)

yéeye, DKF, 1130 : une enfilade de bracelets
(communément de fer mais aussi d'herbe, etc.)
du poignet au coude, bracelets de perles,
anneau en spirale du bras, attache, ficelle
cordelette

awg, EBD, 93 : brûler

vīa, DKF, 1062 : brûler, se brûler, incendier ;
être consumé par le feu ; être cuit, bien cuit,
cuit à point

walumuka, DKF, 1091 : être consumé par le
feu ; brûler rapidement

wéle-wéle, DKF, 1095 : qualité de ce qui est
peu cuit : soupe claire, daube

yā, DKF, 1109 : cuire, brûler, consumer par le
feu

yànnga, 1117 : rôtir à la broche ; boucaner ;
chauffer

yāula(waula, aula), DKF, 1120 : brûler légèrement ; cuire qqch en dehors et qui reste cru en dedans ; rendre tiède ; chauffer (de l'eau)

yénnga, DKF, 1127 : être brûlé, grillé, trop rôti ; roussir ; s'attacher au fond ; brûler avec éclat, flamber à grandes flammes, rougir au feu, brûler avec des flammes (anthracite)

yīa, DKF, 1131 : brûler

yòka, DKF, 1139 : brûler, détruire (par le feu) ; consumer ; griller, rôtir

awn, EG, 557 : (être) rapace

-ingi, DKF, 196 : beaucoup (de), grand, très, trop grand ; plur. quantité (de) ; un grand nombre, divers, plusieurs, quelqus-uns, un trop grand nombre (de)

w-ingi, DKF, 1098 : grand nombre, masse, foule, grandeur

yāngala, DKF, 1117 : qui est grand

yāngila, DKF, 1118 : être large

yava, DKF, 1121 : prendre beaucoup avidement, avec ardeur, passionnément

yengedele, na ~, DKF, 1128 : gros

yíngi, DKF, 1136 : beaucoup, plusieurs, grands, vastes

yìngila : bavarder sans cesse, jaser comme en délirant

yingita : qui est grand (d'une personne)

awnt, EG, 557 : bâton, matraque

bànda, DKF, 15 : frapper, taper, marteler ; claquer ; faire du bruit ; gronder, fouetter, donner la verge ; rompre, briser

bēeta, DKF, 33 : frapper, frapper sur, frapper avec force

wànda, DKF, 1091 : frapper, frapper sur, heurter, tapoter, foueter ; jeter de l'eau en l'air vivement avec une chope ou à la main ; boire ; s'accoupler

wēeta,(**eeta**), DKF, 1096 : frapper, fouetter

awt, PAPP, 80 et 85 : bêtes sauvages

awt, EG, 557 : troupeau (petite vache), chèvres

búlu, DKF, 69 : animal sauvage ; grand quadrupède (les fourmis, etc. ne se désignent pas sous le nom d'animaux)

fùta, DKF, 167 : partie d'une prairie qui n'est pas brûlée par l'incendie ; herbe haute dans les vallées où il est difficile de pénétrer ; broussailles ; sauvage (animal)

nkómbo, DKF, 725 : chèvre

vùnga ou **vunga**, DKF, 1081 : mener paître, paître, garder, conduire; chasser, écarter, poursuivre (en gardant le bétail)

wunga, DKF, 1106 : garder, surveiller les annimaux, chasser les mouches (des plaies)

awt, CDME, 39 : courber, plier

būlalala, DKF, 68 : se tenant courbé, penché ; tourner le fessier vers qqn

būlama : être incliné, courbé ; tomber à genoux, rester à genoux pendant le travail

n'kombombo, DKF, 725 : qui est pendant, incliné vers la terre

vánda, DKF, 1048 : ramification, embranchement, branche, rameau hameçon (fait de bois) ; croc, crochet, barde d'épi, barbelure (de flèche) ; navette, branche (p. ex. aînée, cadette d'une famille) ; descendance, postérité

vyòluka, DKF, 1087 : être courbé, tressé, tordu

vyònda : être courbé, crochu, tortu, tordu tortueux, faire des détours (chemin) ; être tourné de travers, contourné ; aller, venir, passer devant secrètement, se dissimuler

awt, EG, 557 : « *awet* sceptre »

n'káwa, DKF, 713 : bâton, canne de rotin, bâton de palmier rotang, liane rotang (**Calamus Laurentii**)

nkáwu : gardien, police

vululu, DKF, 1026 : petit bâton, baguette, rameau, badine

aXi, EG, 558 : voler

yàka, DKF, 1111 : attraper en l'air au vol (une balle, etc.)

Yàka : nom propre

yàka : jeter

aXm, CDME, 48 : image (de dieu)

n'kamba, DKF, 707 : amulettes qu'une femme se pend autour du cou après s'être mise sous l'influence d'un **nkisi**

yűngulu, na ~, kala ~ ye se, DKF, 1148 : ressembler à son père, avoir le même air, les mêmes traits

aXmw, EG, 558 : branches

nkúma, DKF, 732 : extrémité inférieure du tronc du palmier près des grappes de fleurs où l'on tire le vin. On l'égalise et on fait des entailles pour tirer le vin de palme de derrière le bouquet de fleurs

(le déterminatif du brazier indiqué ici est absent du Sign-list de Gardiner) **ax**, CDME, 48 : brazier

yànnga, DKF, 1117 : rôtir à la broche ; boucaner ; chauffer

yénnga, DKF, 1127 : être brûlé, grillé, trop rôti ; roussir ; s'attacher au fond ; brûler avec éclat, flamber à grandes flammes, rougir au feu, brûler avec des flammes (anthracite)

yìngani, DKF, 1137 : fivre puerpérale

axi, CDME, 48 : soulever

axm, EG, 558 : éteindre (feu)

b, LH, 26 : unilitère. Jambe et pied humains indifférenciés. Idéogramme pour « lieu », « endroit »

yòka, DKF, 1139 : brûler, détruire (par le feu) ; consummer ; griller, rôtir ; faire mal (plaie)

yùkama, DKF, 1144 : être chaud, fiévreux

yāngama, DKF, 1118 : flotter (sur une surface liquide) ; être visible (p. ex. sur une éminence) ; être exposé, découvert ; dominer les environs ; être élevé, haut, gigantesque (se dit des personnes) ; s'élever ; être grand, large (une caisse)

yēngalala, DKF, 1128 : suspendre, mettre à prendre ; faire descendre ; être suspednu dehors, étendu sur ; saillir (ventre d'une femme enceinte) ; être grand et large ; être en évidence

kwīma, DKF, 359 : flamme (feu)

bí, DKF, 34 : fig. au sens de sauter, bondir

bōobo, DKF, 47 : pron. dém., 2e posit. cl. **bu**, ainsi, comme cela, précisément ainsi ; **bo**, **boobo**: justement

bù, DKF, 57 : place

buba, DKF, 58 : trace, trace des pas

būubu, DKF, 59 : pron. emph. dém., 1e pos., cl. **bu** ; quand **buubu** vise **buuma**, il est employé c. adv. ; ainsi, précisément ainsi, maintenant, précisément maintenant, aujourd'hui

bùka, DKF, 63 : place, espace, endroit (ou l'on s'assied) ; emplacement de lit, lit bwà, DKF, 87 : lieu, place ; place unie

bwābu, DKF, 88 : pron. démo., cl. **bu**. Comme adv. ainsi, maintenant, aujourd'hui

mbāmbalà, DKF, 520 : bord (d'une table) ; **mu ~** : près de, au bord de (feu)

mbàmbi : frontière, limite (de champ) ; district, contrée, région

mpáka, DKF, 573 : installation pour animaux ; étable, ferme, poulailler, porcherie, bergerie, écurie, colombier

pháka, DKF, 841 : maison pour les animaux, bouge (porcherie, etc.)

bA, EG, 563 : bélier

bánzu, DKF, 21 : chèvre

bè, bèe, DKF, 25 : onomatopée pour crier, bêler, etc.

bèba : bêler

bèbe : un bêlement lascif, cri d'animal, bouc

mèe, DKF, 547 : onomatopée pour bêlement d'une chèvre

mema, DKF, 548 : bêler

mēeme : mouton, brebis ; cheval

bA, CDME, 77 : léopard

mbàla (-àa-), DKF, 518 : espèce de civète (genette) ; espèce d'écureil

mbònde, DKF, 535 : dogue, grand chien

mbòndi : l'animal **mbala** (chat sauvahe) ; un grand singe à une queue très grande

bA, LH, 91 : âme

bA, CDME, 77 : être ou posséder une âme

bā, DKF, 5 : être, exister, rester ; demeurer, s'arrêter

bádi, DKF, 8 : habitants

bāanga, DKF, 18 : être, demeurer, résider, séjourner, loger

béde, DKF, 25 : ressemblance

ki-bé, de **bā** (être), DKF, 238 : ~ **zoono**, ~ **yoono** : hier

ki-béde : égalité, ressemblance d'aspect de visage

mbēelo, DKF, 526 : existence, manière d'être, qualité

Mbēelo : nom propre = existence

bA, CDME, 77 : creuser (la terre) ; houer, détruire, dévaster

bēmbele, DKF, 29 : force, dureté

bùuba, DKF, 58 : frapper doucement sur ; tapoter, caresser, dodiner, calmer (un bébé) ; frapper avec qqch ; battre avec un grand gourdin dans l'herbe pour chasser des annimaux

búmba, DKF, 71 : houer à fond, mettre les arachides dans le sol, semer

bAAwt, OEP, 391 : virilité

bòlo, DKF, 51 : prépuce

bu-boola, DKF, 59 : penis circoncis

bu-bolo : incirconcision

bAbA, OC, 272 : lieu secret

bAbA, EG, 563 : trou, cachette

bābama, DKF, 6 : fermé (une porte), collé (une enveloppe) ; couvert (un pot) ; être bien rempli (une malle) ; fig. être rassasié, regorger de

bābika, DKF, 7 : fermer (une porte) ; coller (une enveloppe), recoller ; couvrir (un pot) ; bien remplir (une malle)

bùubu, DKF, 59 : ombre, ténèbres ; non transparent, opaque ; densité ; ignorance ; état de non initiation, qui n'est pas informé

𓃀𓄿𓅑𓏏 **bAdt**, CDME, 79: profond

búlu, DKF, 69 : fosse, trou, creux, cavité, caverne ; terrier ; puits

bànda, DKF, 15 : grand amas d'eau, bassin, étang, marais, endroit profond ; où on laisse tremper le manioc

dīmbila : vallée

n'dímba, DKF, 668 : vallée, val, plaine, terrain uni, campagne

ndīmba-ndimba : une petite vallée, un vallon

yánda, DKF, 1116 : une place plus bas, au-dessous ; fond, vallée

𓃀𓄿𓄿𓃀𓄿𓏏𓈖 **bAbAt**, EG, 563 : ruisseau, courant, flot

bète, DKF, 33 : goutte

bēte-bete : liquide, tendre (après cuisson du fruit mûr)

béti : goutte

bètika : commencer à pleuvoir

mámba, DKF, 489 : eau, liquide, jus, suc, sève ; réservoir, inondation

𓃀𓄿𓄿𓈖 **bAg**, CDME, 79 : épais (de liquide)

𓃀𓄿𓈖 **bAgw**, SI, 41 : épaissir, faire

épais, c'est-à-dire profond (comme on rend consistant un liquide, un sirop)

banga (à), DKF, 18 : glande salivaire

búku, DKF, 65 : un pouding (grand)

mbanga, DKF, 521 : glande, ganglion, grande mamaire lactifère

𓃀𓄿𓄿 **bAg**, CDME, 79 : vue (?)

bànga, DKF, 17 : nier, contredire, témoigner ; disputer ; mentir, se tromper ; faire des difficultés ; être difficile ; être disposer à marchander ; avoir tort dans une dispute ; être convaincu par ; raconter, témoigner mais porter un faux témoignage ; avoir peur

bànga, DKF, 18 : cause, contre-cause, cause de querelle, contradiction

bàngi : témoin

mbàngi, DKF, 522 : témoin

bAgi, var. **bgi**, EG, 563 : être négligeant, lâche, desserré ; CDME, 79 : être languissant ; languissant

bākanga, DKF, 10 : amertume ; **na ~** : âpre, amer

bàmbalakasa, DKF, 13 : travailler, faire qqch de mal, négligemment ; embrouiller

bámu, DKF, 14 : lâché, décousu

béka, DKF, 26 : casser, apprivoiser, tourmenter à la mort ; être fragile, cassant

bèka : qqch d'oublié, d'interrompu, de fait à moitié ; partiellement, fragmentairement

bèka, DKF, 26 : être sans force

bèka : pan d'habit

bAgs, CDME, 79 : « thorn-bush (?) »

bànga, bánga, DKF, 18 : herbe haute ; plante grimpante qui forme des fourrés où les porcs-épics aiment à habiter ; paniers, etc. (employés comme passoires) ; fourré de cette herbe entourée de bois

bAgsw, **mAgsw**, EG, 563 : poignard

bàaka, DKF, 9 : sorte de couteau pour nettoyer le palmier

báaku, DKF, 10 : couteau, ciseau pour nettoyer les palmiers ; couteau du vieux temps

bAH, BEC, 105 : phallus, penis

bàkala, DKF, 9 : homme (mâle)

bàkala, DKF, 10 : organe sexuel (membre) ; semen viril

ki-bàkala, DKF, 237 : courage, virilité, bravoure, vaillance, hardiesse ; organe sexuel (membre viril humain), batailleur, homme dur

ki-bàkala, sorte de pomme de terre allongée

yàkala, homme ; mari, individu du sexe masculin ; beau-frère (se dit par les frères et sœurs de la femme. D'autres disent **nzadi** ou **n'kento**)

bAH, CDME, 78 : mesure de capacité

bākasa, DKF, 10 : tabatière ; carapace

bànga, DKF, 18 : panier (façon de **mpidi**) ; mesure, panier d'arachides

bAiw, CDME, 77 : humide

bàya, DKF, 24 : avoir la diarrhée

mbéeza, DKF, 529 : plaie

pàya, DKF, 846 : clapoter, (le bruit de l'eau) ; frémir (les vagues) ; battre doucement la rive ; être trop plein ; comble, regorger de ; déborder, se répandre ; parler bruyamment

bAk, OC, 275 : serviteur

mpîka ou **mu-mpîka**, DKKF, 357 : esclave ou serf, fig. subordonné méprisable

bAk, EG, 563 : travailler

báka, DKF, 9 : v. aux. commencer, essayer (se dit d'essais aussitôt abandonnés)

bángu, DKF, 19 : coutume, habitude ; manière d'être, manière de faire des choses

bònga, DKF, 54 : commencer, mettre en train, ouvrir, introduire (discours, chant, etc.) ; entreprendre ; se charger de qqch de difficile, prendre en main qqch de difficile, etc.

mpángu, DKF, 575 : travail, soin, zèle, activité

vánga, DKF, 1049 : faire, fabriquer, confectionner, construire, former ; arranger, réparer ; s'acquitter de, achever, produire ; causer, occasionner ; commettre ; exécuter, accomplir, déterminer, décider ; se conduire, se comporter à l'égard de ; montrer,

126

manifester, témoigner (p. ex. de la bienveillance, de la miséricorde

bAkbAk, CDME, 79 : gâteau

m'bánga, DKF, 521 : banane en morceaux cuite sans huile de palme ou d'arachides ; plat de haricots mélangés à des bananes

m'bánga : fruit écrasé et mêlé de sel et de poivre

púka, DKF, 854 : arachides enveloppées dans des feuilles

vóngi, DKF, 1074 : boulette (de **kwanga**) pour lancer dans la bouche

bAkt, PGED, 42 : territoire, circonscription administrative, c'est le nom de l'Egypte à la Basse Epoque

bòko, DKF, 49 : place public du village où se discutent les intérêts publics et où l'on tient les palabres ; où les étrangers se reposent et où se tiennent quotidiennement de petits marchés ; lieu de repos ; village

Bőko, DKF, 50 : nom de village

mpāngala, DKF, 575 : place publique pour les affaires d'un village, palabres, etc.

bAq, EG, 563, « an oil-bearing tree (not olive) »

bánga, DKF, 18 : cocotier

bánga : construction en en bois

bāngu–bangu, DKF, 19 : essence d'arbre (**Symphoniaglobulifera**)

m'bángu, DKF, 522 : un grand arbre à l'écorce amère (astrigent), employé pour des bains hygiéniques et thérapeutiques

bAs, CDME, 78 : dévorer

bósa, DKF, 55 : mâcher une chose dure ; écraser, heurter, casser ; piétiner ; broyer, moudre ; pétrir

bAs, EG, 563 : pot, bocal

bāsinga, DKF, 21 : petite tasse

BAstt, EG, 527 : la déesse chatte Bastet

bAt, EBD, 100 ; mauvais (« evil »), mal

mbàsa, DKF, 523 : broc, tasse, canette, cruche, bol, coupe, gobelet ; grand pot

mbāsinga, DKF, 542 : petite tasse, petit flacon

mw-isi, DKF, 651 : jeune chat

bāata, DKF, 22 : (peu usité) être incapable de, impuissant à

bāata : impropriété, etc.

ma-bāata, DKF, 471 : impropriété, inaptitude, inconvenance (pour les récoltes, etc.) ; **fwa ~** : être, devenir impropre, manquer (récolte), inutilisable (p. ex. mal fait)

ma-baata-baata : incapacité

bAt, EG, 563 : brousse

bónde, DKF, 53 : forêt, groupe d'arbres, futaie (ordinairement de palmiers ou de bananiers) ; verger

bAw, EG, 563 : puissance

mbáafu, DKF, 517 : qui est très grand, énorme

bAw, EG, 563 : bateau, canot, barque

bwàtu ou **maatu**, **myatu**, DKF, 90 : pirogue, canot, grand canot

bAXw, BEC, 110 : le couchant

mbùka, DKF, 538 : place, place de repos, place pour dormir, où l'on mange ; couche, couchette, lit, camp ; **~ mosi** : tout près de, au voisinage

bAy, OEP, 394 : détrempé, être humide

bàya, DKF, 24 : avoir la diarrhée

mbéeza, DKF, 529 : plaie

pàya, DKF, 846 : clapoter, (le bruit de l'eau) ; frémir (les vagues) ; battre doucement la rive ;

être trop plein ; comble, regorger de ;
déborder, se répandre ; parler bruyamment

baba, CDME, 81: boisson

bète, DKF, 33 : goutte

bēte-bete : liquide, tendre (après cuisson du
fruit mûr)

béti : goutte

bètika : commencer à pleuvoir

bőbo, DKF, 47 : lie de vin

bőboko, DKF, 48 : écume, rebut, sédiment,
etc. dans le vin, etc.

mámba, DKF, 489 : eau, liquide, jus, suc,
sève ; réservoir, inondation

babat, CDME, 81: rivière

bète, DKF, 33 : goutte

bēte-bete : liquide, tendre (après cuisson du
fruit mûr)

béti : goutte

bètika : commencer à pleuvoir

mámba, DKF, 489 : eau, liquide, jus, suc,
sève ; réservoir, inondation

baH, CDME, 81 : être détesté

bánga, DKF, 18 : être dur, être en colère ;
souffrir, être chaud

bánga : colère ; mots durs qui causent colère ;
souffrance ; difficulté ; écart moral, rupture
avec les usages reçus, crime, scandale

baHw, OEP, 394 : inondation,
marée

bàla, DKF, 11 : monter (peu usité) ; nager

būuka, DKF, 63 : couler en masse ; couler
par-dessus bords ; couler à pleins bords,
déborder ; fort contre-courant (dans le fleuve)

būkuka, DKF, 65 : être versé, répandu

būkula : verser dans, dehors, hors ; répandre

būula, DKF, 67 : ouvrir un abcès ; faire couler ; livrer passage à (de l'eau) ; détourner (un courant) ; creuser des fossés d'écoulement ; commencer à houer un champ

vàla, DKF, 1045 : s'élever, monter ; grimper ; gravir

valaba, vàlabata, DKF, 1046 : grimper (avec difficulté, peine, effort)

vālumuka : ruisseau

bant, CDME, 81 : cou

bìndi, DKF, 41 : corps sans tête ; acéphale, fantôme ; épaisseur

bbt, CDME, 82 : trou, cavité

bèmba, DKF, 28 : corbeille (une variété de **mpidi**) ; petite **mpidi**

bēmbelè, DKF, 29 : boîte de bois ou de tôle, fer blanc

boba, DKF, 47 : boîte

bbt, CDME, 82 : herbe (**inula graveolens**)

bembeke, DKF, 29 : esp. d'igname

bbwt, OEP, 379 : aile

gembo, DKFFK, 44 : épaule

bbwy, OEP, 379 : clavicule

vembo, DKF, 1057 : épaule

bbyt, OEP, 379 : clavicule

bDA, CDME, 86 : « mast-head »

bāala, DKF, 11 : être dur, ferme, fort

bDA, CDME, 86 : jarre

mbéka, DKF, 525 : cruche d'argile, cruchon

bDA, CDME, 86 : rouleau rigide de lin

bùndi, DKF, 75 : sorte d'étoffe bleue d'indigo

mbádi mbáadi, DKF, 517 : pagne indigène, étoffe de raphia, **mpusu** ; tablier ; vêtement en face de la toilette d'une femme

mbádi : vêtements de dessous de la toilette féminine

m'báti, DKF, 524 : vêtement postérieur des hanches, pantalons ; culottes

bdSt, EBD, 43 : révolte impuissante

bdS, EG, 564 : faible, languissant

bé, DKF, 25 : être fragile, souple

bèe : figure au sens d'être fatigué, faible

béda, DKF, 25 : frapper

béda, na ~ : abattu

bēdakani : faible

bèta, DKF, 32 : tranquilliser, calmer ; détourner, retenir ; empêcher, prévenir ; étouffer par la répression ; rabattre sur le prix, marchander

bēeta, DKF, 33 : frapper, frapper sur, frapper avec force ; précipiter, jeter du haut en bas

bétakani, na ~ : faible, fatigué, épuisé, éreinté

bēevudi, DKF, 34 : malade (injure)

bèya, béya-béya : être faible, épuisé (au physique) ; baisser les mains (par faiblesse)

búla, DKF, 67 : corpulent ; dignité ; prestige ; importance ; important, considérable

mbēevo, DKF, 529 : malade, maladif, personne maladive

mbèya, mbèyeye : nouveau-né ; faiblesse, fragilité, manque de force. **Mb.** : nom propre

bdt, EG, 564 : blé, froment

bete, DKF, 33 : graine de calebasse

bgA, EBD, 66 : faible

bgs, EG, 564 : (être) mauvais, fragmentaire, cassé

bH, 83 : travail forcé

bHnn, EBD, 54 : couper

bHn, CDME, 83 : couper des membres

bHs, EG, 564 : veau

bākanga, DKF, 10 : amertume ; **na ~** : âpre, amer

bàmbalakasa, DKF, 13 : travailler, faire qqch de mal, négligemment ; embrouiller

bámu, DKF, 14 : lâché, décousu

bāngala, DKF, 18 : se fendre (comme crépissage)

bàngula, DKF, 19 : casser, réduire en miettes, briser

béka, DKF, 26 : couper noix du palmier ; casser, apprivoiser, tourmenter à la mort ; être fragile, cassant

bèka : qqch d'oublié, d'interrompu, de fait à moitié ; partiellement, fragmentairement

bèka, DKF, 26 : être sans force

bèka : pan d'habits

bàngula, DKF, 19 : être obligé ; devoir, avoir l'intention de ; se voir obligé à ; penser à ; réfléchir ; injurier, refuser

bàngula, DKF, 19 : casser, réduire en miettes, briser

bőki, DKF, 49 : entaille, coupure profonde ; cran, marque, plaie (coupée avec un fer tranchant) ; dans une planche ; blessure (en général)

bōkika : frapper, pousser

bòko, lemene~ : blesser (avec un couteau, etc.)

būkuna, DKF, 66 : couper, casser en deux, en morceaux ; briser

𓃀𓎛𓋴𓌟 **bHs**, EG, 564 : chasser, pourchasser

𓃀𓎛𓄿𓂽 **bhA**, EG, 564 : fuir

𓃀𓇋𓏏𓀀 **bi**, CDME, 80 : bonne action

𓃀𓇋𓏏𓀀 **bit**, EG, 564 : caractère, qualités, talent

𓐍𓏤 **biA**, OC, 322 : minerai

𓃀𓇋𓄿𓏏𓏤𓀀 **biA** dans **m biA**, CDME, 80 : non

mpākasà, DKF, 573 : buffle

báka, DKF, 9 : venir, s'avancer vers ; arriver, parvenir, atteindre, toucher le fond, rattraper

bākatala, DKF, 10 : marcher, venir vite après qqn, suivre vite, pour suivre, manger vite, faire qqch vite pour atteindre

bēkuka, DKF, 27 : marcher, courir vite; s'emparer de qqch et se sauver

bēkula : avoir à courir

bába, DKF, 5 : tromper, égarer, duper, mentir

bāata, DKF, 22 : (peu) usité, être incapable de, impuissant à

bàabila, DKF, 7 : tranche, morceau, copeau, motte ; lame très mince (de métal, etc.), plaque

bèebe, DKF, 25 : lame d'un couteau

bí, na ~, DKF, 34 : pas, sous aucun prétexte, nullement

mpīàa, na ~, DKF, 581 : vide ; il n'y a rien ; rien ; tout à fait, complètement, à fond, fini, tout à fait achevé, complété, à la fin, finalement

mpyáppu, **mpyàpuka**, **mpyàpuzuka**, DKF, 592 : action de nier, de dénaturer, de tordre (sciemment)

mpyátu : action de nier

pyá, na ~, DKF, 857 : défendu, interdit

pyàka : mentir, tromper

phyàka : mensonge

pyàla, DKF, 858 : nier ; dire que non

pyàpuka, **pyàpumuka** : nier, dénier, ne pas avouer

pyàpula, **pyàpumuna**, **pyàpuzuka** : nier avec persévérance

biA, CDME, 80 : ciel, firmament

biAty : firmament

vyātula, DKF, 1086 : grandi, grossir; exagérer

biAi var. **by**, EG, 564 : s'étonner ; **biAt** var. **biAyt** : merveille, miracle, émerveillement

by-éntula, DKF, 96: plaisanterie

byénza : plaisanterie, propos joyeux, jeu, amusement, farce

byētula : plaisanterie

byēula : plaisanterie

byéya : plaisanterie

byēyila : drôlerie

kí-mpa, DKF, 255 : jeu à récits ; air ; amusement, gymnastique ; truc, tromperie (au jeu) ; énigme, mystère, devinette, etc. ; fable, histoire

yituka, **yītuka**, DKF, 1137 : s'étonner ; admirer

bibi, CDME, 81 : 1. acclamation, 2. symptôme de maladie

ma-biibi, DKF, 472 : sensibilité, douleur ; fatigue

mbèmbo, DKF, 572 : voix, langue, langage ; chose, affaire, voix (dans une élection) ; nouvelles ; palabre, chanson

Mbèmbo : nom propre (homme ou femme) = querelle

mbèmbo : chant funèbre, plaintes (sur un mort)

𓃀𓏤𓅓 **bik**, OC, 336 : faucon

bèkama, DKF, 26 : être suspendu ; pendu en dehors, au-dessus de, de côté (comme la lèvre, etc.) ; surplomber ; s'incliner ; être plié, rabattu, courbé (col ou col d'habit)

bèke : broc, pointe ; bec ; bouchoir, etc.

pāngi, DKF, 844 : un oiseau à bec cornu (**Bycanistes sharpei** ou du genre **Lophoceros**) ; stupide, bête, peu intelligent (qui ressemble à cet oiseau)

𓃀𓅿 **bin**, EG, 564 : (être) mauvais, misérable ; agir de façon mauvaise

biou bīi, DKF, 34 : colère ; méchanceté ; corruption, péché ; immoralité ; impiété ; vice ; méchant ; mauvais ; en colère

mbi, DKF, 529 : méchanceté ; malice ; mauvaise action ; mauvais, méchant ; dégoûtant, laid, vilain

𓆤𓏤 **bit**, GE, 302 : abeille, miel

kí-ba, DKF, 237 : dard, aiguillon, abeille

𓃀𓏤𓎯 **bit**, CDME, 79 : block de pierre

badika, DKF, 8 : une pierre, grenaille, balle (pour un fusil)

𓃀𓏤𓏌 **bit**, CDME, 79 : vase ovale

bidiki, DKF, 35 : cafetière

mbínda, DKF, 530 : calebasse, vase pour l'eau, pour le vin de palme

𓃀𓏤𓏐 **bit**, CDME, 79 : pain

bìidi, DKF, 35 : sorte de grande banane

mbánda, DKF, 520 : grand gâteau de cassave de Bwende ; pâte d'arachides ; pain d'amande d'Irvingia

𓆤𓈖𓏥𓆥 **bity**, DKF, 79 : roi de Basse Egypte

m'baazi, DKF, 525 : ~ **akimbembo** : receveur d'impôt ; ~ **an'kanu** : juge

𓃀𓅱𓂓𓃥 **bkA**, EG, 564 : être enceinte

ki-bèka, DKF, 238 : rate, inflammation de la rate

bèki, DKF, 27 : rate

būuka, DKF, 63 : grandir, devenir grand, gras ; croître ; un peu gras

𓃀𓅱𓂓𓅆 **bkA**, PAPP, 43 et 44 : matin

bíka, DKF, 36 : réapparaître (de la lune), être nouvelle lune

būku-ngù, **na ~**, DKF, 66 : étant clair, éclaire (clair de lune)

𓃀𓅓𓏭𓎼𓏏𓉐 **bkyt**, CDME, 85 : circonscription, arrondissement

bòko, DKF, 49 : place public du village où se discutent les intérêts publics et où l'on tient les palabres ; où les étrangers se reposent et où se tiennent quotidiennement de petits marchés ; lieu de repos ; village

Bőko, DKF, 50 : nom de village

mpāngala, DKF, 575 : place publique pour les affaires d'un village, palabres, etc.

𓃀𓈖𓂽 **bn**,BD, 107 : partir

bénnda,DKF, 29 : pousser à côté, ôter, cheminer

bēnduka, DKF, 30 : aller, marcher de travers, à côté de ; marcher, voler en zigzag comme les hirondelles, se détourner (du chemin) ; se coucher, baisser à l'horizon (soleil) ; fig. mourir

bēnda-benda, **na ~**, DKF, 30 : en trébuchant, près de tomber à chaque pas

béndo : pas, trace (en général) des hommes ou animaux, où ils sont allés, se sont assis, couchés ; place où les affligés sont assis pour pleurer

bēndo-bendo : errer sans trêve (comme poussé par le vent) ; tituber, pas dandinant,

136

chancelant, sentiers et chemins dans l'herbe, démarche ondulante, penchée, de travers

bnn, CDME, 82 : engendrer ; entrer en érection

mbòndo, DKF, 535 : stérilité des poules ; des petites plumes à la queue qu'on dit en être la cause ou le signe ; si on les enlève les poules deviennent fécondes

mboze, DKF, 537 : fertilité

bnn, CDME, 83 : perle

bunda, DKF, 75 : grain noir

bnr, var. **bn (r) i**, EG, 564 : (être) doux

béene-béene, DKF, 30 : très bien

bnrw, EG, 564 : le dehors, l'extérieur

bēngo, na ~, DKF, 31 : ouvert

bìndu, DKF, 41 : vallée

bíndu : ouvert

bìndumuna, DKF, 41 : ouvrir

mbázi, DKF, 525 : cour ; **va, ku ~** :dehors, en dehors de la maison, de côté extérieur

mbéla, DKF, 526 : bord, bords d'un rivage, bord extérieur, bord d'un vêtement, extrémité d'une chose

bnt, CDME, 82 : harpe

bànda, DKF, 15 : tambour ; mesure, rythme

bíndu, DKF, 41 : très petit tambour

bòndo, DKF, 54 : espèce de grand tambour de façon **ngoma**

bnty, SH, 241 : les deux mamelons, tétines, litt. « les deux filles »

bèele, DKF, 28 : sein

bèene(e), DKF, 30 : sein (de la femme), mamelle; gourde

𓃛𓏤𓂋𓅣 **bnw**, CDME, 82 : héron

𓃛𓏤𓂡𓎶 **bnwt**, EG, 564 : meule; CDME, 82 : « a hard sandstone »

𓃀𓂋𓈒 **bq**, CDME, 85 : être hostile (?)

𓃀𓂋𓎡𓂋 **bqsw**, CDME, 85 : collonne vertebrale

𓃀𓅣𓃀𓏤𓂻 **br**, EGEA, 205 : bateau (de mer) ; récipient, petit vase

beeno, DKF, 31: mamelle, sein

yèene (**e**), DKF, 1127 : sein, mamelle, tétines (animal)

búnda, DKF, 75 : canard, canard sauvage

bánda, DKF, 15 : être solide, ferme ; se figer, congeler, épaissir (nourriture, etc.) ; maigrir

dibanga, DKKF, 49 : pierre, projectile

bànga, DKF, 17 : nier, contredire, témoigner ; disputer ; mentir, se tromper ; faire des difficultés ; être difficile ; être disposé à marchander ; avoir tort dans une dispute ; être convaincu par ; témoigner mais porter un faux témoignage ; avoir peur

bànga : cause, contre cause, cause de querelle, contradiction

bànga : être dur, être en colère ; souffrir, être chaud

bángu, DKF, 19 : pers. en colère, bourrue ; indocilité ; crudité, inclémence

bāngula : faire violence, violer (une loi) ; déshonorer ; détruire, démolir

békete, DKF, 27 : dureté ; méchanceté ; résistance ; insoumission ; pers. méchante et contredisante ; **na ~** : dur, ferme, solide

m'bangu, DKF, 522 : poutre de faîte (sur lequel il repose), faîtage ; arbre mis le long du mur longitudinal ; qqch qui supporte, qui porte ; brancard, civière, baguettes liées sur un fardeau

bélo, DKF, 28 : poche

brwy, BEC, 106: les yeux ; **br** : l'aveugle; **br** : voir, cligner de l'œil ; **br** : œil

bilumuna, DKF, 39 : ouvrir les yeux grands ouverts

mpalakana, mpalakani, DKF, 574 : vis-à-vis ; voisin

bSi, EG, 564 : vomir

báká, na ~, DKF, 8 : amer

basa, DKF, 21 : poison, venin

biza, DKF, 46 : vilain

bwánsi, DKF, 90 : excréments (d'un enfant) ; ordure

mbísu ou **m'bísu**, DKF, 531 : esp. de cactus très vénéneuse au moyen de laquelle on empoisonne qqn en lui offrant du vin de palme ; sert aussi à empoisonner les couteaux en temps de guerre

bSt, CDME, 84 : se rebeller

bísa, DKF, 44 : se défier de, prendre garde à ; avoir peur de, prendre ses précautions contre ; avoir en haine ; se disculper ; nier, refuser ; ne pas vouloir ; s'opposer ; manquer à ; être désobéissant, indocile

bísa : v. aux. nég., non, ne pas

mbísa, DKF, 531 : refus, rejet (de qqch)

mbísu : enfant indocile, hargneux ; crudité

bs, EG, 564 : introduire, être initié, mystère, forme mystérieuse

bēsika, DKF, 32 : révéler

mbáza, DKF, 524 : interj., réponse quand on veut présenter une énigme, p. ex. **nsya** : **mbaza**

bs, CDME, 84 : secret

mbése, DKF, 528 : grande amitié, intimité

bsA, CDME, 84 : protéger

báazu, DKF, 25 : malédiction ; ensorcellement; mauvaise influence sur qqn, qui le met constamment dans l'embarras

bísa, DKF, 44 : se défier de, prendre garde à ; avoir peur de, prendre ses précautions contre ; avoir en haine ; se disculper ; nier, refuser ; ne pas vouloir ; s'opposer ; manquer à ; être désobéissant, indocile

bsi, EG, 564 : flot, courant, circulation, couler, sortir en abondance

bàasa, DKF, 21 : aller devant

bàsika : sortir, jaillir

bēsama, DKF, 32 : être en grand nombre, nombreux, innombrables ; foisonner

bēsika: provoquer un état d'abondance, de richesse de prospérité

bètama, DKF, 33 : affluer (en abondance)

bètika: faire affluer

bètumuka: baisser (eau), couler, s'écouler (larmes); descendre en abondance, abonder; pleuvoir, pleuvoir à verse, tomber en masse (feuilles)

bētumuka: être un grand nombre de foule des (hommes, animaux)

bètumuna: verser, répandre en abondance

bètumuna: mesurer avec excès

ma-būtumuna: par surcroît, en mesure exagérée

mbéte, DKF, 529 : quantité, grand nombre, superflu

bsk, EBD, 101 : entrailles

bese, DKF, 32 : reins

bese-bese: gros ventre

besumuka: pendre, être pendant (gros ventre)

bsk, CDME, 85 : « disembowel »

vēnsuka, DKF, 1059 : blesser, écorcher, effleurer la peau

bsw, CDME, 84 : flamme

bàzima, DKF, 25 : brûler (soleil, etc.), chauffer à blanc ; être fiévreux

bóza, DKF, 57 : bouillir, rôtir, cuire qqch bien, beaucoup

bT, EG, 564 : abandonner

bēdidika, DKF, 26 : abandonner, laisser après soi, délaisser

béti, DKF, 33 : adv. négation,**nuni ~**, il n'y a pas d'oiseau

bete, DKF, 33 : interj., rien

pātala, DKF, 845 : laisser aller, délivrer

pātela : laisser aller, partir, délivrer, sauver, défaire, dénouer, délier

bTn, var. **btn**, EG, 564 : être désobéissant, se rebeller contre

bídika-bídika, DKF, 35 : trouble, émoi ; scandale, inquiétude ; querelle, dispute ; ardeur

tùna, DKF, 997 : mépriser, dénigrer ; se moquer de ; insulter, conspuer ; refuser, cpntredire ; démentir ; s'opposer à, dénier ; renier ; désobéir

tuna : être modéré, modeste, médiocre, à point, se contrôler

tùnuka, DKF, 1001 : nier, dénier, refuser, contester ; renoncer à ; se récuser, ne pas vouloir

bTw, CDME, 86 : maladie ou personne incurable

bēedi-beedi, DKF, 26 : maladif, habituellement malade

bēela, DKF, 27 : v. n., être malade

btA, EBD, 72 : pécher

btA (w), EG, 564 : crime, tort, faux ; « wrong-doer »

btA, OC, 275 : courir

bw, OEP, 379 : pied

bw, EG, 564 : place, position ; utilisé pour former les abstraits

bèla, DKF, 27 : haïr ; détester, éprouver du dégoût pour ; abhorrer, mépriser ; ne veut pas avoir ; réprimander ; punir, blâmer

béla : perdre, égarer ; perdre (à la lutte, etc.) ; être coupable, criminel, condamné (dans une querelle, un procès)

mbèla, DKF, 526 : haine

mbéla : perte, ce qu'on a égaré ; tort ; vengeance, représailles

bèe, DKF, 25 : errer, rôder

béla ou **bēla-bela** : être près de

bēlakana : (être près de), toucher

bēlama : s'approcher, se rapprocher

bélé ou **bēle-bele**, DKF, 28 : être près de

bēleme, **bēlemene** : toucher ; être près de, tout près

báta, DKF, 22 : se lever tôt ; se mettre en chemin ; partir, aller ; se hâter, courir, décamper ; avoir peur et se sauver ; prendre garde ; se sauver devant, s'échapper, s'enfuir

bāatila, DKF, 23 : rejoindre, rattraper

bota, DKF, 56 : jambière

búubu, DKF, 59 : mur, pignon d'une maison qui n'a qu'une porte

būbu ou **búbú** : jambe, cuisse, fémur, tibia et péroné

bunda, DKF, 75 : cuisse ; rein, lombe, hanche, mollet, delà ; esp. de pommede terre

bōobo, DKF, 47 : pron. dém., 2e posit. cl. **bu**, ainsi, comme cela, précisément ainsi ; **bo**, **boobo** : justement

bù, DKF, 57 : place

bu : préf. cl. **bu** ; on y ajoute souvent un substantif pour exprimer sa signification abstraite

buba, DKF, 58 : trace, trace des pas

būubu, DKF, 59 : pron. emph. dém., 1e pos., cl. **bu** ; quand **buubu** vise **buuma**, il est employé c. adv. ; ainsi, précisément ainsi, maintenant, précisément maintenant, aujourd'hui

bùka, DKF, 63 : place, espace, endroit (ou l'on s'assied) ; emplacement de lit, lit

bwà, DKF, 87 : lieu, place ; place unie

bwābu, DKF, 88 : pron. démo., cl. **bu**. Comme adv. ainsi, maintenant, aujourd'hui

bwàla, DKF, 89 : village, ville ; cour ; cimetière

fùlu, DKF, 159 : chaise, siège ; nid ; aire de poule ; place, endroit, lieu ; masure, boîte

mbāmbalà, DKF, 520 : bord (d'une table) ; **mu ~** : près de, au bord de (feu)

mbàmbi : frontière, limite (de champ) ; district, contrée, région

bw, CDME, 82: detester (forme vieillie du suivant)

bwt: detester, abominer (dét.): abomination

bwt, PAPP, 152 et 155 : abhorrer

buánsi, DKFFK, 14 : ordure, excrements

bútutu, DKF, 85: fadeur, insipidité, **na ~** : humide, mouillé, humecté, fade, sans sel

bútutu-bútutu,na ~, mouillé, froid et humide

bwáada,bwáadi, DKF, 88 : interj., une réponse négative impertinente, refus

bwánsì, DKKF, 43 : caca de bébé, ordure (tombés en bas)

ki-mpùmbulu, DKF, 259 : tromperie, fraude, injustice, illégalité, méchanceté ; anarchie, insubordination, licence, dévergondage, effronterie, mauvaise foi, tricherie, filouterie, vice, perversité, dépravation ; libertinage, débauche, bombance, ripaille ; indiscrétion, manque de réserve, sauvagerie, manque de soin, négligence, manque d'égards (relativement aux désirs et aux volontés d'autrui) ; esprit indompté, récalcitrant ; pauvreté, la mauvaise conduite

bwA, CDME, 82 : riche, notable

bwáfu, DKF, 89 : grandeur (de personne)

bxxw, CDME, 84 : chaleur (?)

bènga, DKF, 30 : être, devenir rouge ; rougir au feu ; mûrir ; être mûr ; devenir jaune ; être bien seché au soleil (étoffe) ; fig. devenir ardent ; se mettre en colère ; être rouge vis-à-vis de qqn, c'est-à-dire celui qui ment (dans un procès) ; rouge, au teint clair, aux joues roses ; **na ~** : rouge, rouge feu

bénnga : brûler, être trop rôti

bénga-bénga, DKF, 31 : rouge feu, rouge ardent

bènge : être rouge

bèngenge, na ~ : très rouge

béngi : teinte rouge ; étoffe croisée rouge (pour le commerce)

béngi-béngi, na ~ : très rouge

bínga, DKF, 42 : allumer du feu, mettre le feu à ; tirer un coup de feu

Bínga, ~ tiya : nom propre = celui qui tourmente

kí-inga, DKF, 266 : torche (d'herbes), flambeau ; tiges brûlées ; flamme, chaume inflammé après un feu d'herbes ; fig. discorde, fièvre, fougue, ardeur, chaleur (dans un procès) ; (amendes) cuisantes (c'est-à-dire trop élevées)

 bxn, EG, 564 : tour, forteresse

báka, DKF, 9 : paroi, mur (en briques) ; cloison

bànga, DKF, 18 : étage ; étagère

bánga : maison faite avec des parois de palmier-bambou pelé ; maison sur des pilotis ou en planches, ou en pisé ; maison avec véranda de bois ; construction en bois, etc.

ki-bánga, DKF, 237 : palais ; menton, mâchoire (os) maxillaire ; carapace de crabe, de tortue, etc.

D

DA, OEP, 405 : langue de feu

DA, EG, 603 : « fire-drill »

dēbuka, DKF, 109 : se brûler, cuire, faire mal (blessure)

dēbula : briser, casser (bois à brûler)

dēdakana : pétiller, péter, faire du vacarme, craquer, crépiter (feu de prairie)

dé-dé-dé : onomatopée pour la crépitation (d'un incendie de prairie), fig. pour les douleurs causées par le venir d'un serpent

dédé-dédé, DKF, 110 : onomatopée pour le pétillement de herbe qui brûle

dēedita : brûler, faire mal (brûlure), avoir des maux de estomac, d'entrailles, des crampes d'estomac, **na ~** :qui démange, qui brûle

dēdumuka : craquer, pétiller, crépiter sans cesse (feu de l'herbe, rôtissage de maïs, etc.)

dēeka : luire, rayonner (soleil), percer (les nuages), faire messager une éclaircie

dōdoko, na ~, DKF, 127 : onomatopée pour le grésillement, le pétillement, le craquement (du feu)

dōdukuta : crépiter, grésiller (herbes qui brûlent)

dūdila, DKF, 130 : crépiter fort, mugir comme l'incendie

dūduduoudū-du-du-du, na ~, DKF, 131 : onomatopée pour le bruit fait par la fusillade (lors de funérailles, etc.)

lālu, DKF, 379 : chaud, réchauffé, tiède ; fade, mauvais goût

lāluka : être brûlé partiellement (herbe) ; se brûler un peu ; être tiède, chaude (eau)

DA, EBD, 92 : saisir

DA,EG, 603 : allonger, tendre, (bras)

DAi, CDME, 318 : étendre le bras, s'opposer, percer, atteindre (la bouche des enfants **m** : après le lait) ; prendre le sein, dévorer (la nourriture) ; fournir (**m** : en nourriture)

dà, na ~, DKF, 106 : prendre une balle (dans le jeu)

dá, na ~ : fig. au sens de prendre, attraper, tenir ferme

dá, na ~ : fig. au sens de jeter la nourriture dans la bouche, de mâchonner

dàada : habileté à attraper la balle

dadakazyana : se joindre

dámva, DKF, 107 : prendre, attraper, s'emparer de

dánga : manger de bon appétit, goût

dīa ou dyā, DKF, 113 : manger, prendre son repas, consommer, absorber ; ronger, brûler ; avaler, achever un plat, être glouton ; dévorer ; se servir ; employer (une monnaie, etc.)

diidi, DKF, 115 : lèvre

dòoda, DKF, 127 : goûter

dòdo (-òo-) : savoureux

làla, DKF, 378 : étendre qqch sur qqch ; enduire avec l'huile

146

lālubuta, DKF, 379 : s'étendre

lālula : emporter avec soi

lālumuna : étirer en long ; étendre, dilater, tendre en long ; tendre, tromper

lālumuna : emporter avec soi ; voler et emporter ; vendre qqch à bon marché (de mauvaises choses)

lu-nduku, DKF, 436 : nourriture, aliment, vivres, pâturages

DA, PAPP, 97 et 98 : acclamer

dèdiba, DKF, 110 : danser

léele, DKF, 390 : expression pour causer à qqn de la honte, se dit aussi au chien à la chasse

léele, a ~, ha ~ : interj., de joie

DADA, EG, 449, 450 : tête

dede, DKF, 109 : colline, sommet

DADAt, CDME, 320 : lyre

n'dìti, DKF, 670 : tambour court

DAf, CDME, 319: chauffer

dūfuka, DKF, 131 : crépiter (feu) ; pétiller ; griller

DAi, EBD, 109 : passer

dyà, na ~, DKF, 137 : fig. au sens de prendre pas ; marcher sur

dyàta, DKF, 139 : marcher, monter, grimper ; marcher sur, faire l'ascension de, entrer dans, aborder

lùta, DKF, 451 : passer, dépasser, aller devant, aller, couler à côté, le long de

ndúta, DKF, 676 : passage

ndùti, mu ~ anzila : au bord du chemin, en passant

ndùtulu : qui surpasse

𓊽𓅓𓇋𓇋𓊃𓏏𓀐 **DAis**, PAPP, 150 et 153 : un opposant

𓊽𓅓𓇋𓇋𓊃 **Dais**, EG, 603 : rivaliser, lutter, **Daisw** : « disputant »

dāsanana, DKF, 108 : être content, satisfait

dàsika : être fâché, de mauvaise humeur

dàsila : fâcher

dásu, na ~ : irrité, en colère, fâché

dàsuka : s'aigrir, être amer, aigri, très fâché, irrité, se courroucer

dàsula : exciter, fâcher, courroucer, mettre en colère, irriter, indigner, froisser (au moral)

sànda, DKF, 873 : mépriser, dédaigner, refuser ; ne pas vouloir (se marier avec qqn, etc.) ; haïr, ne pas répondre à qqn ; désapprouver ; blâmer, critiquer, redire à, reprendre ; injurier, détracter, diffamer ; se moquer de, conspuer, insulter à, tourner en ridicule

𓊽𓅓𓄿𓅆𓀀𓏥 **DAmw**, EG, 603 : jeunes gens, hommes (« troops »), générations

n'témvo, DKF, 791 : foule, quantité, multitude

𓊽𓅓𓂋𓅱𓀀**DArw**, CDME, 319 : avoir besoin

dìnda, DKF, 120 : avoir envie de, désirer avec impatience, soupirer ; essayer d'ensorceler les biens des autres, être envieux ; demander

nsátu, DKF, 760 : faim, appétit ; désir, aspiration ; temps de famine ; qui est rare ; janvier et février

nzàla, DKF, 820 : faim, famine, distte, diète, appétit ; vif désir, aspiration vive, besoin de

𓊽𓏏𓎰 **DAt**, CDME, 318 : différence, reste, déficience

dāatana, DKF, 108 : être entier, sans trou, sans fente ; plan, juste, bien combiné

dùudu, DKF, 130 : prendre plus que le nécessaire

𓊹𓉻**DAtt**, EAAN, 131 : Etat, domaine, propriété foncière

148

ky-ānzala, DKF, 365 : cour, enclos, place (entre les maisons) ; endroit libre pour bâtir

váta, DKF, 1052 : bêcher, piocher, cultiver ; défricher ; semer, planter

váta : domicile, hameau, village, ville commune

DAy-Hr, EG, 603: se divertir, s'amuser ; sDAy-Hr : même sens

dāngila, DKF, 108 : se fier de, se réjouir de

zàdu, na ~, DKF, 1151 : content, satisfait, joyeux

DAyt, CDME, 319 : robe

ndyàta, DKF, 678 : pièce d'étoffe de devant de toilette féminine, tablier

DA, CDME, 320 : tempête, vent de tempête

dì, na~, DKF, 113 : onomatopée pour tonner, retentir, pour le bruit de pleurer, crier, quelquefois pour le pouls

dìdima, DKF, 115 : tonner, retentir ; gronder, mugir comme la tempête ou l'incendie

zàza, DKF, 1157 : secouer, trembler, vibrer

Dabt, CDME, 320 : charbon

lòmba, DKF, 404 : s'assombrir, se noircir, devenir sombre, mûrir (les fruits du nsafu, etc. qui deviennent foncés), s'assombrir (ciel), teindre, passer en couleur (en général), teindre foncé

lòmba : étoffe rouge

Ndőmbé, DKF, 672 : nom propre d'un teint noirâtre

ndőmbe : ténébres, noirceur ; qui est sombre, noir, bleu, brun, foncé

ndőmbe : esp. foncée de canne à sucre, de banane, etc.

ndòmbolo : qui s'assombrit, devient noir, obscurité, noirceur

Dar, EG, 603 : chercher

nòmba, DKF, 749 : devenir foncé ; être noir

dila, DKF, 117 : s'approcher de

díta, DKF, 125 : aller, piétiner

lànda, DKF, 381 : suivre, poursuivre, courir après : chercher ; aller chercher ; quérir qqch ; accompagner, escorter, reprendre un discours interrompu ; continuer à parler ; faire des observations sur ce qui a été dit ; se conformer à, imiter ; refaire, redire, répliquer, répéter à plusieurs reprises et dans plusieurs sens

ndànda, DKF, 663 : suite, qqch qui suit en réputation, en fonction

ndàndu : poursuite ; réponse, observation ; embrassement

ndàndu : gain, bénéfice (dans le commerce) ; avantage, utile, intérêts, revenu, solde, profit

ndazi, DKF, 664 : envie, zèle

n'díla, DKF, 669 : ratière, souricière

ndíla ou **nðila** : chemin, route, passage de rats (dans l'herbe)

nsila, DKF, 766 : ligne, nervure, rainure

n'sínda, DKF, 767 : chemin, sentier, traces, piste d'animaux ; ornière, courant, rapide au milieu du fleuve ; lit d'un fleuve ; vide d'un tambour creusé dans du bois ; ourlet, raie d'une étoffe

nzíla, DKF, 827 : chemin, sentier, route, ruelle, rue, passage, voie, direction ; fig. chemin, moyen, occasion, chose occasionnelle

DbA, EG, 604 : 1. habiller, orner ; 2. var. **dbA** : remettre, replacer, remplacer ; **DbAw** : payement, pot-de–vin ; CDME, 321 : 1. rembourser, remplacer, restaurer ; 2. habiller, orner, fournir ; tampon, coussin

bìnda, DKF, 40 : changer, rendre différent

bìnda : action de prendre l'âme ou la force d'un animal pour avoir bonne fortune bon succès, relique

débwa, DKF, 109 : voile pour couvrir (la figure)

dèva, DKF, 112 : rendre inefficace, sans valeur ; diminuer, amoindrir, avilir, dégrader

di-bumi, DKF, 114 : procès (devant la justice) ; **futa ~** : payer une amende

di-vungu, baluka ~, DKF, 126 : payer toutes sortes de choses qui devaient être payées pour être roi, le plus grand chef

làmba, kil., DKF, 379 : pagne court à granges, en tissu de palmier

lēvama, DKF, 398 : recevoir qqch en cadeau

lèvika : donner, offrir en présent

ndùba, DKF, 673 : esclave et sa famille, ses descendants

ndùbi : petite image, statue de **nkisi**, statuette en bois ; d'où : pupille, parce qu'on voit dedans une petite image

Ndùbi : un **nkisi**

DbA, CDME, 321 : arrêter, bloquer

dúbi, DKF, 130 : brièveté, qui n'est pas parvenu à toute sa grandeur, jeune homme, jeune fille

làmmba, DKF, 379 : s'étendre, s'allonger (aussi une histoire) ; durer longtemps ; croître en longueur (p. ex. une plante grimpante) ; ramper, s'élever, s'enrouler, en hauteur, reposer ; être étendu pour dormir ; dormir chez une femme (coït) ; aller errer ça et là

ndàmba, DKF, 662 : qui atteint, qui s'étend en s'enlaçant en hauteur ; plante grimpante ; plante rampante avec des feuilles odorantes (comestibles)

ndámba : ne se trouve pas, ne sait pas, fini

ndamba : par morceau, fraction

DbAw, CDME, 321 : filets flottants

Dba, EG, 604 : doigt ; **Dbaw** : reprocher, littéralement, montrer du doigt

Dbt, EG, 603 : brique

Dd, EG, 604 : parler, penser, réfléchir

ndàmbu, DKF, 663 : partie, moitié, morceau (indéterminé) ; région, division, section, fragment, demi, paragraphe

dèmba, DKF, 111: flotter, onduler, agiter, se fléchir ici et là

dèmba-dèmba : flottant, agité (comme quand on porte p. ex. une chose longue)

démva, DKF, 112 : flotter, balancer (un pont suspendu) ; pendiller

ndebo, DKF, 665 : sorte de très long filet ; seine ou senne

n'lémbo, DKF, 745 : doigt, pouce, doigts de pied ; qqch en forme de doigt (végétaux, fleurs) ; aiguille, feuille aciculaire ; feuille en forme de doigt ; griffe, pince (homard) ; fruit du bananier comme les doigts sur la tige du fruit

díbu, DKF, 114 : sorte de pierre dure

ndíbu, DKF, 668 : morceau de bois dont on écrase le manioc en place d'une pierre

dé, **dēe**, **na ~**, DKF, 108 : onomatopée pour ouvrir la bouche, commencer à parler

dēeda, DKF, 109 : parler, prêcher, raconter, s'exprimer bien, élégamment, avec éloquence

dénza, DKF, 112 : parler, mentionner, cancaner, potiner

diidi, DKF, 115 : lèvre

dò, **na ~**, DKF, 126 : fig. au sens d'être silencieux, calme (dans la nuit), qu'il est minuit

dò, **na ~** : bavarder, parler orgueilleusement

dō: interj.; je te prie, aie la bonté je t'en supplie ; s'exprimant plus fort par : **dōdo**, **dododo**, **dodokolo**, ~ **dyaka** : aie de la grâce, aie pitié ; **sa** ~ :demander grâce

dòoda, DKF, 127 : être orgueilleux ; causer, bavarder ; raconter des nouvelles ; parler orgueilleusement ; chanter

dōodo : manière de s'exprimer dans un procès, etc.

dunda, DKF, 134 : ne pas répondre quand on appelle ; se taire

lā-labu, DKF, 378 : bavardage, causerie sans valeur

lālama : arranger (achat) ; éclaircir (qqch) ; bien dire, expliquer ; faire le travail d'un courtier, d'un avocat

lāaza, DKF, 385 : causer

lēdidika, DKF, 386 : tromper, duper

léla : être appelé, nommer, dire

léla : mensonge, vain bavardage

lēele, DKF, 390 : dire, nommer, désigner

lu-dēede, DKF, 414 : éloquence, volubilité de la langue ; hardiesse à parler en public ; loyauté, équité, qui observe le droit, la justice en paroles et en actions ; impartialité, intégrité, probité

ngénza, DKF, 687 : bavardage, propos injurieux!

n'londa, DKF, 747 : monition ; bavardage incessant (comme d'un toqué) ; enfant communicatif

ntéelo, DKF, 790 : manière de s'exprimer, forme de langage, expression, communication, énoncé, déclaration, dialecte, etc.

tā, DKF, 942 : dire, mentionner ; faire exécuter, effectuer, accomplir qqch

tànda, DKF, 951 : dire, exprimer, parler, causer, discourir ; plaider, s'adresser, rapporter, raconter, discuter, prononcer un discours sur

téla, DKF, 961 : appeler, élever la voix ; crier à la chasse quand on est accompagné d'un chien

Dd, EG, 604 : colonne **djed**

dāatana, DKF, 108 : être entier, sans trou, sans fente, plan, juste, bien combiné

dāatisa : bien joindre

dītu, **na ~**, DKF, 125 : immobile, tranquille, muet

dītula : faire, tenir tranquille, rester, arrêter

Ddb, CDME, 326 : 1. piquer, 2. inciter

díta, DKF, 125 : frapper, battre (tambour)

dó, **na ~**, DKF, 126 : onomatopée pour picûre, heurtement, frappement, toux

dōoda ou **dóda**, DKF, 127: frapper au marteau, heurter, picorer, becqueter ; tapoter ; écrire à la machine ; télégraphier ; tomber sur, se jeter sur

tóta, DKF, 985 : becqueter, picoter ; taper ; frapper, heurter sur ; qui fait mal (à la tête seulement) ; travailler au couteau

Ddft, EG, 604 : serpent

fíta, DKF, 152 : plier l'extrémité

fúnda, DKF, 163 : s'enrouler (serpent) ; être enroulé (serpent)

mfīsikila, DKF, 554 : fronce du front, etc.

m'físu : fronce, ride

m'fóte : ride

mpídi, DKF, 581 : un serpent foncé ; vipère dangereuse (**Bitis gabonica**)

DdH, EG, 604 : emprisonner

Ddkw, CDME, 326 : canal (?)

Df (A), EG, 604 : provisions

DfDf, CDME, 322 : goutter

Dfd, CDME, 322 : pupille

Mpídi : nkisi, nsakulu

ndindi, DKF, 670 : grand nœud ; pagne croisé, noué autour des hanches sur le nombril

túta, DKF, 1002 : faire des biens ; faire prisonnier ; voler

dòda ou **dòoda**, DKF, 127 : couler goutte à goutte, faire égouter ; couler

dōduka, DKF, 127 : tomber ; se plonger dans l'eau ; **na ~** : mouillé, humide, humecté ; s'engraisser

dōdula, DKF, 128 : tremper (dans l'eau) ; planter dans un trou (un rejeton de banane) ; faire tomber

dèfa, DKF, 110 : devoir, emprunter

dèva, DKF, 112 : retirer de l'argent (sur son salaire) ; acheter à crédit ; emprunter ; devoir

dímbu, DKF, 119 : colle, liquide gluant ; sève, glu, gomme, résine ; colle forte, cire ; qqch de collant ressemblant à la colle ; couleur

dímva, DKF, 120 : tremper, plonger, jeter dans l'eau ; manger copieusement

dīmvu, na ~ : trempé, plongé dans l'eau

dīmvuka : plonger ; patauger

lūfula, DKF, 416 : faire jaillir

n'dímbu, DKF, 669 : arbre d'où l'on extrait la glu pour prendre des oiseaux

ndímbu : caoutchouc ; gomme, résine

ndimbu : philtre, boisson qui rend amoureux

Dfy, CDME, 322 : pénétrer

n'dimvu, ~ mimeeso, DKD, 669 : grands yeux (injure)

dūfika, DKF, 131 : heurter

dūmbalala, DKF, 133 : prêt à aller à la hâte ; se tenir prêt à sortir à la hâte (un rat)

dūmbika, ~ n'tu : sortir un peu la tête de l'eau pour manger (poisson)

DHrw, CDME, 324 : « leather lacings »

n'kánda, DKF, 708 : peau, cuir, écorce, croûte, enveloppe, couverture ; peau de bête dont on enveloppe les étoffes, le tabac, etc., de là : cuir, parchemin, papier, livre, lettre, contract, document, note, facture, lettre de change

DHwty, EG, 604 : le dieu-ibis Thot ; MEA, 163 : « Thoth initiateur originel et primordial ; il est le mystère de la connaissance, initiateur des sciences, de la justice et de la vérité »

dīkita, DKF, 116 : un oiseau (dans une fable)

dīkula, DKF, 117 : compter, calculer, réfléchir à, faire des calculs exacts

Dnb, CDME, 322 : tordu

dīmvuka, DKF, 120 : boiter

dīmvula, dīmvuna : provoquer la claudication, la boiterie ; tourner, accomplir des mouvements, des rotations avec les hanches dans la danse

Dnbw, ~ **rsyw**, CDME, 322 : territoires du sud (?)

dimba, DKF, 118 : direction, vers

Dnd, EG, 604 : fureur, être fond de rage

tànda, DKF, 951 : lancer, jeter avec force

thànda : force de, vigueur à, énergie pour jeter une pierre très loin

Dnnt, CDME, 322 : crâne

dōnzongolo, ~ kyan'tu, DKF, 129 : crâne

⬭ **Dr**, EG, 604 : finir, limiter ; ⬭🦅═ **Drw**, fin, limite ; ⬭ **Dr**, depuis, depuis que, avant que, jusqu'à ce que, en attendant que

⬭🦅🤸 **Drtyw**, CDME, 324 : ancêtres

⬭🦅🦅 **Drww** : côté

dēle, DKF, 111 : un temps proche ou lointain, pas aujourd'hui ; **kya ~** : après demain

dēle-dele, **~ kayiza** : avant-hier, il y a quelque temps qu'il est arrivé

n'dìla, DKF, 669 : limite (d'un champ, etc en étendue)

ndilanga, va ~ : le matin de très bonne heure

n'dìlu ou **ndilu** : rigole entre deux champs ; limite, borne ; signe de démarcation

ndìlu : temps

nditu ou **ndíitu**, DKF, 671 : lisière

nkalala, 706 : limite, frontière

nténdo, DKF, 791 : frontière ; limite, bord, bordure de qqch

ténda, DKF, 964 : trancher, partager, déterminer les limites (d'un champ, etc) ; séparer une partie du champ de manioc pour le vendre

théndo, DKF, 965 : limite

🍃 **DrD**, EG, 604 : feuille (d'un arbre)

lázi, lazya, DKF, 385 : un végétal à fueilles qu'on emploie pour les maux de tête, etc. ; plante semblable à **lemba-lemba**, mais à feuilles rondes

lāzi-lazi : un végétal

ndàla, DKF, 662 : branche de palmier

táala, DKF, 946 : rameau, branche

⬭⬭🦅 **DrDry**, CDME, 324 : étrange

ládi, DKF, 376 : langue étrangère ; **binga ~** : parler une langue étrangère, incompréhensible

⬭ **Dri**, EG, 604 : (être) dur, ferme, dur, solide

díta, DKF, 125 : durcir

157

ndīndii, na ~, DKF, 670 : tenant ferme

ndīndimini : rigidité

ndīndindi, na ~ : tenant ferme

ntīnti, DKF, 795 : désobéissance ; fierté, bravade

ntīntibidi : raideur, rigidité, qui est raide, rigide, droit

ngòlo, DKF, 690 : violence, force, énergie, puissance, vigueur, résistance, dureté, fermeté, santé ; fort, puissant, vigoureux, ferme, violent, sain

tínta, DKF, 975 : interrompre, suspendre, faire une pause ; cesser (de la pluie) ; sécher, dessécher, durcir ; être ferme, solide, épaix ; s'apaissir, se coaguler ; se prendre ; commencer à croître ; être intrépide, entreprenant

tínta : vieux manioc qui est resté dans l'eau quand les autres ont été retirés

Drt, CDME, 323 : faire du tort à

dénnza, DKF, 112 : mordre, couper avec les dents

dēnzinga : mordre, avoir mal, souffrir

Drwt, CDME, 324 : sarcophage

dòdo ou **dòodo**, DKF, 127 : petite corbeille (panier) assez haute

dódo : vieille caisse, coffre ; caque, etc. faits de papyrus pour y conserver du sel

léeta, DKF, 398 : coffre, caisse (en fer et venant de l'étranger

lēetila ou **mal.** : coffre, caisse (en fer)

Drwy, EG, 604 : couleur

dila-dila, DKF, 117 : une plante dont les feuilles sont écrasées avec le suc rouge de laquelle on s'enduit, comme jeu

tíla, **na ~**, DKF, 972 : rouge

tìluka: être rouge

siluka, DKF, 906 : étoffe rouge (**mponda**)

Dryt, CDME, 323 : milan

làndata, DKF, vermine de volaille, pou des poules

Ds, CDME, 324 : avec un pron. suff., (lui)-même, par (lui)-même, (son) propre

ndé, DKF, 664 : lui ; **~ me** ou **mene** : lui-même ; **~ mpe** : pas lui, il n'est pas là ; **~ mpe** : justement lui ; **nzo ~ me** : sa propre maison

Dsr, CDME, 324 : 1. saint, sacré, splendide, couteux, 2. rendre clair, séparer, élever

ngézi ou ngézi-ngézi, DKF, 687 : brillant, luisant, éblouissant

Dsw, CDME, 324 : appeler

dénza, DKF, 112 : parler, mentionner, cancaner, potiner

Dt, PAPP, 67 et 70 : corps

ndadi, DKF, 661 : verrue ou blessure spongieuse sur les pieds

nduda, DKF, 673 : un **nkisi** ; idole

nitu, DKF, 703: corps, chair, graisse, embonpoint; couleur, apparence

Dt, PAPP, 403 : reste (résultat d'une soustraction)

dasasa, DKF, 108 : qui est brisé

desuka, DKF, 112 : craquer.

disuka, DKF, 125 : être disloqué

dooso, DKF, 129 : tranche de manioc

, var. **Dt**, CDME, cobra

ndòngo, DKF, 673 : serpent python

Dt, OEP, 409 : éternité

Dt, CDME, 318 : propriété

Dt, CDME, 318 : tige de papyrus

Dw, EG, 70 : montagne

Dw, OC, 306 : mauvais, mal

Dws, EG, 603 : calomnier (qqn)

dóda, DKF, 127 : attendre longtemps, s'attarder

dōodo, DKF, 127 : jolie maison

dōodokila : se plaire, se nicher, se trouver bien à une certaine place

n'dínzi, DKF, 670 : branche, tige (du chou, des champignons) ; nervure principale de la feuille (du tabac, du chou) ; nervure

yílu, DKF, 1133 : ciel

yúlu, DKF, 1145 : ciel, hauteur, pointe, tour

Yulu : nom de village = qui est élevé

yūluka : gravir (une montagne) ; grimper

(sur un arbre) ; monter ; remonter ; s'élever ; être debout, saillir en haut, paraître, se montrer (en haut)

zùdi, DKF, 1174 : celui qui assemble des biens

zùdika : entasser, amasser

zùdika : tas, monceau amoncellement

zùdukwa : tas, monceau, qqch d'entassé

zúla, DKF, 1175 : monceau, qqch d'empilé, de dressé

zúlama : être dressé, place haut, être haut, se dresser (comme des vagues)

zúlu : ciel (même dans le sens biblique) ; air, éther, sphère céleste ; céleste ; bleu céleste

dūududu, DKF, 131 : oublie, faute

dùngulu, DKF, 135 : méchanceté, prompt à se mettre en colère

Dwt, OEP, 393 : mauvais, malheureux

dusuna, DKF, 135 : écraser (ce qui vit)

dwebula, DKF, 136 : parler du mal de qqn ; calomnier

dwēdo, DKF, 137 : maladif

dwédwe : ce qui n'est pas mûr ; fruit vert, pas entièrement mûr, état de dessiccation (calebasse)

Dwa, CDME, 321 : « lancet? (couteau chirurgical) »

dwèdwedwe, na ~, DKF, 137 : très tranchant ; fig. très malin, perspicace, intelligent, etc.

twidi, DKF, 1007 : tranchant, coupant, aiguisé (se dit du tranchant d'un couteau)

twika: rasoir

Dwi, CDME, 321 : « call upon god »

dō, DKF, 126 : interj., je te prie, aie la bonté ! je t'en supplie ; s'exprimant plus fort par : **dōodo, dododo, dodokolo**

Dwi, CDME, 321 : séparer (?)

dáu-dáu, DKF, 108: qui se rompt, se casse, se brise facilement

dàuka : se briser, etc.

dàuna : rompre, briser, déchirer, tirer, user

dūuduka, DKF, 131 : se casser, rompre ; s'arracher

dūudula, DKF, 131 : déchirer (cordon, etc.)

dúta, DKF, 135 : tirer

duvula, DKF, 136 : briser

dwá, i ~ : fig. au sens de sortir, de se jeter sur

dwá, i ~ : fig. au sens d'être arraché

dwata: couper

dwè, na ~: fig. au sens de couper uni, égal

dwē, na ~ : mordre ; ronger, grignoter

161

dwèta, DKF, 137 : couper, découper, blesser légèrement

dwèza : couper régulièrement

ngwèwu, **ngweyu**, DKF, 698 : pénis circoncis

nùutuna, DKF, 808 : graver, inciser

nwàta, DKF, 809 : sculpter, inciser, graver ; graver le bois ; faire des incisions dans la peau ; tatouer, inoculer ; faire une saignée ; découper, châtrer ; fig. bien instruire les novices (des prêtres)

nwewu ou **ŋwewu**, DKF, 810 : pénis circoncis

nyùtuna, DKF, 819 : graver, inciser

twā, **tūa**, DKF, 1005 : fixer, coller, suspendre ; couvrir (de peinture) ; être susceptible de, accessible à

twē, **na ~**, DKF, 1006 : fixé, ferme, pendu à, collant

twidi, **na ~**, DKF, 1007 : collant, agglutinant, adhérent

wèyika, DKF, 1097 : couper, blesser avec un couteau, de l'herbe, etc.

zùta, 1178 : tirer, tirer déhors (un tiroir)

Dwiw, CDME, 321 : jarre

dūvika, **~ nkalu**, DKF, 136: mettre une calebasse à la bouche pour boire

Dy, EAAN, 130 : vallée, lac ?

n'dímba, DKF, 669 : vallée, val, plaine, terrain uni, campagne

ndīmba-ndimba : une petite vallée, un vallon

nyyàlala, DKF, 836 : expansion de rivière, golfe ; bois inondé

nyyalata ou **nyalata** : tomber goutte à goutte

nyyàma : lait maternel mauvais, caillé qui doit être sucé du sein ; lait qui contient de l'eau n'yámba : fange, boue, place fangeuse ; boue pour teindre en noir

nyyani, weka ~ : être trop plein

 d

dA, EBD, 107 : disparaître

dàada, DKF 106 : commencer à maigrir, être, devenir mince, qui tombe, qui se défait (enflure) ; s'enfoncer, retrousser (le ventre)

dàada : mourir subitement

làla, DKF, 378 : être perdu ; se perdre, disparaître, s'évanouir, diminuer ; s'user, finir, prendre fin ; se détruire, servir à, s'amincir, s'amoindrir, s'affaiblir, s'évaporer ; se dissoudre, se fondre, s'anéantir ; mourir

dA, SH, 246 : copuler avec violence, dérivé de « jeter à terre » (ennemis, etc.)

dēeda, DKF, 109 : crime ; nata~ : être coupable

dAdA, SH, 246 : violenter, sodomiser ; CDME, 309 : s'accoupler

dēde : crime ; beγa ~ : être coupable

dedesana, DKF, 110 : être accouplé

dA, CDME, 309 : trembler

dàda, DKF, 106 : être secoué ; tremblé ; s'agiter, frétiller, battre les ailes ; nager

dàdila : secouer, trembler (de froid)

dAir, EBD, 99 : plaies

lwāla, DKF, 465 : se blesser ; être blessé, s'écorcher, s'égratigner, se couper de façon que le sang coule

dAi (r), à l'origine dAr, EG, 602 : subjuguer, supprimer

dínnda, DKF, 120 : être serré, resserrer (comme un piège) ; être étroit

⊗ dAt, dwAt, OC, 275 : le monde souterrain

db, EG, 602 : hippopotame

dbdb, CDME, 312 : bruit du cœur

nwàna, DKF, 809 : lutter, combattre, se battre ; quereller, disputer avec vigueur ; s'efforcer, faire des efforts énergiques

didi, DKF, 114 : trou (dans une table d'harmonie) ; fourmilière des fourmis voyageuses, trou où des poissons s'assemblent ; forts ; banc de poissons, dépôts pour les bêtes**nkumbi**, grillons, etc. ; **kinzunga** ~ : un tel trou, lieu (tout droit en descendant sous la terre)

dú, **dùu**, **na~**, DKF, 130 : fig. au sens de ronger

dùudu, DKF, 131 : une herbe creuse

túutu, DKF, 1003 : tuyau de pipe, une sorte d'herbe tuyautée et coupable, roseau, herbe à tuyaux en général, tube, flûte de roseau

damvu, DKF, 107 : grandeur énorme

dīmvungà, DKF, 120 : grandeur

Ndàmba (**dyanga**), DKF, 662 : nom d'une étendue d'eau

ndēmbo, DKF, 666 : grandeur ; qqch de grand et de haut (une armoire) ; une grappe de noix de palme

dīfu, **na ~**, DKF, 115 : coup ; toux

dú,, DKF, 130 : onomat. Pour un bruit brusque, p. ex. en enfonçant un bâton brusquement (tout en marchant)

dúbú, **na ~** : onomat. Pour une explosion (p. ex. d'une bouteille d'eau gazeuse)

dùnda : frapper violemment, lourdement dans, en bas ou contre ; piétiner, battre (cœur)

mbúndu, DKF, 541 : cœur ; fosse du cœur, épigastre ; creux de l'estomac ; pensée, esprit,

164

mémoire ; sentiment, sensation ; intérieur ; entraille ; mélancolie ; dépression

dbi, EG, 602 : boucher, bloquer

DbA, EG, 604 : boucher, bloquer

dìba, DKF, 114 : fermer

dībalala : se tenir saillant, rassasié, ballonné, être enceinte

dìbiɣa : fermer

dìbila : ouvrir

dìbuɣu : couvercle

dòba,na ~, DKF, 126 : fig. au sens d'insérer, enfiler (p. ex. une aiguile)

dòbama : être enfilé (p. ex. une aiguile)

dòbika, DKF, 126 : enfiler, faire passer à travers (aiguile, etc.)

dòbo, **na ~** : troué

dù, **na ~**, DKF, 130 : fig. au sens de fermer, barrer, boucher, de suffire, silencieux de colère

dùba : enfiler (p. ex. une aiguile), **na ~** :inséré, introduit, encastré, incrusté

dúba : petite nasse pour la pêche

dūbalala : être rassasié, avoir le ventre plein, avoir un ventre saillant, être enceinte

dùbama : être enfilé dans (aiguile)

dúbi : brieveté, qui n'est pas parvenu à toute sa grandeur, jeune homme, jeune fille

dúbi : petite personne avec un gros ventre, saillant, état d'une personne ventrue

dùbika, DKF, 130 : introduire (un couteau) ; coudre

dùbu,na ~ : enfoncer au travers de

dùbu : petite nasse pour la pêche

dúbú, na ~ : onomatopée pour une explosion (p. ex. d'une bouteille d'eau gazeuse)

dùbuka : éclater ; sauter, se percer (absès)

dùbula : faire, percer un trou dans ou sur qqch

dūbula : faire exploser

lēle-lele, DKF, 390 : état d'être bouché, fermé, sans trou dans l'hymen

dbH, OEP, 390 : demander, prier

bónda, DKF, 53 : consoler, faire taire ; dodeliner, caresser (un enfant) ; exhorter, tranquiliser, prévenir (une mêlée, etc.)

bōndila : reconcilier

bōndilila : adorer

déba, DKF, 109 : exhorter, persuader, convaincre

lába, DKF, 375 : jaser, parler, assurer, protester

léba, DKF, 386 : exhorter (tendrement), toucher, émouvoir, persuader, tenter, tromper, enchanter, captiver, essayer, induire à, exciter, convaincre, pousser à, décider à ; caresser ; être attentif, s'adoucir, avec précaution

lēbama : être persuadé, trompé, se contenir

lèbidila : supplier

lèbika : parler doucement, faiblement, tromper, promettre et ne pas tenir agir et se montrer sans consistance, manquer à sa parole

lēbuka : entendre, obéir

lómba, DKF, 404 : prier, demander, exiger, désirer

lómbo, DKF, 405 : demander, prier

ndómba, DKF, 672 : qui prie, demande ; pétition, supplique ; qqch que l'on demande, apprivoisement ; qui est doux

dbn, EG, 602 : tourner, faire un tour

bàla, DKF, 11 : penser, méditer, calculer

dbn, CDME, 311: faire un tour (sur une place); parcourir (« travel round ») (une région); encercler **m** : avec ; retour (des plantes dans une saison)

dbnt : circuit (de l'océan

dbnw : circonférence [du ciel]

dbnt, CDME, 311 : mèche

df, PAPP, 55 et 57 : expectorer

dfdf, CDME, 312 : laisser tomber goutte à goutte

dg, EG, 603 : cacher

bàlula, DKF, 12 : changer, retourner, tourner, altérer ; transformer ; fausser ; traduire, raisonner, examiner point par point, faire la somme totale, résumer le contenu principal de qqch

lèba, DKF, 386 : courber

léba : errer, se promener

ndába, DKF, 661 : voyage

ntémpo, DKF, 791 : cercle

témpo, DKF, 964 : anneau, cercle, un zéro ; rondeur ; extrémité supérieure d'un tambour où se trouve la peau

zéba, DKF, 1158 : marcher, errer ; se tromper [de route]

lába, DKF, 375 : filer, tresser lâchement ; faire des tresses tout à fait lâches

dĕfu, na ~, DKF, 110 : crachotement, toux

dĕfula : tousser

tābitina, DKF, 943 : cracher

tābula : cracher

tāula, DKF, 957 : cracher, vomir ; faire jaillir, lancer, projeter de l'eau [de la bouche en la rinçant] ; relâcher, digérer

lūfula, DKF, 416 : faire jaillir

dàngalala, DKF, 108 : être mis à l'envers

dàngikika : mettre à l'envers

dínnga, DKF, 120 : v. négatif, ne pas trouver des mots, ne pouvoir pas découvrir ce qu'on veut, ne pas comprendre un travail

dunga, DKF, 134 : nuage noir

dúnga ou **kidùnga** : embarras, indécision, irrésolution, indulgence ; folie, état d'hébétement ; labyrinthe

dúnga-dúnga : incertain, perplexe

dùngalala : être visible, en vue (quand on veut se cacher), se cacher mal, être tranquille, silencieux, taciturne, mélancolique, rechercher, scruter, considérer, réfléchir, être embusqué

dùngama, DKF, 135 : être caché, en embuscade, rester immobile, attendre, réfléchir, être tirste, être déçu, trompé, harcelé, être silencieux, en consternation, incapable de répondre, être rassasié et pencher les ailes comme les poules

dùngidika : faire apparaître, apparaître, se montrer (comme en naissance) ; rendre taciturne, mélancolique, etc

dgdg, PGED, 42 : piétiner

dg, CDME, 316 : marcher

dànga, DKF, 107 : trébucher [risquer de tomber] ; marcher sans fermeté ; zigzaguer, vaciller

dànga-dànga : marcher orgueilleusement, en vacillant, en se jetant de côté et d'autre, prêt à faire la culbute

dángala-dángala : marcher à petits pas, en se dandinant, orgueilleusement

dènga, **dènga-dénga**, **na ~**, DKF, 112 : en boitant, claudiquant; pendant

lènga, DKF, 395 : rester, attarder, séjourner, s'arrêter [dans un endroit] ; rester, durer longtemps, qui n'en finit pas

lénga, **lénnga** : se hâter ; être leste ; être ardent à faire qqch ; s'acharner [au travail, etc.] ; attaquer vite [comme un animal carnassier]

, var. dét. **dgi**, EG, 603 : regarder, voir

dgmy, PAPP, 339 et 340 : être sans voix

dH, EG, 603 : être bas ; **sdH**, dét. : faire descendre

dHA, CDME, 315 : paille

dHr, EG, 603 : [être] amer(ère) dét. peau, cuir

dénga, DKF, 112 : rencontrer

dēngana : rendre visite, aller voir un malade ; se rencontrer, se voir

dìngama, DKF, 121, être silencieux, tranquille, s'arrêter, se taire

dèka, DKF, 110 : être, devenir mieux, diminuer [maladie] ; s'affaiblir [son, bruit]

dèkula, DKF, 111 : diminuer [le prix, l'amende, etc.] ; rabattre, baisser, poser, décharger

dèkuka : se raccourcir, devenir plus petit, faible, être démis, foulé [membre]

sūnduka, DKF, 925 : s'enfoncer, décliner, ser laisser tomber, descendre, aller en bas, baisser, couler, s'avaler, tomber, être décroché, dépendu de quelque autre chose, respirer, vivre librement, sans contrainte, franchement, élever la poitrine de haut en bas

sūndula, DKF, 926 : laisser glisser, faire descendre, décrocher qqch doucement, légèrement d'une autre chose, mettre le pied sur, contre des baquettes des échardes qu'on a aiguisées [dans un chemin, etc.]

dēka-deka, DKF, 110 : espèce d'herbe près du chemin, très tranchante et pointue

dúngi, DKF, 135 : motte de gazon ; taillis, broussailles

dèkula, DKF, 111 : partie antérieure du pagne féminin, petit morceau d'étoffe sur la poitrine, tablier

kàdi, DKF, 200 : amertume, âcreté, aigreur, goût écœurant [qui donne des nausées, envie de vomir, p. ex. comme sel d'Epsom] apprêté,

169

propriété astringente [médecine], amer, âcre, aigre, âpre, écœurant

khadi : colère

nkàdi, DKF, 704 : amertume sécheresse, bon goût de ce qui est sec [tabac] ; saleté qui est amer, âpre, âcre

n'kánda, DKF, 708 : peau, cuir, écorce, croûte, enveloppe, couverture ; peau de bête dont on enveloppe les étoffes, le tabc, etc., de là : cuir, parchemin, papier, livre, lettre, contrat, document, note, facture, lettre de change

dhn, PAPP, 140 et 143 : s'incliner

dè, **na ~**, DKF, 108 : fig. au sens de secouer, branler, de se dandiner ; souple, élastique

déka, DKF, 110 : être mobile, mouvant, dégingandé, se relâcher, être détaché, mal lié

dēkama, DKF, 111 : être pendant, instable, pendiller

déke : être tendre [bois], mou, souple

dhnt, EG, 602 : front

dākalala, DKF, 107 : se tenir la tête en arrière et le cou tendu, en regardant tout droit en haut

dākidika : tendre le cou et la tête en arrière

dhnt, CDME, 315 : sommet de la montagne

túhu, DKF, 990 : bosse, creux

di, OC, 297 : donner, mettre, placer

dōodo, DKF, 127 : cadeau, paîment avec prière d'ajourner le procès ou le paîment (d'une dette, etc.)

dōododo : ce qu'on donne afin qu'un palabre soit ajourné

diwt, CDME, 309 : cinq parts

tàna, DKF, 950 : nombre impair de qqch

diwt (?), CDME, 309 : hurler, beugler

dūdila, DKF, 130 : crépiter fort ; mugir comme la tempête, l'incendie

dūdudu ou **dū-du-du-du**, **na ~**, DKF, 131 : onomatopée pour le bruit fait par la fusillade (lors des funérailles, etc.) ; ce qui craque, casse

dūdula, **duduma** : tonner, ronfler, retentir

tánda, DKF, 951 : trompette faite ordinairement d'une corne d'animal ; pl. sextuor (d'instruments de cornes) ; chœur d'instruments de cornes et d'autres instruments de musique ; **~ dymooko** : accordéon

dm, EG, 602 : (être) tranchant, dét.

dm prononcer, **rn** le nom (de qqn) ; **dmt**, ab.

couteau

dà, **na ~**, DKF, 106 : fig. au sens de rompre, briser, déchirer

dàmu-damu, DKF, 107 : saut, bond, fragilité, qui se casse, se brise aisément ; **na ~** : fragile, etc.

dámuka : sauter, bondir, se briser

dàmuna : déchirer, rompre, faire bondir

dàmuna : pincer, étêter

dāmuna : tirer, arracher

díma, DKF, 118 : bénir (idole), invoquer, implorer un fétiche en se crachant sur et dans la main ; cracher des remèdes ; augurer, présager sûrement (en se crachant dans les mains, etc.) ; montrer qu'on a raison en se crachant sur et dans la main et l'avancer en disant : **bweka**, n'est-ce pas ce que je disais, voilà ; cracher en buvant du vin de palme pour informer le fétiche que l'on boit au lieu de lire de qui est prescrit ; cracher une médecine de fétiche par la bouche et par les narines, p. ex. sur la tête ou le corps de qqn pour le guérir

nàmuna, DKF, 656 : lâcher, diviser, partager, pousser de côté ou enlever, décoller ; détacher de

nàmuna : couper l'herbe, brouter (comme les chèvres)

nàmuzuka : facilité à se détacher

dmA, EG, 602 : lier ensemble

dmd, EG, 602 : unir

dámva, DKF, 107 : prendre, attraper, s'emparer de

damva : fourrer

danda : être plein

dandumuka : être gluant, visqueux

dēmana, dKF, 111 : être plein, sur plein ; entasses les uns sur les autres, se presser, s'entassés les uns sur les autres, remplir jusqu'à la dernière place

dēmangana : être plein de qqch, être bourré, presse, entassé (gens, etc.)

díma, DKF, 118 : prendre, tenir ferme, retenir

dmA, CDME, 312 : élargir

dínnda, DKF, 120 : être serré, resserer (comme un piège) ; être étroit

dónga, DKF, 129 : longueur, hauteur

n'lónga, DKF, 747 : toute espèce de ligne ; rangée, rang, raie, barre, une foule de fourmis voyageuses (qui marchent sur plusieurs rangs) ; quantité, grand nombre (de porteurs) ; caravane

dmi, EG, 602 : toucher, arriver à ; dét. | : « abode », ville

dimba, DKF, 118 : direction, vers

dùmuka, DKF, 134 : retourner à son pays à la mort de ses parents, quand ils sont morts

dn, EG, 602 : couper (têtes, etc.)

dni, CDME, 314 : partager

dndn, CDME, 314 : traverser une place ou un chemin

dng, HPY, 63, 64 : nain, pygmée

dng, CDME, 314 : pygmée

dnH, EG, 602 : aile

dà, **na** ~, DKF, 106 : fig. au sens de rompre, briser, déchirer

dàanuna, DKF, 108 : déchirer, briser ; user, tirer de (une corde, etc.)

ténda, DKF, 964 : couper, inciser ; trancher, partager, arracher démolir, déchirer, mesurer, déterminer les limites (d'un champ, etc.) ; faire une entaille, se nettoyer la barbe, les cheveux ; faire une large raie autour de la tête à la racine des cheveux ; raser (la barbe) ; séparer une partie du champ de manioc pour le vendre

ténda, DKF, 965 : fragment d'étoffe

ténde : fragment d'étoffe, bande, morceau (d'étoffe), vestige, très petit fragment (ordin d'étoffe), débris d'étoffe, guenille, torchon

dènda, DKF, 112 : marcher comme un petit enfant

dondumuka, **dondumuna**, DKF, 129 : traîner

dōndongolo, DKF, 129 : brièveté, qui est court ; taquet, billet

dōndubudi : qui est court

dondya : brièveté

dónga : longueur, hauteur

ndenge, DKF, 667 : nouveau-né

ndéngi, ~ **bakala** : jeune homme

Ndéngi : nom propre = jeune homme ou femme qui grandit et qui n'a pas encore mis eu d'enfant

n'dónga, DKF, 672 : personne de haute taille

theka–theka, DKF, 960 : l'oiseau de **mpangi**

dni, CDME, 314 : barrage (d'eau), construire (un barrage) ; repousser, contenir (qqn)

dínga, DKF, 121 : rester ; s'arrêter (de l'eau) ; de là **kidínga** : flaque d'eau

dìngidika : rester, retenir, arrêter, empêcher ; calmer, faire tenir tranquille, muet ; rendre immobile, arrêter, fermer (qqch qui est en mouvement)

dnit, CDME, 314 : bol

dīngina ou **diŋina**, DKF, 121 : boire, vider une partie ; laisser un peu dans la tasse

dnit, CDME, 314 : panier

dunguta, DKF, 135 : grand panier en forme de **mpidi**

dns, OC, 275: être lourd

dínga, DKF, 121 : paquet, fagot, colis ; fardeau, charge ; cordon avec des perles ; collier de perles ; cocon

tùngalakana, DKF, 998 : prendre, élever sur son dos qqch de lourd, p. ex. un arbre

tùnganana, DKF, 999 : se lever avec qqch de lourd, de grand sur la tête, p. ex. un toit d'herbe pour le porter

tùngika : épuiser de fatigue, perdre toute force, toute énergie

dny, EBD 104 : coupes de boisson

ténsi, DKF, 967 : verre

dp, EG, 602 : goûter

damina, DKF, 107 : mâcher avec délectation

lābula, DKF, 375 : manger comme un chien

lābu-labu : mangeant comme un chien

lābuzuka, DKF, 376 : avaler des bouillons

lēbita, DKF, 386 : goûter, lécher légèrement

lēboto, na ~ : qui goûte, est goûté

lēvi-levi, DKF, 398 : goût doux, douceur

lēvita, DKF, 399 : lécher qqch ; goûter, essayer, tâter de, déguster.

léya, na ~ : goût insipide

tavula, kit., DKF, 957 : bouillie

□ \\ dpty, CDME, 312 : une offrande

lēvama, DKF, 398 : recevoir qqch en cadeau

lèvika : donner, offrir en présent

□ dpw, OEP, 408 : barque

□ dpw : pagaie

dì, na ~, DKF, 113 : fig. au sens de plonger, tremper (dans l'eau)

dìbu, na ~, DKF, 114 : onomatopée, pouf (dans l'eau) ; pour dire une chute dans l'eau

dìbuka : glisser, dégringoler, tomber à terre, s'enfoncer (dans l'eau) ; faire le plongeon ; être profond, abrupt, escarpé dans l'eau ; être creux (assiette, etc.), fig. s'enfoncer dans qqch

dìbula : jeter, lâcher, enfoncer (souvent en pensant à l'eau), tremper dans ; bouillonner ; être profond (eau)

dqr, EG, 603 : talonner, déplacer, bouger, chasser, expulser

dáakala, DKF, 107 : distance

ndáka, DKF, 662 : à grande distance, loin de, éloigné

ndáakala : longue distance, très éloigné

ndáku : distance, éloigné

ndáala : loin, à grande distance

làka, DKF, 376 : jeter, jeter loin, faire disparaître, partir, cacher, manquer son coup

làkama, DKF, 377 : être loin, jeté loin

làkama : être endurant (ordinairement à la course), suivre en courant

dqr, CDME, 316 : 1. presser (?) (**r** : contre) ; 2. exclure (?) (**r** : de) ; var. dét. 3. un processus dans le filage

dìka, DKF, 115 : nier, refuser, empêcher, interdire ; défendre, calmer, faire taire (bruit)

dika : greffer (une branche et non pas l'arbre)

dika : graver

díngi, DKF, 121 : fardeau (en général)

dõnguna, DKF, 129 : tirer, extraire qqch de caché (comme une chique sous la peau)

tõnguna, DKF, 984 : percer un trou en grattant du doigt ; tirer (une épine) ; extraire (une tique) ; gratter, faire un trou ou replier pour voir ou examiner et gôuter ce qui est dessus ; se faire les ongles

dqr, CDME, 316 : fruit

dingi, DKF, 121 : raisin aromatique

lènge, DKF, 395 : une sorte de courge

dr, EBD, 50 : annihilateur

dr, EG, 602 : enlever, réprimer, étouffer, supprimer

dr, OEP, 390 : déplacer, chasser, écarter

tãluka, DKF, 947 : être écarté, espacé, éloigné

tẽela, DKF, 961 : ensevelisseur

tũluka, DKF, 992 : être abattu

tùluza, DKF, 993 : tirer, traîner

drf, EG, 602 : écriture

dìmbu, DKF, 119 : marque, signe, signe distinctif ; marque au fer rouge ; pavillion, drapeau, bannière ; indication (de divers genres) du grade

ndéfi, DKF, 665 : serment, preuves à l'appui, confirmation

drp, EG, 602 : offrir la nourriture ; nourrir (qqn)

tãmbika, DKF, 949 : tendre, donner, délivrer, présenter, remettre, confier, offrir, apporter

176

 **dSr**, EG, 603 : (être) rouge

dèeka, DKF, 110 : luire, rayonner (soleil) ; percer (les nuages), faire une éclaircie

sila, DKF, 898 : couleur rouge (poudre, etc.) ; ébène

ds, CDME, 316 : couteau

lèza, DKF, 399 : être aigu, tranchant, couper bien (couteau)

léeza : couteau long

léezi : ciseau pour dents

dw, GE, 15 : planter, placer ; **d(w)**, CDME, 308 : donner, placer, mettre ; planter (un obstacle)

dōodo, DKF, 127 : cadeau, paîment avec prière d'ajourner le procès ou le paîment (d'une dette, etc.)

dōododo : ce qu'on donne afin qu'un palabre soit ajourné

dùmva, DKF, 134 : jeter, lancer (à terre etc.); tremper, jeter dans l'eau

tūula, DKF, 992 : poser, déposer, placer, mettre sur, dans, sous ; exposer, mettre en avant, en évidence (sur une table) ; représenter

dwA, EBD, 57 : adorer

dwA, EG, 487 : adorer (le matin)

déva, DKF, 112 : calomnier, diffamer, maudire

dēvula : injurier

dóva, DKF, 130 : injurier

dùma, DKF, 133 : avoir bonne chance, du bonheur ; des succès, devenir riche ; être honoré, respecter, apprécié ; avoir autorité

dwebula, DKF, 136 : parler du mal de qqn ; calomnier

lawi, **kil.**, DKF, 385 : vil, abject

lēula, DKF, 398 : injurier

lēvula, DKF, 399 : injurier, mépriser, insulter, offenser, maudire

lewo, DKF, 399 : paroles injurieuses

lēwula : blasphémer, injurier, insulter

ndēvo, DKF, 667 : malédiction, injure, moquérie

ndēwula : injure

táva, DKF, 957 : offense (injure)

vūndula, DKF, 1030 : déshonorer, manquer de respect à qqn

vúnda, DKF, 1081 : révérence, respect, pleinde respect, renommé, qui inspire du respect, très respectueux, apparence, air, aspect, grandeur, grande vieille personne inspirant du respect, imposante (se dit aussi des animaux, d'une maison)

dwA, EG, 602 : matin

dòngumuka, DKF, 129 : venir, monter à la surface ; surgir, croître ; se lever (soleil)

dūkumuka, DKF, 133 : sortir, pousser, répandre ; se montrer, poindre (plante) ; se lever (soleil)

dùngumuka, DKF, 135 : arriver, venir sur, monter, sortir de, sur la surface ; se montrer, se lever (soleil)

tāwaa, DKF, 957 : fig. au sens d'être très clair, éclatant, brillant, resplendissant

tùwa, **na ~**, DKF, 1004 : fig. au sens d'être blanc, clair, éclairé

tùya, **na ~** : blanc

twàoutwá : blancheur

thwè, DKF, 1006 : fig. au sens d'être blanc clair, brillant

twéngele, **twéngene** : qui est blanc

twèngula : blanchir

twènuka : être pur, net, propre

twētwentwè, na ~, DKF, 1007 : très fréquenté (un chemin) ; claire, pure (de l'eau)

dwA-wr, CDME, 310 : barbe royale déifiée

nzèfo, DKF, 824 : barbe

nzèvo, DKF, 826 : barbe, antennes (des insectes) ; fleurs femelles du maïs

dwn, EG, 602 : s'étendre, tendre

dú, dúu, na ~, DKF, 130 : fig. au sens de tirer et briser ; tirer hors de ; arracher ; ronger

dùda, DKF, 130 : tirer qqch (qui résiste, p. ex. écharde, épine) ; retirer, tirer, arracher (herbes), enlever

dūuna, DKF, 134 : tirer hors de, pousser, arracher, couper avec les dents ; ronger, manger

dūnu, na ~, DKF, 135 : déchiré, arraché, brisé

dūnu-dunu, na ~ : déchirer en morceaux, en pièces

dūnuna : déchirer, tirer hors de, arracher, etc.

nàna : tendre, étendre, tirer, étirer, bander (l'arc) ; allonger, tirer hors de, commettre (un crime) ; brandir

túnda, DKF, 997 : se dresser, s'étirer, s'enfler

tūndula, DKF, 998 : enfler

tūnganana, DKF, 999 : se lever avec qqch de lourd, de grand sur la tête

tūnsama, DKF, 1000 : surgir

túnta : tirer, tirer sur ; peiner, remuer, haler, hisser ; tirer en haut ; draguer, jeter le grappin, remorquer ; tirer hors de, allonger, étirer, atteindre, forger (du fer) ; conduire, mener, diriger

tūntuka, DKF, 1001 : être plein

f

f, CDME, 97 : suff. pron. 3 m. sg. il, lui, le sien, ça, son

-áani, DKF, 4 : pron. poss. de la 3ᵉ pers. du sing., son, sa, le sien, la sienne, de lui, d'elle

áani, du préc., s'emploie comme pron. pers. emph. **mwendo ~** : il s'en va

e, DKF, 144 : pron. subj., 3ᵉ pers. du sing., lui, elle, le

fí- (fyá), DKF, 147 : signe de gén. poss. ou attr., cl. **fi**

fi- : pron., cl. **fi**, pers. subj.,conjoin, il, elle ; dém. simple, 1ᵉ posit., ce, celui-ci ; rel. qui, que

yá, DKF, 1109 : pron. pers., 3ᵉ pers. du sing., il, elle. **ya** sert à renforcer le pron. dém. **yandyena** : précisément celui-là ; **yabaaba**, **yabau**

yándi, DKF, 1116 : pron. pers. 3ᵉ pers. sing., lui, elle, devient emphatique en ajoutant **kibeeni**

fAi, EG, 566 : porter, soulever, peser

fAi, CDME, 97 : soulever ; porter, supporter

fwankalakana,DKF, 172 : tomber, succomber par suite d'une trop lourde charge

fyómba, DKF, 182 : être courbé, ployé

vālangana, DKF, 1046 : faire des efforts pour; porter qqch de lourd ; faire qqch avec peine; chercher à faire et ne pas le pouvoir

fAk, var. **fk**, EG, 566 : (être) chauvre, « bare »

bùuku, DKF, 65 : touffe de palmiers ; palmeraie ; endroit déserté

fōkoto, **na ~**, DKF, 153 : beaucoup de (cheveux, etc.) pleine de choses diverses (dans la maison)

𓂝𓄿𓏤𓏤𓏤 fAt, SI, 41 : doser

fí, DKF, 147 : presque

fi : préf. dim. sing., une petite quantité de, qui se joint à un subst. avec ou sans redoublement

fíila, mwa ~, DKF, 149 : petit, un peu, menu

fïita, DKF, 152 : être petit, pas trop

fïtakani,mwa ~ : très peu

fíiti : quelque peu

fyónze, fyóti, DKF, 183 : petitesse ; un peu ; fyōti-fyoti : petit, en petit, petit à petit ; en petits morceaux

fyōtuna : amoindrir ; diminuer

fyúma : petitesse ; bagatelle

fyunga : balancer

𓂝𓄿𓏤𓀀 fAt, CDME, 97 : intérêt financier (?)

𓄿𓏭𓏭𓏤𓀀 fAyt : récompense

fita, DKF, 152 : payer

fùta, DKF, 167 : payer, solder, restituer ; récompenser, rémunérer ; acquitter, compenser, rembourser

fùta : paiement ; somme, prix donné en paiement ; amende

𓆑𓄿𓏤𓏤 fAw, CDME, 98 : « food-supplies (?) »

fùndi, DKF, 163 : bouchée (à l'enfant)

𓆑𓄿𓏤𓏤𓏤 fAw, EG, 566 : magnificence, splendeur

fònga, DKF, 154 : être bon, propre, joli, beau, être juste, être médiocre, noir, très joli

fú, DKF, 154 : qualité, caractère, coutume, habitude, usage, mode, manière, façon, guise, méthode, pratique, nature, conduite

fúka, DKF, 157 : bonne odeur, parfum, eau de calogne, etc ; une plante qui sent bon et fort

fúka : respect, dignité, vénération, hommage à un grand chef, bonne conduite, urbanité, politesse, formalité, cérémonies, étiquette, génuflexions en présence des autorités supérieures ou signe d'adoration, révérencieux, respectueux, orgueilleux, cérémonieux, poli

fūkama, DKF, 157 : tomber à genoux (sur le visage) ; s'agenouiller, être prosterné, être renversé, plier les jambes (comme une chèvre)

fūkamana : se prosterner devant, prendre l'attitude de la prière, adjurer, implorer, invoquer (Dieu)

fumana, DKF, 161 : être fameux, célèbre ; qui est en grande renommée

fúmba : politesse, respect, allure orgueilleuse, manière de marcher courbé, penché ; **sa ~** : se montrer poli ou hautain, important

fwama, DKF, 171 : être renommé

fwéle-fwéle, DKF, 174 : beauté, joli, finesse (homme, femme, yeux, etc.)

fwēlele : abondance

fwònga,DKF, 179 : quantité, multitude ; grandeur (sac)

fwōngono : multitude, quantité

vùma, DKF, 1026 : fleurir ; être en fleur ; devenir vert, frais, prospérer de nouveau ; devenir humide, ramolli

vùma : être connu, honoré, célébré

vwàta, DKF, 1039 : y avoir beaucoup ; être abondant, touffu (de cheveux)

vwāta: s'habiller, (se) vêtir ; couvrir ; être habillé en ; porter, user, employer (des vêtements, un anneau, etc.) ; fig. de la terre qui commence à se couvrir d'herbes après l'incendie d'herbes ; habits, vêtements

fd, CDME, 99 : suer

ky-ūfu, DKF, 373 : sueur

 **fdt** : sueur

fdt, PAPP, 97 et 98 : sueur

fdi, OEP, 403 : cueillir, déraciner

fdq, EG, 567 : « tear asunder », « piece, fraction »

fdt, OEP, 391 : douceur

ky-ūfuta : sueur, transpiration, forte chaleur, chaud, chaleur lourde, étouffante ; émanation du sol, miasme

vélà, DKF, 1056 : glaner, ramasser, récolter, recueillir, cueillir ; abattre (des fruits, du poivre, des feuilles) ; arracher (les feuilles = effeuiller, défeuiller)

vùza, DKF, 1043 : arracher, extirper, tirer, cueillir avec les racines ou tout à fait, déraciner (une mauvaise herbe, un clou, etc.), aider qqn à sortir d'embarras, de la gêne, se servir de nourriture sans en demander la permission

fīsuka, DKF, 152 : se disloquer, se faire une entorse, s'étendre ; être mal affermi ; se rompre (une banane)

fósa, DKF, 154 : battre, écraser, briser, fouler aux pieds, bosseler

fōsakani, **na ~** : faible, fragile, cassant

hamana, DKF, 186 : être séparé

vámba, DKF, 1046 : couler à côté de, le long de

vámba : ôter de la viande d'un animal tué pour la rôtir et la manger tout de suite

fì, **fyà**, **fyè**, **fyò**, DKF, 147 : onomatopée pour un léger bruit, frôlement, tremblement, etc.

fí, **fyá**, **fyé**, **fyó** : onomatopée pour le bruit fait avec la bouche, les lèvres (en mangeant en suçant, en baisant)

fīa : baiser, sucer

fíba : sucer, baiser, embrasser, sens obscène

fīsa : sucer, baiser, sucer du (suc, jus) ; manger par gourmandise, lécher les doigts, absorber

fíya, DKF, 153 : sucer, baiser, aspirer en suçant

fîyasana, DKF, 153 : fiancer

vènda, DKF, 1058 : se lécher les lèvres, se pourlécher ; se vendre vite, une vente qui marche bien

fdw, CDME, 99 : quatre

yàfula, DKF, 1111 : marcher à quatre pattes

yàvula, DKF, 1121 : ramper (les enfants) ; marcher à quatre pattes, en rampant ; marcher comme un caméléon

(le déterminatif d'un homme en train de déféquer est absent du Sign-list de Gardiner) **fgn**, CDME, 99 : déféquer

fĩngumuna, DKF, 151 : aller à la selle

fk, CDME, 99 : être vide

fúnga, DKF, 164 : chasser, ôter

vùka, DKF, 1023 : cesser, s'arrêter (de parler) ; ôter, couper, mettre obstacle à ; faire échouer (un plan, etc.) ; annuler, abroger, mettre fin à ; rompre ; brouter

fn, EG, 566 : (être) faible, infirme

fīna, DKF, 150 : ensorceler son ennemi secrètement et par des maléfices pendant qu'il dort ; d'où ; avoir un cauchemar, se sentir oppressé, suffoqué, pincé, étranglé, saisi à la gorge ; se sentir tourmenté pendant le sommeil

vìna, DKF, 1065 : être fort

fnd, EBD, 60 : narine, naseau

fūdidika, DKF, 155 : souffler dans, faire gonfler

fúla, DKF, 159 : souffler, rendre par la bouche et par les narines

fnfnw, CDME, 98 : récompense (?)

fnT, CDME, 98 : serpent

fqA, EG, 566 : une sorte de gâteau

fqA, EG, 566 : récompense, récompenser

fsi, CDME, 98 : cuisiner

fúlu, DKF, 160 : souffler

fyāmfyana, DKF, 180 : s'embrasser

fúnda, DKF, 163 : s'enrouler (serpent), s'asseoir

fyāuka, DKF, 180 : manger

fyālula : faire manger, nourrir

vènginya-vènginya, DKF, 1059 : manger très doucement

fùku, DKF, 157 : intérêt, surpaye, qu'on reçoit en plus d'une dette

fyāuka, DKF, 180 : être reconnaissant, content

ky-uka, DKF, 373 : gain

ma-fùku, DKF, 476 : intérêt, etc. d'une dette et qu'on ne regarde pas comme un acompte sur ce qu'on doit ; intérêt d'emprunts, etc., en général

físi, DKF, 152 : sans feu

fúta, DKF, 168 : mettre le feu à, faire du feu devant un trou où est entré p. ex. **nsibizi** ; fumiger, enfumer, asphyxier avec de la fumée (un animal) ; exposer un corps, cadavre à la fumée ; boucaner, sécher de la viande ; fumer à grosses bouffées

fúti : faisceau d'herbe allumé, torche qui sert pour allumer des herbes

mfísa, DKF, 554 : sans feu

mfísi : froid, sans feu

ft, EG, 566 : vipère

fíta, DKF, 152 : plier l'extrémité

fúnda, DKF, 163 : s'enrouler (serpent) ; être enroulé (serpent)

mfïsikila, DKF, 554 : fronce du front, etc.

m'físu : fronce, ride

m'fóte : ride

mpídi, DKF, 581 : un serpent foncé ; vipère dangereuse (**Bitis gabonica**)

Mpídi : **nkisi, nsakulu**

ft, CDME, 99 : dégoût

findu, DKF, 150 : humeur récalcitrante, difficulté à obéir, à faire qqch ou à se conduire selon les vœux ou l'ordre de qqn ; entêtement

fiti, DKF, 152 : souci, **baka ~** : s'ennuyer

fúna, DKF, 193 : avoir mal chance ; être de rebut

fúnda : rapporter ; accuser ; poursuivre, traduire en justice

mfiti, DKF, 554 : peine, contrariété, excitation, qqch de pénible, d'irritant, de fâcheux ; chagrin, amertume ; beaucoup à faire ; occupé par divers objets

Mfiti : nom propre = peine, dérangement

ftft, CDME, 99 : sauter

fïituna (-i-), DKF, 153 : retourner, mettre à l'envers, culbuter, bouleverser ; retourner (une chemise) ; tourner (la paupière, un sac)

fùndu-fùndu, na ~, DKF, 164 : (terrain) très bouleversé, bosselé ; qui jaillit, qui murmure

ftt, OEP, 384 : effacer une inscription

fùda, DKF, 155 : écraser, fracasser, moudre ; manger avidement, goulûment (en emplissant la bouche)

fùdakana, **fùdangana**, DKF, 155 : devenir uni en râtelant, grattant, etc.

fwàssa, DKF, 173 : blesser, battre ; gâter, détruire ; rendre inutilisable

vìnza, DKF, 1020 : ôter, tirer qqch de qqn ; enlever de force

vúnza, DKF, 1032 : cesser de, s'arrêter de, laisser, délaisser, renoncer à (un travail, un plan) ; interrompre, barrer, biffer ; suspendre, discontinuité ; empêcher, mettre obstacle à ; défaire, révoquer, renvoyer à un autre jour

vwansa, **vwanza**, DKFFK, 1038 : endommager, oblitérer, effacer, salir

vwànza, DKF, 1038 : abîmer, endommager, gâter, détériorer, faire de mauvaises choses ; oblitérer ; salir ; mettre en désordre, gêner, déranger, empêcher le travail ; mêler, mélanger, confondre, mettre pêle-mêle

vwàta, DKF, 1039 : mêler, mélanger, falsifier

ftt, CDME, 99 : tissu ouaté (« lint »)

fi-fi ou **fi-fye**, DKF, 148 : (étoffe) épaisse

fttw, CDME, 99 : poissons

fúutu, DKF, 169 : poisson mort à fleur d'eau

fx, EG, 566 : desserré, branlant, ample, lâche, en liberté, dissolu, relâché, peu rigoureux, vague, approximatif ; partir

fìkama, DKF, 148 : commencer, poindre, être tout près de qqn ; être ensemble, s'approcher

fìkama : rêverie

fìkana : être émoussé

fíki : inertie, flegme, lent ; assiduité, application, ténacité ; persévérance, etc.

fìkika : parler confusément, obscurément ou en paraboles

fiikika : avilir, rendre sans valeur

fúnga, DKF, 164 : être cru, vert ; d'un goût pas cuit, avoir un goût cru ; être brûlé à moitié ; ne pas réussir, tourner mal ; être (devenir) mal fait ; glisser, ne pas être tranchant (couteau) ; être triste, découragé ; mécontant ; être malade ; avoir la respiration saccadée ; souffler, haleter (se dit aussi d'un soufflet) ; ne pas être ; ne pas être fait ; se fatiguer de qqch ; ne plus voir ses trappes, etc. ; devenir, être imparfait, inapte (à) ; devenir, être immageable (non comestible), non utilisable, hors de service, d'usage ; mourir, trépasser

vīkama, DKF, 1019 : aller, passer à l'écart, de côté, dans la pièce contiguë

vūuka, DKF, 1023 : être sauvé, se tirer de, échapper à (un danger) ; se sauver, s'échapper ; ménager, épargner, respecter ; être épargné ; préservé, conservé (en vie) ; être sans crainte, assuré, tranquille, sûr, en sûreté, à l'abri (du danger) ; avoir la vie sauve ; survivre ; être nu

fxa, CDME, 98 : saisir

fīka, DKF, 148 : saisir à la gorge ; égorger

fīka : force, une bonne poigne, une main forte ; sûreté, certitude ; fort, vigoureux

fīkika, DKF, 149 : saisir à la gorge

fīku, **na ~** : saisir par le cou

fīngitina, DKF, 151 : tenir ferme, fortement ; être assis sur ; mettre le pied sur ; appuyer la tête contre

vūkutila, DKF, 1024 : se saisir avec vitesse, prendre à pleine main dans le combat à coups de poings ; saisir à la gorge, à la joue ; attaquer qqn à l'improviste ; tomber malade très vite

g

gAgA, CDME, 288 : caqueter

ké, DKF, 225 : onomatopée pour un léger bruit de frottement (allumer une allumette) ; frapper, craquer, claquer ; glousser, caqueter

kēkidika : atténuer sa voix

kēekila : pleurer, crier, jaser, parler, chanter, glousser, caqueter (poules qui viennent de pondre) ; fig. pers. qui bavarde beaucoup

kēekila : caquetage ; babillage, babil

ngāngini, DKF, 684 : murmurer

gAH, CDME, 288 : être fatigué

kóka, DKF, 301 : tirer, traîner, entraîner, emporter de force ; attirer à soi, haler ; ramasser et enlever (des rebuts, des feuilles)

kóka, DKF, 302 : chien (du fusil) ; chose qui tombe ou se relève, qui s'allonge et se traîne, qui rampe, qui marche difficilement (un paralytique des jambes, un ataxique) ; crustacé, écrevisse, crabe ; enfant qui ne peut marcher soit par suite de maladie, soit par défaut de constitution

kōkama : (s') arrêter, attendre, tarder, hésiter ; rester ; s'attacher, tenir, demeurer, s'accrocher ; bégayer, se cramponner, se coincer, s'empêtrer ; être pris au lacet, se prendre au piège ; être enceinte (femme) ; être assis accroupi

kōkila: traînée, vestige, trace (s) ; piste de qqch qui se traîne, qui rampe (reptile)

kōkilà : enfant faible des jambes ; incapable de marcher

kōokoma, DKF, 304 : être assis accroupi, rabougri

ngìngi, DKF, 688 : fermeté, solidité, immobilité ; **na ~** : raide, tendu (par l'enflure) ; ferme, inébranlable

ngúngi, DKF, 695 : qqn qui est actif, d'humeur enjouée, grande joie ; qui aide les siens ngűngu, **na** ~ : équilibré, ferme, rapide, violent, hâtif

ngungula, ngungulu : fermeté, fixité ; **sa** ~ : fixer fermement

gAw, EG, 597 : manquer, **r** (qqch), être à court d'air, priver, **m** : de (air) ; **gAt, gAw** : manquer,

n : de, **n-gAw** « through lackof » ; **gwAwA**,dét. : suffoquer

gaw, CDME, 287 : être étroit, limité ; languir ; manque ; manquer ; priver (de)

gaw, CDME, 288 : manque

gawt : manque, désir

kivu, DKF, 296 : latrines

kúvu, DKF, 345 : mauvaise odeur de cadavre, cadavérique ou de moisi ; dégoût, répugnance, aversion, saveur de l'eau, du poisson

kwìnka, DKF, 360 : renifler, rugir (léopard) ; mugir, hurler, râler, ronfler, gémir, respirer difficilement (en râlant)

kwìnku, **na** ~ : qui gronde, rugit

kwìnta : renifler, remâcler, rugir (léopard) gronder, grogner, ronfler (orgue, tambour), râler

kwìta : respirer, tirer bruyamment du nez (morve) ; ronfler, mugir

ngànzi, DKF, 685 : peine, mal ; irritation, colère, éloignement, répugnance, obstination ; souffrance, douleur, sensibilité physique, force, violence ; fierté, orgueil ; en colère, fâché, douloureux, dur (de cœur)

ngau : qui ne veut pas répondre ou obéir

ngàu ou ngàwa : douleur dans le corps ; colère

ngwamba, DKF, 697 : manque de viande

ngwángwa : caractère trompeur

ngwánnza : tout nu

ngwáwa : la faim

gAwt, EG, 597 : paquet

kùndu, DKF, 337 : enveloppe, etc. ; fleur de bananier

kúndu (**nn**) : nœud, nœud d'une branche, etc. ; glande, nœud, induration, etc. dans les viscères, les entrailles dont on dit qu'ils

190

« mangent » les gens ; enflure, fluxion, gonflement ; élévation, protubérance, saillie (p. ex. du mollet)

kúndu : qui est gros, grand

kundufu : bosse

kūnduvwà : grandeur, grosseur

kúngu, DKF, 338 : très grande grenouille qui est comestible

kúngu : hauteur, élévation

ngwómi, DKF, 698 : grande araignée de la forêt

Gb, CDME, 288 : nom divin de la terre-dieu Gēb

kòbunga, DKF, 299 : trou dans la terre, dans le sol

gbb : terre

ngabu, DKF, 682 : marais, marécage

ngambaka, DKF, 682 : cuivre

n'gámmbu, DKF, 683 : gros ver de terre

ngúba, DKF, 693 : arachide (**Arachis Hypogaea**)

ngùbu : racines élevées au-dessus du sol sur le tronc d'arbre **mfuma**

ngúbu : arachide

ngubu : zinc

ngúdi, DKF, 694 : motte de terre

ngùdya-ngùdya : cailloux ; des pierres comme plomb de chasse

gb, CDME, 288 : déficience, privation, perte

ngámbu, DKF, 683 : évanouissement, syncope, défaillance ; pâmoison ; qui a perdu connaissance

gbA, EG, 597 : bras, dét. côté (d'un mur)

bāika, DKF, 9 : être pris, fait prisonnier, arrêté

báka : posséder, avoir, recevoir, acquérir, se procurer ; obtenir ; prendre, attraper, saisir ; prendre au vol ; s'emparer, trouver ; s'approprier

báka : paroi, mur (en briques), cloison

kába, DKF, 198 : cueillir (fruit)

kába : porter qqch de lourd

kéba, DKF, 225 : être trop étroit

ngàvi, **ngàbi**, DKF, 685 : milieu

gbb, EG, 597 : oie à front blanc

kada, DKE, 199 : sorte de perdrix

gb, CDME, 288 : oie

ngémbo, DKF, 686 : roussette, sorte de grande chauve-souris (**Roussettus aegyptiacus**)

ngùmbi, DKF, 694 : perdrix (**Francolinus squamatus**) ; pintade ; francolin à la gorge nue (**Pernistes cranchi**)

ngumbi : porc-épic

ngwádi, DKF, 696 : perdrix ; pintade, poules

Ngwádi : nom propre (pers.) = perdrix

gbgb, EG, 598 : tomber prosterné

kābalala, DKF, 198 : se tenant couché, étendu, mort

gf,var. **gif**, **gwf**, EG, 598 : singe

khéwa, DKF, 236: esp. de singe

gwf, CDME, 288: singe

nkéo, DKF, 117: singe

nkéwa, DKF, 718: singe (esp. en général)

nkéwo: singe

ngàma, DKF, 682: singe

nkíma, DKF, 719: un petit singe (au visage clair)

gfn, var. **gnf**, EG, 598 : rebuter, **gfnw** : rebuffade

kàfalala, DKF, 200 : se tenir (ou paraître) malheureux, triste, chagrin, morose, ennuyé, de mauvaise humeur, être déçu

kàfidika, DKF, 201 : rendre triste, de mauvaise humeur

káfu, **na ~** : en colère, furieux

kàfuka : se fâcher de, se mettre en colère, être blessé, choqué, offensé, contrarié

kàfuna : fâcher, blesser, offenser

kembakasa, DKF, 230 : vexer

ngàafi, DKF, 682: qui agit avec vigueur, puissance, persévérence; fourbe, canaille; **na ~**: enflé, en colère

ggwy, CDME, 292 : regard

kènga, DKF, 232 : veiller sur, monter la garde, soigner; surveiller, inspecter, regarder attentivement, avoir l'œil sur, épier, prendre soin de (ou que) ; se garder de, prendre garde à ; économe, soigneux

kèngidila, DKF, 232 : soigneux, économe ; suivre des yeux

kèngila : veiller sur… fidèlement, avoir grand soin de ; inspecter, observer ; épier, espionner, explorer, faire une reconnaissance (dans une marche, pour voir si on peut avancer)

gHs, EG, 598 : gazelle

nkábi, DKF, 704 : une antilope

nkáyi, DKF, 714 : une antilope

gmgm, EG, 598 : briser

kàmuka, DKF, 210 : être cassé, mutilé

gmH, EG, 598 : épier, regarder

kàmba, DKF, 208 : montrer, désigner du doigt

kempozyoka, DKF, 231 : regarder de tous côtés (d'un singe), être attentif, prudent, sur ses gardes

kīmbama, DKF, 248 : être visible, apparent, se montrer, se faire voir, apparaître

gmi, CDME, 289 : trouver, utiliser (sa main) ; être capable de (faire qqch) ; contrôler (la terre)

hēmangana, DKF, 189 : chercher ardemment çà et là

kemina, DKF, 231 : retenir à, pour

gmt, EG, 598 : l'ibis noir

gmw, EG, 598 : deuil

ka-mu-nkaka, DKF, 210 : un oiseau

kámu, DKF, 210 : mort subite, soudaine, foudroyante, **na ~** : mort

kāmuka : mourir subitement sans avoir été malade auparavant

nkába, fwa ~, DKF, 704 : mourir de mort violente

gmw, CDME, 283 : faiblesse (?)

gmwt : faiblesse

ngūmvungulu, DKF, 695 : vieille pierre à fusil

ngáama, DKF, 682 : évanouissement, engourdissement (p. ex. dans le jambes)

(le déterminatif, une coupe, est absent du Sign-list de Gardiner) **gn**, CDME, 290 : une coupe rituelle

kóndi, DKF, 311 : bassin ; sorte de truble

gnn, EG, 598 : être doux, faible

konya, DKF, 316 : se fatiguer

ngànya, DKF, 685 : force ; pas très fort au combat corps à corps ; légèrement vaincu ; hargneux, fait de donner des coups de dents très vite (chien)

gnw, CDME, 290 : branches (?) des arbres

khàanu, DKF, 218 : branche à plusieurs fourches

kédi, DKF, 226 : branche de palmier, etc.

kéle, DKF, 229 : branche, latte de palmier dépouillée ; partie centrale d'une branche de palmier dépouillée ; pied de la branche du palmier ; carotte de manioc

kele-kele : espèce de feuille

gnwt, CDME, 290 : registres, annales

n'kánu, DKF, 711 : chose, affaire litigieuse, citation ; sentence, jugement, procès ; qqch qui vous attire des poursuites, crime, différend ; la première boule du poison **nkasa**

gnwty, SI, 38 : sculpteur

vála, DKF, 1045 : creuser, évider excaver, entailler, fendre, tailler, découper, sculpter (sur bois) ; graver (sur bois), xylograver, nettoyer, polir, tailler avec un couteau (p. ex. une plume) ; raboter, tailler

hála, DKF, 187 : menuisier

gnX, CDME, 290 : servir

khangi, DKF, 215 : besoin

gr, CDME, 290 : être silencieux

ngánda, na ~, DKF, 683 : muet, tranquille, s'endormir tout de suite

grg, PAPP, 213 et 214 : fonder

kālumuna, ~ n'longa, DKF, 207 : ranger, mettre en ordre (dans une maison) ; tracer des lignes

grg, CDME, 291 : trouver (une terre) ; établir (une maison, une maisonnée) ; peupler (une place) ; fournir (une terre perdue avec de la végétation) ; mettre (une couronne sur la tête d'un souverain) ; fournir (pour demain) ; mettre en ordre ; être prêt ; mettre (sa foi en) ; faire (une préparation)

ngèela, n'kwa ~, DKF, 686 : personne qui fait qqch bien ; habileté ; ouvrier

ngèele : habileté ; ouvrier ; fabriquant

ngézi, DKF, 687 : habitude de faire qqch bien

grg, EG, 598 : fausseté, mensonge

kèla, DKF, 228 : calomnier, dénigrer, diffamer, médire de, dire du mal de qqn par derrière, déprécier, ravaler, rabaisser qqn, charger, incriminer, avoir à redire, à reprendre sur qqn, noircir, mentir sur le compte de, décrier

kèle, DKF, 229 : calomnier

grg, CDME, 290 : prendre au piège (la volaille sauvage) ; chasser ; la chasse

kéla, DKF, 229 : boule, boulet, balle, boulette, bille, grain de plomb, dragée, pierre carrée dont on se sert pour tirer ; grain (de sel, etc.)

kòona, DKF, 310 : armer (un fusil)

nkánda, DKF, 709: trappe à souris tissée, étroite et conique

grH, CDME, 290 : compléter, finir (un travail) ; être satisfait (d'une affaire) ; fin, cessation

kàndula, DKF, 213 : cueillir des fruits avec un crochet ; cueillir (tous les fruits)

kìndula, DKF, 265 : accomplir, achever

grH, EG, 598 : la nuit

kūlukuta, DKF, 330 : tâtonner, racler, gratter (après une porte en tâtonnant dans l'obscurité)

ngézi ou **ngézi-ngézi**, DKF, 687 : brillant, luisant, éblouissant

yìla, DKF, 1133 : devenir sombre, s'assombrir, s'enténébrer ; mûrir, devenir rouge

grt, CDME, 290 : en plus, maintenant, ou

ngáati, DKF, 685 : que ; vers les midi, plus tard, tout à l'heure, par intervalles, de temps en temps

ngāati-ngaati : de temps à autre, parfois

ngátu : afin que

ngáatu: ensuite, après, plus tard, plus avant dans la journée ; bientôt

gs, EG, 598 : côté, moitié

gs, PAPP, 257 : oindre

gsA, CDME, 292 : incliner ; favoriser (qqn)

ngáatu : à moins que ; sinon ; à moins que ne pas ; à l'exception de

nkonzo, DKF, 728 : côté

kénzo, DKF, 233 : graisse

kúsa, DKF, 341 : graisser, enduire, frotter (d'un corps gras), plâtrer, oindre, badigeonner, barbouiller, étendre sur, frictionner, faire entrer en frottant

kùsa ou kùza : gratter, frotter, contre avec force

kūsama : être barbouillé, sali, taché, etc.

kúsi : qui barbouille, teinte, enduit, peint

kūsuka, DKF, 342 : perdre sa couleur, blanchir, se flétrir, s'effacer

kósa, DKF, 317 : ramasser, tirer à soi, placer ensemble

kōsika : courber, plier ; se coucher ; retrousser, resserrer le pagne ; ramasser

kóso, DKF, 318 : courber

kōyama, DKF, 320 : être courbé, recourbé, penché, incliné, plié, replié ; s'incliner, se baisser

kōyo, na ~ : courbé, plié

kōzama : être plié, courbé, penché ; être coudé, arqué

kōzika : plier, courber

kōzo, na ~ : courbé, plié

ngenda, DKF, 686 : titre nobiliaire, dignité ; nom de clan ; juridiction, privilège

ngónzi, DKF, 692 : courbure, flexion, crochet, hameçon, coin, cercle, enroulement, pli, repli d'un serpent

ngōnzi-ngonzi : enroulement, œillet (d'une corde) ; pareil enroulement d'un serpent ; chemin tortueux, serpentant

ngónzo : cercle, enroulement d'un serpent

nkēnzengele, DKF, 717 : nœud, rotule

nkōnzongolo : cheville (pied) ; coude

gsgs, CDME, 292 : réguler

kéta, DKF, 234 : faire qqch de beau, de bien

kòoyi, dia ~, DKF, 320 : confirmer, certifier ou garantir qqch, p. ex. pour un témoignage en mettant de la poudre dans la main et faire un accord, etc. ; accord, contrat

ngézi, DKF, 687 : habitude de faire qqch bien

ngùnza, DKF, 696 : qqch qui ment bien

nkento, DKF, 717 : convention, accord ; **tedika ~** : convenir de ; arranger

nkónzo, DKF, 728 : division, partie (des porteurs) ; bande, masse, foule

gsi, EG, 598 : courir

kita, na ~, DKF, 292 : fig. au sens de passant vite, allant volant, sautant rapide disparition

kītama, DKF, 293 : sauter par-dessus, bondir, gambader devant, sauter sur, bondir sur, assaillir, tomber sur, comme le léopard

kītika-kitika, na ~, DKF, 293 : fig. au sens de à la hâte, en courant, au galop

gtH, CDME, 292 : être fatigué

kōoduka, DKF, 301 : devenir fatigué, épuisé (de travail)

nkātabà, fwa ~, DKF, 713 : s'engourdir

gw, CDME, 288 : classe de taureau

gwA, CDME, 288 : serrer, être étranglé

nkātangà : crampe, engourdissement (d'une jambe) ; manie d'écrire, crampe des écrivains ; paralysie ; **fwa ~** : être engourdi

ngūuvu, DKF, 696 : force, vigueur

ngūvulu : énergie, force, endurance ; grand mangeur, glouton, bâfreur ; grandeur

kwenya, na ~, DKF, 357 : qu'on attache serré, étroitement

kwèta, DKF, 358 : serrer, presser, comprimer

kwēta : grincer, craquer, crier (porte) ; glapir, piailler, grincer des dents ; être rebelle, orgueilleux, désobéissant

kwètama : être attaché, fixé, pressé, comprimé, contracté

kwete : grincer

kwètinina : lier fortement

kwèza : se tordre (les mains, etc.) ; se tordre et se déplacer ; tourner, tourner à l'écart, de côté ; presser, serrer, comprimer ; visser, serrer à fond ; imprimer, apposer (une marque) ; bâcler

kwézo : interj., oui ! (langue de **nkimba**)

kwìta, DKF, 360 : resserrer, tirer sur (corde, lien) ; tenir ferme, bon ; empoigner solidement

kwìta : respirer, tirer bruyamment du nez (morve) ; ronfler ; mugir

kwīka, DKF, 359 : assujéttir, attacher, fixer fermement, solidement ; mettre au foureau (sabre) ; emmancher (hache, etc.) ; s'excuser sur ; obliger, contraindre, imposer, mettre, poser une étiquette sur qqch ; s'attacher à, s'obstiner, s'opiniâtrer, persister à ; ennuyer, importuner, provoquer, défier, blesser

kwīkama : être persévérant, opiniâtre ; être digne de foi, de créance, authentique, sûr, croyable ; être fidèle, sérieux, digne de confiance

kwīkila (-ì-) : appuyer qqch pour qu'il ne tombe pas ; tenir ferme, solide, sûr ; se confier en, croire en, à ; avoir foi dans ; consentir à, adhérer à, convenir que, avouer, céder (à qqn en ou sur qqch) ; reconnaître, confesser (sa foi, ses péchés) ; calomnier

kwīkita : resserer, tirer sur (corde, lien)

kwīku, kwīkulu : tenaille (s), pince (s) et tout ce dont on peut se servir pour tenir un outil (hache, etc.) qui est chauffé et mise dans le manche ; force, violence

kwīkutu, na ~ : qui serre fortement (une corde, etc.)

ngonzi, DKF, 692 : corde, ficelle

ngūdu-ngudu, DKF, 694 : ventre serré

ngwìi, ngí, na ~, DKF, 698 : ferme, fort, sain, équilibré, enraciné, fondé, sûr, capable de résister ; obstiné, qui a du caractère, de l'énergie, force qui s'impose (de la loi) ; inéluctable

nkwása, DKF, 739 : corde, ficelle, grosse corde ; câble

n'kwáyi : nombril, cordon ombilical

gwg, CDME, 288 : crier (?)

kwèka, DKF, 355 : crier, grincer, craquer, faire du bruit (p. ex. une porte) ; produire un grincement ou un bruit strident (comme quand on scie) ; chanter faux, d'une voix aiguë, perçante

ngóngi, DKF, 692 : sorte de cloche double en fer à cheval sans battant, sur laquelle on frappe avec un bâton ; un double gong

ngùnga, DKF, 695 : sonnette, cloche ; signal de cloche ; cymbale

Ngunga : nom propre

gwS, CDME, 288 : devenir de travers, courbé, déformé ; abandonner

ngù-ngù : onomatopée pour le bruit d'une très grande araignée ; pour des salves de fusil

ngùngu : cancans

wénga, DKF, 1095 : crier aigrement (d'un porc) ; aboyer, rugir (d'un léopard) ; sonner

kósa, DKF, 317 : ramasser, tirer à soi, placer ensemble

kōsika : courber, plier ; se coucher ; retrousser, resserrer le pagne ; ramasser

kóso, DKF, 318 : courber

kōyama, DKF, 320 : être courbé, recourbé, penché, incliné, plié, replié ; s'incliner, se baisser

kōyo, na ~ : courbé, plié

kōzama : être plié, courbé, penché ; être coudé, arqué

kōzika : plier, courber

kōzo, na ~ : courbé, plié

kwènza, DKF, 357 : se tourner à l'écart, de côté

ngónge, ngóngi, DKF, 691 : articulation ; partie de roseau comprise entre le nœud

ngónzi, DKF, 692 : courbure, flexion, crochet, hameçon, coin, cercle, enroulement, pli, repli d'un serpent

ngōnzi-ngonzi: enroulement d'un serpent; chemin tortueux, serpentant

ngónzo : cercle, enroulement d'un serpent

ngùzuka, DKF, 696 : avancer en serpentant

ngwa : conique, uniforme

nkēnzengele, DKF, 717 : nœud, rotule

nkōnzongolo : cheville (pied) ; coude

gy, CDME, 288 : une offrande de pain

khàya, DKF, 223 : manioc

nkàba, DKF, 704 : racine de manioc (une sorte amère) ; cassave, pain de cassave

nkàayi, DKF, 714 : racines de manioc

H

HA, EG, 580 : le dieu du désert Ha

kaalala, DKF, 205 : lande, plaine sans herbe

kánga, DKF, 214 : plaine où il ne pousse pas d'herbe (ou seulement une herbe courte) ; colline, coteau, désert (lieu stérile, inculte) ; endroit aride ; contrée, région déserte, dénudée, lande ; motte de terre (d'une tombe)

kánga : argile rouge

ma-kánga, DKF, 479 : contrée déserte; argile, terrain à bruyères, désert

Ma-kánga : chauve

ma-kánga: termitières de terre rouge, brune

ma-kanga-ma-kanga : se dit de cheveux qui poussent rarement, en touffe éparse, avec des taches découvertes

ma-kangila, DKF, 480 : mottes de terre

HA, EG, 580 : nuque

nkaka, DKF, 705 : image qui est faite à la fin de la fabrication du **nkisi Lemba**

HA, EG, 580 : souhait

káya, DKF, 223 : salutation, salut, félicitation

kéya, DKF, 236 : avertir, exhorter ; prendre soin de, veiller attentivement sur

𓄿𓅃𓊝 **HA**, CDME, 161 : amarrer, toucher terre

kàalu, DKF, 206 : corde, câble, amarre (ordinairement fait des lianes) pour les canots

𓄿𓅃𓂝𓂋 **HAaa**, CDME, 162 : toucher (d'un bateau)

𓇌𓅃𓏏𓂻𓀜 **HAab**, CDME, 163 : une mauvaise qualité

kolobo, DKF, 307 : maigrir vite

kōlobōndo : chose courte, pas développé

𓄿𓅃𓏤𓏥𓂝𓀀 **HAayt**, EG, 580 : conflit, dissensions ; guerre civile

kāyisa, DKF, 224 : tourmenter, embarrasser, obséder ; ennuyer

𓇌𓅃𓂻 **HAd**, CDME, 164 : piège des poissons

kutu, DKF, 344 : grand filet de haute mer

nkánda, DKF, 709 : trappe à souris tissée, étroite et conique

nkandankombo : genre de petit poisson

n'kānda-n'kanda : surface de l'eau

nkàndi : poisson à peu près sans queue

𓇌𓅃𓂻 **HAd**, CDME, 164: désir sexuel

kada, DKF, 199 : concubine ; la femme qu'on n'aime pas beaucoup

𓇌𓏺𓎱𓀀 **HAg**, CDME, 163 : être content, heureux

kakaba, na ~, DKF, 202 :sombre,obscur ; nuageux, en colère, furieux, amer (goût)

kāka-kaka : colère, douleur, chagrin ; querelle, tapage

khàka, DKF, 201 : menace

ma-nkànka,DKF, 496 : mauvaise humeur, rancune, colère, menaces, femme grondeuse

nkāndikila, DKF, 709 : défense, commande, charge, prohibition

n'kàndu : loi, règle, décret

nkándu : temps interdit, défendu (pour la chasse, pêche de certains poissons et animaux)

nkándu : un des quatre jours de la semaine congolaise

nkāndukulu : défense, interdiction

nkànka, DKF, 711 : menace

yánnga, DKF, 1117 : jouer, s'amuser, se divertir ; être joyeux (se dit des enfants qui ont été malades et qui reprennent goût aux jeux)

yāngalà : vie, vitalité, vanterie, ostentation

yāngalala : se tenant joyeux, content, réjoui, de belle humeur ; se réjouir ; exulter ; être satisfait, se sentir heureux ; être enchanté, avoir bon courage ; être de bonne humeur ; se porter bien

yángi, DKF, 1118 : réjouissance ; joie, félicité, bonheur, sainteté, salut ; béatitude, satisfaction, enchantement, commodité ; irritant, incommodant, impertinent (des animaux, etc.)

yénge, DKF, 1128 : paix, tranquillité, repos, amitié, sympathie, intelligence, union, accord

HAi, CDME, 160 : pleurer

hì, na ~, DKF, 190 : onomatopée pour le cri du léopard

hī-i : onomatopée pour le grondement d'un léopard

hyó, DKF, 193 : onomatopée pour le cri de l'oiseau **tunsi**

kāahala, DKF, 201 : crier avec des éclats de voix pour un mourant, etc.

káya (áa), DKF, 223 : appeler le chien à la chasse ; chasser ; criailler

kāaza, DKF, 225 : crier, appeler d'une voix perçante, hurler ; dire qqch à haute voix

yāya ou **yá-yá**, DKF, 1121 : crier de terreur, crier **a yaya**, **a yaya** (enfants) ; sentir de l'inquiétude de, de la douleur, de l'anxiété ; se lamenter et pleurer

yăaya, **a ~**, **e ~** : cri de terreur, d'épouvante, exclamation de frayeur, de douleur

yáu, DKF, 1120 : onomatopée pour crier, etc.

yàula : crier, se lamenter ; être bouche bée ; hurler, craquer (chaussures) ; énumérer ses soucis, ses souffrances ; demander du secours, se plaindre de ses misères

yàula : bavardage, bavardage à haute voix comme celui d'un fou

yèngo-yèngo, DKF, 1128 : envie de pleurer, chagrin, pleurs funèbres, plainte, lamentation (lors d'un décès) ; inquiétude, anxiété

HAi, CDME, 161 : parties externes (?) d'une maison

hého, DKF, 188 : véranda, avant-toit, saillie avant la maison

heke, DKF, 189 : en dehors de la maison ; devant la porte

hekede, **hekidi**, **kih.** : chambre sans fenêtre ; loge ; chambre intérieure ou extérieure où se trouve le feu ; seuil

HAk, OEP, 401 : voler les dieux, capturer des villes

hàka, **~ manko**, DKF, 187 : persuader, obtenir par ruse, calomnier, médire

hōkutina, DKF, 191 : ôter, prendre, arracher avec force

khàaka, DKF, 201 : menace

kàkalala, DKF, 202 : assiéger, faire le siège de

kàkinina, DKF, 203 : se disputer qqch dont tous veulent tenir

kika, DKF, 243 : tuer

kīkita, DKF, 244 : saisir, retenir

kóka, DKF, 301 : tirer, traîner, entraîner, emporter de force

205

kōkula, DKF, 304 : enlever, emporter

kōkila, DKF, 302 : prendre, emporter

kúka, DKF, 325 : prendre, emporter (ordinairement tout ensemble), voler, dérober, piller en butinant

HAm, OEP, 403 : triturer, presser

káma, DKF, 207 : presser, pressurer, exprimer de liquide, extraire (jus, etc.) ; serrer, restreindre, comprimer, tordre, se tordre (les mains)

kàmata, DKF, 208 : saisir, tenir ferme ; se jeter sur avec les griffes et les dents ; reprendre avec violence ce qu'on vous doit ; faire, opérer une saisie

n'kámvi, DKF, 708 : qqch de pressé, dont on a exprimé tout le suc (p. ex. la chair des noix de palme, de la canne à sucre) ; débris de noix de palme mâchée, etc. ; reste du poison de **nkasa** ; aussi seins longs et pendants

nkāmunu : filet, tissu au travers duquel on filtre l'huile de palme

HAp, EG, 580 : cacher

HAp, CDME, 163 : secret, mystérieux ; cacher

kámba, DKF, 208 : étoffe de laine rouge pour ceintures, à tissu roisé

kapa, DKF, 218 : jupe de **nkimba**

nkàmpa, DKF, 708 : pagne, vêtement des hanches, pièce d'étoffe pour vêtement ; étoffe de poitrine pour les femmes, étoffes rouge (flanelle) qui était autrefois employée comme ceinture ; couverture, manteau

HAt, EG, 580 : tombe

hātu, kih., DKF, 188 : place où on reste longtemps ; demeure, maison

HAt, CDME, 160: nourriture

hŏto, madia ma ~, DKF, 192 : aliment broyé avec de l'huile de palme

hòosa : arachides rôties

hóza : manger, mâcher (p. ex. du manioc, maïs)

wóso, DKF, 1102 : une quantité d'arachides rôties

HAta, PAPP, 149 et 153 : commencement

lu-yāntiku, DKF, 462 : commencement

wacika, DKF, 1089 : commencer

yāntama, DKF, 1119 : ce qui est commencé

yāntika : entreprendre, commencer, entamer

HAti, CDME, 163 : « bleariness (?) of eyes »

hadi-hadi, na ~, DKF, 187 : qui regarde qqn fixement (avec de grands yeux)

holokoso, na ~, DKF, 191 : des yeux creux ; faible, épuisé ; qui se pourrit ; tout à fait fini

holokoto : qui est faible

hōndakani, na ~ : affaibli par la faim

hóso, na ~ : faible, vacillant

hòto, DKF, 192 : se fatiguer ; se reposer ; reprendre haleine

hototo, na ~ : faible, languissant (comme une personne qui a la maladie du sommeil), triste, découragée

HAt-ib, EG, 580 : tristesse

katibila, DKF, 221 : se faner, devenir brun (les branches d'un palmier malade)

ky-ādi, DKF, 362 : peine, affliction, chagrin, souffrance, douleur, tristesse, ennui, orphelin

ky-ādi : compassion, bienveillance, douceur, charité, pitié, miséricorde, commisération

ky-adi : joie, bonheur

207

HAtt, CDME, 162 : onguent

kātama, DKF, 221 : être poisseux, collant, visqueux, gluant

kātika, DKF, 222 : coller

HAty, EG, 580 : cœur, sein, poitrine

káci, DKF, 199 : au milieu

kási, DKF, 220 : milieu, centre, cœur

káti, DKF, 221 : milieu, centre, moitié, (le, la) demie ; l'intérieur ; les parties internes (du corps)

káti : foie, **bi-**, entrailles

HAty-a, EG, 580 : cheftaine, prince local, maire

kóta, DKF, 318 : chef, conducteur, guide de caravane ; reine, mère abeille ; supérieur, préposé, directeur, etc.

khota : responsabilité

HAtyw, EG, 580 : linge, lin

ki-nkùta, DKF, 276 : habit

ki-nkùti : habit, pardessus, manteau, blouse, corsage, tunique, chemise

ki-nkùtu : habit, pardessus, chemise, veston

ki-kūtu-nkutu : sachet, petite bourse

nkútu, DKF, 736 : sachet qu'on porte à l'épaule (tricoté en coton) ; poche (d'habit, etc.) ; fourreau, enveloppe, cornet

nkutu : toile

HAw, OEP, 392 : prospérité, excès, surplus ; CDME, 161 : richesse, augmentation

hāatasa, DKF, 188 : augmenter beaucoup le prix

Hwàla, DKF, 193 : nom propre = grande richesse

káva, DKF, 223 : être petit, mince, maigre, mal pousser ; se dessécher ; s'étioler (plante)

káva : qui est très grand (montagne, etc.)

kāvanga : grand, gros (homme)

kávu : une petite calebasse de vin de palme (se dit aussi d'une grande pour se montrer modeste)

kàwa : tas, multitude, foule

kāwudi, na ~ : maigre

HAw-xt, CDME, 162 : une offrande spéciale

kàu, DKF, 222 : part, partie, portion, lot ; contribution, cotisation, offrande, don, secours, quote-part

kàula : faire cadeau, présent ; donner

HAy, CDME, 161 : protecteur

káya, DKF, 224 : se risquer, oser qqch ; s'exposer à, s'aventurer

nkáwa, DKF, 713 : gardien, police

nkāya-nkaya : protégé, en garde contre ou pour

n'kúya(ǘ), DKF, 737 : esprit du défunt

n'kúyu(ǘ) : l'âme d'un défunt, esprit, démon, lutin, farfadet ; l'ombre (d'un mort) ; spectre

HAy, CDME, 161: être nu

HAwt : nudité

HAyt, OEP, 395 : eau courante

kwàta, DKF, 353 : accoupler ; commettre un adultère ; corrompre une femme mariée

kāyaya, DKF, 224 : être sec

HAyt, EG, 583 : tuer, massacrer, guerre civile

yànda, DKF, 1116 : frapper, battre, fouetter

yáta, DKF, 1120 : frapper

yātama : faire du bruit en tombant, donne contre ; être frappé

209

Ha, EG, 580 : morceau de viande, membre.

Comme abbréviation on le rencontre à la place de

Haw, EG, 467 : membres, corps (« body »)

HaA, EG, 580 : enfant, garçon, gars

HaDA, OEP, 389 : voler

Hai, CDME, 164 : joyeux ; se rejouir

Hapy, EG, 580 : inondation (du Nil) ; Haapy, le dieu de l'Inondation

Haw, EG, 580 : bateaux

káti, DKF, 221 : morceaux de viande découpés pour être vendus (mis sur des baguettes et rôtis)

kátu, DKF, 222 : morceau de viande, portion de cuisse, gigot, cuissot à vendre (généralement enfilé sur des baguettes et rôti)

káha, DKF, 201 : être rabougri, de petite taille, fluet

kúda, DKF, 323 : voler, prendre

yánnga, DKF, 1117 : jouer, s'amuser, se divertir ; être joyeux (se dit des enfants qui ont été malades et qui reprennent goût aux jeux)

yāngalà : vie, vitalité, vanterie, ostentation

yāngalala : se tenant joyeux, content, réjoui, de belle humeur ; se réjouir ; exulter ; être satisfait, se sentir heureux ; être enchanté, avoir bon courage ; être de bonne humeur ; se porter bien

yángi, DKF, 1118 : réjouissance ; joie, félicité, bonheur, sainteté, salut ; béatitude, satisfaction, enchantement, commodité ; irritant, incommodant, impertinent (des animaux, etc.)

yèngula, DKF, 1129 : chanter haut, crier à tue-tête, pousser des cris de joie, etc. ; crier en gesticulant (comme des enfants)

khopa, DKF, 317 : qui est très profond (l'eau)

kívàa, DKF, 296 : onomatopée, tomber pesamment, faire « patatras », « pouf », « plouf », dans l'eau

kīvama : être jeté à (dans) l'eau

 **Hawt**, OEP, 392 : joie

káula, DKF, 222 : crier, brailler ; dire : au !

kāwala, DKF, 223 : crier

 **Hb**, EG, 580 : fête, festival

kámba, DKF, 208 : honneur, respect

kámbu, DKF, 209 : gloire, honneur, respect

kémba, DKF, 230 : honorer, célébrer, courtiser qqn, faire la cour à qqn ; aisé à comprendre

kémba : s'orner, se parer de colifichets, de fanfreluches ; se glorifier, (faire) rendre fin, beau, orné ; faire, célébrer une fête, une cérémonie, une solennité

kémba : être content, râvi, joyeux de ; se vanter, se glorifier de ; se réjouir de, se rendre ridicule, faire rire à ses dépens ; se moquer, se railler de, rire de ; s'accoupler

kembe, DKF, 231 : célébrer

kémbo: prix honneur, joie, plaisir, amusement, réjouissance, fête ; fête funèbre avec pleurs ; solennité, festivité, ravissement, délices, extase, enchantement

nkēmbila, DKF, 716 : envie de louer, d'exalter, de coqueter

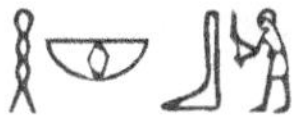 **Hb**, EG, 581 : pleurer

bōoka, DKF, 49 : appeler, crier, s'écrier, tempêter, pousser des cris (même pour être secouru) ; pleurer, sangloter

 **Hb**, attraper des poissons et des oiseaux

kímbu, DKF, 251 : pièce d'eau, barrage et clôture dans l'eau pour la pêche

 **HbAbA**, EG, 581 : se dandiner (de oie)

kādaba, DKF, 199 : marcher lourdement, en frappant des pieds

Ḥbbt, CDME, 167 : eau

nkúba, DKF, 729 : petite cruche à eau

ḤbD, ISE, 67 : ouvrir

kúba, DKF, 321: conduire dehors, faire sortir, jeter dehors, ruer, mettre dehors, à la porte

kúbu, **kúubu**, DKF, 322: chemin, grande route (où tout le monde va)

zìbika, DKF, 1163: fermer, refermer, fermer à clé, clore, boucher (un trou, etc.); fermer une lettre

Ḥbs, EG, 581 : habiller, couvrir

kámba, étoffe de laine rouge pour ceintures ; àntissu roisé

kùba, DKF, 321 : sac, balle (café), poche, bouteille à eau chaude (caoutchouc), outre, dessus, couverture, taie (d'oreiller) ; coussin enveloppe ; (cavité de) l'estomac, panse, fourreau (de **funka**)

kúba : tisser faire un tissu, filer, fig. broder, mentir

kúbu, **kúubu**,**kik.** : métier à tisser

ḤD, CDME, 181 : blanc, clair

bu-kādi, DKF, 63 : albinos ou personne au teint clair (des indigènes) ; bleu ou gris (yeux)

kédi, DKF, 226 : pouding, pain de manioc, manioc trempé qui est ôté de l'eau le jour même

kédi-kédi, DKF, 226 : luisant, étincelant ; un regard limpide

kēdi-kedi : filtré, tiré au clair

kèdima : luire, étinceler, scintiller, briller, rayonner, éblouir

kédimisa : éclairer, faire clair

kédinga : briller (lumière, feu)

kénde, DKF, 232 : sorte d'étoffe blanche ;
drap de lit, serviette, etc.

kendi : étoffe blanche

kōlotò, DKF, 307 : étoffe blanche (en général)

ngèedi, DKF, 686 : brillant, luisant

ngúna, DKF, 695 : blancheur (d'une étoffe) ;
toile, cretonne blache

HD, EG, 583 : masse

kódi, DKF, 300 : canne, gourdin, trique, bâton
noueux, masse, massue

HDi, PAPP, 97 et 98 : désobeir

kàla, DKF, 204 : nier, dénier, renier,
contredire ; éviter, esquiver, éluder, rejeter,
refuser

kòla, DKF, 305: être fort (se dit aussi du vin);
être dur, solide, serré: s'endurcir, coriace;
s'enraciner, adhérer à; être solidement fixé;
être résistant; être en bonne santé; fig. être
entêté, opiniâtre, difficile à convaincre, à
persuader ; persistant, constant, ferme (dans
ses pensées)

kòlama : désobéir, être désobéissant,
insoumis ; être rétif ; dédaigner, mépriser ;
désobéissance, insubordination

kōlokotò, DKF, 305 : dureté ; vieux palmier
dont on tire encore du vin ; vieux femme ou
vieil homme ; noix de palme vieille et sèche ;
na ~ : dur, épais, ferme

var. **HDi**, EG, 583 : endommager,
détruire

kada, DKF, 199 : broyer (nourriture)

kánnda, DKF, 211 : battre, frapper, abattre,
jeter bas, lancer, renverser à terre, parler avec
force, avec ardeur

kāndana, DKF, 212 : s'anéantir

kéda, DKF, 226 : frapper, battre à coups de
(bâton, hache, etc.), dépecer (un animal) ;
couper avec les dents, couper de l'herbe

(cheveux, etc.) ; rompre en deux, frapper qqch (avec un ciseau à froid), fermer en frappant, clouer, claquer la langue, circoncire

kēdo, DKF, 227 : coup (de bâton, hache, etc.) ; coupe, abatage (du bois) ; circoncision

kènda, DKF, 231 : abattre (un arbre) ; jeter à terre, renverser, décapiter, fendre (du bois) ; couper, tailler, amputer

kóda, DKF, 300 : battre, frapper, heurter, abattre (mettre par terre, jeter par terre) (à coups de hanche) ; frapper avec un morceau de bois, un maillet

kúda, DKF, 323 : frapper contre, heurter, donner des coups de corne de tête, (se) frapper (la tête), combattre, faire tête à, frapper avec le nœud (condyle), du doigt (p.ex. sur la tête)

kūdu, **na** ~, DKF, 324 : onomatopée pour frapper sur (avec les pieds, un bâton, etc.), bruit de coup de feu au loin, pour coup de tissage, etc.

HDn, EG, 583 : être contrarié ; **sHDn** :contrarier

hàdisa, DKF, 187 : tourmenter; incommoder

hàla : avoir de la douleur, être tourmenté

khadi, DKF, 200 : colère

kānndu, **na** ~, DKF, 213 : en colère

kándu-bíndu : dispute violente, dure

kédi, DKF, 226 : envie ; **diisu** ~ : regard envieux

kedi : sens cynique

kēdiba : se quereller, se disputer, se chamailler

kóda, DKF, 300 : exhorter, reprendre, mettre obstacle à, détourner la colère, empêcher (une bataille, une rixe)

khóodi : prisonnier

214

kódo : peine, travail sans récompense, en vain ; querelle et commérage dans le mariage

kōoduka, DKF, 301 : devenir fatigué, épuisé (de travail)

nkóle, DKF, 724 : prisonnier

kúdi, DKF, 323 : colère, violence, impétusité, mauvaise humeur

kúdu, na ~, DKF, 324 : inquiet, agité, fâché

Hdb, EG,583 : jeter par terre ; être prosterné ; det. faire une halte

bwā, DKF, 87 : tomber ; culbuter, choir à terre ; succomber ; tomber dans (une rivière) ; voler, s'asseoir, se pencher (oiseau) ; rendre visite, saluer en passant ; se calmer

dínga, DKF, 121 : rester ; s'arrêter (de l'eau, etc.)

kīdiba, DKF, 241 : jouer, s'amuser, faire du tapage, du vacarme, du bruit ; marcher, courir de long en large, de côté et d'autre, aller et venir ; sauter comme les chèvres ; être en train de, persévérer, tenir bon, ferme, faire que qqch dure longtemps

kīdibita : jouer, s'amuser, sauter, courir, grimper, ramper les uns après (sur) les autres ; bruit, vacarme, jeu

kōdika, DKF, 300 : poser à terre, jeter bas

HfAt, OEP, 399 : saluer

kúfi, DKF, 324 : battement des mains, salut

Hf (A) t, OEP, 415 : ver intestinal

kába, DKF, 198 : une larve ; chenille

HfAw, OEP, 415 : serpent

Hfd, CDME, 168 : grimper

yàfula, DKF, 1111 : marcher à quatre pattes

yàvula, DKF, 1121 : ramper (les enfants) ; marcher à quatre pattes, en rapant ; marcher comme un caméléon

Hfd, CDME, 168 : s'asseoir

hābalala, DKF, 187 : être assis négligemment, avec les jambes écartées (les femmes)

Hfn, CDME, 168 : 100 000 ; grande quantité

káva, DKF, 223 : qui est très grand (montagne, etc.)

kāvanga : grand, gros (homme)

kufu, DKF, 324 : qui est gros

kúva, DKF, 345 : grand couteau à couper l'herbe

HH, EBD, 6 : éternité

kookoyakooko, DKF, 303 : éternité ; **zinga ~** : durer toujours

kookoyakuna : (locatif) ; c. adv., éternellement, pour toujours, pour jamais, à tout jamais

HH, EG, 582 : un grand nombre, million ; **HHn**, beaucoup

kì, **kyà**, DKF, 236 : fig. au sens d'être ou de placer en ligne, en rang, en file

hēhele, DKF, 188 : forte faim, insatiable

kúha, DKF, 325 : croître librement, avec exubérance ; être gras

HHy, EG, 582 : chercher

HH, PAPP, 150 et 153 : rechercher

hèhe ou **héhehe**, DKF, 188 : ardeur à chercher qqch, emporté, commencement de folie

heka, **hèeka**, DKF, 189 : envoyer, remettre

hèeke : envoyer ; jeter une balle

heke, **heki** : après, ensuite, alors ; parfois

hèkila : marcher vivement

hònga, DKF, 191 : guetter, essayer d'avoir, attraper (animal, femme, etc.)

kí, **kyá**, DKF, 236 : fig. au sens d'être pris, saisi

nganga, DKF, 683 : prêtre idolâtre, aide du prêtre, médecin, diseur de bonne aventure ; homme instruit, un expert en, savant, habile (à faire des recherches), à découvrir, à inventer, à faire qqch

Ngànga : nom propre = prêtre

ngàngu, DKF, 684 : perspicacité, ruse, astuce, esprit, prévoyance ; prudence, intelligence ; mauvais tour imaginé, raison, habileté, sagesse, adresse, don, talent, finesse ; mensonge, hypocrisie ; rusé, dégourdi, génial, ingénieux, mauvais plaisant, habile, bien doué, expert, perspicace

vàava, DKF, 1053 : ramasser, récolter, cueillir (les arachides, etc.) ; fouiller, gratter la terre (p. ex. les poules) ; chercher, rechercher, être en quête de ; fureter, voir, regarder, glaner, désirer, vouloir avoir

vèeka, DKF, 1054 : envoyer ; faire partir ; dépêcher ; faire passer ; envoyer, porter à qqn ; lancer

véka, DKF, 1055 : être, aller, s'en aller ; s'en aller bien loin, trop, très loin ; s'écarter, passer à côté ; s'éloigner, dépasser ; passer devant ; avancer, pousser en avant, trop loin

HkA,PGED, 69 : ensorceler (recourir aux procédés magiques)

hàka, **~ manko**, DKF, 187 :persuader, obtenir par ruse, calomnier, médire

hàkala : injurier, mépriser, contredire

hàkala : réfléchir, songer à, considérer

hàkana,~manko : s'accorder en secret

hàkula : injurier

Hknw, CDME, 179 : louange ; remerciement

Hm, OEP, 401 : majesté

Hm, OEP, 401 : serviteur

Hm, EG, 581 : assurément, en effet

Hm, EG, 581 : poltron

miswa-kaka, DKF, 201 : formule de banganga

yeki-yeki, kiy., DKF, 1124: criant de joie

kamba, DKF, 208 : honneur, respect

ngáami, DKF, 683 : un chef

ngàmba, DKF, 682 : homme de peine, porteur, ouvrier, personne louée, salariée

nkúmbi, DKF, 733 : vice-roi, sous-chef, vassal, gouverneur, ambassadeur, représentant, satrape, préfet (dans la Bible)

mu-ngánnda, DKF, 610 : esclave

hángi, DKF, 188 : interj., oui, certainement ; adv. après

kàmba, DKF, 208: interj., pas ainsi! n'est-ce pas ainsi ? (comme cela) ! oui certainement ! souvent employé pour introduire une question

kamba,fikaye ~, DKF, 208 : sûreté, certitude, sécurité

kánsi, DKF, 217 : mais, toutefois, donc, cependant, ainsi, non seulement... mais ; pour dire ; d'ailleurs

kánti, DKF, 218 : mais

hamuka, DKF, 188 : tressailler, tressaillir

hūututù, kih., DKF, 193 : timidité ; bwa ~ : être interdit, effrayé ; perdre la parole

pámu, phamu ou na ~, DKF, 843 : surprise, tressaillement, sursaut de frayeur ; promptitude, agilité

HmAt, EG, 581 : sel

Hmi, EG, 581 : fuir, se retirer

Hms, CDME, 170 : s'asseoir, habiter, occuper (une place)

Hmt, PAPP, 67 et 69 : art

Hmt, EG, 581 : femme, épouse

pàmuka : bondir, sauter ; tressaillir, être effrayé ; fuir, s'enfuir (un oiseau) ; être surpris, avoir peur de

mùngwa, DKF, 612 : sel

Mungwa : nom propre = sel

mungwa : poisson salé

kúma, DKF, 331 : courir, suivre, poursuivre, courir après, pour chasser

hèmeke, DKF, 189 : aller à, l'écart de côté

hèmenge : aller

lēmo-lemo, DKF, 393 : qui saute, bondit ; fuyard

lēmuka : sauter, bondir, courir vite ; fuir

lēmu-lemu, kil. : manger vite ; faire qqch vite

nkēmuki, DKF, 716 : réserve, discrétion

hámbi, DKF, 185 : qui est assis et attend du vin de palme

káma, DKF, 207 : place, direction, sens, côté, aire de vent, zone

Kumfu, DKF, 33 : idole

kúmu, kúumu, DKF, 334 : charme (**inkisi**) ; talisman, amulette

kúmvi, DKF, 335 : apparence de fétiche, qui ressemble à un fétiche, fétiche inachevé, non employé, qui ne vaut rien

kàma, DKF, 207 : femme d'un chef, d'un gouverneur, reine ; maîtresse de maison ; femme (terme respectueux)

kúmbi : fille (pucelle)

nkàma ou **n'kàma**, DKF, 707 : épouse de première classe ; reine, titre honorifique

n'kémba, DKF, 715 : concubine, maîtresse

nkúmba, DKF, 733 : jeune fille

nkúmbi : beau-frère (généralement)

nkúmpa, DKF, 734 : jeune fille

Hmt, SH, 241 : utérus

ngènza, DKF, 687 : vagin ou clitoris

khāni, DKF, 216 : matrice, utérus

nkénza, DKF, 717 : vagin

nkóla, DKF, 723 : anus, vulve

Hmy, EBD, 104 : gouvernail

káma, DKF, 207 : place, direction, sens, côté, aire de vent, zone

Hn, EG, 581 : aller ; CDME, 171 : aller vite

hāngama, DKF, 188 : marcher avec les jambes écartées comme quand on a des abcès dans l'aine

hèngamana, DKF, 189 : être prompt, venir vite

kālangana, DKF, 205 : être seul, aller, demeurer, habiter seul, se voir (sentir) seul, solitaire, isolé ; rester où l'on veut ; être debout, avoir telle ou telle place

kànga, DKF, 213 : marcher lentement, arrêter ; persévérer

kāngala, DKF, 214 : marcher, cheminer, s'en aller, voyager (pour son plaisir, pour faire du commerce) ; se promener ; partir en voyage, faire un tour ; être en congé ; rôder, errer, vagabonder, flâner ; se traîner

kāngalakana: aller seul

kangelelo, DKF, 215 : promenade bordée d'arbres

lénga, lénnga, DKF, 395 : se hâter ; être leste ; être ardent à faire qqch ; s'acharner (au travail, etc.) ; attaquer vite (comme un animal carnassier)

lénga : hâte

ndénga, sa ~, DKF, 667 : se dépêcher

Hn, OEP, 401 : pourvoir, équiper, gouverner

kàna, DKF, 211 : décider, juger, régler, déterminer

kànama : décider qqch fermement

Hn, EG, 581 : un récipient donné à un temple

ki-ngòdi, DKF, 268 : petite calebasse

Hn, CDME, 171 : encombrer, faire obstruction

hāngala, DKF, 188 : s'insurger contre qqn en désobéissance

hūndila, DKF, 192 : repoussant de soi, abandonnant

hūndula : ne plus vouloir ; dégoûter ; mépriser

Hna, rare var. Hn, DKF, 581 : prép. avec ; conj. et

ia, DKF, 194 : et, avec

nà, DKF, 654 : conj. et prép., correspondant à ye ou ya, et, avec, etc.

yà, DKF, 1109 : prép., conj. avec, chez ; et, ainsi, que tous les deux

yè, DKF, 1122 : avec, et

yì, DKF, 1130 : et

HnHn, EG, 581 : (être) arrêté ; CDME, 172 : empêcher, retenir

kànga, DKF, 213 : lier, relier (un livre) ; nouer, serrer, attacher, bander, conclure, lacer, sangler, ficeler, fermer (au moyen d'un lien), durcir, coaguler, se figer, geler, emprisonner, charger des liens ; marcher lentement, arrêter ; persévérer

kánga, DKF, 214 : grappe, bouquet (de fruits) ; « main » (de bananes) ; demeure, volée (de termites)

kanga : déliver, libérer, sauver

kánga-kánga : en grappe, en bouquet (fruit)

Kánga-kánga : nom d'un blanc

HnHnt, CDME, 173 : grossissement

kánka, DKF, 216 : qualité, grand nombre de, tas, monceau, masse, mèche (de cheveux) ; broussailles, hallier, touffe, fourré, jungle, haie

Hnk, PAPP, 112 et 114 : se montrer

hōngo-hongo, DKF, 191 : sortir de (un trou, etc.)

yéna,DKF, 1127 : voir, découvrir

yēnakana : être visible

Hnk, EG, 582 : présenter, offrir

hōnuna, DKF, 211 : mettre dedans

hinga, DKF, 190 : qui est consacré à **Lemba**

kānkatana, DKF, 217, être parcimonieux, avare ; ne pas vouloir partager avec soi (quand on mange) ; avarice

Hnkt, OEP, 407 : chambre à coucher

hènga, **dibwa di ~**, DKF, 189 : couche (de repos) pendant le voyage

hóngo, DKF, 191 : à l'écart, secrète (place) ; cachette (de poisson) ; branche, anse d'un petit ruisseau (à côté de) ; petite pièce d'eau, mare

hòngodi, **hòngudi**, **kih.** : grande excavation, grotte dans une montagne

Hnmnm, CDME, 172 : ramper, glisser

hēmene, DKF, 189 : être silencieux, calme, tranquille, cesser (de faire du bruit)

ngúngu, **na ~**, DKF, 695 : équilibré, ferme, violent, hâtif

Hnn, PSM, 35 : pénis

kélo, DKF, 230 : circoncision

n'kíla, DKF, 719 : queue (des écureuils, oiseaux, etc.) ; touffe, aigrette ; DKKF, 445 : allusion obscène au pénis

Nkíla, DKF, 719 : nom propre

yónga, DKF, 1141 : se marier ; s'accoupler ; forniquer (de l'homme)

Hnn, EG, 581 : houe

kánga, DKF, 214 : houe, pelle à nourriture (**múuku**) ou manche de hache attaché avec la corde de portage enroulée autour du corps

kanga : houe, pioche

Hnqt, CDME, 173 : bière

konga, DKF, 312 : petite dame-jeanne

Hnr, OEP, 380 : loucher, regarder à travers

genga, DKFFK, 44 : dévier

gengalala : être oblique, de travers ; **meso magengalala** : yeux louches

hèngele, DKF, 189 : écarter pour voir

Hns, CDME, 173 : étroit

kánsa ou **kānsa-kansa**, DKF, 217 : être très maigre, s'étoiler, dépérir ; verdir

kānsansa, **na ~** : maigre

kānsi-kansi, **na ~** : très maigre

kānzakana, DKF, 218 : être maigre, efflanqué; marcher en se dandinant, en chancelant comme une personne maigre et faible

223

kānzakani, na ~ : maigre, épuisé

kenza, DKF, 233 : passer, filtrer, tamiser, écumer (ôter l'écume) ; être bavard, indiscret, ne pas pouvoir se taire

Hnsk, CDME, 173 : lier

khanza, DKF, 218 : petite corde dans laquelle la calebasse pend quand on tire le vin de palme

Hnskt, EG, 581 : mèches de cheveux

lu-súki, DKF, 450 : un seul cheveu

Hnt, EBD, 171: femme

kànda, DKKF, 117 : matrilignage, clan, souche

kēnto, DKF, 233 : féminité, féminin

khēeto, DKF, 235 : femelle

mu-kyeto, DKF, 602 : femme

ngánda, DKF, 683 : polygame, femme d'un polygame

n'kēnto, DKF, 717 : épouse, femme, femelle ; personne du sexe féminin

nkēnto (nkh) : femelle (des animaux)

Hnt, EG, 581 : lac marécageux

n'kanda-n'kanda, DKF, 709 : surface de l'eau

Hnt, CDME, 171 : coupe

kóndi, DKF, 311 : bassin ; sorte de truble

Hnt, CDME, 171 : espace de temps, temps de vie

hunda, DKF, 192 : un vieux, le plus âgé de la famille

Hnty, EG, 581 : période, fin

hàngana, DKF, 188 : être séparés

húnngu, DKF, 193 : les deux côtés de l'estomac

Hnty, CDME, 174 : les deux côtés ou les bouts, 1) d'espace, 2) de temps

Hnty, OEP, 392 : gourmand, cupide

hènde, DKF, 189 : lécher

vènda, DKF, 1058 : se lécher les lèvres, se pourlécher ; se vendre vite, une vente qui marche bien

Hnty, CDME, 173 : chef, commandant (étranger)

nkento, DKF, 717 : convention, accord ; **tedika ~** : convenir de ; arranger

nkóndi, DKF, 726 : alliance, accord, confirmation, convention ; **dia ~** :former une alliance, une association fraternelle ; confirmer, établir par serment

Hnwt, CDME, 172 : maîtresse, madame

kànda, DKKF, 117 : matrilignage, clan, souche

kēnto, DKF, 233 : féminité, féminin

khēeto, DKF, 235 : femelle

mu-kyeto, DKF, 602 : femme

ngánda, DKF, 683 : polygame, femme d'un polygame

ngúdi, DKF, 693 : mère, dame, tante, femme âgé ; parente du côté de la mère ; âge, autorité (syn. **Mbuta**) ; la plus longue tringle de l'instrument **diti** ; clan, famille ; arrière-faix. C. adj., féminin, maternel

n'kēnto, DKF, 717 : épouse, femme, femelle ; personne du sexe féminin

nkēnto (nkh) : femelle (des animaux)

Hnwt, OEP, 398 : corne

kóna, DKF, 310 : plier, ployer, ensemble

kōnanana, DKF, 311 : se replier, être courbé

Hnyt, EGEA, 242 : lance

Hp, EG, 581 : le taureau Apis

PUARP, 69 : la vache fut une unité monétaire en Egypte

Hpd, CDME, 168 : ouvrir (la bouche)

Hpt, OEP, 392 : embrasser

ngolokoso, DKF, 690 : grande dent saillante

mbóngo, DKF, 536 : étoffe de **mpusu** (raphia) ; biens en général ; propriété, argent, trésor, vêtements, richesse, ce qui est propre ; riche, avoir de quoi vivre, avoir de la fortune

ngòmbe, DKF, 690 : bœuf, vache, bétail

ngòmbo, DKF, 691 : bœuf

ngòmbo : l'art du devin ; ensorcellement ou sortilège au moyen duquel **nganga** cherche à gagner pour découvrir le **ndoki**

kòbula, DKF, 299 : faire un trou, fouler (le sol de façon à faire un trou) ; faire glisser, tomber, jeter (dans un trou)

yābala, DKF, 1110 : être évasé, ouvert (bouche, ouverture, etc.)

yābama : recouvrir de qqch ; être recouvert ; être au-dessus (un couvercle) ; s'envelopper (d'une couverture) ; jeter un morceau d'étoffe, un manteau par-dessus les épaules

ngàmbwila, DKF, 683 : étendue du ciel, de l'atmosphère, de l'air, du firmament, des cieux

yàmba, DKKF, 739 : bavarder, causer, attraper (la balle), accompagner en causant ou en chantant, recevoir ou accueillir un bonjour ou un compliment ; acclamer, féliciter, accueillir, célébrer

yàmmba, DKF, 1114 : s'étendre

yàmbidila : se réconcilier

yèba, DKF, 1122 : être large ; s'étendre

yèbuka : briser et tomber (p. ex. un morceau d'une bordure, d'un cardre) ; se casser ; être écrasé, brisé (une noix) ; être ouvert (un

226

piège) ; être découvert (une plaie) ; être dépouillé (une brûlure)

yoba, DKF, 1138 : ceinture (d'étoffe)

yòobama : s'attacher, s'accrocher (à un crochet, à une épine)

yòbana : fraterniser

yobi : pied de marmite ; couvercle ; couvre-plat

yòbika : entrelacer

yòbika : serrer la main ; mettre autour, etc.

Hpt, PAPP, 112 et 114 : parcourir

Hpwty, CDME, 168 : coureur

γáapa, DKF, 185 : homme diligent

hebele, DKF, 188 : être ardent à, zélé à

kāpitau, DKF, 219 : homme de cour (de **Ntotila**) ; celui qui est envoyé pour exécuter des affaires de **Ntotila**

kìba, DKF, 237 : se remuer, s'agiter, vivre, avoir de la vie, tourner autour, aller saluer ; marcher, cheminer, errer, se promener, vagabonder ; aller avec fierté

nkábu, mu~, DKF, 704 : à la hâte, rapidement

Hq(A) t, EG, 583 : sceptre

n'káwa, DKF, 713 : bâton, canne de rotin, bâton de palmier rotang, liane rotang (**Calamus Laurentii**)

nkáwu : gardien, police

Hqr, OEP, 392 : homme affamé

hēhele, DKF, 188 : forte faim, insatiable

kānkala, DKF, 216 : manger, remplir l'estomac

Hqt, CDME, 178 : la déesse-crapeau

húku, DKF, 192 : grenouille (en général)

hūkulù mbiti, kih. : espèce de grenouille

227

Hr, EG, 582 : être loin, **Hr.ti**, **Hr.tiwny r** : garder loin de, éviter

Hr, EG, 582 : le dieu-faucon Horus ; LPAE, 363-375 : « Horus fut choisi par les dieux comme roi d'Egypte à la suite d'une dispute qu'il l'opposa à Seth au sujet de la succession sur le trône d'Osiris » ; DSDE, 88 : « Ses centres de culte les plus importants étaient Edfu, où il était vénéré sous l'aspect du disque ailé, Kom Ombo, où comme fils de Ra était dit Haroeri, et Héliopolis où avec le nom de Ra-Harakhte il était vénéré comme le dieu solaire du matin »

kēnkumuka, DKF, 233 : coasser

hēleme, DKF, 189 : laisser, laisser après soi, ne pas toucher, se tenir tranquille, ne pas faire de bruit

hélo : v. nég. manquer de, n'avoir pas ; de peur que ; échapper, éviter

kàla, DKF, 204 : temps, temps passé ; déjà ; depuis longtemps

n'kùlu, DKF, 731 : vieille cruche pour aller chercher de l'eau ; cruchon de grès des Européens autrefois

n'kùlu, DKF, 732 : temps, un instant

n'kúlu : ancêtre, aïeul ; personne très âgée qui a connu les âges passés ; patriarche ; pl. les vieux ancêtres ; vieux, antique, temps ancien, autrefois, jadis, primitif, ordinaire, régulier, général

nkùlu : corps mort, cadavre ; vieux troc d'arbre dressé

n'kūulutù : personne plus âgée, frère aînée ; adulte

n'kūruntù, **n'kūrutù**, DKF, 736 : frère aîné

vúnda, DKF, 1081 : frère, aîné, adulte, une personne avancée en âge en général, **ba ~** : les aînés les plus âgés, les vieux, les anciens, ceux qui sont dignes de respect

ké, DKF, 225 : fig. au sens de luire, briller

kèlama, DKF, 229 : briller

khèela : le soleil

228

Hr, EG, 582 : face, vue

Hr, EG, 582 : sur, dans, à, de (à partir de), de la part de, à travers, et, ayant sur, parce que

kēlele, na ~, DKF, 230 : bien regarder qqch avec des yeux pétillants

kádi, DKF, 200 : parce que, puisque, car ; toutefois, mais pourtant ; ainsi, donc

kú, DKF, 321 : de, d'entre, d'avec, vers, à, où, là, de ce côté, par ici, d'ici ; où, où que, là où, par où

kùla, DKF, 327 : tirer, conduire dehors, renvoyer, chasser, pourchasser, exiler ; mettre à la porte, repousser, congédier ; faire sortir ; exclure, expulser, vannis, excommunier

kūula: racheter, payer une dette ; délivrer, affranchir, libérer (à prix d'argent) ; exonérer, payer la rançon (d'un prisonnier, d'un esclave) ; payer cher (n'importe quel prix, si élevé qu'il soit) ; récompenser ; tomber (les feuilles)

kúri, DKF, 341 : pron. interr., où ?

kuri : pron. dém., ici ; prép. adv., à, vers, pour

kúru : de ce côté-ci

kúru : prép., à, vers, pour

vā, DKF, 1043 : là-dessus, y, en, par-dessus, au-dessus de, ici, ci-dessus ; il y a

Hr, CDME, 176: terrible ; terrifier

Hryt, OEP, 392 : peur, frayeur

bu-nkùta, DKF, 80 : peur, frayeur, inquiétude, agitation, lâcheté, pusillanimité, timidité, couardise, poltronnerie

kùnda, DKF, 336 : vengeance

ngányi, DKF, 685 : aigre

ngànzi : peine, mal ; irritation, colère, éloignement, répugnance, obstination ; souffrance, douleur, sensibilité physique, force, fâché, douloureux, dur (de cœur)

ngánzi : sensation de qqch d'horrible qui fait frémir ; acidité

ngatuka : acidité

ngíta, DKF, 689 : bataille, guerre, révolte, soulèvement, émeute

ngòlo, DKF, 690 : violence, force, énergie, puissance, vigueur, résistance, dureté, fermeté, santé ; fort, puissant, vigoureux, ferme, vilent, sain

ngùdu, na ~, DKF, 694 : en colère

Hr, CDME, 175 : une corde (« aboard ship »)

kúnda, DKF, plante grimpante avec de grandes cosses qui sont employées comme grelots.

ngéle-ngenze, DKF, 686 : une plante grimpante

ngididi, DKF, 688 : plante grimpante (liane) (**Hybophrynium Braunianum**)

ngódi, DKF, lien en cercle fait d'un rôtin grimpant (mbamba) pour grimper sur les palmiers ; lien de rotin

n'kìti, DKF, 721 : bretelles, ceinture, moitié de gilet ; cordon, ruban, ceinture sous l'étoffe des hanches ; grand fillet

n'kőle, DKF, 723: courroie ou bretelle au moyen de laquelle on porte sur le dos la corbeille **mpidi** ; épaulière du sac **nkutu** ; bretelle

Hr, CDME, 176 : préparer, rendre prêt ; être prêt

kèela, DKF, 229 : attendre, veiller sur, avoir l'œil sur ; épier, guetter ; garder ; faire attention à ; être prêt à tirer, à viser (animal) ; être insidieux, rusé

kéla : attention, précaution, avertissement, exhortation

n'kélo, DKF, 715 : attention, subtilité

Hrf, CDME, 176 : sorte de pain

kela, DKF, 229 : cassave (manioc) épluché et séché au soleil, employé pour la fabrication de **mbamvu** (bière)

kūlula, DKF, 330 : petite boule, bouchée, du manioc **luku**

lùku, DKF, 424 : farine de manioc avec lequel on fait le gâteau, les poudings ; pain de manioc tamisé

Hrrt, EG, 582 : fleur

n'kulu-n'kulu, DKF, 732 : tige, queue de la fueille de papyrus, de papaye, etc.

túntu, DKF, 1000 : bouton ; bouton de fleur, floraison

Hrt, EG, 582 : « upland tomb »

kúnda, DKF, 335 : monter, émerger

kúnda, DKF, 336 : hauteur, colline

ngùdi, DKF, 694 : motte de terre

n'kàla,(**nkala**), DKF, 706 : massif de jardin plate-bande, bandes de terre, ados sillon, tertre, tombe, tertre de tombe, tombeau sépulcre, ovale, elliptique

Hrtt, CDME, 176 : « lump of lapis lazuli »

khàla ou **khàala**, DKF, 204: couleur

nkàala: couleur en general, teinture

Hrty, CDME, 176 : voyager par terre

káala-káala, DKF, 205 : vite, rapidement

Hrw, CDME, 175 : partie supérieure, sommet

kóola, DKF, 305 : coquille ; derrière, fessier

nkúla, **ku ~**, DKF, 731 : à la tête, devant, en tête ; par devant, à la partie naturelle ou honteuse

Hs, EG, 582 : retourner, rentrer dans la direction de la maison

kàala, DKF, 204 : revenir, retourner, s'en retourner ; ~ **kikaala** : se venger, rendre

kàala, ki. :vengeance

kàala : déplacer, changer, tourner ; transporter, altérer, déguiser, détourner ; remuer (dans une marmite) ; ~ **mbuka** : changer de place ; ~ **fa mbusa** : se pencher en arrière

kàlaka, DKF, 205 : se tourner

kàaluka, DKF, 206 : se changer, varier ; se raviver ; tourner, se retourner, se déplacer ; émigrer

kòso, DKF, 317 : entrer

kùnda, DKF, 335 : aller, se rendre à la maison, se sentir chez soi, s'habituer à ; être, se trouver bien, se plaire quelque part ; habiter, demeurer, faire un séjour ; devenir vieux, vieillir

Hs, CDME, 177 : excréments

n'kùsi, DKF, 736 : rot, renvoi, pet (de l'estomac) ; **neena (ta)** ~ : lâcher des vents, des pets

Hs, CDME, 177 : faire froid

ky-òsi, DKF, 372 : froidure

ky-òzi, DKF, 373 : froid, froidure ; fraîcheur ; courant d'air, gelée, frisson, rhume ; froid, gelé, glacé

Hsb, EG, 582 : compter, calculer; **tp-Hsb**, calcul exact, bon ordre; **x Hsb** (hiératique); aroure; 196, 264 : « In place of hieratic, hieratic employs **x**, which was originally read **Hsb** 'fraction' (par excellence) »

kási, DKF, 220: fraction d'un nombre

kòsi, DKF, 317 : nom de nombre ; un, unité ; en premier lieu, premièrement, d'abord

n'kási, DKF, 712 : quelques-uns

n'kázi : quelques-uns, d'autres, plusieurs, chiffre indéterminé qu'on emploie avec des dizaines complètes, des centaines pour

indiquer un chiffre indéterminé qui dépasse ;
nkama ye ~ : cent et quelques

nkazi : qualité de donner beaucoup de vin de palme

Hsb, CDME, 178 : sorte de pain

kàsa (àa), DKF, 219 : manger, mâcher

kàaza, DKF, 224 : manger du maïs; mâcher, manger (injurieux, p. ex. **~ mataku**)

kùnza, DKF, 340 : manger, manger tout ; mâcher lentement, se dit le plus souvent de ce qui est vert, frais ou de qqch de dur ; fig. médire de, calomnier, rapporter, dire qqch de qqn

Hsi, OEP, 401 : faveur, prière

hása, DKF, 188 : vanterie

Hsi, EG, 582 : louer, favoriser

ma-hása, DKF, 478 : vanterie, fanfaronnade

ma-sīika, DKF, 504 : bonne réputation, éloge, estime, louange

sīika, DKF, 896 : louer, vanter, faire l'éloge de, célébrer, bénir, porter aux nues

Hsi, EG, 582 : chanter

nkòsi, **~ toko**, DKF, 728 : qqn qui chante bien, qui danse bien

nkòsi-nkòsi : mesure, mélodie d'un chant, chanson

síka ou sīika, DKF, 895 : exécuter qqch à l'aide de qqch, produire un bruit, un son ; jouer (un instrument) souffler, tirer, sonner, etc., dire à mander, annoncer à, rappeler qqch à qqn ; faire souvenir de

Hsmn, EG, 582 : bronze

ngìtulu, DKF, 689 : qui fond (du métal) ; qui fait rejaillir (de l'eau)

yīitila, DKF, 1137 : fondre (métal)

Hsmn, CDME, 178 : menstruations

n'kusu, DKF, 736 : hémorroïdes

Hsmn, CDME, 178 : une sorte de nourriture

kàsa (**àa**), DKF, 219: manger, mâcher

kàaza, DKF, 224: manger du maïs; mâcher, manger (injurieux, p. ex. ~ **mataku**)

kùnza, DKF, 340 : manger, manger tout ; mâcher lentement, se dit le plus souvent de ce qui est vert, frais ou de qqch de dur ; fig. médirc dc, calomnier, rapporter, dire qqch de qqn

Hsq, EG, 582 : couper

Hsq, EBD, 110 : moissonner

hàsa(-**aa**), DKF, 188 : découper et distribuer, partager, couper, arracher avec les dents (une chose dure p.ex. du manioc)

hàza : découper et distribuer

ká, **khá**, **na ~**, DKF, 197 : onomatopée, crac ; bruit que fait un coup de hache, un coup de bâton, un coup de dents (d'un chien, etc.)

káka : couper, trancher, frapper, fondre sur (à coups de hache) ; fendre en deux, blesser, asséner un coup à qqn

Hsw, CDME, 177 : formules de protection contre l'eau

Hèeso, DKF, 190 : nom de cours d'eau = être compté pour rien (mot injurieux)

n'kùsi, **n'kùsya**, DKF, 736 : pêcheur

Hsyt, OEP, 406 : concubines

nkàsi, DKF, 712 : frère aîné ; frère (de la sœur)

n'káza, DKF, 714 : épouse, femme

nkàzi : frère (ne se dit que par les sœurs) ; titre honorifique donné à qqn quand on lui adresse la parole ou en parlant de lui ; pour un homme riche, notable

HtA, CDME, 179 : usé

Ht-Hr, EG, 494 : (la déesse) Hathor

DÆ, 170-171 : « Déesse de la joie et de l'amour » ; « Hathor a un double aspect : sauvage et destructeur sous la forme de la lionne ; apaisant et joyeux sous la forme de la vache »

Hty, EBD, 154 : bouche

Htm, EG, 583 : périr, mourir, se détériorer

Htp, CDME, 179 : être content, être bon, pardonner, être en paix, être paisible, devenir calme, se reposer (soleil) ; satisfaire, rendre content, pacifier, occuper (un trône) ; reposer (dans une tombe) ; assumer une titulature

n'kázi : épouse, femme ; mariée, fiancée, prêtresse de certains fétiches

Nkùsu, DKF, 736 : nom de femme

hòto, DKF, se fatiguer ; se reposer ; reprendre haleine

hototo, na ~ : faible, languissant (comme une personne qui a la maladie du sommeil), triste, découragée

kéta, DKF, 234 : haïr, détester

kéto, DKF, 235 : envie, convoitise

n'ngádi ou ngádi, fyeta ~, DKF, 682 : serrer la gorge

kìtima, DKF, 293 : s'enflamer, flamber ; être tout en flamme ; brûler en crépitant ; tomber dans la crainte, la frayeur, la terreur, la consternation, le trouble ; être terrifié ; mugir, gronder, bruire (tempête)

kìtima : attaquer

nkìti-nkìti, DKF, 721 : qui remue (de la poussière, de la terre et les jette dans toutes les directions)

ngémba, DKF, 686 : caractère facile, qui facilité l'amitié, les relations, les manifestations, les sentiments affectueux ; paix, amour, amitié, amabilité

n'kámba, DKF, 707 : tranquillité, calme qu'on ne peut troubler, paix, beau temps (de jour ou de nuit)

nkènda, DKF, 716 : charité, sympatie, pitié, compation, souci (des autres) ; douleur, chagrin, grâce, pardon ; bienveillance, faveur, ambition (pour le bien) ; qui est compatissant, charitable, sympatique, soucieux de

nkénda : interj., pauvre créature !

nkéte, DKF, 718 : personne bienfaisante, honnête, douce, bonne, propre, complaisante, compatissante, généreuse

Htr, CDME, 181 : 1. lier ensemble ; 2. être contracté

kùta, DKF, 342 : lier, serrer fortement

kūtalala, DKF, 343 : se contracter, se rétrécir (peau) ; se retirer

kùtila : nain, pers. qui grandit lentement.

kūtula, DKF, 344 : délier, détacher, dénouer, dissoudre, résoudre ; ouvrir, défaire (un nœud, etc.)

kūtumuna : détacher, délier, étendre, déployer ; ouvrir (un sac) ; laisser aller, lever, défroncer (les sourcils) ; délivrer, libérer, dégager (qqn avec violence, avec force) ; emporter, prendre ; ôter, enlever (par force, p. ex. à la suite d'une lutte) ; voler, saisir qqn

kútwa, DKF, 345 : se gêner soi-même ; être empêché, gêné ; se présenter, paraître, sembler ; voir ses projets tomber à l'eau, échouer ; avoir du être, mais n'être pas

kutwa : s'échapper, s'envoler, s'enfuir

Htr, EG, 583 : taxer, évaluer, taxe

kìta, DKF, 292 : trafiquer, acheter, négocier, faire le commerce, faire acquisition de ; marchander

kìta : se marier sous réserve que pendant un certain temps on donnera des biens (**longo**) ; acheter en mariage ; ~ **longo** : avoir payé tous les biens

ki-twīdi, DKF, 295 : salaire d'élevage ; qui garde, éleve des animaux pour paiement

nkìta, DKF, 721 : un prix très élevé

twēdisa, DKF, 1006 : élever des animaux

twēla : pasteur, berger

twēlela, **~ mbizi** : réservoir d'animaux, de poissons, garenne, vivier

twēlezi : salaire de celui qui conduit, qui garde les animaux (chèvres, poules)

twīdi, DKF, 1007 : troupeau (de moutons, de poules, etc.) ; bêtes à cornes, bêtes domestiques, bétail qu'on garde, qu'on élève pour qqn ; **ki ~** : gardien de bétail, qui élève des animaux pour payement

twīdila : élever pour

twīla : faire l'élevage, nourrir et soigner ou garder pour qqn (des poules, des porcs, etc.) et recevoir un animal à chaque portée

twīla, **kit.** : animal donné en payement pour l'élevage des animaux d'un autre

Hw, EG, 580 : Hu, divinité personnifiant les Paroles autoritaires

Hw, CDME, 164 : ordonance royale

Hww : proclamer

hwà-hwà, DKF, 193 : onomatopée pour le bruissement du vent dans l'herbe

hwá-hwá : dit dans le délire de celui qui fume le chanvre ; indique le rire

kōkoma, **kokomesa**, DKF, 304 : bégayer

kúkú, DKF, 326 : fig. au sens de bégayer, etc.

kūkuma : bégayer, bredouiller, balbutier, rendre des sons hésitants

kūkuma : bègue

kwāya, DKF, 354 : crier de terreur

ky-ùvu, DKF, 374 : question, demande, interrogation

ngóγo, **ngōγolo**, DKF, 690 : expression, langage, discours

ngówa, DKF, 693 : propos, langage

ngunza, DKF, 696 : qqn qui parle au nom d'un chef ; héros, prophète

nkāwa, DKF, 713 : appel (au chien) la chasse) ; avertissement, signal ; cris d'alarme ; **ta ~** : appeler

vóva, DKF, 1077 : parler, exprimer, expliquer ; dire, résonner ; montrer, manifester ; produire un son ; exposer son avis, sa pensée ; (se dit aussi des animaux) ; siffler, chanter, gargouiller (oiseaux) ; crier, glapir, hurler (animaux) ; partir (un fusil)

yūula, DKF, 1145: demander (pour savoir); interroger, desirer, convoiter; supplier, conjurer, prier

yúvu, DKF, 1148 : discussion, dispute

yūvula : demander, questioner, s'informer, sonder (par des questions); faire des recherché, faire une enquête, prier, exiger, demander (la permission); ennuyer, inquéter (par des questions)

Hw, CDME, 164 : nourriture

kúku, DKF, 326 : viande séchée

kwànga, DKF, 351 : racine de manioc

kwànga : pain de manioc ; pain

lùku, DKF, 424 : farine de manioc avec laquelle on fait les gâteaux, les poudings ; pain de manioc tamisé

ngùnzu, DKF, 696 : morceau blanc et dur de manioc

nguti: sorte de cassava

nkàwa, DKF, 713 : manioc ; cassave cuit

nkūkudu, DKF, 731 : sorte de pomme de terre

HwA, EG, 580 : pourrir, se décomposer ; CDME, 166 : fou, offensif

bőboko, DKF, 48 : écume, rebut, sédiment, etc. dans le vin, etc.

būkungù, DKF, 66 : état de saleté, couvert de boue, de cendre

kúbi, DKF, 322 : teigne ; mauvaise odeur

kūbilà : petites fournis noires et purulentes ; grandes guêpes (mangungu)

kūbuka, DKF, 323 : avoir envie de (d'une femme enceinte)

kùku, kik., DKF, 326 : teint sale, saleté du corps ; couleur de suie, apparence débile, faible, mine décrépite ; pers. ayant une telle mine ; abcès dans le creux de l'aisselle ; **na ~** : noir, sale, impur, boueux, souillé

kúkubi, kúkudu, na ~ : (teint sale), foncé (**nsafu**) ; sale

kūvala, na ~, DKF, 345 : qui est sale

kúvu : mauvais odeur ; odeur de cadavre, cadavérique ou de moisi ; dégoût, répugnance, aversion ; saveur de l'eau du poisson

n'kúbi, DKF, 729 : odeur forte dans la forêt, produite par plusieurs arbres en fleurs, odeur de l'animal **nzobo**, d'une chienne ou une truie qui a mis bas, mauvaise odeur de corps puanteur

n'kúbu : hémorragie, menstruation et de longue durée, règles

n'kúvu, DKF, 737 : odeur d'urine

vùuvuta, DKF, 1034 : être, devenir mou, doux, souple par la cuisson ; être ramolli, se détacher, pourrir ; devenir vieux, pourri, sentir mauvais

yúla, DKF, 1145 : fou, folie

Hwa, EG, 580 : (être) court

būuka, DKF, 63 : partager, distribuer

239

búku, DKF, 65 : morceau ; fragment ; partie

bukudi : qui est court (et large)

būkuna, DKF, 66 : couper, casser en deux, en morceaux ; briser

kūfuma, DKF, 324 : être court, petit, être contracté, être bref, être résumé, être ratatiné, rétréci, raccourci, diminué, se contracter, etc ; être noué, fermé (de la main)

kúfa : être court

kúfi : brièveté, courté, distance ; **ki ~** : pouce, court, trop court, proche, tout proche, peu profond, bas ; près, trop près, autour, dans le voisinage de, à proximité de

kúfi,~ kyambeele :petit bout de couteau ; pers. obèse et courte

khufi : qui est court

kūfika : rendre court, raccourcir, rétrécir, abréger, diminuer, nouer, fermer (la main)

kuku, DKF, 326 : petite pioche, houe, binette

lu-kufi, DKF, 425 : proximité, brièveté, près, court ; **~ ye** :près, tout près de, à proximité de, trop près, trop court, très près

nkúfi, DKF, 730 : brièveté, ce qui est court, court de taille ; court, bas, presque trop court ; **va ~** : (ce qu'on a) sous la main, près de

nkūfukulu : abrégé ; gr. élision

vúwa, DKF, 1034 : petits poissons

Hwi, OEP, 395 : débordement (du Nil)

kūkuba, DKF, 326 : boire, boire tout au nez, à la barbe de qqn (injure)

kūkula : couler lentement ; ruisseler

Hwi, OEP, 389 : frapper, vaincre

kúba, DKF, 321 : heurter (contre), donner des coups (de cornes) khúba: coup, coup blanc, manque

kúbu, DKF, 323 : coup de la main ; soufflet ; giffle

kúuku, DKF, 326 : coup sourd dans les mains ; pluie averse

kwà, DKF, 346 : force, vigueur, pouvoir

ngòvo, DKF, 693 : un **nkisi** (pour la chasse) ; ~ **mpungu** : un **nkisi** ; force énorme et de là le nom d'un petit arbre et d'un certain champignon qui sont tabou

ngūuvu, DKF, 696 : force, vigueur

ngūvulu : énergie, force, endurance, grand mangeur, glouton, bâfreur ; grandeur

ngwìi, ngwí, na ~, DKF, 698 : ferme, fort, sain, équilibré, enraciné, fondé, sûr, capable de résiter ; obstiné, qui a du varavtère, de l'énergie, force qui s'impose (de la loi) ; inéluctable

nkúba, DKF, 729 : coup formidable, dont on peut mourir, raclée, coup de malheur, calamité

Hwn, EG, 580 : (être) jeune, jeunesse, Hwnt : jeune fille

kúna, DKF, 335 : semer, ensemencer, planter, enfoncer dans la terre, enfuir

kūuna : plant d'arachides ; arachides ressemées

mu-ngu, DKF, 612 : personne

n'kúna, DKF, 734 : bête de race, ancêtres, bête pour l'élevage, famille, descendant, espèce, variété de plantes, descendant, semence (même pour plusieurs générations) ; postérité, étincelle ou feu de la poudre

nkúna : qui plante, sème ; plante de pomme de terre, manioc, bouture, jeune plante

Hwrw, PAPP, 97 et 98 : humble ; CDME, 166 : pauvre, pauvre homme; personne ignoble bu–wèle, bu-wèlo,DKF, 86 : pauvreté, mauvaises affaires, insuffisance, indegence, dénué, de tout

bwèle, DKF, 91 : pauvreté

húlu kyangana, DKF, 192 : jocrisse, qui ne peut pas profiter de ses intérêts, nigaud

mpùtu, DKF, 590 : pauvreté, pers. pauvre ; qui est pauvre, indigent

Hwt, OEP, 407 : temple, chapelle funéraire, chapelle tombale

γéta, γéte, γéti, DKF, 186 : véranda, avant-toit devant une maison, appentis, l'abris de

hātu, kih., DKF, 188 : place où on reste longtemps ; demeure ; maison

kana, DKF, 211 : faîtage d'une maison, pignon

ngànda, DKF, 683 : maison désertée d'un mort ; maison de deuil

ngánda : place ouverte et néttoyée dans un village ; la place publique ; cour ; extérieur ; palais (du roi)

ngánda : ville, village avec beaucoup de gens

Ngánda : nom de famille, de clan

Ngánda a Kongo : nom de San Salvador qui est la capitale de ce pays

Hwtf,EG, 580 : voler, piller

kwáta, DKF, 353 : dérober lestement

kwātakana, DKF, 354 : pouvoir être enlevé, dérobé

kwātuna : dérober

Hwyt, CDME, 165 : pluie

hyòngula, DKF, 193 : cheminer, nager sous l'eau çà et là comme les poissons

yula, DKF, 1145 : suer, transpirer

𓀀𓃂𓇌𓇌𓏤𓈖 **Hwyt**, PAPP, 189 et 190 : familier

yùka, DKF, 1144 : être habitué à

yùku, na ~ : habitué, coutumier

yùkwa, DKF, 1145 : avoir l'habitude de ; être exercé à, accoutumé à ; s'habituer, supporter (le climat) ; d'où dérivent : être patient, tolérant, supporter, tolérer ; de là : **mayùkwa**

𓉐**h**

𓉐 **h**, EG, 579 : chambre ?

𓉐**h**, CDME, 156 : cour ?

hākatà, DKF, 187 : grandeur

hākila : être large, spacieux (se dit d'une calebasse dedans)

heke, DKF, 189 : en dehors de la maison, devant la porte

hekede, hekidi, kih. : chambre sans fenêtre ; loge ; chambre intérieure ou extérieure où se trouve le feu ; seuil

ká, ki-ká, DKF, 197 : lieu, place

ké, DKF, 225 : pron. locatif, à, au, chez, etc.

kō, DKF, 299 : dém. loc. là

kú-, DKF, 321 : préf. locatif de **kuuma**, place, endroit

kú : c. prép., adv. locatif, de, d'entre, d'avec, vers, à, où, là, de ce côté, par ici, d'ici ; où, où que, là où, par où

kūku, DKF, 326 : pron. dém. et locatif, justement, précisément ici, là ; **ku-kuku** : ici

kúuma, DKF, 331 : place, endroit

𓉐𓅿**hA**, EG, 579 : ha, ho

a, DKFFK, 1 : interj., oh ! oh! marque étonnement ; **abeno** ! Ha ! vous autres ; **abu**, ha ! donc!

é, DKF, 144 : interj. se joint à d'autres mots pour former des interjections de différentes espèces ; **e taata** ! ô, oh, ô mon père !

há-há ou **há-hàa**, DKF, 187 : onomatopée pour indiquer le rire

i(yi), DKF, 194 : interj., au sens de douteux, d'incertain

ià, DKKF, 107 : exclamation **yà**, **yè** ! (étonnement).

yà, DKKF, 735 : exclamation, étonnement

🔲🐦🦵⌐ **hAb**, PAPP, 152 et 154 : envoyer

kúba, DKF, 321 : conduire dehors, faire sortir, jeter dehors, ruer, mettre dehors, à la porte

kūbakana, DKF, 322 : entrer et sortir et sortir vivement, rapidement, être vif, agite, se mouvoir avec facilité, agilité s'élancer, échapper

🔲🐦🦵👤 (le déterminatif de l'homme dansant est absent du Sign-list de Gardiner) **hAbt**, CDME, 157 : danser (?)

kúba, DKF, 321 : chanter (coq) ; tinter, sonner, résonner, retentir (cloche)

kūbula, DKF, 323 : danser (habituellement seul) au milieu devant des gens rassemblés

🔲🐦⌐ **hAi**, EG, 579 : descendre, tomber, attaquer

🔲🐦⌐ **hi**, PAPP, 140 et 144 : descendre

hāatuka, DKF, 188 : monter (mont)

hòtumuka, DKF, 192 : tomber

hyà, na ~, 193 : qui entre précipitament dans un piège, un trou (de rats)

kàamu, kik., DKF, 210 : trou dans la terre à plusieurs ouvertures

kéka, DKF, 227 : descente, chute (de matrice) ; hernie, hémorroïdes ou affections (maladie) analogues de la femme ; amnios

kīika, DKF, 243 : aller se mettre aux aguets, à l'affût, en sentinelle, en travers du chemin, couper la route (dans la chasse)

kòbuka, DKF, 299 : y avoir, se faire un trou dans (se percer) ; tomber, descendre, glisser dans un trou, dans la vase, etc.

kōbula : faire un trou, fouler (le sol de façon à faire un trou) ; faire glisser, tomber, jeter (dans un trou, dans l'eau)

kúka, DKF, 325 : prendre, emporter (ordinairement tout ensemble) ; « nettoyer la maison », faire placenette, voler, dérober, piller en butinant

kúka : poursuivre pour attraper, prendre, courir après, chasser

kūuka : tomber, laisser tomber (feuilles) ; tomber, perdre (cheveux) ; être cueilli, tombé (fruit) ; s'user ; être usé ; se casser, se rompre, se fendre, partir (peau)

kula, DKF, 327 : frapper des cornes, pousser, frapper

wòoka, DKF, 1099 : descendre

hATs, CDME, 157 : sorte de jarre

nkáta, DKF, 713 : caisse (d'eau-de-vie **nizi**)

hAt, EG, 579 : plafond, toit

kētalala, DKF, 235 : être suspendu

kētama : prendre, suspendre, accrocher, être suspendu, prendre sur, en avant, surplomber

ketokolo : croix, gibet, fourche

kētidika : pendre, suspendre, étrangler (par pendaison)

hAw, CDME, 157 : corvée

nkávi, DKF, 713 : personne forte, vigoureuse

nkáwu : gardien

wáayi, DKF, 1094 : esclavage

hAw, EG, 579, environnement, voisinage, temps; dét. 𓂝𓂝𓏤𓏤𓏤 voisins, apparentés

hAw, CDME, 157 : parents, famille, apparenté

hAw, CDME, 157 : espèce de volaille sauvage

wáayi : celui qui sera enterré au marché ; esclave en général

ka-věngelè, DKF, 223 : temps, éloigné, loitain, passe

kà-vó, DKF, 223 : adv., il y a longtemps, autrefois, jadis

kwá, ekwa, DKF, 346 : de, depuis (originaire de tel ou tel village, de telle ou telle famile, tribue, etc.)

kwa : personne

kwé, DKF, 354 : pron. interr. locatif : de quoi ? d'où ?

kwé : pron. interr. : comment ? quoi ?

ngwá, DKF, 696 : mère, femelle, femme ; parenté maternelle

ngwé, DKF, 697 : est souvent mis devant le nom d'un animal pour distinguer les animaux et les plantes de l'homme, qui souvent porte les mêmes noms

n'kwâ ou **bankwa**, 737 : personne, qqn, qui possède, connaît, sait, apprend ; **n'kwa** se joint souvent à un autre substantif pour désigner que qqn a une certaine profession, une manière d'être, une qualité

n'kwá : camarade, confrère, condisciple, égal ; compagnon, ami, suivant, l'un des deux, participant, connaissance

nkáya, DKF, 713 : grand-père maternel, grand-père paternel, grand-mère paternel, grand-mère maternelle

ngau, DKF, 685 : un grand oiseau de proie ; un oiseau tisserand

ngawa : un oiseau tisserand

hb, EBD, 98 : aller en avant

hūbuka, DKF, 192 : sortir de, arriver

kābakana, DKF, 198 : être impatient, ardent (à), empressé (de) faire ou d'exécuter qqch qui ne réussit pas

kìba, DKF, 237 : se remuer, s'agiter, vivre, avoir de la vie, tourner autour, aller saluer, marcher, cheminer, errer, se promener vagabonder, aller avec fierté

kōbakana, DKF, 299 : aller, marcher tout droit, marcher en se dressant de toute sa taille (se dit d'une personne de haute stature)

yàfula, DKF, 1111 : marcher à quatre pattes

yàvula, DKF, 1121 : ramper (les enfants) ; marcher à quatre pattes, en rampant ; marcher comme un caméléon

hb, OEP, 401: humilier

kāabila, DKF, 198 : colère montrée par le battement des mains

hb, EG, 579 : charrue

hūbula, DKF, 192 : houer jusqu'au bout

kába, DKF, 198 : blesser, creuser, bêcher, piocher

kámmpa, DKF, 210 : bêcher, piocher, creuser

kāmpuka : être houé, creusé.

kùba, DKF, 321 : vieille pioche usée ; houe

kúbu, kik., DKF, 322 : plantation dans le bois, généralement vieille plantation de manioc, déblaiement où se trouve encore un peu de manioc

kùmba, DKF, 332 : piocher peu profondément, gratter, piocher la surface du sol, glaner (les arachides), creuser les fondements d'une chaumière (hutte) ; aplanir (un terrain) ; niveler, creuser une rigole entre des champs servant d'une ligne de démarcation

hbnt, EG, 579 : une mesure de liquide

kūbukulu, DKF, 323 : petit réservoir, réceptacle

mbúngu, DKF, 542 : broc, pot, vase, calice

hbny, EG, 579 : ébène (bois dur de l'ébénier, dur, très dense, noir, veiné de brun ou de blanc, utilisé en ébénisterie de luxe et en sculpture)

bòta, DKF, 56 : s'épaissir, se prendre (nourriture, huile, etc.) ; résister ; être fort ; être prospère

bòta : croître, pousser (p. ex. boutons des fleurs de **nsafu**) ; être nombreux

bòta, DKF, 56 : arbre à bois noir (**Millelia demeuser**) ; ~ **masa** : arbre moyen, croissant le long des cours d'eau (**Lavalleopsis longifolia**)

bòta : sceptre, bâton, grand bâton dont on se sert à la chasse pour frapper et fouiller les herbes, tronc, souche, bâton, gourdin, massue

bòto : arbre à bois noir, etc.

kibota, DKKF, 137 : bois de teck ou de fer, bois noir

kúba, DKF, 321 : croître ; mûrir bien ; durcir (manioc) ; cher, haut (prix) ; être fort ; être vieux ; être usé

lu-bòta, DKF, 412 : un arbre au bois très dur (gernre ébène) (**Milletia Deemeusis** ou **M. versicolor**)

lu-bòta : verge, bâton de voyageur ; lance de bois ; trique, gourdin ; battoir

mbòta, DKF, 536 : qualité d'être très gros et très gras

mbòta : arbre à bois très dur

Mbòta : nom de village

hbq, CDME, 158 : frapper,

hd, OEP, 401 : attaquer, punir

mbŏta : baguette avec laquelle on abat jusqu'aux derniers fils de l'étoffe tissée, baguette à tisser

kábu, DKF, 199 : homme très vigoureux, d'une force peu commune, extraordinaire

kābula : faire rater (fusil) ; brûler l'amorce ; cracher

kamba, DKF, 208 : coup, plaie, blessure, stgmate, cicatrice

kúba, DKF, 321 : heurter (contre), donner des coups (de cornes)

nkúba, DKF, 729 : coup formidable, dont on peut mourir ; raclée ; coup de malheur, calamité

hàdisa, DKF, 187 : tourment, incommoder

hàla : avoir de la peine, de la douleur, être tourmenté

khadi, DKF, 200 :colère

kānndu, na ~, DKF, 213 : en colère

kándu-bíndu : dispute violente, dure

kédi, DKF, 226 : envie ; **diisu ~** : regard envieux

kedi : sens cynique

kēdiba : se quereller, se disputer, se chamailler

kóda, DKF, 300 : exhorter, reprendre, mettre obstacle à, détourner la colère, empêcher (une bataille, une rixe)

khóodi : prisonnier

kódo : peine, travail sans récompense, en vain ; querelle et commérage dans le mariage

nkóle, DKF, 724 : prisonnier

249

kúdi, DKF, 323 : colère, violence, impétusité, mauvaise humeur

kúdu, na ~, DKF, 324 : inquiet, agité, fâché

ngunda, DKF, 695 : chagrin, épreuve

hdhd, OEP, 401 : charge d'une armée

hōtana, DKF, 192 : se battre, se disputer

ngùnda-ngùnda, DKF, 695: force; tyranie; **kwenda ~** : marcher avec force, avec rapidité

hdn, CDME, 160 : une plante

n'kóndo, DKF, 726 : essense d'arbre

Nkóndo : nom de village

nkōndo-nkondo :feuilles sèches de bananier

hfAw, OEP, 415 : serpent

n'kámba, DKF, 707 : espèce de petites anguilles (foncé)

hh, EG, 579 : respiration chaude ; CDME, 160 : éclat de feu, chaleur du soleil, symptôme de maladie

háka ou **maháka**, DKF, 187 : narines

hengomoni, DKF, 190 : (de soleil) l'après-midi

káya, DKF, 223 : être trop cuit, brûlé, desséché, rabougri

kúku, DKF, 326 : pierre généralement brûlée, scorie, semblable à un nid de termites, généralement employée pour mettre des marmites sur l'âtre ; d'où : pied d'une marmite ; âtre, foyer ; endroit où l'on vend des mets préparés ; auberge, restaurant

kúuku, **kīk.** : fournil, cuisine, fourneau (de cuisine) ; cuisinier, marmiton ; cuisinière (poêle de cuisine)

hi, CDME, 157 : mari

yàkala ou **akala**, DKF, 1111 : homme ; mari, individu du sexe masculin ; beau-frère (se dit par les frères et sœurs de la femme. D'autres disent **nzadi** ou **n'kento**)

hm, OEP, 404 : être brûlant

kùmbi, DKF, 332 : le mâle rouge de l'oiseau **baseke**

kúmbi : fiancée teinte en rouge ; la première femme (la plus aimée)

kūmbi-kumbi, DKF, 333 : arbre à baies rouges employées comme médecine

ngòmo, ~ atuya, DKF, 691 : la force du feu, la chaleur du feu qui a pénétré dans un vase d'argile à la cuisson

hmsi, PAPP, 140 et 143 : rester assis

hámbi, DKF, 187 : qui est assis et attend du vin de palme

hn, OEP, 389 : cesser

hāngala, DKF, 188 : s'insurger contre qu'en désobéissant

hn, CDME, 158 : boîte, coffre, caisse

ngánda, DKF, 683 : grande corbeille ; panier ; un tonneau de branches de palmier (plus étroit en haut) pour conserver des arachides

nkéla, DKF, 715 : caisse, coffre, valise

nkele : caisse

nkéelo : caisse, coffre

hnn, OEP, 392 : approuver, disposer à

ngèta, DKF, 687 : interj., oui ! (respectueusement)

ngète : interj., je vous remercie ! bien ! c'est bien

hnw, OEP, 399 : prier une divinité ou un roi

kúnda, DKF, 335, rendre hommage à, honorer qqn ; saluer avec respect en frappant doucement les mains l'une contre l'autre et en s'inclinant légèrement ; implorer, adorer,

251

rendre un culte à, invoquer, adjurer, conjurer, demander grâce, se repentir ; annoncer ; s'enrichir

kúnda, DKF, 336 : hommage, respect ; dignité

hnw, OEP, 395 : vague

kànuka, DKF, 218 : devenir sec ; être à la sécheresse

kànuna : rendre sec, faire tourner au sec

kànya : être sec, fané, sécher, faner, **na ~** :sec

kōnuka,DKF, 316 : diminuer, baisser (eau), décroître, s'asseoir, dormir, disparaître, venir à manquer, perdre (en quantité)

kōnuna : enlever une partie d'un liquide, baisser, diminuer ; s'amoindrir, perdre (en quantité de l'étoffe, etc.)

kōnya, **konyya** : devenir sec, rabougri

ngàami, DKF, 683 : inondation, débordement

yónda, DKF, 1141 : pleurer, mouiller

yùngu, **na ~**, DKF, 1147 : temps humide, trempé de rosée

yùngu : arrosoir

yùtumuka, DKF, 1148 : être trempé, mouillé

hnw, CDME, 158 : jarre

kávu, DKF, 223 : calebasse sans col (cou, goulot) ; carafe de terre cuite ; une petite calebasse de vin de palme (se dit aussi d'une grande pour se montrer modeste)

nkálu, DKF, 706 : cruche, jarre (d'argile) ; courge ou calebasse (**Lagenaria vulgaris**)

hp, EG, 579 : loi, (le) droit

húmba, DKF, 192 : se terminer, être parlé de (dans un procès) ; sortir en masse (termites ailés) ; sortir (du feu, de l'herbe), sans être tiré sur, où personne ne garde

humbu, DKF 192 : non initié, profane ; qui n'appartient pas à **basemuka**

kéba, DKF, 225 : garder, protéger ; choyer, veiller à ; prendre en garde, surveiller, prendre sur soi de ; se charger de, prendre garde à, ménager

kēbolo, DKF, 226 : chose qui est en usage, dont on se sert

kùmpa, DKF, 334 : peser, considérer, réfléchir à, songer à

yùmbula, D, 1146 : enseigner, instruire soigneusement, initier à fond

hqA, PGED, 69 : être le chef, dominer, gouverner

byēka, DKF, 96 : sanctifier, distinguer, mettre à part, consacrer ; installer comme chef, etc., nommer

byēka : charger (ex. un fardeau sur la tête) ; imposer (une occupation), adjurer (un titre, une fonction)

yēeka, DKF, 1123 : dispenser (un titre, une dignité) ; nommer, proclamer (roi, chef, etc.) ; mettre à part, sanctifier, consacrer

hrmw, EG, 579 : enclos pour la volaille, parc

hālangà, DKF, 187 : grande corbeille pour transporter des poules

hāngalà, DKF, 188 : grande corbeille

kālangà, DKF, 205 : espèce de grands paniers (cage) pour porter les volailles, etc., cage ; clos, parc, cavité, magasin, grange, fait de claies pour y enfermer les arachides

kālangana, DKF, 206 : esp. de grand panier

yānzalà, DKF, 1119 : cour, basse-cour

hrp, CDME, 159 : couler, être immergé

kóla, ki ~kimalafu, DKF, 305 : un ivrogne

kólo, DKF, 306 : devenir fatigué, las ; être tourmenté ; peine

kólo, kik. : ivrognerie ; buveur ; grand ivrogne

yèndika, DKF, 1127 : faire tremper, mouiller complètement

hrw, EG, 579 : jour, de jour

bu-hè, DKF, 63 : qui est blanc ; (il fait) jour, clair

ké, DKF, 225 : fig. au sens de luire, briller

khèela, DKF, 229 : le soleil

γempuka, DKF, 185 : devenir clair (le temps) ; ne pas plus pleuvoir

hèmuke, DKF, 189 : après-midi (du soleil)

yìla, DKF, 1133 : devenir sombre, s'assombrir, s'enténébrer

yìnika, DKF, 1136 : éclairer, luire sur, paraître soudain (comme la luciole)

hrw, OEP, 392 : satisfait, content

kólo, kik., DKF, 306 : cadeau qu'un étranger laisse dans la maison où il a fait une visite honoraires, payement (à l'achat) ; courtage, pourboire ; **dia ~** : recevoir un droit de courtage

kālu-kalu, DKF, 206 : tressaillir, s'éveiller, penser à faire qqch

hrwyt, 159 : journal

n'kánda, DKF, 708 : peau, cuir, écorce, croûte, enveloppe, couverture ; peau de bête dont on enveloppe les étoffes, le tabac, etc., de là : cuir, parchemin, papier, livre, lettre, contrat, document, note, facture, lettre de change

ht, CDME, 160 : pousser un cri ou des cris (?)

káta, DKF, 221 : pleurer (les bébés)

(le déterminatif, un singe avec les bras levés au ciel, est absent du Sign-list de Gardiner)**htt**, CDME, 160 : adoration

kòdi, DKF, 399 : adoration

kóté, DKF, 319 : exclamation exprimant l'étonnement

hwhw, CDME, 158 : filer à toute allure

kúka, DKF, 325 : poursuivre pour attraper, prendre, courir après, chasser

ngūngula, DKF, 695 : torrent, torrentueux, inondation, rapide, qui se précipite (eau, incendie de prairie) ; foule, bruit fort d'un chœur et une foule de danseurs ; passer rapidement devant ; **muntu ~** : qqn qui peut marcher vite et longtemps

n'kùka, DKF, 730 : trace en forme de tunnel, chemin, sentier au travers de, sous les herbes (des annimaux) ; sentier de gibier ; grand chemin, grand' route, chemin battu

nkùka : être jeté au bout du chemin comme quand on se bat ; **n'kwa ~** : lunatique, atteint de manie

nkúka (n'k.) : déluge, onondation ; cours d'eau, fleuve, courant, rivière ; rigole, tranchée pour l'eau autour d'une maison ; herbes, débris qui suivent l'écoulement des eaux ; traque de gibier, chasse abondante

hwi, PAPP, 140 et 144 : frapper

kúva, DKF, 345 : battre

kūvana : se battre, guerroyer, combattre

kuwa : frapper avec un instrument émoussé, contondant ; abattre, faucher, décapiter l'herbe avec un bâton, une canne

kuwa : faucille, machette

kūyana : se battre dans la guerre

hwt, CDME, 158 : être brûlé

kúku, DKF, 326 : pierre généralement brûlée, scorie, semblable à un nid de termites, généralement employée pour mettre des marmites sur l'âtre ; d'où : pied d'une marmite ; âtre, foyer ; endroit où l'on vend des mets préparés ; auberge, restaurant

kúuku, **kīk.** : fournil, cuisine, fourneau (de cuisine) ; cuisinier, marmiton ; cuisinière (poêle de cuisine)

fuku, DKF, 158 : monceau, tas ; tas de chiffons de vieilles choses ; tas de débris ; fumier ; rouille, dans les pompes, etc. ; tas, monticule de racines brûlées et de terre ; bûcher

hy, OEP, 406 : mari

yàkala, DKF, 1111 : homme ; mari, individu du sexe masculin ; beau-frère (se dit par les frères et sœurs de la femme. D'autres disent **nzadi** ou **n'kento**)

hy-hnw, OEP, 391 : jubilation

kína, DKF, 262 : danser, sauter, gesticuler comme à la danse

kini(kīni), **kínya**, DKF, 270 : joie, qqch d'heureux, de joyeux, de réjouissant, agréable au goût ; **e ~** : c'est bien, bon, cela

a bon goût, est exquis (nourriture), magnifique, superbe, splendide, **mona ~** : être joyeux

khini, DKF, 271 : bonheur

kinu, DKF, 286 : dans fête, réunion dansante, bal, sauterie

hyhy, CDME, 158 : faire une acclamation

hé-hèe, DKF, 188 : onomatopée pour indiquer le rire

he-he-e-e : interj. en criant, appelant

há-há ou **há-hàa**, DKF, 187 : onomatopée pour indiquer le rire

i

 i, EBD, 76 : acclamé

 i, EG, 550 : ô, oh (dans un sens vocatif)

 iH, CDME, 28 : Ah ! (interj. exprimant le soulagement)

a, DKFFK, 1: interj., oh ! oh! marque étonnement ; **abeno** ! Ha ! vous autres ; **abu**, ha! donc!

é, DKF, 144 : interj. se joint à d'autres mots pour former des interjections de différentes espèces ; **e taata** ! ô, oh, ô mon père !

i(yi), DKF, 194 : interj., au sens de douteux, d'incertain

ià, DKKF, 107 : exclamation **yà**, **yè** ! (étonnement)

íēe, DKF, 195: interj., hé! hó!

yà, DKKF, 735 : exclamation, étonnement

 i, EG, 550 : dire

ě, ou souvent **ēe**, DKF, 144 : interj. oui

yīya, DKF, 1138 : essayer, s'exercer, apprendre, glapir, apprendre à aboyer (jeune chien)

yòsa, DKF, 1142 : parler bruyamment, causer haut ; avoir une forte voix ; balbutier (bébé)

yősi : disposition au bavardage, commencement de folie ; qqn qui boufonne, qui fait rire, qui fait le fou ; railleur, du vacarme

 . i, EG, 550 : suffix-pron. 1ère personne commune singulier, je, moi, me, mon; ou omis

 wi, EG, 468: je, moi

-áama, DKF, 3 : mon

-áame : mon

-áami : pron. poss. de la prmière pers. du sing., mon

-àani, DKF, 4 : pron. poss. de la première pers. du sing., mo

i-, DKF, 194 : pron. pers. subj., conjoint de la première pers. je, moi

mè, DKF, 547 : je, moi

mèno, DKF, 549 : pron. pers., 1e pers. sing. je

mènu, DKF, 550 : je, moi

mì, abbré. de **mìnu**, DKF, 564 : je, moi

mòno, DKF, 572 : pron. pers. 1e pers. du sing. Je, moi

munu, DKF, 620 : pron. pers. moi

n, DKF, 654 : pron. pers., obj. ou sub. pour la 1er pers. du sing. je, moi

nà ou **ná** : pron. pers., subj., pour la 1er pers. correspondante à **ya** : **nasumb**a

i, EG, 551 : roseau

ndyaddi, DKF, 677 : **mfuba za ~** : un champ d'herbes coupées

n'dyādya, DKF, 678 : pousses, jeunes et fraîches, de l'herbe aux éléphants (**dyādya**) que l'on mange

dyādya, DKF, 138 : roseau, herbe épaisse, haute de plus de 5 mètres, dite « herbe aux éléphants » (**Pennisetum Benthamii**)

lu-téte, DKF, 453 : une plante grimpante dont on fait des liens

Lu-téte : une eau où pousse une plante semblable à **ndudi**

nteta-nteta, DKF, 792 : une herbe

n'tète : corbeille, panier oblong de rameaux de palmier entrelacés dans lequel un porteur transporte des gâteaux de poudre ; botte, gerbe ; fardeau (sel, poudre)

tíiti, DKF, 976 : herbe, végétal ; tige d'herbe, brin d'herbe ; enveloppe, coquille (œuf, noix, etc.) ; barbe, arête, fétu, pelure, gousse, enveloppes de plusieurs sortes de fruits ; cartouche vide ; qqch qui est usagé, impropre au service, sans valeur ou intérêt ; débris, rebut ; ce qu'on jette loin ; balayure, foin, paille, copeau, déchet, mauvaise herbe ; dents de lait, fruits mal mûrs (p. ex. bananes) ; épi ou gousse vide

yísu, DKF, 1137 : verdure ; crudité, ce qui est cru, vert, non cuit

yíiti, DKF, 1137 : herbe, rebut, pelure, débris ; saleté, crasse, ordure

iAAyt, CDME, 8 : baguette

yànda (anda), DKF, 1116 : frapper, battre, fouetter

yēeta, (ēeta), DKF, 1129 : frapper, battre, fouetter

iAbtt, EBD, 110 : l'est

lu-monso, DKF, 433 : la gauche

lu-mooso : la gauche, côté gauche

yámbi, DKF, 1114 : lumière, jour

yìbama, DKF, 1131 : s'allumer, prendre feu

iAdt, CDME, 10: étendue de terre

yádi, DKF, 1110 : un champ labouré, houé

yàdika : étendre

yàdingisa : étendre, répandre, disséminer

yàla, DKF, 1112 : étendre, répandre propager, divulguer, disperser, s'étendre (une plaie, etc.), pousser loin (les plantes grimpantes)

yàlama, DKF, 1113 : être étendu

iAdt, EG, 551 : rosée

yēetila, DKF, 1129 : être chargé de pluie, prêt à pleuvoir

yódi, na ~, DKF, 1138 : tout mouillé

yòola, DKF, 1139 : se baigner

yùtumuka, DKF, 1148, être trempé, mouillé

𓄿𓏏𓋴𓏤 **iAdt**, EG, 551 : filet

𓄿𓇋𓀢 **iAi**, CDME, 7 : adorer

𓄿𓅱𓀢 **iAw**, CDME, 8 : adoration

yadika, DKF, 1110 : faire entrer

wá, **kiwa**, DKF, 1089 : allégresse, joie

wá : croix faite à la craie blanche sur la poitrine

yáya : crie de joie, de triomphe

yàata, DKF, 1120 : causer, bavarder (ordinairement des vétilles)

yòla, DKF, 1139 : parler, causer, jaser, balbutier, gazouiller, sonner (horloge) ; bavarder dans le délire, pendant le sommeil ; héler, appeler (comme les porteurs)

yòla : plaisanterie, fausseté, vanterie

yòsa, DKF, 1142 : parler bruyamment, causer haut ; avoir une forte voix ; balbutier (bébé)

yősi : disposition au bavardage, commencement de folie ; qqn qui boufonne, qui fait rire, qui fait le fou ; railleur, du vacarme

yōvana: fraterniser

yòya, DKF, 1143 : tomber en extase, avoir des mouvements convulsifs ; chanter, parler de ce qu'on a vu par **nkisi**

yòoya : causer, faire du bruit, du tapage, du ramage (oiseaux) ; faire frou-frou, frémir, pétiller (p. ex. le vin de palme) ; ~ **ndumba** : célébrer, honorer, courtiser une jeune fille

yò-yò, **sa** ~, DKF, 1143 : honorer, célébrer en disant **yòyò**

𓄿𓂝𓎡𓃀𓏥 **iAkb**, EG, 551 : pleurer

yākalakana, DKF, 1111 : pleurer, crier fort

yáakadi, ou **na** ~ : qui est agité, troublé, inquiet, anxieux

𓄿𓂝𓀀𓏥 **iAkw**, CDME, 9 : les vieux

260

iAm, CDME, 9 : offrir

iAm, CDME, 9 : lier le sacrifice

iAm,EG, 550 : un arbre non identifie

iAm, var. **imA**, **im**, EG, 551 : (être) bienveillant, charmant, **iAmt** gracieusement, **iAmw**,dét. splendeur, brillance

imAt, OEP, 391 : gentil, gracieux, charmant

yēkesè, DKF, 1124 : personne aride, maigre, vieille, petite ; na ~ : sec, tari (de rivière, etc.)

yēkuka : être penché, courbé (comme l'épi sur sa tige) ; se disloquer ; être disposé, porté à

yàmbana, DKF, 1114 : être dans d'excellents rapports, dans des rapports intimes avec… ; s'accoupler

yambika, DKF, 1115 : donner en grande quantité à la ronde, ça et là

yímba,(mm),DKF, 1134 : assembler, entasser, empiler

yīmbama : être empilé dans un tas, s'assembler

yìmmba, 1134 : croître convenablement, abondamment (feuilles, poils, etc.), croître avec de nombreux rameaux (palmiers sans nettoyage ou émondage)

yàma, DKF, 1114 : brûler, s'allumer, s'enflammer

yāmama(**amama**) : admirer, s'étonner

yámbi : lumière, jour, na ~ : il fait clair (comme d'un flambeau)

yàmbizi,(**ambizi**) DKF, 1115 : qui est affable

yèema : verdir, (s'en) feuiller, croître abondamment ; être luxuriant ; être d'un vert naissant

yémba : rire de, plaisanter de

yémba : donner, faire cadeau de, payer largement

yémbe : paix, joie, plaisanterie, raillerie

yìma, DKF, 1134 : porter du fruit, fructifier, monter sa graine, donner de la graine

yími : grossesse

yīmina : être mesquin, parcimonieux ; ne pas vouloir donner, refuser à qqn, refuser qqch

yìmita : concevoir, engendrer, devenir enceinte (animaux ou gens)

yimpa : désobéissance

yìmpi : santé ; qui est sain et sauf

yombo, DKF, 1140 : miracle, prodige

yombombo : fertilité, fécondité, abondance, richesse, bonheur

iAq, CDME, 9 : sauter (?)

yānguka, DKF, 1118 : bondir pour retomber aussitôt ; être soulevé vivement, facilement (comme si c'était plutôt lourd

yāngula, DKF, 1119 : soulever brusquement, facilement, par surprise (comme losrqu'on se figure que qqch est particulièrementlourd) ; revenir l'eau ; être étourdis (poissons auxquels on a donné du poison et qui, pour cela, se prennent facilement) ; enlever de la surface

iAqt, PGED, 69 : ail, poireau

vèkita, DKF, 1055 : verdir, prospérer, croître abondamment, être plantureux, exubérant, pousser de nouveau, de plus belle, repousser (une verdure fraîche)

yèkita, DKF, 1124 : verdir, s'épanouir, bourgeonner (les feuilles, etc.)

iArr, CDME, 9 : être faible de l'œil, être faible (?) de cœur

léla, dil., DKF, 389 : calme (de la mer) ; surface unie

léela : faiblesse, fatigue

léle : manque d'énergie, d'entrain et de plaisir à exécuter, à faire son devoir ; incapacité et

262

peine à faire ce qu'on vous demande ; retard, lenteur ; ce qu'on fait ne peut pas contenter

yàluka, DKF, 1113 : être guéri, se guérir

yàluka (**aluka**) **moyo** : être tourmenté, être maltraité ; souffrir, agoniser

iArrt, OC, 313 : grappe de raisins

lèla, DKF, 388 : pendiller, pendre ; planer (dans l'air) ; flotter, brandir ; aller tantôt d'un côté, tantôt de l'autre ; balancer ; marcher sur la corde

lèla, **kil.** : chose qui pend, la dernière partie, le bout de qqch, le dernier petit **nkanga** d'une grappe de bananes, petite calebasse pour porter sous le bras

yìdidika, DKF, 1131 : entasser, accumuler, augmenter en hauteur, amonceler, amasser, encombrer

yìdika : amonceler

iArw, CDME, 8 : joncs

yīndila, DKF, 1135 : des pois, de l'herbe en abondance, en grande quantité

iAS, EG, 551 : appeler, appel

, var. de **aS**, CDME, 8 : appeler, convoquer

sābila, DKF, 862 : vanter, faire l'éloge de, honorer qqn, crier **taata** de joie ou de chagrin

sìba, DKF, 894 : appeler, invoquer, conjurer, adjurer (un **nkisi**) ; répéter, redire, débiter machinalement (des prières à l'adresse d'un **nkisi**, etc.) ; faire de vaines redites ; raconter tout clairement, distinctement

yeki-yeki, **kiy.**, DKF, 1124 : criant de joie

yíka, **yīïka**, DKF, 1132 : appeler, nommer, désigner, parler de, dénommer ; faire observer, dire qqch à propos de, donner un sobriquet

yísi, DKF, 1136 : interj., gros mot, insulte, contradiction énergique, offensante ; étonnement, surprise ; **sa ~** : offenser, insulter, contredire (d'une manière offensante)

 **iAs**, CDME, 9 : chauve

yītiza (**itiza**), ~ **kivandu**, DKF, 1137 : rendre chauve, tondre

 **iAT**,EG, 551 : être mutilé, manquant, **siAt** : tromper, escroquer, tricher

syàtu, DKF, 936 : diffamation

yàtuka, DKF, 1120 : se briser, se casser (un morceau qui tombe d'un objet)

yàtuna : briser, casser

yéta, DKF, 1129 : écraser (des noix)

yètuka, DKF, 1129 : tomber en morceaux, se séparer, s'ouvrir (comme un livre), se défaire, ce qui tombe spontanément, se précipiter s'ébouler, tomber (un morceau d'une marmite)

yētuka, être écrasé, cassé, brisé, fracassé

yètula, DKF, 1130 : séparer, défaire, ouvrir (un livre), casser un morceau de (d'une brochure, etc.)

záda, DKF, 1151 : amputer, retrancher

zāata, DKF, 1156 : couper un peu les cheveux ; ébranler ; étêter

 **iAt**, CDME, 7 : dos d'un homme ou d'un animal

yìtalala, DKF, 1137 : être étendu au loin au-dessus de qqch (des branches, etc.) ; barrer le chemin, encombrer ; ombrager, descendre comme un nuage ; être couvert, brumeux, sombre, chargé (le ciel)

yìzika, DKF, 1138 : courber, incliner ; bouleverser, renverser ; coucher sur le dos, tourner

 **iAt**, CDME, 7 : déesse de lait

yèma, DKF, 1126 : téter, sucer ; être allaité

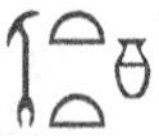 **iAtt**, CDME, 7 : lait ou crème

iAt, EG, 550 : monticule, tertre ;

iAAdét. | | | ; **iAt**, dét. | | | ; **AA**, dét. | : ruine

iAt, EG, 550 : « standard, banner, for supporting religious symbols »

iAt, CDME, 7 : office, fonction

iAwi,EG, 550 : (être) vieux ; **iAwy**, **iAwt** : vieil âge ; **iAw** : vieil homme ; **iAyt** : vieille femme

iAww, EBD, 174: les vieux

yèndekele, DKF, 1127 : chose sphérique

yìdama, DKF, 1131 : être empilé

yìdidika : entasser, accumuler, augmenter en hauteur, amonceler, amasser, encombrer

yìila, DKF, 1133 : tas d'herbe et de terre sur lequel on plante

yíta :être beaucoup

yītakana : être en tas, en masse, en monceau, en amas

yùdi, DKF, 1144 : tas, quantité de, qui vient d'être entassé, bâti, élevé très haut

yùta, DKF, 1148 : être amassé en grand tas, en foule, en quantité (des gens, des animaux, etc.)

zātuka, DKF, 1156 : tomber vite malade, devenir mauvais, empirer (au sens moral)

yàta, DKF, 1120 : porter

nàta, DKF, 659 : porter, mener, amener, prendre avec soi, entraîner, emmener, transporter

yánnda, DKF, 1116 : faire l'important ; se pavaner, triompher, se réjouir, s'enorgueillir, s'enfler, se targuer de ; être hautain, se vanter, faire le fanfaron

yáa, DKF, 1109 : (frère ou sœur plus âgé, mère grand-mère, etc.), s'emploie avec noms propres et certaines expressions pour exprimer de la vénération

yáaya, DKF, 1121 : frère ou sœur aîné ; mère, père, beau-père, grand-mère (paternelle ou maternelle), parents de la mère. De là le mot **yaaya** s'emploie comme titre respectueux ou

265

appellation adressée à une personne (en général aux femmes) que l'on veut honorer

yóva, DKF, 1142 : être fatigué, éreinter, faible, affaibli, exténué, sans forces, à bout de forces ; faiblesse, défaillance (par suite de l'âge ou de maladie)

iAwt, CDME, 8 : troupeaux

yúnda, DKF, 1147 : l'antilope **nsesi**

iAxi, EG, 551 : être inondé, **Axt** : saison d'inondation

kàda, DKF, 199 : tuyau, entonnoir, conduit par lequel le vin de palme coule dans la calebasse (quand on le tire)

kāda-kada-kada : onomatopée pour le bruit de l'eau qu'on verse dans la bouche et qu'on boit ainsi

kánda, DKF, 211 : supplier, exorciser pour empêcher la pluie de tomber au moyen d'un **nkisi**

kánda : faculté d'empêcher la pluie de tomber (magiquement) ; faim, famine ; époque de l'année (saison) où l'on trouve peu de nourriture comme p. ex. avant la récolte ; temps sec, sécheresse ; ~ **kyamvula** : saison sans pluie

kātata, DKF, 221 : dureté, sécheresse (peau sèche, etc.)

nyùnga, DKF, 819 : se liquéfier, devenir mou (par la cuisson ou sous l'effet de l'immersion) ; humecter, plonger dans l'eau pour liquéfier, amollir ; se pourrir ; se développer (des seins de femmes)

nyűnga-nyűnga, **na ~** : tendre, liquide, mou, écrasé, fin, moulu

yùnga : se baigner, se laver, vider (une tasse) ; jeter, laver en baignant ; nager ; balader

yánga, DKF, 1117 : bassin ou pièce d'eau qui est fait et consacré ou un fossé ou marécage consacré dont on prend la terre pour enduire les guerriers afin qu'ils ne soient pas tués à la

266

guerre, on cherche aussi à y distinguer son visage pour savoir si oui on non, on sera tué, lac bassin, étang, pièce d'eau, bourbier en général

yùnga, DKF, 1147 : se baigner, se laver

yùngilu : bains

iAxw, SVAEA,88 : la lumière, l'éclat, la clarté, la lueur (du soleil); **iAx** : briller brillant

kīa(**kyā**, **kīya**),DKF, 236 : faire jour, devenir clair, poindre, s'éclaircir (le ciel, le temps) ; être clair pur, brillant ; paraître (le jour) ; commencer (l'année, saison) ; y avoir clair, revenir à soi, reprendre ses sens (après un évanouissement)

kia, DKF, 237 : lumière, clarté du jour, jour, limpidité, pureté, netteté, transparence

yāninga, DKF, 1119 : étouffement, chaleur étouffante, chaleur de midi, étouffant, chaud, échauffé, qui fait suer

yēeka, DKF, 1123 : éclairer vivement (clair de la lune) ; brûler (se dit du soleil)

yēkula, DKF, 1124 : allumer, incendier des contre-feux (quand la prairie est en feu)

ia, CDME, 10 : tombe

zyàma, DKF, 1180 : être enseveli, enterré, être descendu ou s'enfoncer sous terre, dans l'eau, dans le limon ; être fermé (la porte)

zyámi : place où l'on enterre, cimetière

ia, CDME, 10 : monter, accéder (à la dignité royale)

yàadi, DKF, 1110 : qui règne bien ; régent

yàala, DKF, 1112 : régner, gouvernement, diriger, conduire, provoquer à, accepter une

fonction publique

yàala : qui prennent part au gouvernement, vice-roi, gouverneur, etc. ; gouvernement

yàluka, DKF, 1113 : courir, bondir, sauter, danser en bondissant et en se tournant, faire une grande gambade, prendre son élan pour sauter, monter, monter, grimper

yàlukila : se lever brusquement, sauter rapidement

yàlula : faire sauter, bondir, faire monter (sur une colline)

yàzala, DKF, 1122 : monter, s'élever, augmenter (eau) ; se remplir, bien fréquenté (marché)

iaaw, CDME, 10 : recouvrir une inscription

yàmmba, DKF, 1114 : s'étendre, recouvrir, envahir, répandre ; couvrir un objet

iab, CDME, 6 : être uni ; unir ; présenter

bāaba, DKF, 6 : couvercle, dessus

iabt, PAPP, 43 et 44 : réunir

bàmba, DKF, 13 : coller, fixer de la glaise (comme les termites, quand ils se font un passage) ; attacher ferme, serrer ; calomnier, accuser de ; coudre ; tresser

bàmba : rapprocher, mettre d'accord, réunir

beba, DKF, 25 : faire attention (à)

bémba, DKF, 28 : donner un cadeau

mbù, **na ~**, DKF, 537 : en masse, ensemble, en bande

mbú : jumeau

mbú : articulation ou attache des ailes ; poitrine, thorax ; aile de poule

m'búba (**uu**) : paquet, pièce, rouleau d'étoffe ; un rouleau complet ; rouleau, gerbe, botte (d'herbe)

yàmba, DKKF, 739 : bavarder, causer, attraper (la balle), accompagner en causant ou en chantant, recevoir ou accueillir un bonjour ou un compliment ; acclamer, féliciter, accueillir, célébrer

yàmbidila, DKF, 1114 : se réconcilier

yèba, DKF, 1122 : être large ; s'étendre

yèbuka : briser et tomber (p. ex. un morceau d'une bordure, d'un cardre) ; se casser ; être écrasé, brisé (une noix) ; être ouvert (un piège) ; être découvert (une plaie) ; être dépouillé (une brûlure)

yoba, DKF, 1138 : ceinture (d'étoffe)

yòobama : s'attacher, s'accrocher (à un crochet, à une épine)

yòbana : fraterniser

yobi : pied de marmite ; couvercle ; couvre-plat

yòbika : entrelacer

yòbika : serrer la main ; mettre autour, etc.

𓏴𓎼𓃀 **iab**,var. 𓎼𓃀𓏴 **aab**, EG, 551 : coupe

yába, DKF, 1109 : grande chope évasée

yābala, DKF, 1110 : être évasée, ouvert (bouche, ouverture, etc.), **na ~** : large

𓏴𓎛𓃀 **iaf**, CDME, 10 : tordre, presser

nyéfa, DKF, 814 : frapper, battre

𓏴𓎛𓈌 **iaH**, EG, 551 : lune

bíka, DKF, 36 : réapparaître (de la lune), être nouvelle lune

𓏴𓈖𓃻 **ian**, EG, 551 : babouin sacré

yángi, DKF, 1118 : chimpanzé

𓏴𓈖𓏺𓅱𓀢 **ianw**, CDME, 11 : 1. salutation (?), 2. malheur ; EG, 551 : lamentation, tristesse, malheur

yāngala, DKF, 1116 : causer une douleur aiguë, cuire ; être tourmenté, faire mal, se faire du mal

yānuka, DKF, 1119 : être déshonoré, n'être pas respecté ; être sans dignité

yānuna : agir sans dignité, négliger, déshonorer

iar, plus tard **ar**, EG 551 :
monter, approcher

bàla, DKF, 11 : monter

bàala : enfoncer, fendre, scier, couper ; fig. raconter, dire, révéler, mettre en circulation (une histoire)

bàluka, DKF, 12 : monter, monter sur, grimper, faire l'ascension (d'une montagne) ; s'élever

bàluka: écailler, se désagréger

bàluka : se tourner, changer (de couleur) ; être traduit, rétrograder

bàlula : méditer, réfléchir à, calculer, combiner, imaginer, peser, prendre en considération

bàlula : soulever, hisser, élever, porter en haut, surélever, élever, augmenter les prix

bàlula :fouiller et ameublir la terre,changer, retourner, tourner, altérer, transformer, fausser

bàlumuna, DKF, 13 : répandre, étendre, donner de l'extension, répandre au loin, disséminer, ouvrir tout grands (les yeux

yàluka, DKF, 1113 : courir, bondir, sauter, danser en bondissant et en se tournant, faire une grande gambade, prendre son élan pour sauter, monter, monter, grimper

yàlukila : se lever brusquement, sauter rapidement

yàlula : faire sauter, bondir, faire monter [sur une colline]

yàzala, DKF, 1122 : monter, s'élever, augmenter [eau] ; se remplir, bien fréquenté [marché]

iart, CDME, 11 : demeure

yàluka, DKF, 1113 : déménager, déloger, quitter, quitter un endroit, émigrer, sortir du nid ; se mettre en marche, partir, fuir et quitter les œufs, les petits [se dit d'un oiseau] ; disparaître [les larves]

yìnda, DKF, 1135 : trappe

yínda : chasser, mettre dehors

iaw, CDME, 10 : lavage, 1. déjeuner ; 2. discours colérique

byàula, DKF, 95 : appel, cri, cri de désespoir, de douleur

kwámbula, DKF, 350 : se laver les mains

lāu, DKF, 385 : aliéné, idiot, imbécile, fou, folichon, insensé, toqué ; une colère déséquilibrée, folie, faiblesse mentale ; sauvagerie, dérèglement, démence, délire

Lāu : nom propre de femme = qui est folle

lāuka : être égaré, fou, toqué, imbécile, borné, furieux ; être en délire

yámbula, DKF, 1115 : laver

yàu, DKF, 1122 : onomatopée pour crier

yāuka : être, devenir fou, insensé, troublé d'esprit [euphémisme]

yàula : crier, se lamenter ; être bouche bée ; hurler, craquer [chaussures] ; énumérer ses soucis, ses souffrances ; demander du secours, se plaindre de ses misères

yàula : bavardage, bavardage à haute voix comme celui d'un fou

yòma, DKF, 1140 : parler très haut, faire du tapage ; bourdonner [comme au marché] ; craquer, éclater [feu]

yùma, DKF, 1146 : se sécher, se desécher ; être sec, s'évaporer

yúma : quereller, disputer ; **ma-** : querelle, dispute

yuuma : mets cuit, ordinairement des bananes et des arachides avec de l'huile de palmier

ꝏ **ib**, EG, 552 : cœur, désir ; comme siège de l'intelligence, etc.

bàa, DKF, 5 : parler [hypocritement]

bába : tromper, égarer, mentir

bála, DKF, 11 : s'unir, s'accoupler

bàmba, DKF, 13 : refuser, nier, mentir, s'excuser, rejeter la faute sur qqn ; fuir,, s'échapper avec les biens prêtés

bàya, DKF, 24 : parler hypocritement, mensongèrement ; orgueilleux, vaniteux ; détester ; refuser [de faire]

bémba, DKF, 28 : laisser après soi ; abandonner [un usage] ; délaisser

bémba : prendre, apporter avec soi ; voler

bémba : faire qqch prudemment, soigneusement, de bon gré

bémba : donner un cadeau

bíki, DKF, 36 : grandeur, sentiment exagéré de qqch, désir, aspiration, etc.

bw-ívi, DKF, 93 : filouterie, larcin, esprit du vol, vol ; manque de probité ; prostitution

lába, DKF, 375 : voler, prendre qqch à qqn

léba, DKF, 386 : exhorter [tendrement], toucher, émouvoir, persuader ; tenter, tromper ; enchanter, captiver ; essayer, induire à, exciter, convaincre, pousser à, décider à ; caresser ; être attentif ; s'adoucir ; faire qqch prudemment, avec précaution

léba : voler, tirer à soi par ruse, tromper

lu-ví, DKF, 458 : habitude du mensonge

mpí, DKF, 581 : esprit menteur

ngèbe, DKF, 686 : deuil ; tristesse ; **siila ~** : avoir compassion de qqn

ngèdi : vivacité, joie, gaîté ; démangeaison ; être un touche-à-tout ; méchanceté ; orateur, éloquent

wìba, DKF, 1097 : voler ; ~ ou **wìbila** : s'accoupler

w-íivi, DKF, 1099 : malhonnêté, indélicatesse ; rapine, vol [dans le sens abstrait]; **sa ~** : voler

yābala, DKF, 1110 : forniquer

yèba, DKF, 1122 : essayer de persuader, tromper ; médire de

yémba, DKF, 1126 : rire de, plaisanter de

yémba : faire qqch prudemment [ouvrir une porte, etc.] ; prendre qqch sans que personne le sache, voler, tromper, frauder, ruser avec qqn ; essayer de prendre qqch avec ruse, rudemment [p. ex. des poules]

yémba : dérober, voler

yémba, DKF, 1126 : paresse, indifférence, sobriquet méprisant, personne paresseuse ; peu d'estime, manque de respect

yī, ou **ki-yi**, DKF, 1130: méchanceté, colère

yìba, DKF, 1131 : voler, tromper

yìba : s'accoupler

yibika : mentir, ne pas dire la vérité

yimpa, DKF, 1134 : désobéissance

yòbana, DKF, 1138 : fraterniser

yombulula,[**ombulula**], DKF, 1140 : dérober

ib, EG, 552 : chevreau

bè, **bèe**, DKF, 25 : onomatopée pour crier, bêler, etc. ; **na ~** : bêlement

bèba : bêler

bèba : chevrotement [d'un bouc]

bululu, DKF, 69 : chèvre

𓏭𓄿𓃀𓀠 **ib**, EG, 552 : supposer, imaginer ; CDME, 15 : penser, supposer

bàla, DKF, 11 : penser, méditer, calculer

bàlala, DKF, 12 : penser, méditer sur

bámbu-bámbu, DKF, 14 : qui peut se rappeler de ; qui peut faire souvenir [du cœur]

bàmbula, ~ **mooyo** ou **n'tima** : se rappeler, faire souvenir

beba, DKF, 25 : faire attention [à]

𓏭𓄿𓃽 **ibA**, CDME, 15 : danser

mbála, DKF, 518 : sorte de danse ; frappement des pagnes, des essuie-mains, etc., en dansant

yìmmba, DKF, 1134 : chanter

yìmbila: chanter, dire la messe, chanter [comme les oiseaux, chanteurs]

yínda, 1135 : sorte de danse

𓏭𓃀𓏏𓃾 **ibAw**, CDME, 15 : un mouton barbare

wíba : frapper

wībula, **wībumuna** : frapper

yibumuna,DKF, 1131 : attaquer violement, vivement [un ennemi]

yímmba, DKF, 1134 : attaquer

𓏭𓄿𓃀𓈖𓀀 **ibH**, CDME, 16 : ruisseau

binga, DKF, 42 : qui est long et étroit ; grêle

𓏭𓃀𓏏 **ibH**,EG, 553 : dent

bínga, DKF, 42 : crier, appeler

yābala, DKF, 1110 : crier, geindre

yāabana : crier, geindre [comme un bébé]

𓃾𓏏𓈖𓀀 **ibH**, EG, 553 : « a priest who pourest libations or the like »

bīngu, DKF, 42 : défense, commandement, précepte

bīngula : s'informer ; parler de qqch d'avance, prédire, prophétiser

būngula, DKF, 78 : verser, répendre [du sang]

būngula : donner à manger

ibi, EG, 552 : avoir soif ; **ibt** soif

bídi, DKF, 35 : ce qu'on donne pour goûter [se dit aussi du vin de palmier] ; vin de palmier qu'on laisse dans une tasse pour faire boire un autre

ibs, CDME, 16 : « headdress of king »

yàbama, DKF, 1110 : recouvrir de qqch; être au-dessus [un couvercle]; s'envelopper [d'une couverture]; jeter un morceau d'étoffe, un manteau par-dessus les épaules

yàbika : couvrir, recouvrir, fermer, boucler ; couvrir de qqch, dorer, etc. ; envelopper de, voiler, cacher, revêtir, couvrir d'une enveloppe

ibT, CDME, 16 : piège d'oiseau

n'támbu, DKF, 786 : piège, trappe, lacs, filet, grande nasse

yabuka, DKF, 1110 : être pris dans [un piège, etc.]

ibw, EG, 552 : refuge

búubu, DKF, 59 : mur, pignon d'une maison qui n'a qu'une porte ; **nzo a ~** : maison qui n'a qu'une porte, c'est-à-dire il n'y a pas de porte derrière

yímba, DKF, 1126 : guérite, maisonnette d'une sentinelle ; maison mortuaire, de deuil ; maison, hangar commun à un village, employé pour un procès, etc. ; véranda, vestibule, portique, saillie devant une maison, entrée ; [ré] bord de chapeau

yómbo, DKF, 1140 : hauteur d'une maison

id, CDME, 9 : garçon

275

id, [?] OC, 278 : enfant [lecture incertaine]

idyt, EG, 556 : fille, fillette, bonne jeune fille, non mariée

denda, DKF, 112 : marcher comme un petit enfant

didi, DKF, 115 : qui est petit, peu de, petit nombre ; **umudidi** : petit [homme], **iminu idìdi** : peu de foi

lw-élo, DKF, 467 : petitesse, exiguité, finesse, modétation, tempérence ; sobiété, petit, fin, étroit, mince, qui n'est pas développé

ki-ndénde : garçon, fille, jeune homme, adolescent, fille vierge, bonne, servante

ndèzi, DKF, 667 : petit graçon, petite fille ; bonne d'enfant, nourrice sèche, placenta

ndwélo, DKF, 677 : qui est petit, faible, insignifiant, fin, mince, peu, voix faible, mince, de fausset

yīdikà, DKF, 1131 : qui est grand –personne)

yìdima : pousser touffu, croître abondamment, verdoyer richement, grandir, devenir grand et fort (se dit d'une personne)

yìdi-ngíngi, DKF, 1131 : innocence, simplicité, sans intelligence (les enfants, etc.)

idA, CDME, 35 : lisse, onctueux, régulier

dé, dēe, na~, DKF, 109: figure au sens d'être d'accord, précis, etc.; **i ~, i dede**: c'est précis

dēeda: égaliser, aplanir, lisser, rendre lisse, égal; aplanir (des difficultés); tailler, émonder, couper uni, égal

dídi, na ~, DKF, 115 : dur, coriace

idb, EG, 556 : bord (de rivière), espace cultivé

bànda, DKF, 15 : grand ams d'eau, bassin, étang ; marais, endroit profond ; où on laisse tremper le manioc

bánda, va, ku, mu ~ : en bas, au bas ; ci-dessous ; vers le bas ; au pied de (de la montagne)

ndàbu, DKF, 661 : pays bas, de marais, marécage, vallée où on plante des palmiers, place à part

ndámbu, DKF, 663 : côté, bord (d'une rivière) ; côté, rivage, à côté de, devant ;

nda-ndambu, DKF, 663 : bord, etc.

n'dímba, DKF, 669 : vallée, val, plaine, terrain uni, campagne

vìnda, DKF, 1065 : lisière, bord, ourlet, bord cousu sur une étoffe

yánda, DKF, 1116 : une place plus bas, au-dessous ; fond, vallée

idHw, EG, 556 : les marais du Delta

ntéka : terre, glaise, boue, limon, fange, mortier de terre glaise.

ntáya, DKF, 789 : vase, limon

idi, EG, 556 : être sourd

dīdidi, DKF, 115 : oubli, faute

yīdikila, DKF, 1131 : prêter l'oreille mais ne pas répondre ; désobéir

yíti, DKF, 1137 : ignorance

wā ou ūa, DKF, 1089 : entendre, écouter, prendre garde, comprendre, observer, considérer, saisir, sentir (une odeur), percevoir (un son), obéir

wìdi, DKF, 1097 : trompette de guerre ou d'alarme

wīdikila : écouter, prêter l'oreille mais ne pas vouloir répondre ou obéir

idmi, EGEA, 202 : lin rouge

yāaluka, DKF, 1113 : devenir rouge, jaune ; être mal (de l'herbe qui n'a pas été bien brûlée)

yende, DKF, 1127 : jupe, franges

yìdyama, DKF, 1132 : briller, luire

idn, EG, 556 : remplacer ; CDME, 35 : gouverner

idr, EG, 556 : attacher ; bandage ;

idr : troupeau

idr, OEP, 384 : rapiécer

yìlana ou **yìlana-yìlana**, DKF, 1133 : briller (ordin. de graisse)

yòdi-yòdi, na ~, DKF, 1139 : luire, resplendir

yàadi, DKF, 1110 : qui règne bien ; régent

yàala, DKF, 1112 : régner (gouvernement) ; diriger, conduire, provoquer à, accepter une fonction publique

yàala : qui prennent part au gouvernement, vice-roi, gouverneur, etc. ; gouvernement

yèle-yèle, DKF, 1125 : habitude de faire qqch pour autrui, à cause d'autrui, parce que cela doit être ainsi, pour ressembler aux autres, d'après l'opinion courante ; versatile, faible de caractère ; bonté, bienveillance

lònda, DKF, 405 : raccommoder, réparer, rapiécer, remettre des morceaux ; coudre ensemble

lǒndo-lǒndo, na ~ : bien raccommodé, rapiécé

ndádi, DKF, 661 : contrat de mariage, le village où on est marie, beau-frère, alliance, famille du beau frère

ndònda, DKF, 672 : réparation, qui est raccommodé, réparé

ndòndidila : raccommodage, réparation

nzádi, DKF, 820 : beau-frère, belle-sœur, amant

yètuka, DKF, 1129 : tomber en morceaux, se séparer, s'ouvrir (comme un livre) se défaire ce qui tombe spontanément, se précipiter, s'ébouler, tomber (un morceau d'une marmite)

yètula, DKF, 1130 : séparer, défaire, ouvrir (un livre) ; casser un morceau de (d'une brochure, etc.)

yùnda, DKF, 1146 : l'antilope **nsesi**

278

idryt, CDME : punition

idw, CDME, 35 : peste

ifd, EG, 553 : fuir ; **ifdy** : un tissu, quart de tissu

yúta, DKF, 1148 : être amassé en grand tas en foule, un quantité (de gens, des animaux, etc.)

yútu, **na ~** : en masse, foule, multitude

ndola, DKF, 672 : châtiment, punition

ndudikilwa, DKF, 673 : règle, loi

ntailu, DKF, 785 : sentence, punition

yàluka, **~ mooyo**, DKF, 1113 : être tourmenté ; être maltraité ; souffrir, agoniser

yàluka, DKF, 1113 : être guéri, se guérir

fìdila, DKF, mener, conduire

fìdingina, DKF, 147: s'approcher

fíla, DKF, 149 : pousser, déplacer, conduire, amener, mener ; accompagner, faire escorte ; tourner (le corps) ; expédier, envoyer

fìnama, DKF, 150 : être près de, tout près ; aller, venir de ; s'avancer ; se rapprocher ; être contigu à, voisin de ; toucher à, approcher de, aboutir

fúdi ou **pfúdi**, DKF, 155 : coton

fúnda, DKF, 163 : paquet d'une feuille ; feuille de palmier, etc. pliée (recourbée) pour y conserver des poissons, etc., boîte, petit sac, **nkisi**-sac, baluchon, paquet (lié)

fúnnda : paquet, balle, petite charge dans un morceau d'étoffe, etc. ; couverture, étoffe pour ensevelissement, estomac

mfìnda, DKF, 553 : nom d'une étoffe ou couverture noire

mvùdi, DKF, 637 : qqn qui s'enfuit ; qui a commis quelque faute, une erreur, un crime ; qui est envieux, méchant ; barbouillage

279

vùda, DKF, 1022 : courir fort, vite, rapidement, vivement (sur le chemin ou dans l'herbe) ; s'enfuir, fuir, marcher, errer, circuler ; courir, s'en aller en courant, ordinairement dans l'herbe (sans chemin) ; ne pas vouloir payer ; refuser, nier

yàfula, DKF, 1111 : marcher à quatre pattes

yàvula, DKF, 1121 : ramper (les enfants) ; marcher à quatre pattes ; en rampant ; marcher comme un caméléon

igp, CDME, 32 : 1. nuage, 2. être couvert, du ciel

ngambwila, DKF, 683 : étendu du ciel, de l'atmosphère, de l'air, du firmament, des cieux

igrt, CDME, 32 : royaume des morts

ngànda, DKF, 683 : maison désertée d'un mort, maison de deuil

yōngo, DKF, 1141 : les morts

iHw, CDME, 28 : étable

vínga, DKF, 1066 : pièce (d'un appartement), chambre intérieure ; annexe ; partie, division, section (ord. à l'intérieur, dedans)

iHw, CDME, 29 : faiblesse

ngóvo, DKF, 693 : déception ; c. adj. adv., pour rien, en vain, inutilement, pour aucune cause ; libre, gratis, sans salaire

vínga, DKF, 1066 : personne qui n'est pas initiée à un **nkisi** (**Lemba**)

yàku, DKF, 1112 : en lambeaux

yènguka, DKF, 1129 : être détché de ; un morceau se casse à

iHms, EG, 581 : « occupant » (in titles)

yākama, DKF, 1111: soigner, s'occuper de, diriger

iHms, CDME, 29 : attendant

ih, PAPP, 336 : douleur

kāka-kaka, DKF, 202 : douleur, chagrin

ngàu, DKF, 685 : douleur dans le corps

ngàwa : douleurdanslecorps

yakama, DKF, 1111 : avoir la colique, la flatuosité

yángi, kiy., DKF, 1118 : violente douleur au bas-ventre après les couches

yōngufuta, DKF, 1141 : chatouiller

yùkila, DKF, 1144 : qui fait souffrir par douleurs lancinantes, par accès

ihb, CDME, 28 : rituel de danse

kína, DKF, 262 : danser, sauter, gesticuler comme à la danse

nkāba, DKF, 704 : jeu de **mbele** et mouvement de danse ; celui qui perd au jeu de mbele

ihhy, CDME, 28 : réjouissance

há-há ou **há-hàa**, DKF, 187 : onomatopée pour indiquer le rire

hāaha, **kihaaha** ou **maháha** : vanterie, bablerie

hūhudila, DKF, 192 : qqch pour jouer

kàaka, ~ **dyatusevo**, DKF, 201 : éclat de rire

yánnga, DKF, 1117 : jouer, s'amuser, se divertir ; être joyeux (se dit des enfants qui ont été malades et qui reprennent goût aux jeux)

yeki-yeki, kiy., DKF, 1124 : criant de joie

yòkuka, DKF, 1139 : être ravi, enchanté ; jubiler

yòkula : crier et chanter

ıı̣̄ **ihm**, EG, 554 : repousser, retenir, etc. ; traîner, marcher lentement

kāmama, DKF, 207 : être endigué

kamba, DKF, 208 : berge, tranchée, levée, digue, rempart

kámba : couper, croiser, courir, aller, marcher, tendre un guet-apens, une embûche à qqn

kāmbana, DKF, 209 : se rencontrer en venant de différents directions

kāmbula, DKF, 209 : repousser, parer (un coup), éviter, bousculer

ıı̣̄ **ihw**, EG, 554 : camp (militaire)

yiku, na ~, DKF, 1132 : beaucoup de ; foule, grand nombre

ıı̣̄ **ii**, CDME, 10 : vieille particule de négation

ăà ou **áà**, DKF, 1 : interj. nég. non ! non pas ! ah non ! mais non ! certainement pas !

yéehe, DKF, 1123 : interj. négative

yèese, 1129 : interj. nég., je ne sais pas, j'ignore, ne puis dire, pas que je sache

ıı̣̄ **ii**, EBD, 53 : venir

hyà, na ~, DKF, 193 : qui entre précipitamment dans un piège, un trou (de rat)

kìya, DKF, 296 : aller, marcher, errer, déambuler, bouger, se mouvoir, etc. ; voyage, marche, promenade, exécution, course

nzándi, DKF, 822 : qui vient

vyávya : promptitude à faire qqch (à tirer, etc.) ; vitesse, ardeur infatigable, presse

yèe, DKF, 1122 : aller

yīima, DKF, 1134 : errer, rôder, voler, planer (un épervier)

yīmana : rôder

ikkw, CDME, 32 : conseillers

yìiyana, ~ **nzila**, DKF, 1138 : passer par des chemins différents pour ne pas se rencontrer, etc.

n'kàaka, DKF, 705 : loi, décret, arrêté ; règle ; alliance

yíka, **yïika**, DKF, 1132 : appeler, nommer, désigner, parler de, dénominer, viser, faire allusion à, mentionner, faire observer, dire qqch à propos de, donner un sobriquet

yika : reprendre, donner des ordres, ou des directions

yïika : comprendre, apprendre, savoir

yïngila, DKF, 1136 : bavarder sans cesse, jaser comme en délirant

yōkuka, DKF, 1139 : connaître, savoir bien ; être instruit, très familier avec

ikn, CDME, 32 : coupe

nkímbi, DKF, 719 : baril, pot, caque d'écorce ou du bois

yúki, DKF, 1144 : pot de terre, cruche à eau

yúku : cruche à eau

ikn, EG, 555 : tirer (l'eau)

kàna, DKF, 211 : être sec, séché; se sécher (p. ex. du manioc sur le toit)

yánga, **kiy.**, EG, 1117 : endroit où on sèche du manioc

iknw, CDME, 32 : houe

kánnda, DKF, 211 : fouiller, piocher, creuser pour découvrir

kwòna, DKF, 361 : houer peu profondément ; gratter avec la houe ; racler ; ôter la saleté, se curer (sous les ongles)

ikw, PAPP, 226 : carrière de pierre

kúku, DKF, 326 : pierre généralement brûlée, scorie, semblable à un nid de termities, généralement employée pour mettre des marmites sur l'âtre ; d'où : pied d'une marmite ; âtre, foyer

yáka, DKF, 1111 : mur, paroi, muraille

im, EG, 553 : là, de là

mīmi, DKF, 566 : précisément ceux-ci, ceux-là

im, CDME, 17 : forme

yìmmba, DKF, 1134 : croître, convenablement, abondamment (feuilles, poils, etc.) ; croître avec de nombreux rameaux (palmiers sans nettoyage ou émondage)

im, CDME, 17 : gémir

imt, CDME, 18 : gémissement, chagrin, douleur

mìmana, DKF, 565 : être sombre, silencieux ; découragement

yàma, DKF, 1114 : brûler, piquer, démanger, être tourmenté, sentir la douleur, chatouiller, cuire, faire mal, s'allumer, s'enflammenr, brûler ; tourment, douleur intense

imw, CDME, 18 : chagrin, douleur

yàmmba, DKF, 1114 : bavarder, dire le vrai et le faux, pleurer, se lamenter, geindre

imi, EG, 553 : pleurer, **imw** : deuil

yémba : état maladif, commencement de la maladie du sommeil

yēmbalala : être silencieux, peu communicatif, avoir la tête penchée, être sérieux, être interdit, être négligeant, être malingre et découragé

yémbe : pauvreté indigente

yémbe : individu incarcéré pour un crime

yembe, kiy. : faute, cause

yēmbadala :s'obscurcir

yēmbalala : faire sombre, faire nuit

284

yèmbelè, na ~ : DKF, 1126 : muet, concis, sombre, sérieux, grave, temps pluvieux et sombre, abattu, sans courage, triste, désolé embarrassé, timide

yima, DKF, 1194 : chanter, chanter dans l'extase ; chanter des chants funèbres, aller en pleurant et en chantant (les femmes) après la mort d'une personne ; **~ na nsi** : être triste

yōmfitila, DKF, 1140 : chatouiller

yōmfo, na ~ : qui chatouille

yōmfuta : chatouiller

im(A) w, CDME, 20 : tente, hutte

yàmbika, DKF, 1115 : poser, placer qqch sur qqch, couvrir, cacher ; envelopper, voiler ; étaler qqch

imAw, CDME, 20 : lumière, splendeur

yámbi, DKF, 1114 : lumière, jour ; **na ~** : il fait clair, jour, très clair (comme d'un flambeau) ;ouvert, clair, vide (place, vallée, plaine grande et ouverte) ; grande étendue d'eau

yànnga, DKF, 1117 : briller, luire comme la graisse, qui vient sur la surface et se propage au-dessus d'un plat

yìnika, DKF, 1136 : éclairer, luire sur, paraître soudain (comme la luciole)

yoomuka, DKF, 1140 : paraître (jour)

yōnuka, DKF, 1141 : le jour paraît, il se fait jour

imAxw, OEP, 391 : vénéré ; CDME, 20 : le vénéré (se dit d'un mort bienheureux)

máka,DKF, 479 : esprit, spectacle étonnant, erreur d'optique, fantôme, revenant, spectre ; chose merveilleuse, incroyable, inouïe, phénomène ; **bwa, mona ki ~** : rencontrer, voir un esprit ; **fwa ki ~** : mourir sans cause, mourir naturellement (porc)

yōngo, DKF, 1141 : les morts

imDr, CDME, 22 : rempart

yōngama, DKF, 1141 : être grand, élevé, s'élever, s'étendre en hauteur (comme une tour) ; être debout, être haut

yōngika : élever, monter haut, hausser, rassembler

yùnguka, DKF, 1147 : augmenter, s'agrandir, etc.

yùngula : faire grandir, pousser rapidement

imHt, EG 553 : « nether-world »

yènga, DKF, 1127 : précipice, ravin, gouffre, grotte

imi, EG, 553 : verbe négatif, « imp. **m** negating imper. »

mbo, **mboo**, DKF, 532 : interj. nég, ~ ou ~ **kwandi** : je ne sais pas ;~ **kwami** : je ne veux pas

memata, DKF, 548 : douter

imn, DKF, 21 : créer

n'lònda, DKF, 747 : chose, cause, raison, affaire

yìma, DKF, 1134 : porter du fruit, fructifier, monter en graine, perdre sa graine, donner de la graine

yìmita : concevoir, engendrer, devenir enceinte (animaux ou gens)

var. dét. **imn**, EG, 553 : cacher

lèmbi, DKF, 392 : pièce d'étoffe devant ou derrière

lombama, DKF, 404 : être caché

lombika : cacher

mìna, DKF, 566 : avaler, absorber, engloutir, dévorer

m'mìni, DKF, 567 : qui avale

minika : bien cacher, presser, panser, bander une plaie, une blessure

yàmbadala, DKF, 1114: être tout ouvert

yàmbika, DKF, 1115 : poser, placer qqch sur qqch, couvrir, cacher ; envelopper, voiler ; étaler qqch

Imn, EG, 553 : Amūn, le dieu de Thèbes ; OC, 128 : « "Imn" (Amon) signifie : "Le Voyant", "Le Grand Dieu" (du fait qu'il domine tout de sa vue, à cause de son regard proprement panoramique) »

mana, **ta**, **teela ~**, DKF, 492 : croire

imnra, LES, 61 : Amon –Râ

Nzámbi, DKF, 821: Dieu, l'être suprême qui ne se laisse pas toucher, émouvoir par des **nkisi** ou des conjurations mais qui fait ce que bon lui semble, le grand esprit inébranlable (dont on ne trouve ni image, ni idole); divin, qui appartient au **Nzambi** et pas aux hommes, ce qui est mortel, nuisible, empoisonné

imnt, EG, 502 : l'Ouest

lu-néne, DKF, 436 : la droite ; Est, Orient ; (à) l'Est ; (à) droite

n'néne, DKF, 680 : côté droit, l'est ; **kuna ~ wa** : à droite, à l'est,**kooko kwa ~** : (à) main droite

imr, CDME, 21 : être sourd

yáma, DKF, 1114 : crier, appeler

yáma : ostentation, bravade, rodomontade, vanterie

yàmmba : bavarder, dire le vrai et le faux ; pleurer, se lamenter, geindre ; bénir

yàmbila, DKF, 1115 : causer, converser, s'entretenir, bavarder, faire un bruit de tonnerre, tonner ; quereller, faire du vacarme ; pleurer (les enfants) ; vilaines conversations avec des femmes pour les incinter à la débauche ; se trouver, séjourner, être avec qqn

yāndakana, DKF, 1116 : crier, appeler

yāndala : demander, s'informer ; parler, crier en colère

yāndalala : ne rien savoir, ne pas pouvoir répondre

𓇋𓏏𓅓 imy, CDME, 18 : qui, qui est dans, en ce qui est

mu, DKF, 593 : en dedans, par là, à cet égard

𓇋𓏏𓄣 imy-ib, CDME, 18 : favori

yémba, DKF, 1126 : donner, faire cadeau de, payer largement

yēmbula, DKF, 1127 : donner, faire cadeau

𓇋𓏏𓅓𓇋𓉐 imy-is, CDME, 18: conseiller (« concillor »)

yòma, DKF, 1140 : parler très haut, faire du tapage, bourdonner (comme au marché)

yómbi : avocat

𓇋𓈖 in, CDME, 22: ainsi dit (« so says »)

𓇋𓈖 in, PAPP, 97 et 98 : c'est

𓇋𓈖 in, EG, 552 : en effet

ánsi, ánsye, DKF, 4 : oui

enga, é-nga, DKF, 145 : oui

énsi : oui

ina, DKF, 195 : pron. dém. et rel. de la cl. sing. i, yi (= bi)

ina : pron. dém., etc. de la cl. sing. m, n

ínga, DKF, 196 : interj. affirmative, oui, si (fait)

ma-yīdingi, DKF, 513 : qui est fou

ma-yíngidi, DKF, 513 : commencement de la toquade, de la folie ; manie de bavarder, jaser comme en délirant, comme en vertige ; dureté, cruauté

ma-yìngila : manière de bavarder sans cesse (commencement de la folie) ; rêves qui inquiètent, que l'on ne peut pas comprendre ; qui est un peu fou

288

nde, DKF, 664 : certes, ainsi, comme ainsi que

yénga, DKF, 1128 : crier d'une voix aiguë, comme un grillon ; craqueter ; bruit de plaintes, de sanglots, de qqch qui est prêt de cuire, de bouillir (eau, etc.) ; frapper qqn, tirer un coup de fusil

yìnga, DKF, 1135 : bavarder

yínga, DKF, 1136 : oui

yīngana : invoquer

yínga-yinga : oui, oui qui est n'importe comment, qui dit oui à tout, qui est facile à tromper ; niais, personne pauvre, méprisée

yìngila : bavarder sans cesse, jaser comme en délirant

yìnginina : murmurer, fredonner, entonner un chant funèbre

in, EG, 554 : retarder, s'attarder, sin :le même sens

-ānana, DKF, 3 : suffixe verbal d'att. ou d'état des verbes à racine en m ou n. Ils indiquent un repos, un état, une position

nánga, DKF, 657 : tarder, attendre, rester, séjourner quelque part plus ou moins longtemps demeurer (pour quelque temps) ; être stable

sína, DKF, 901 : cesser

sina : durée longtemps

sīnduka, DKF, 902 : aller avec difficulté, répugnance, à contrecœur

sīndula : faire qqch avec difficulté, lenteur, faire avancer qqn en l'exhortant, en l'encourageant, etc.

in, OC, 272 : apporter

in, PAPP, 77 et 84 : atteindre

nānaba, DKF, 657 : aller, s'en aller aux champs ou dans la forêt, parce qu'on a faim, pour y trouver à manger

ini, CDME, 22 : 1. apporter, chercher, emporter, faire survenir ; 2. enlever, surpasser ; 3. atteindre ; 4. acheter ; 5. nommer (**r** : à une position) ; 6. utiliser ; 7. dans **in m** : avoir recours à

iin, CDME, 23 : corde (d'un bateau)

ina, CDME, 23 : menton

inb, EG, 554 : mur

nániba, DKF, 658 : aller, aller chercher des vivres (dans le champ, au jardin à cause de la faim)

nàta, DKF, 659: porter, mener, amener, prendre avec soi, entraîner, emmener, transporter, enlever, expédier, prendre avec soi (comme compagnon, porteur)

nàti, DKF, 660 : porteur

nàtu : charge, fardeau, faix, qqch qu'on porte

yādika, DKF, 1110 : aider à un accouchement, soigner la mère, allaiter l'enfant pendant quelque temps, aller chercher du bois et de l'eau et apprêter le manger à une femme en couche

yālama, DKF, 1113 : être délivrée, secourue pendant l'accouchement

yánda, kiy., dia ki ~, DKF, 1116 : jurer, prêter serment

n'sìnga, DKF, 767: attache, cordon, ficelle, corde; liane, végétal grimpant, rampant, à vrille, à sarment; (**My, Piptadenia africana**), cordon, filet, tissu, lacet, ceinture, fil (de télégraphe)

nsínga, DKF, 768 : fibres du palmier ; poils de la queue de l'éléphant ; cordon spermatique des testicules du porc ; cordons semblables au bois, aux fibres

yèedi, DKF, 1123 : menton, barbe

yèdo : menton

làmmba, DKF, 379 : s'étendre, s'allonger (aussi une histoire) ; durer longtemps ; croître en longueur (p.ex. une plante grimpante) ; ramper, s'élever, s'enrouler en hauteur ;

reposer : être étdnu pour dormir ; dormir chez une femme (coït)

lèbama, DKF, 386 : se tapir, se cacher, dissimuler

n'làmba, DKF, 742 : longueur, étendue

n'làmbala : hauteur ou longueur, p.ex. d'une maison

n'làmba-n'lamba, DKF, 743 : hauteur, longueur d'une maison

n'landabala : hauteur, longueur d'une maison

inbA, OC, 290 : être muet

bábá, DKF, 5 : bégayer, parler comme un muet

bábá : qui est sourd-muet ; bègue, sot, bête

bàbakana, DKF, 6 : bégayer, parler en bredouillant, pleurer (enfant)

yàmmba, DKF, 1114 : bavarder, dire le vrai et le faux ; pleurer, se lamenter, geindre ; bénir

yàmbila, DKF, 1115 : causer, converser, s'entretenir, bavarder, faire du bruit de tonnere, tonner ; quereller, faire du vacarme ; pleurer (les enfants) ; vilaine conversation avec des femmes pour les inciter à la débauche ; se trouver, séjourner, être avec qqn

yēmbelè, na ~, DKF, 1126 : muet, concis, sombre, sérieux, grave ; temps pluvieux et sombre ; abattu, sans courage, triste, désolé, embarassé, timide

inD-hr, CDME, 24 : saluer

yāndakana, DKF, 1116 : crier, appeler

yāngalakana, DKF, 1117 : pleurer, crier à haute voix

yāndala : demander, s'informer ; parler, crier en colère

yăndalala : ne rien savoir, ne pas pouvoir répondre

yăndana : s'informer au sujet d'un objet perdu, faire des questions, une enquête

yăndana : crier, pleurer, hurler

ind, EG, 554 : (être) malade ; maladie

sínda, DKF, 901 : soigner une personne malade jusqu'à sa guérison

yindu, DKF, 1135 : manque d'habilité à la chasse ; **ki ~** : maladresse à la chasse

yúnnsa, DKF, 1149 : aller voir, voir un malade ; essayer, faire un effort

yūnsibila : voir en détail, analyser, examiner de toutes les façons

yúnnza : soigner un enfant (qui semble vouloir mourir) pour qu'il vive

inh, EG, 334 : sourcil

lu-kíka, 423 : cils ; paupière

n'kíka, DKF, 719 : sourcils ; paupières, paravent, écran

inmw, PAPP, 80 et 86 : peaux

inm, EG, 554 : peau

nítu, DKF, 703 : corps, chair, graisse, embonpoint ; couleur, apparence

yùuna, DKF, 1146 : éplucher, dépouiller, enlever la peau, l'écorce, etc. ; peler, écorcer, tirer de l'herbe (d'un toit d'herbe) ; effiler, érailler

Yùuna : nom propre = qui arrache le pagne à qqn

inn, CDME, 23 : pron. indép. 1ère pers. pl., nous

yèeto, DKF, 1129 : pron. pers. 1ère pers., nous

inp, CDME, 23 : pourrir ; délabrement

Inpw, EG, 554 : le dieu à tête de chien Anubis (« Dieu chacal (…), il introduisait les morts dans l'autre monde et veillait sur les tombes. DAE, 44 » ; : prince couronné, enfant royal

inq, EG, 554 : envelopper, embrasser

inH, EG, 554 : entourer, enfermer

mpadi za mazunu, DKF, 573 : polype, maladie du nez

mbúlu, DKF, 539 : chacal (**Canis adustus**) ; renard (dans la Bible) ; couverture grise qui ressemble à un chacal

Mbumbulu (dans **Mvumbi Mbumbulu**), EB, 420 : individu à qui **Nzala Mpanda**, un envoyé de **Nzambi Mpungu** (Dieu) chez les Bakongo, donna « des Nkisi très puissants ».

mbwá, DKF, 544 : chien

mbwá: les cheveux ou les ongles d'un mort ou d'un vivant qui sont mis dans un**nkisi** pour découvrir qui a causé la maladie ou la mort, car le coupable devra mourir

Mbwá ou **Nambwa** : **nkisi** ; nom d'un chien, nom propre

mfúmu, DKF, 557 : chef, maître, seigneur, régent, roi, empereur ; frère, aîné, propriétaire d'un domaine ; homme libre ; né libre ; noble, (titre) monsieur, madame, royal, libre

mpíka, DKF, 581 : le premier-né des jumeaux (si c'est un garçon)

mpú, DKF, 587 : couvre-chef, chapeau, casquette, bonnet, couronne, diadème

mpùngi DKF, 589 : une jeune et charmante créature, homme ou femme

yúnga, DKF, 114 : déployer d'amples vêtements

yúnga, manteau, cape, pardessus, tablier, habit, chemise (en général) ; étoffe noire

zínga, DKF, 1166 : mettre au maillot, envelopper, lier, attacher, tourner, virer, enrouler, friser, boucler (cheveux)

zínga, kiz. : coquille, en forme de viz

zinga : coquille

zīngana : être au maillot, être enveloppé, s'embrasser, s'entrelacer

zōngula, DKF, 1172 : faire qqch de rond (un trou rond, une fosse, etc.) ; faire un arceau, un cercle

zyōngula, DKF, 1183 : faire qqch de rond (fosse, trou)

inr, PAPP, 79 et 85 : pierre

tádi, DKF, 943 : pierre, toute pierre dure, caillou, silex d'un fusil, écueil ; capsule ; roche, rocher, roc, récit ; souche, crayon d'ardoise, nom secret d'un œuf (pour empêcher la poule de comprendre qu'on parle de son œuf)

tádi, DKF, 944 : fer, métal ; un article, outil, instrument métallique, p. ex. chaîne de fer, liens, entravers, enclume, broche, levier de fer, chandelier, encrier, chaîne, pince, clé, etc. ; hache, cognée, boucle d'œilles ; ferrugineux, métalique, d'acier

inst, CDME, 24 : jarret

sìngini, singinyi, DKF, 903 : talon; souche d'arbre

inT, CDME, 24 : enchaîner, entraver

yìnda, DKF, 1135: trappe

int,EG, 554 : « the bulti-fish »

nErreur ! Signet non défini.'tíma, DKF, 794 : un poisson Eutropius Lemairii

nzónzi, DKF, 831 : petit poisson (spilotaenia) ; ~ amfubu (Barilius Fasciolatus);poison qui ressemble au hareng, sardine ; ~ zamputu

int,EG, 554 : vallée

n'zánza, DKF, 823 : plateau, colline très allongée, plate, grande terrasse gazonnée

tìma, DKF, 972 : creuser ; piocher profond, un trou, une fosse, un puits ; évaser, évider, excaver, faire sauter des rochers, des pierres ; peler, gratter profond

intnt, CDME, 24 : empêcher

yínda, DKF, 1135 : chasser ; mettre dehors

inty, CDME, 24 : empêcher, traîner

n'tīntakani, DKF, 795 : qqn qui est gros, ferme, bien musclé

ntínti : propreté scrupuleuse, répugnance à toucher qqch de malpropre ou des doigts sales ; délicatesse, exactitude, humeur difficile ; exact, difficile, fin, délicat, propre, méticuleux

ntīnti : désobéissance ; fierté, bravade

n'tīntibidi : grandeur ; qqch de grand

ntīntibidi : raideur, rigidité, qui est raide, rigide, droit

yēndiba, DKF, 1127 : être lourd, pesant

inw, CDME, 23 : motif, patron, modèle

yánga, DKF, 1117 : un modèle à tresser (d'un mur)

insy, CDME, 24 : lin d'un rouge brillant

sīnsama, DKF, 904 : être fort, solide, ferme, splendide, superbe, magnifique ; forte (étoffe)

yìnzuka, DKF, 1136 : luire (se dit du visage, de la peau)

ip, OC, 283 : compter, énumérer

phàapa, DKF, 844 : multitude, quantité ; nombre ; plusieurs

ipt, EG, 553 : une mesure de capacité = 4 hekat ou 18 litres

phāapa : peu, un peu, partie ou petite quantité de qqch, reste (de vin de palmier, etc.) ; plein la main de (les arachides)

yába, DKF, 1109 : grande chope évasée

ipA, CDME, 17 : bureau privé

yémba, DKF, 1126 : guérite, maisonnette d'une sentinelle ; maison mortuaire, de deuil ; maison, hangar commun à un village, employé

ipAt : bureau privé

ipp, EG, 343 : examiner

ipt, BMSEA, 116 : massue

ipt, EG, 553 : mission, message, occupation

ipw, CDME, 17 : ceux-ci

pour le procès, etc. ; véranda, vestibule, portique, saillie devant une maison, entrée ; (re) bord de chapeau

pāpata, DKF, 845 : fureter, tâtonner

pòpata, DKF, 852 : tâtonner, chercher qqch en tâtonnant (comme un aveugle)

vàvula, DKF, 1053 : chercher après, rechercher, fureter (dans l'herbe) ; fouiller (dans la terre) ; être en quête de

vàavulula : examiner, peser

vàava, DKF, 1053 : chercher, rechercher, être en quête de ; fureter, voir, regarder si, glaner ; désirer, vouloir avoir

Kí-mpeete, DKF, 257 : nom de village ou croît les arbres **mpéete**

lu-véete, DKF, 457 : un arbre sur la bande ou fruit de cet arbre

mpéete, DKF, 580 : un arbre

Mpéete : nom d'un cours d'eau, où il croît des arbres **mpeete**

m'véete, DKF, 633 : un arbre vigoureux et dur des steppes (**Hymenocardia acida**)

m'véti, **mvéete** ou **n'ɣeti** : arbreste (**Hymenocardia acida**)

ya-bu, DKF, 1110 : oui, c'est ainsi

yābukisa(-usa) : débrouiller une affaire ; annoncer, révéler, découper, dépiécer

ya-fúu, DKF, 1111 : un serment, une affirmation

ipf : ceux-là

ipn : ceux-ci

iptw : ceux-ci

iptwt : celles-ci

iptf : celles-là

iptn : celles-ci

iqdw, PGED, 66 : le créateur, le constructeur, le maçon

yéebi-yéebi, DKF, 1122 : pron. dém. indéf., cl. **bi**, ceux-ci ou ceux-là, n'importe lesquels

kanda, DKF, 212 : style, façon, modèle, dessin

tūa, DKF, 987 : entreprendre de construire un nouveau village; enfoncer ses pilotis : camper, bâtir, édifier

tūa : camp

túnga, DKF, 998 : coudre ; faire de la dentelle ; tresser (des tapis, etc.) ; faire un ourlet, un ourlet, un bord sur un vêtement ; attacher (un filet) ; tricoter ou faire qqch en filochant avec de la ficelle, du fil, etc. ; attacher ensemble (les herbes d'une maison) ; bâtir, construire (une maison) ; fonder, former (p. ex. une congrégation), habiter, séjourner ; fig. édifier, enseigner, exhorter pour l'édification ; se presser ; se rassembler, s'amasser (comme le pus, le sang des varices) ; se fixer pour demeurer quelque part, s'installer

túnga,kit. : pieu, colonne ; poteau de mur ; maison ; cabane, hangar

tūnguna, DKF, 1000 : sculpter, mettre en relief, soulever au levier

twā ou tūa, DKF, 1005 : couvrir (de peinture) ; être bien, beau, joli, superbe, convenable (au but) ; aiguisé, tranchant

twā : construire ; camp

𓍋𓍦𓏤 iqr, EBD, 101 : parfait ; CDME, 31 : 1. digne de confiance (personnes) ; capable ; excellent (plan) ; plaisant (discours) ; bien à faire ; supérieur (en rang) ; excellent (chose concrète ou abstraite) ; 2. richesse ; vertue ; excellence

kēdikà, DKF, 226 : vérité, le vrai, véracité, véridicité ; réalité, certitude, vrai, sûr, certain

yēlakana, DKF, 1125 : pouvoir être essayé ; être précis, complet, aller (bien)

yēlakani, na ~ : précis, semblable

yèle : être intelligent ; honorer, révérer ; intelligent, entendu, adroit, juste

yèle : intelligence

yēlekà, n'kwa ~ : une personne véridique

yèlekete : fin malin

yénge, DKF, 1128 : paix, tranquillité, repos, amitié, sympathie, intelligence, union, accord

Yénge : nom propre = personne paisible

yenge, kiy. : petite marmite

yengedele, na ~ : gros

yēngele : brillant, fin, p. ex. les poils de la souris kimpele ; grand, gras

yēngelè : qualité, habitude de vouloir imiter les autres, leur ressembler, les copier ; répugnace, faiblesse de caractère ; de là : bonté (d'un homme, d'un enfant)

yéngi : paix

yìka, DKF, 1132 : augmenter, offrir davantage (dans le commerce) ; ajouter (des détails historiques) ; amplifier (une histoire)

yìka : prolonger, allonger, ajouter, joindre à, fixer à, réunir, combiner, suppléer, ajouter une pièce ; enter, greffer ; adjoindre, ajuster ; corroyer, sonder, braser, attacher, nouer ; tendre (un piège) ; solliciter

ir, CDME, 24 : 1. forme complète de la préposition **r** ; 2. quant à, si

ir, EAAN, 130 : fleuve

yr : fleuve

iri, CDME, 25 : compagnon

iri, OC, 313 : faire, créer, construire ; CDME, 25 : 1. créer, engendrer (des êtres humains) ; faire, construire (des choses concrètes) ; faire (des décrets, des lois, des documents écrits) ; 2. faire (le bien, la justice) ; 3. faire une action, agir en capacité de ; exercer une fonction ; nommer (des fonctionnaires) ; 4. atteindre un résultat ou un but ; 5. préparer (un médicament) ; appliquer un un remède ; traiter une maladie ; 6. faire un exercice mathématique ; 7. faire prospérer, maintenir ; 8. faire un jardin, cultiver des céréales ; performer un miracle ; préparer la nourriture et la boisson ; rassembler les céréales ; lire à haute voix (un livre) ; réciter (une formule magique) ; passer le temps ; célébrer (un festival) ; traverser (une terre) ; conduire une expédition

ló,lõ, **lo-ti**, DKF, 400 : alors ; ~ **ti nki usa ?** Que fais-tu alors ?

vo, DKF, 1068 : s'emploi comme conj. Dans certaines expressions : alors, s'agit-il de…, dans ce sens, si l'on veut, si l'on pense…, veut-on ? pense-t-on ? etc. ; ~ **i** : quant à cela ; ~ **i mono** : en ce qui me concerne, quant à moi, pour moi, si c'était moi… ; ~ **i kota** : si j'avais été assez grand ; ~ **bwabu**, ~ **wau** : s'il en est ainsi, dans ce cas, s'il en était ainsi

nyyàlala, DKF, 836 : expansion de rivière, golfe ; bois inondé

nyyalata ou **nyalata** : tomber goutte à goutte

yèdisa, DKF, 1123 : conseiller, exhorter

sā, DKF, 861 : faire, dire, s'acquitter de, poser, mettre, placer, déterminer, choisir (un jour), etc. (suivant les substantifs juxtaposés)

sā : faire, s'emploi comme aux. Pour indiquer qu'une action se fait, a été faite ou se fera, sera accomplie pendant qu'une autre commence, il en résulte le sens fréquent de « pour avoir d'abord », de nouveau

sā : s'emploi aussi emphatiquement pour exprimer l'idée qu'une chose aura lieu avec certitude

yari, DKF, 1120 : voir **bōnso-bonso**, DKF, 55 : n'importe comment, quoi que ce soit, en désordre, négligemment, tellement, quellement

yīdika, DKF, 1131 : mettre en ordre, ranger, arranger, préparer, ajuster ; apprêter (la nourriture) ; réparer (des habits) ; faire, construire, fabriquer, créer ; pardonner

yìila, DKF, 1133 : achever qqch, finir qqch, p. ex. la bordure d'un tapis, d'un panier, etc.

yīlama : être prêt, en ordre ; être bon, fin, propre ; être vertueux, pudique

yirima, DKF, 1136 : être parfait

irp, EG, 554 : vin

lēvi-levi, DKF, 398 : goût doux, douceur

lēvita, DKF, 399 : lécher qqch ; goûter, essayer, tâter de, déguster

irt, OC, 310 : œil

di-isu, DKF, 124 : œil

dí-ndeso(dí-ndezo), DKF, 120 : coup d'œil de travers

nsála, DKF, 754: maladie des yeux

ntènzi, DKF, 792 : maladie des yeux ; peau blanche sur la pupille ou l'œil ; alburgo

irtyw, CDME, 28 : 1. adj. bleu, 2. n. couleur, 3. minerai bleu (?)

yela, kik., DKF, 1125 : verroterie bleue (commerciale autrefois)

irtyw,EG, 554 : deuil

dìla, DKF, 117 : pleurer, crier, se plaindre, se lamenter ; donner beaucoup de vin (de palmier)

dìlu : pleurs, plainte, larmes de deuil, de chagrin, de désespoir ; chant funèbre ; chant plaintif (en public), lamentation sur un mort ; deuil

yìlama, ~ nsi, DKF, 1133 : être triste

yìnda, yìnda-yìnda : DKF, 1135 : être couvert (le ciel), être brumeux, incertain, pluvieux (le temps)

yìndalala : se tenant la tête penchée, être pensif, sombre, rêveur, mélancolique, sérieux, triste, ennuyé, ruminer, réfléchir, hésiter, être indécis, perplexe, incapable de répondre, être dubitatif, être sombre, chargé, bouillé (se dit même du ciel), être très ombragé (p. ex. au feuillage épais) ; tristesse, réflexion intense, sérieuse

iS,CDME 31: salive

nsía, DKF, 765 : éternuement

tè, DKF, 957 : salive

tè, DKF, 958 : saveur, goût agréable, bon, haut goût ; agréable (au goût) ; de bon goût, appétissant, savoureux, friand

yēedika, DKF, 1123 : goûter, essayer de (pour constater le goût d'un aliment) ; déguster (du vin) ; lécher

yēela, DKF, 1125 : essayer, examiner, épier, tenter ; toucher un instrument

yisima mbundu, DKF, 1137 : manger un peu, apaiser un peu sa faim

(le déterminatif de la sueur est absent du Sign-list de Gardiner) **iSdd**, CDME, 31 : sueur, transpiration, suer

sididi, na ~, DKF, 895 : trempé jusqu'aux os

iSnn, CDME, 31 : cri de guerre

yākalakana, DKF, 1111 : pleurer, crier fort

yedika, DKF, 1123 : crier

yéka, DKF, 1123 : crier **ye, ye, ye** (comme une poule ou comme un bébé)

iSst,EG, 555 : quoi ?

yèese, DKF, 1129 : interj. nég., je ne sais pas, j'ignore, ne puis dire, pas que je sache

yíka, **yīika**, DKF, 1132 : appeler, nommer, désigner, parler de, dénommer ; viser, faire allusion à, mentionner ; faire observer, dire qqch à propos de, donner un sobriquet

yísi, DKF, 1136 : interj. gros mot, insulte, contradiction énergique, offensante ;

301

étonnement, surprise ; **sa** ~ : offenser, insulter, contredire (d'une manière offensante)

iSt, EG, 555 : biens, possessions

sína, DKF, 901 : être riche

yi-sína, DKF, 1137 : richesse ; **ba** ~ : les riches

yiku, na ~, DKF, 1132 : beaucoup de ; foule, grand nombre

is, EG, 555 : comme

bōnso, DKF, 55 : ainsi que, comme ; de quelle façon

sàasa, DKF, 878 : expliquer, éclaircir, rendre clair, préciser, définir, exposer le point de vue, le sens de qqch

is, EG, 550 : va (impératif)

is, JLMPN, 362: viens

sàsa, **sàtsa**, DKF, 879 : s'en aller, tituber comme une poule qui a reçu un coup ; (dial.), danser en secouant le derrière

yìsika, DKF, 1136 : sortir, se ranger, aller à l'écart, de côté

yìsuka, DKF, 1137 : être enlevé ; s'écarter, s'en aller

yìsila : enlever, écarter

yìsula, DKF, 1137 : ôter, enlever, mettre de côté éloigner, s'abstenir

yìiza, DKF, 1138 : venir

yùsuka, DKF, 1148 : s'en aller, se ranger, aller de côté

yùsula : emporter, enlever, écarter

is, EG, 555 : (être) vieux

yasuka, (asuka), DKF, 1120 : être distant ; **kya** ~ : qui est éloigné de

yíta, DKF, 1137: être en tête, être le premier

zìku, DKF, 1164 : le meilleur âge, âge de la vigueur, perfection, maturité ; honnêteté, respect de soi

zìkuka : être à l'âge le meilleur ; être complet, dans l'âge le plus vigoureux, à la fleur de l'âge, qui a achevé ses études ; être très habile, expert ; être sûr, certain ; être parfait

zìkula : pouvoir connaître, comprendre, apprécier ; diriger (un procès, une affaire, une entreprise) jusqu'au bout ; pouvoir exécuter ses plans, ses études ; voir réaliser ses espérances, etc. ; amener quelque entreprise à maturité, au degré de perfection voulu ; perfectionner, se perfectionner (dans l'étude d'une langue) ; être exercé (dans son travail)

zīmbuka, DKF1165 : être juste, droit ; être clair, distinct, fonctionner

zisu, DKF, 1167 : sagesse

is, EG, 555 : chambre, tombeau

sasa, DKF, 880 : grand trou, cavité, à l'intérieur

sánza, DKF, 878 : intérieur de la maison

yítu, **ki ~ kingo**, DKF, 1137 : vestibule

zyàma, DKF, 1180 : être enseveli, enterre, être descendu ou s'enfoncer, sous terre dans l'eau, dans le limon ; être fermé (la porte)

isf, EBD, 73 : péché

isft, EG, 555 : mauvais, (le) mal ; un mauvais acte

bu-sáfu : DKF, 82 : malpropreté ; saleté ; coutume d'uriner et de faire ses besoins dans la maison ; esprit païen ; obscène ; aigreur ; impureté, turpitude

fwàssa, DKF, 173 : blesser, battre ; gâter, détruire ; rendre inutilisable

lu-safa, DKF, 445 : dommage

mfwásani : dommage, destruction ; qui se combattent mutuellement (en guerre) mfwàsi : travail mal fait ; celui qui travaille mal

mfwàsi : reste, déchets de manioc après le rouissage

mfwàti : déchets, ramas, balayures

sáfu, u-, DKF, 864 : évacuation ; excrément d'un enfant ; malpropreté, envie de manger quoi que ce soit ; manque de propreté, saleté ; abomination, souillure ; indécence ; malpropre, indécent, souillé

sàfula : se vider, se salir (enfant) ; salir, souiller, barbouiller, tacher ; déshonorer, faire des remarques, une critique contre ; avoir (n'avoir pas) de respect pour ; railler, se moquer de ; négliger

isi, EG, 555: (être) léger (en poids)

is, CDME, 30: être leger (au sens figuré)

ist : legèreté

sáasa, DKF, 880 : grande quantité de qqch, qui est fort, gros, vaste

sinzilwa, kis., DKF, 905 : balance

yasula (asula), DKF, 1120 : lancer un projectile

yónza, DKF, 1141 : être faible, convalescent ; être mou, tranquille, doux ; être maigre, maigrir

zìsya, DKF, 1167 : alourdir

zìta : être mal en train, mal disposé ; répugner à ; être lourd, accablé, écrasé, mélancolique (corps ou âme)

zìtu, DKF, 1168 : poids, pesanteur, fardeau (poids du jour) ; bagage, charge (d'un navire) ; importance, poids (mesure)

zìtula : peser, oppresser, presser sur, poser un poids sur

ispr, CDME, 30 : fouet

bēeta, DKF, 33 : frapper, frapper sur, frapper avec force

304

wēeta, (**eeta**) DKF, 1096 : frapper ; fouetter

yáta, DKF, 1120 : frapper

yéta, DKF, 1129 : frapper

yēeta (**ēeta**) : frapper, battre, fouetter

yōsuna, DKF, 1142 : frapper qqn cruellement

zúa, DKF, 1173 : frapper, repousser (énergiquement)

zúba : frapper, fustiger, lancer

isq, EG, 555 : s'attarder, traîner, contenir

sika, DKF, 896 : piquet
sīkalala : se tenant mis, placé solidement, bien placé, en lieu sûr, être affermi, être étayé, appuyé sur, se tenir, être, exister, durer, demeurer, rester, être en reste ; être levé, debout

sīkila : rester, demeurer, tarder, attendre

sīkina, DKF, 897 : appuyer, étayer, étançonner, consolider, étayer le plafond (par un poteau)

isr, EG, 555 : « tamarisk », tamaris

iSd, EG, 555 : arbre non identifie ; dét.

: ses fruits

n'sànda, DKF, 756 : grand arbre très branchu ; espèce de figuier (**Ficus Dusenii**) ; figuier sauvage

N'sànda : nom propre = l'arbre **Ficus**

N'sánda-n'sánda : un arbre (**Ficus**) à racines aériennes avec lesquelles il s'étend et enserre les autres arbres

n'sumbala, DKF, 777 : liane épineuse (**Combretum Poggei**)

sèle, DKF, 886 : un arbre

sèle : une sorte de banane

sèle : arbres, tronc, rouleaux sous une pirogue, sous un canot quand on les tire pour les avancer dans le fleuve

isT, GRE, 74 : or, mais

ist, CDME, 30 : palais

ist, EG, 555 : bande, groupe, équipage

istn, CDME, 31 : lier

sèlekete, **kis.,**DKF, 887 : sorte de pomme de terre

sèluka : esp. de banane

kánsi, DKF, 217 : mais, toutefois, donc, cependant, ainsi, non seulement… mais ; pour dire ; d'ailleurs

yānzalà, DKF, 1119 : cour, basse-cour

nzó, DKF, 829 : case indigène, maison chaumière, cabane, demeure, domicile, chambre, appartement, foyer, intérieur, famille, résidence, nid, construction, bâtiment, piège, trappe en forme d'une maison

yáazi, DKF, 1122 : maison, place destinée aux affaires publiques

sota, DKF, 917 : rester peu nombreux, quelques-uns (-unes) ; peu de personnes, s'échapper, se perdre

yooso, DKF, 1142 : peuple, grande foule

zíta, DKF, 1167 : nœud sur une branche, etc., nœud qui se défait facilement, nœud, point initial du tressage des corbeilles des naturels du pays ; axe, pôle de qqch de rond, extrémité d'un œuf, pôle nord, pôle sud, le point de la partie antérieure de la tête où les cheveux poussent en rond, retenue sur un paiement, sur un traitement

zíta, DKF, 1168 : paquet

zita : bonnet de chef

zītama : DKF, 1168 : être lié, noué, qui suffit à faire le tour (écharpe, etc.) ; entourer, qui est tout à fait arrondi (horizon), circulaire

zītika : nouer (un nœud, uneboucle) ; fermer (enclos, etc.) ; fixer une courroie autour d'une corbeille, serrer les dents, agrafer, faire le tour, entourer, achever le tressage de qqch (un sac une corbeille)

zītikila : lier étroitement (pour prévenir la fuite, la disparition) ; se fiancer (pour un homme) ; brider, dompter ; avoir suffisamment, le superflu ; être riche

zītikila : avarice, qui ne veut pas faire part de

zītula : dénouer, défaire, détacher

isw, EG, 555 : roseaux

visu, DKF, 1021 : crudité

yísu, DKF, 1137 : verdure, crudité ; ce qui est cru, vert, non cuit

isw, EG, 555 : échange, paiement

súmba, DKF, 923 : acheter, faire des emplettes, des achats ; négocier ; acquérir ; faire l'acquisition de ; se procurer (par voie d'achat) ; louer des porteurs

isywt, CDME, 30 : vieux habits

sītuka, DKF, 906 : languir, se consumer dépérir, se flétrir, se faner ; mourir de langueur, d'épuisement, de consomption, maigrir

iTA, EG, 556 : voleur

vīndinga, DKF, 1065 : aller voler, enlever

iTi, au Moyen Empire souvent **iti**, EG, 556 : emporter, saisir, prendre possession

vīita, DKF, 1067 : confectionner, faire, exécuter qqch avec force, bien, soigneusement

vītu, na ~, DKF, 1068 : pris en passant

vītuka, DKF, 1067 : porter, prendre qqch avec soi pour le porter à qqn (lorsqu'on va ou vient dans un autre but) ; remettre en passant

vītula, DKF, 1068 : prendre qqch en passant, par ordre ou non ; prendre (des passagers, etc.) en cours de route ; dérober

vītumuna : tirer, arracher, arracher, renverser et emporter avec soi en passant ; prendre à la hâte, passer par – dessus, en courant et renverser ; abattre, renverser (le vent) ; culbuter

yītula, DKF, 1137 : saisir, enlever, ravir, prendre avec soi en passant, recevoir qqch pendant le voyage

yītumuna, DKF, 1137 : saisir, etc.

iTT, CDME, 34 : voler

tē-tēeka, DKF, 969 : l'oiseau **pangi**

yāata, DKF, 1120 : aller çà et là, rôder au loin çà et là comme en chassant, voler (un épervier)

it, EG, 555 : orge

cíici, DKF, 101 : herbe

cīcilà : papaye

thídi, DKF, 971 : petit épi (de maïs)

tídi: plante à feuilles ; végétal dont les feuilles se mangent

tìiti, DKF, 976 : herbe, végétal ; tige d'herbe, pelure, gousse, enveloppes de plusieurs sortes de fruits, balayure, foin, paille, copeau, déchet, mauvaise herbe, fruits mal mûrs (p. ex. des bananes), épi ou gousse vide

tìitika : couper un bananier

tītilà : fruit

tòto, kit., DKF, 986 : sorte de banane

tòto: coquille, pelure, gousse, cosse, rebut

thōoto : banane

yéta, DKF, 1129 : peler, écraser (des noix), écosser (des pois)

yētuka : être pelé, écrasé, cassé, écossé, brisé, fracassé

yētula, DKF, 1130 : peler

yìiti, DKF, 1137 : herbe, rebut, pelure, débris, saleté, crasse, ordure

it, var, ⌒ (i) t, EG, 555 : père

tá, DKF, 942 : père

táata (-áá-), DKF, 955 : père, oncle, tante ; chef, maître (d'un esclave) ; titre respectueux du père, du chef

yítu, DKF, 1137 : parents, parenté, qui tient des parents maternels, concubine, co-esclave

it, EBD, 93: sans

iwty, EG, « which not »

tata, DKF, 955 : beaucoup de, bien des choses

itH, EG, 556: drag, draw, strech (a bow)

yàtula, DKF, 1120 : étendre

yetumuka, DKF, 1130 : être long, traînant (manteau, jupe) ; flotter, être agité, s'étendre

itH, EG, 556 : prison

nkódi, DKF, 722 : prisonnier

nkóle, DKF, 724 : prisonnier

nkóoli : prisonnier

nkólo : prisonnier

Itm, EG, 555 : le dieu-soleil Atum

dìma, DKF, 118 : temps, espace de temps, époque ; saison, an, année, règles (menstruation)

dìmina, DKF, 119 : temps

dìmu : saison

dímvu, na ~ : gras ; rayonnant, brillant (de corps, d'embonpoint)

lèema, DKF, 390 : être chaud, brûlant

lūsama ou **lūzama**, **lūzana**, DKF, 445 : brûler à grande flammes crépitantes

máta, DKF, 506 : briller, luire

ndíma, DKF, 669 : temps

ndimva: repos

nsèemo, DKF, 762 : éclair, clarté

sáma(āa), DKF, 870 : luire, éclairer, briller, répandre la lumière ; être pur

sāmanana : le jour paraît, il fait jour ; être clair, lumineux, éclairé

sāamu, **na~**, DKF, 873 : éclairci

sāamuka : commencer à faire clair ou jour ; s'éclaircir ; être répandu, disperser

sèema, DKF, 887 : briller, luire

támi, DKF, 949 : jour, journée

támu, DKF, 950 : jour, journée ; **tāmu-tamu** : journellement, chaque jour, quotidiennement, tous les jours

tèema, DKF, 962 : briller

tèemo-tèemo, DKF, 963 : d'une manière brillante

tètima, DKF, 967 : briller

tima, DKF, 972 : mettre au feu

zíma, DKF, 1165 : souffler pour éteindre (feu, bougie) ; éteindre, étouffer (feu, colère) ; fermer (les yeux) ; s'éteindre, être éteint ; être faible, épuisé

itmw, EG, 555 : manque d'haleine, de souffle

dīmbu,na ~,DKF, 119 : gâté, pourri; faire silence

dūmvakana, DKF, 134 : sentir, exhaler des odeurs, des parfums

tàmpa, DKF, 950 : être pourri

310

tàmpa : sentir fort, répandre une odeur

tèmpa, DKF, 963 : se pourrir, se putréfier

tõmbana, DKF, 981 : sentir (ordinairement bon ; exhaler une odeur

itn, EG, 555 : le disque solaire, le soleil

ntàngu, DKF, 787 : soleil, temps, temps présent, heure, occasion, temps favorable, moment précis, montre, horloge, cadran solaire

Ntángu, DKF, 788 : nom propre = soleil

ntángwa : soleil, temps

ntènteni, DKF, 792 : étincelle ; qui est brillant, étincelant

nténzi : lumière, étincelle [de feu] comme quand on fait du feu

tándu, DKF, 952 : temps, durée, année, période, génération, âge, duvivant de, sous le règne ; distance [même pour l'espace] ; action d'avancer ; ~ **ka** ~ : pour toujours, éternellement

ténda, DKF, 965 : luire, rayonner, éclairer, briller fortement [éclat du soleil]

tènika, DKF, 966 : luire

tèntina, **tèntinya** : refléter, briller, étinceler, scintiller, éclairer, rayonner, éblouir ; rayonnement, scintillement, reflet, éblouissement

tènya ou **tènya-tènya** : clignoter, étinceler ; briller comme une lumière [comme une mouche lumineuse] ; faire des éclairs [coup de fusil, éclair, foudre] ; **na** ~ : qui brille, qui éclaire

thenye : lueur, luisant

itn, EG, 555 : opposer, contrecarrer [qqch]

n'tàni, **n'tàani**, DKF, 788 : brigand

311

ntàanina : défense

n'tántu : ennemi

ntìngini, DKF, 795 : désobéissance

ntíngu : méprise, insoumission, indiscipline, insolence, injure

ntīnti : désobéissance ; fierté, bravade

tèna, DKF, 964 : tirer en arrière

tímbu, DKF, 973 : désobéissance, mépris

tìmbula : mépriser, ne tenir aucun compte [d'une exhortation] ; être insoumis, braver ; rebiffer

tíngu, DKF, 975 : envie, habitude de se dérober, d'être insoumis, récalcitrant, contredisant ; désobéissance, insoumission, bravade, insolence, impertinence

tìnguka : être injurié

tìngumuna : résister à, montrer beaucoup de mauvaise volonté

tinguna, DKF, 975 : se dérober, éviter, ne pas vouloir, vouloir refuser ; être désobéissant, récalcitrant, mépriser, braver, être insolent, impertinent, effronté ; parler avec ostentation, souvent en colère ; injurier, insulter

tīnina : insoumission, habitude de l'insoumission

tùna, DKF, 997 : mépriser

itnw, CDME, 33 : secret, mystère

tīnti, DKF, 975 : discrétion, retenue fière ; retraite fière, fierté

tīntila : être fier, modeste, prudent, précautionneux ; éviter la société d'autrui ; éviter scrupuleusement tout ce qui est sale

yiti, DKF, 1137 : ignorance

yitu : ignorance

itrt, EG, 556 : rangée [of shrines]

tāadika, DKF, 944 : placer, mettre en ligne, par ligne

tāalama, DKF, 947 : être en lignes, en ligne droite

tànda, DKF, 951 : mettre en ligne, en rangs

tyàdika, DKF, 1008 : mettre en ordre, ranger, mettre en rang, en rangées, dessiner un trait, une ligne

tyàla, DKF, 1008 : mettre en ligne, dessiner des lignes, des rangées

tyànza, DKF, 1009 : mettre en ligne

tyàza, DKF, 1010 : ranger, mettre en ligne

itrw, EBD, 91 : rivière

n'dōdilà, DKF, 671 : rosée

n'tàlazi, DKF, 786 : bord, rivage

n'tēndila, DKF, 791 : vague, vagues grossissantes, remous des eaux après le passage d'un bateau

tela, DKF, 961 : goutte ; niveau à bulle d'air

téle, DKF, 962 : goutte

ténda, DKF, 965 : nager

itrw, CDME, 33 : mesure de longueur

tēela, DKF, 961 : augmenter, ajouter à, donner davantage, donner par-dessus ou en sus

ténda, DKF, 964 : mesurer, déterminer les limites [d'un champ, etc.]

ténda, DKF, 965 : une mesure [un coupon d'étoffe]

itrw, CDME, 33 : saisons

tūndula, DKF, 998 : la première pluie

𓇓𓏭𓏭𓏭𓆤 **ity**, EG, 555 : souverain

𓇋𓅱 **iw**, rare var. 𓇋 **i**, EG, 551 : est, sont

zita, DKF, 1168 : bonnet de chef

e, DKF, 144 ; préf de cl., dans une foule de mots au lieu de **di**

e : article un, une, le, la ; s'emploie également pour former des subst. tirés de l'adv. et dans ce cas il se place immédiatement devant le subst. ; **e** se joint également à la conjonction ou à la prép. **ya**

i[yi], DKF, 194 : copule pron. qui s'emploie avec le complément adj. de l'attribut de la 1ère pers. sing. et le complément subst. de l'attribut de la 1ère pers. sing; il convient également à la 3e pers. de toutes les classes

i[yi] : part. dém. verbal [v. le préc.], qui s'emploie : 1° avec les pron., les subst. ou les mots pris substantivement pour indiquer que le sujet considéré dans sa nature intime ou dans son caractère général est tel que l'exprime l'attribut ; 2° devant une explication, une indication, une remarque ; 3° à la place d'un verbe omis [répétition] ; 4° avec un pron. dém., un adv., une conjonction, etc. pour en renforcer le sens

i[yi] : c'est

i[yi] : copule qui, contractée avec les démo. pers. de cl. **eu**, **ewo,ewowo**, etc. donne **yu,yo,yooyo** au lieu de **i eu,i ewo**, etc.

mònyo, **mònyyo**, **mònyio**, DKF, 572 : vie

mò-oyo, pl. **myoyo** : vie, âme, esprit ; sens, cœur ; ventre ; qui est vivant, du vivant de ; qui appartient au nombre des vivants

víka ou **vìka**, DKF, 1063 : se produire, avoir lieu bientôt, de bonne heure, à temps, tôt, rapidement, à la hâte, trop tôt, hâtivement, trop vite, de manière imprévue, involontairement

vúka, DKF, 1023 : être, venir, arriver, faire à temps, bientôt, aussitôt, trop vite, trop tôt

wa, DKF, 1089 : est

wàka, DKF, 1090 : être

wé, DKF, 1094 : abréviation de **wèti**, **wèna**[il est]

wèka : être déjà, devenir

wèti, DKF, 1096 : s'emploie pour exprimer le présent progessif

wèti : ainsi, est-il ainsi, si c'est cela, peut-être cela

wí, DKF, 1097 : est

wìdi : est ; n'a que cette forme. S'emploie comme verbe auxiliaire pour exprimer la répétition d'un acte

wòyo, DKF, 1103 : les mânes des défunts, des étrangers très éloignés, des hommes inconnus

yà, DKF, 1109 : est

yìka, DKF, 1132 : v. déf., a été et est encore, est devenu et est encore, s'est ainsi transformé et l'est encore

yikala, **ikala** : être, exister, résider, assister à, atteindre

[le déterminatif de l'homme avec une bosse au dos est absent du Sign-list de Gardiner]**iw**, CDME, 11 : bosse au dos

ǀiw, CDME, 12 : île

nkúnki, DKF, 735 : gibbosité ; bosse, qui tombe, penche [toit] ; crochet, courbure ; sinuosité, détour

bòndo, DKF, 53 : toupet, touffe de cheveux ; cheveux ou mèche [tordue, bouclée ou tressée] ; huppe ; frisure, crinière ; touffe de vrins

n'wàwa, DKF, 810 : canal, aqueduc, fossé ; lit d'une rivière

sànga, DKF, 874 : île, îlot ; ce qui ressemble à une île ; brousse, herbe nom brûlée ; bosquet dans une plaine ouverte ; motte de gazon, place non rasée, non coupée sur le sommet de la tête ; bocage, petit nuage [dans le ciel]

sánga : sommet, cime ; pic, faîte

yāngama, DKF, 1118 : flotter [sur une surface liquide] ; être visible [p. ex. sur une éminence] ; être exposé, découvert ; dominer les environs ; être élevé, haut, gigantesque [se dit des personnes] ; s'élever ; être grand, large [une caisse]

wáwa, DKF, 1093 : lit d'une rivière

yòndo, DKF, 1141 : houpe, touffe, aigrette [de cheveux, de plumes, etc.] ; crête de cheveux qu'ils s'arrangent au haut de la tête

zāngama, DKF, 1154 : être debout ou assis sur une éminence, au-dessus du sol, sur une hauteur ; être haut, plus haut que le voisinage ; être levé, hissé, soulevé du sol ; fig< ; être élevé, considéré

iw, CDME, 12 : lamentation

wá, **kiwa**, DKF, 1089 : allégresse, joie

wáwa, DKF, 1093 : faim

wī-wi, DKF, 1099 : figure au sens de la douleur, de la douleur lancinante d'un abcès, etc.

wī-wi-wi : figure au sens des douleurs, d'élancements, de tiraillements dans le corps

wòyo, **na ~**, DKF, 1103 : son de plainte, gémissement

iw, CDME, 12 : chien

iwiw, CDME, 12 : chien

bwènde, DKF, 91 : chien

wōwumuka, DKF, 1103 : aboyer

yīya, DKF, 1138 : glapir, apprendre à aboyer [jeune chien]

iw, EG, 552 : faux, mal ; crime

bīiva, DKF, 46 : être en colère, mauvais, méchant ; être endommagé, gâté, détruit, être

316

dangereux, malsain, ruineux ; méchanceté, violence, mauvais vouloir

bi-vanda-vanda : maléfice, superstition

bīivila : avoir, subir du dommage de

bīivila : personne en colère et méchante ; l'esprit du mal ; personne perverse ; le méchant

bīivisa : faire du tort ; être méchant, nuire, détruire

bw-ívi, DKF, 93 : filouterie, larcin, esprit du vol, vol ; manque de probité ; protitution ; ~ **bwee dia** : gloutonnerie

mpí, DKF, 581 : esprit menteur

wa-wi, DKF, 1094 : mal, dans un mauvais moment

w-íiwi, DKF, 1099 : malhonnêteté, indélicatesse ; rapine, vol [dans le sens abstrait]

wī, DKF, 1097 : la mal, péché ; ~ **waunene** : crime, forfait

wisika, DKF, 1098 : mentir, tromper

yī, DKF, 1130 : méchanceté, colère

yīiva, DKF, 1137 : être mauvais, méchant, devenir laid, perdre de sa beauté ou de son mérite

yīwulu, DKF, 1138 : être injuste

yìya : voler, usurper

iw, EG, 552 : venir

kwìza, DKF, 360 : venir, avancer, pousser en avant, faire avancer, relever, pousser en haut, faire rencontrer, monter [l'eau] ; pousser, grandit [plante]

kwìzi, DKF, 361 : celui qui vient [revient] fréquemment

𓏺𓂋𓄿𓃒 **iwA**, CDME, 12 : bœuf ; EHCAL, 4 :
« Le bœuf *iwa*, de forte corpulence, avait des pattes relativement courtes, un ventre touchant parfois le sol »

m'vìmba, DKF, 634 : espace, largeur, étendue ; enceinte ; grandeur, grossierté ; le tronc d'un arbre ; le tout, la totalité, qui est sain, tout, tout entier, le tout, tout ensemble

m'vìmba-m'vìmba : entier

m'vīmbila : inflammation, petite enflure, boursouflure, renflement, commencement d'un abcès

m'vímbu : enflure, renflement, grande boursouflure ; commencement d'un abcès, d'un clou

mvimpa, DKF, 635 : qui est entier, simple

m'vimpi : personne bien portante

mvímvi : gonflé, étendu [estomat] ; satiété

mvimbikita : épaisseur, grossier

vìmba, DKF, 1019 : qui est plein, tout entier

vímba : se gonfler, enfler [par la suite d'inflammation, etc.] ; se tuméfier

vímbu : grandeur, quantité, dimension, étendue, épaisseur, volume, ampleur, circonférence, périmètre, pourtoure ; tronc [d'un arbre] ; corps [ordinnairement mort] ; carcasse, coque, carène [d'un navire] ; charpente d'une maison) ; grandeur naturelle, embonpoint ; conformation ; considération, prestige ; démarche

vímbu, DKF, 1020 : inflammation

vīmbuluka : enfler, gonfler

vīmpakana, DKF, 1064 : être court et ramassé, volumineux (comme un tonneau)

vímpi: pl. **ma-** (habituellement au pluriel) santé, salubrité ; salutation, compliments, salut, amitié(s)

vīmpikita, **vīmpikiti**, DKF, 1065 : grandeur

vīmpiti : grandeur, santé

vīmvikità : grandeur, personne courte et rammassée

iwa, EBD, 109 : héritier

yinga, DKF, 1135 : succéder

iwa, CDME, 12 : hériter, hériter de, succéder à qqn

vinga, DKF, 1065 : changer (de) ; se charger de ; veiller sur, prendre en mains ; succéder à qqn, hériter de, prendre la place de, reprendre le travail de qqn, prendre son tour, venir, arriver après, suivre, arriver trop tard (p. ex. pour rencontrer qqn) venir après le départ de qqn, ou après qu'une chose a eu lieu, se produire après (un événement)

iwa, CDME, 12 : récompenser

yava, DKF, 1121 : prendre beaucoup, avidement, avec ardeur, passionnément

iwaw, CDME, 12 : cuisse d'un homme, patte d'un bœuf

búnda, DKF, 75 : cuisse, frémir ; rein, lombe, hanche ; mollet, espèce de pomme de terre

yăvalala, DKF, 1121 : se tenant assis ou étendu négligemment, jambes écartées

yàvula : ramper (les enfants) ; marcher à quatre pattes, en rapant ; marcher comme un caméléon

iwaw, CDME, 13 : anneau

ndyōdyo, DKF, 679 : sorte d'anneau, bord autour d'une grande nasse faille de branches écorcées de palmiers

wōwo, DKF, 1103 : grand anneau de pied (creux)

yénga, DKF, 1128 : sorte de grand anneau de pied

yénnge : anneau sur le bras

zyēzyo, na ~, DKF, 1182 : qui se tourne

iwayt, CDME, 13 : troupes

wówo, DKF, 1103 : foule, multitude, bande, troupe

iwbt, CDME, 13 : miette de pain

wiyi, DKF, 1099 : nourriture ; pain

iwd, OEP, 397 : séparer

bòndula, DKF, 54 : tourner, feuilleter, compter des nattes de raphia, des billets (en feuillettant)

bùnda, DKF, 74 : unir, réunir, mettre ensemble, assembler, joindre, ajouter, additionner, plier, envelopper un cadavre (dans un drap), se cailler (sang), se coaguler

bùnda, DKF, 75 : attroupement, foule, réunion, église

bùnda mpambu, DKF, 75 : bifurcation, place où le chemin se sépare, dévie

bùndika, DKF, 76 : mettre ensemble, plier, brocher (un livre) ; fermer en pliant, multiplier, doubler, apprendre de mémoire

vùnda, DKF, 1029 : lier ensemble, joindre, replier, mettre ensemble, trousser

vundakanya : dilater

wŭndika, DKF, 1106 : plier (une nappe)

wúndu, **kiw.** : espace intermédiaire, entre deux (p. ex. entre les doigts)

yàsa, DKF, 1120 : ouvrir la bouche ; être ouvert (p. ex. une marmite, un coffre)

yàtuna : briser, casser ; fêler, lézarder

yòona, DKF, 1141 : déshabiller ; plumer (un oiseau)

iwf, EBD, 104: chair

fififi, DKF, 148 : rein

fīfimika : manger beaucoup (viande)

nyōfi, nyofingi, nyofiti, nyofungu, nyofutu, DKF, 816 : qui chatouille, chatouillement

nyōfinga, nyofita, nyofunga, nyofuta, DKF, 817 : chatouiller

nyōngufa : chatouiller

nyōngufi : chatouiller

nyūfuta, nyūfutuna, DKF, 818 : chatouiller

yofi, na ~, DKF, 1139 : graisseux

yómbo, DKF, 1144 : glande, odeur de musc chez le **nzobo**

iwgrt, CDME, 14 : royaume des morts

winga, DKF, 1098 : être profond

iwH, EG, 552 : arroser, irriguer

iwHw, CDME, 14 : inondation

būuka, DKF, 63 : grandir, devenir grand, gras ; croître ; un peu gras ; couler en masse ; couler par-dessus bords ; couler à peins bords, déborder ; arriver en groupes, en masses, par troupes ; fort contre courant (dans le fleuve)

būula, DKF, 67 : ouvrir, dépecer (un animal) ; couper en long ; ouvrir un abcès ; faire couler ; livrer passage à (de l'eau) ; détourner (un courant) ; creuser des fossés d'écoulement ; commencer à houer un champ

mwànga, DKF, 646 : répandre, verser, épancher, jeter autour, semer (semence) ; disperser, arroser, asperger, croître, pousser (maïs), voler, dérober, cambrioler

zèwa, DKF, 1162 : ce qui est liquide, mou, fragile, cassant

zúwa, DKF, 1178 : jeter, secouer, secouer loin pour faire jaillir de l'eau

iwh, EG, 552 : charger

vwangi, DKF, 1038 : joug

yēnga-yenga, DKF, 1128 : en vacillant, étant poussés çà et là (quand plusieurs personnes portent un fardeau très lourd) ; porter qqch en le secouant (un hamac)

iwi, OEP, 408 : être sans barque

súwa, DKF, 930 : bateau, embarcation, barque, canot, bateau à vapeur, vaisseau, navire

swà ou **maswa** : bateau à vapeur

iwms, CDME, 13 : tromperie

yùmbula, DKF, 1146 : enseigner, instruire soigneusement, initier à fonds

iwn, CDME, 13 : pilier, colonne, cône

kùnzi, DKF, 342 : poteau en fourche ; poutre (soutenant le toit), pieu, pilier, colonne (de lit) ; pied de table, etc. ; appui, support (pour bananier, maison) ; fig. colonne, soutien, appui, protecteur

yōngama, DKF, 1141 : être grand, élevé ; s'élever, s'étendre en hauteur (comme une tour) ; être debout ; être haut

yóngi : hauteur, qqch qui s'éleve en hateur (une tour, une grande maison) ; tour, clocher, faîtage (d'une maison)

zúnga, DKF, 1176 : aller, venir, passer autour, tout autour (d'un obstacle, d'une montagne) ; agiter, secouer, brandir autour, en cercle, p. ex. les bras, une arme ; entourer (de ténèbres) ; environner de toutes parts ; faire le siège ; errer (ça et là) ; côtoyer ; rendre un procès long en faisant rire l'auditoire

zúnga : mouvement de rotation, tour ; vertige, syncope, évanouissement, épilepsie, etc.

zúnga, DKF, 1177 : enclos, clôture ; petit champ de tabac clôturé, jardin ; haie, enceinte

iwn, EG, 552 : couleur, teint, nature

bwínu, DKF, 93 : dessin ; image (sur une natte, tapis)

fyò, DKF, 182 : noirceur ; noir

fyòddo, fyòdongo, na ~ : couleur, teint noir

fyòta, DKF, 183 : devenir noir ; noircir, s'obscurcir

fyòta : sombre, noir, de teint noir

ka-bwínu, DKF, 199 : beau dessin (vaisselle, etc.)

mvìndu, DKF, 635 : saleté, malpropreté, souillure, graisse, boue, ordure ; qui est Sali, souillé, barbouillé, poissé

mvíndu-mvíndu : ciel sombre comme s'il voulait pleuvoir

mwādika, DKF, 643 : ligne

mwādika-mwadika : tacher, moucheture, stries

mw-índa, DKF, 650 : chose lumineuse, lampe ; chandelle, bougie

mw-ìndu ou **kimwindu** : arbre aux baies noires (**Bridelia scleroneura**) ; on s'en sert comme teinture ; les chenilles processionnaires de bombyx de cet arbre (**Anaphe infracta**)

mwíndu ou **na ~** : léopard

mw-ìndu : suie noire sur l'écorce de l'arbre **milolo** dont on fit autrefois de la teinture noire ; graphite ; cuivre

mw-índu : lumière, bougie

nwàta, DKF, 809 : sculpter, inciser, graver ; graver le bois ; faire des incisions dans la peau ; tatouer, inoculer ; faire une saignée ; découper, châtrer ; bien instruire les novices (des prêtres)

vìndu, DKF, 1020 : onguent, pommade de deuil ; temps de deuil ; saleté, crasse, ordure, crotte, boue

yēmvo-yemvo, na ~, DKF, 1127 : qui a les cheveux plats

323

yēmvwa- yemvwa,na ~ : brillant, luisant (le corps), qui a les cheveux plats

yìnzuka, DKF, 1136 : luire (se dit du visage, de la peau)

iwnn, CDME, 13 : sanctuaire

yánga, DKF, 1117 : bassin ou pièce d'eau qui est fait et consacré, ou un fossé ou marécage consacré dont on prend de la terre pour en induire les guerriers afin qu'ils ne soient pas tués à la guerre, on cherche aussi à y distinguer son visage pour savoir si, oui ou non, on sera tué ; lac, bassin, étang, pièce d'eau, bourbier en général

iwnt, CDME, 13 : arc

dyónga, DKF, 142 : zagaie, trait, javelot, lame ; lance, pique

Iwnw, PAPP, 171, 175 : Héliopolis ; 146 : « la mythologie héliopolitaine élaborée à Héliopolis (est) centrée sur le soleil »

Ngúngu, DKF, 695 : village, montagne = tambour (tambour de bois à deux chambres séparées par une cloison avec une incision en longueur)

iwr, EG, 552 : concevoir, tomber enceinte

búta, DKF, 83 : engendrer ; nourrir, entretenir la vie ; enfanter, féconder, porter des fruits ; procurer l'existence ; donner la vie à ; faire une histoire, inventer ; pondre

wúta, DKF, 1107 : enfanter, engendrer, produire, fructifier, faire prospérer ; être fertile, couvert de fruits (se dit des gens, des animaux et de la végétation) ; rapporter, rendre, engendrer, faire des petits (d'un chien)

wúti : qqn qui accouche

wúti : fécondité

iwryt, CDME, 13 : haricots

dèezo, DKF, 112 : fève, haricot

ma-nkúndi, ma-nkúndya (-ú-), DKF, 497 : plante grimpante dont les poils brûlent la peau (**Mucuna pruriens**)

wéle, DKF, 1035 : fruit d'arbre (**muwéle**), qui est très doux ; pépin de calebassier

iwSS, CDME, 14 : « gruel », porridge

n'zululu, DKF, 832 : nourriture liquide, claire, maigre

yùkuta, DKF, 1145 : être rassasié, assouvi ; être content, satisfait (de nourriture, etc.) ; avoir assez de ; avoir assez mangé ; recevoir suffisamment

yùkuta : igname de bon goût

zúla, DKF, 1175 : manger vite, prendre, se servir abondamment ; envie de saisir à plaines mains autant que possible

iwsw, CDME, 14 : balance

nzùndu, na ~, DKF, 832 : lourd

súya, DKF, 930 : mettre, placer, poser qqch avec force, en faisant du bruit

yinu, kiy., DKF, 1136 : poids, pesanteur

iwtn, CDME, 14 : sol

váta, DKF, 1052 : bêcher, piocher, cultiver ; défricher ; semer, planter

zyàma, DKF, 1180 : être enseveli, enterré, être descendu ou s'enfoncer sous terre, dans l'eau, dans le limon

iwty, PGED, 65 : qui n'est pas, qui n'existe pas

wìdi, DKF, 1097 : ci-devant, feu un tel, feu, le feu roi

zyé, fi ~, DKF, 1181 : petit ; ce fut près de, sur le point de, très près de

zyó, na ~, DKF, 1182 : qui nie absolument ; avide, ne rien vouloir donner

𓃀𓅱𓏭𓅃𓏤 iwtyw, CDME, 14 : corruption

zyòka : être rabougri, desséché (p. ex. membre) ; décroître, diminuer

zyótta, DKF, 1183 : diminuer, raptisser, rétrécir, devenir plus petit, s'amoindrir

yòono, DKF, 1142 : qui se brise facilement ; pourriture, décomposition

yònuka : être fait, avancé, pourri ; être trop tendre (poisson) ; se briser, se défaire, tomber en morceaux (étoffe)

yonza (onza) : se fondre, se liquéfier, languir, dépérir

𓃀𓃀𓏭𓉐 iwyt, CDME, 12 : maison, sanctuaire, quartier d'une ville ; au pl. places publiques

n'nōnzika, n'nōnzingila, n'nōnzinginina, DKF, 751: reste d'un village, d'un peuple ; quelques-uns

váta, DKF, 1052 : domicile, hameau, village, ville commune

wuya, na ~, DKF, 1108 : place ouverte, sans arbres où on tend des pièges

𓇋𓏭𓏤 ix, EG, 66: quoi?

kī, DKF, 236 : pron. de la cl. ki ;pers. subj., il, elle ; dém. simple 1e posit., ce, cette, rel., qui

kīki, DKF, 244 : pron. dém 1e posit., il, ki, celui-ci, celle-ci

nkeo-nkeo, DKF, 717 : ambiguité, doute, scrupule

nki, nkyá, DKF, 718 : quel ? lequel ?

𓇋𓏤𓎡𓏏𓏤𓏥 ixi, CDME, 29 : faire prospérer, rendre florissant

vèke-véke, DKF, 1055 : la jeune génération, la jeunesse

vèkita : verdir, prospérer, croître abondamment, être plantureux, exubérant, pousser de nouveau, de plus belle, repousser (une verdure fraîche)

326

ixm, DKF, 29 : éteindre, annuler

ixmt, var. **axmt**, EG, 555 : rivage

ixxw, CDME, 29 : crépuscule, aube naissante, (semi) obscurité

iyt, CDME, 10 : mésaventure, trouble, tort, mal qui est fait

yèkita, DKF, 1124 : verdir, s'épanouir bourgeonner (les feuilles, etc.)

yàkáa, DKF, 1111: conj., adv. négatif, si ce n'est que, qui ne… pas, ne… pas

yèkula, DKF, 1124 : abandonner, délaisser, laisser perdre ; déposer, livrer ; lâcher ; trahir ; renoncer à ; jeter (au vent)

kúmu, DKF, 334 : rivage, plage, grève, côté (mer) ; rive, bord (fleuve)

yóko, DKF, 1139 : endroit marécageux

zóko, DKF, 1169 : place marécageuse ordinairement dans le voisinage d'une source d'eau vive

kaka, DKF, 202 : qui est rouge

kàkaba, na ~ : sombre, obscur ; nuageux (ciel)

yēeka, DKF, 1123 : éclairer vivement (clair de lune), brûler (se dit du soleil)

yēeki-yeeki, na ~, DKF, 1124 : qui brille, qui étincelle, lumineux (lune ou soleil)

yitakyana, DKF, 1137 : être dans l'embarras, être incertain, sur ce qu'on a à faire, sur ce qui convient, être troublé

yíti : ignorance

yitu : ignorance

yitula : effrayer, épouvanter

 k

 For unkown reason, phon. **k**, EG, 525: (Sign List 31): [dessin d'un] "wickerwork basket with handle"; GEMEP, 10: [dessin d'une] corbeille avec anse

kàka, DKF, 201: sorte d'assiette, corbeille en forme de panier creux ou plat fait d'herbes tressées de façon **mboba**, coffre, corbeille en forme de **kinkunku**

kana, DKF, 211 : anse, prise, poignée d'un vase

n'kínga, DKF, 720 : petite corbeille de la façon **mpidi**

n'kúngu, DKF, 735 : grande corbeille **mpidi**

. **k**, EG, 597 : suff. pron., 2e pers. sing. m. tu, ton, à toi

-àaku, DKF, 2 : pron. poss. ton

-áaku, DKF, 3 : pron. poss., 2e pers. sing ton votre

ngèye, DKF, 687 : pron. pers., 2e pers. tu, toi

 **kA**, EG, 597 : âme, esprit, atmosphère, attribut, fortune, personnalité

bi-kála, **~ bya Samba** : DKF, 36 : le défunt S., ci-devant S. On le met devant le nom d'un décédé, quand on veut le nommer

kā, DKF, 197 : être, avoir

kābuka, DKF, 199 : être audacieux

kābula : enhardir

kākalà, DKF, 202 : cadavre, chose morte

kakungu, DKF, 204 : spectre, monstre

kála : être, vivre, demeurer, exister, rester, être de reste, s'arrêter, demeurer

kála : défunt

máka, DKF, 479 : esprit, spectacle étonnant, erreur d'optique, fantôme, revenant, spectre ; chose merveilleuse, incroyable, inouïe

nkadita, DKF, 705 : patience, tolérance.

nkādulu : forme

kA, EG, 597 : nourriture

kàka, DKF, 201 : sorte d'herbe que mangent les porcs-épics

kúku, DKF, 326 : viande séchée

kA, EG, 597 : taureau, bœuf

kōkolà, DKF, 304 : grosseur, grandeur

kōkosì : grandeur

kōkosò : grandeur

vàka, DKF, 1044 : être grand, gros, épais, gras, replet

váka : taille, grandeur, grosseur, mâle ; mâle de reproduction

vākama : être gras, gros ; pousser, grandir, croître

vākasa : être très actif, s'appliquer avec ardeur

vākatì : grandeur, grosseur

yáka, DKF, 1111 : un grand homme ; mâle

yáki : qui est grand

kA, EG, 597 : alors, donc

ká, DKF, 197 : parce que

kádi, DKF, 200 : parce que, puisque, car ; toutefois, mais pourtant ; **wau ~**, parce que (mais) maintenant, alors, etc. ; ainsi, donc

kána,DKF, 211 : si, alors, soit, pourvu que (dans un sens dubitatif)

kána : quoique, bien que, même si, toutefois, quand (bien) même (dans un sens dubitatif)

kánsi, DKF, 217 : mais, toutefois, donc, cependant, ainsi, non seulement... mais ; pour dire ; d'ailleurs

kéka, DKF, 227 : répondre évasivement, inconsciemment, sans bien savoir qqch ;

mentir avec ardeur ; témoigner avec incertitude

kēkama : bégayer, bredouiller ; balbutier, annoncer

kona, DKF, 311 : verbe aux. Qui exprime la fomre consécutive ; **nde u ~ sa bu** : il est accoutumé à le faire comme ça ; être tenace, persévérant

ngà, DKF, 681 : part. conj. (sans doute, donc, alors), dont on se sert pour introduire des phrases qui sont dépendantes de qqch qui a été fait auparavant ou sous-entendu

-ngā, DKF, 682 : suff. verbal d'un sens continu, continuatif

kAi, EG, 597 : imaginer, concevoir, penser, réfléchir, planifier

-ākana, DKF, 2 : suffixe verbal potentiel, signifiant qu'une chose est telle qu'elle peut, a pu ou pourra être faite, exécutée (possible, faisable)

kàna, DKF, 211 : penser, avoir en vue ; faire à dessein, avoir l'intention de, en vue, vouloir (+ infinitif) ; se proposer de

kányè, DKF, 218 : peut-être, naturellement

káya, DKF, 224 : se risquer, oser qqch ; s'exposer à, s'aventurer à

kAi, OC, p. 302 : (être) grand, haut ; exalté

kóyó, DKF, 320 : interj., cri de joie

koyo : nul ! rien !

Makai ou **Makayi**, DKF, 479 : nom de chef, etc.

kAhs, EG, 597 : (être) dur, autoritaire

khàaka, DKF, 201 : menace

kása, DKF, 219 : fermer, serrer, tirer sur ; lier, fixer, fixer quelque chose qui est détaché ; se sécher, durcir ; être dur, cruel ; faire quelque chose sérieusement ; frapper, maltraiter

kāsakana : travailler, faire quelque chose sous l'empire de la faim ou d'autres nécessités ; être hardi, téméraire, courageux, aventureux ; oser, risquer ; se fâcher, se montrer mécontent

ma-kàsi, DKF, 480 : colère, indignation, irritation ; ressentiment ; activité, énergie

nkànka ou **n'k.**, DKF, 711 : menace, geste menaçant

kAkA, CDME, 264 : brousse (?)

kóke, **kóki**, **kik.**, DKF, 302 : buisson (**Mimosa asperata**)

kAp, EGEA, 203 : brûler (encens), encenser (les dieux)

kēbo, DKF, 225 : de quoi faire du feu ; allumette

kēbuka, DKF, 226 : être allumé, embrasé, enflammé

kēbula : allumer (en frottant p. ex. une allumette) ; mettre le feu à, battre le briquet, donner du feu faire du feu

kAp, EG, 597 : couvrir (dans la construction)

fika, DKF, 148 : couvrir, voiler, cacher, envelopper, dissimuler

fikila, DKF, 149 : couvrir de, accoutumer

káfi, DKF, 200 : bouchon, bourre

fúka, DKF, 157 : couvrir, recouvrir, abriter, envelopper

kàvama, DKF, 223 : être bouché ; être introduit dans qqch (un bouchon, une cheville, une bonde)

kAp, CDME, 284 : case

kúbu, DKF, 323 : abri, ce que l'on met pour préserver, pièce mobile (p. ex. une descente de lit, un tapis) ; alcove, bois de lit

kApt, CDME, 284 : couverture de lin (pour jarre)

kA (r) i, EG, 597 : chapelle, lieu de pèlerinage

kAry-Sry, EGEA, 213 : guerrier

kAt, CDME, 282 : vagin

kAt, PAPP, 78 et 84 : travail

mpáka, DKF, 573 : installation pour animaux ; étable, ferme, poulailler, porcherie, bergerie, écurie, colombier

kùba, DKF, 321 : sac, balle (café) ; poche, bouteille à eau chaude (caoutchouc) ; outre, dessus, couverture, taie (d'oreiller) ; coussin, enveloppe ; (cavité de) l'estomac, panse ; fourreau

mpéko, DF, 578 : étui en cuir au-dessus de la platine à pierre du fusil

mpéko : gilet, sous-taille

nkàmpa, DKF, 708 : pagne, vêtement des hanches, pièce d'étoffe pour vêtement ; étoffe de poitrine pour les femmes, étoffe rouge (flanelle) qui était autrefois employée comme ceinture ; couverture, manteau

kālangi, DKF, 206 : cage

kálu : place, endroit habité, habitation, domicile, demeure ; temps, époque, période, laps (espace) de temps pendant lequel une chose a eu lieu : maison (bâtiment) en construction

kēlelè, DKF, 230 : bruit, tapage, vacarme

nkala-nkala, DKF, 706 : cris pour appeler au secours

kàta, DKF, 221 : scrotum ; testicule

káta, DKF, 221 : obligé, contraint, forcé, devoir

kátu, DKF, 222 : v. aux.; il faut, être obligé, à grand peine ; **nde ~ kwe** : il doit, être obligé d'aller

kátu : obligation, devoir, contrainte, sujétion, embarras, **mu ~** : par contrainte, par obligation, avec déplaisir, pas par volonté libre

kátwa : v. aux. dép., être obligé, forcé, contrait de, devoir

kátya : être obligé, devoir

kAt, PAPP, 145 : concevoir (intellectuellement)

kaasi, DKF, 219 : vérité, c'est la vérité ; sûr, pour sûr, certainement, assurément

kási, DKF, 220 : conjonction indiquant le doute, l'incertitude, quelque chose qui est sorti de la mémoire ; p. ex. je pense, peut-être, ou… ou, soit… soit, soit… ou

káti, DKF, 221 : peut-être

kāti-kati, DKF, 222 : doute, incertitude, indécision, perplexité, hésitation

katikila : être incertain, peut-être

katikina : décider

kātikisa : faire douter, rendre incertain, indécis, balancer

kēdikà, DKF, 226 : vérité, le vrai, véracité, véridicité ; réalité, certitude ; vrai ; spur, certain

kéte, DKF, 235 : conj. exprime aussi une idée négative ; ou… ou, soit… soit ; environ

kéti : conj. c'est bien cela (ainsi), c'est bien, n'est-ce pas cela ?

kéti : c. adv. environ

khētika : comme

kēti-keti : incertitude, quoi qu'il en soit, quand même ; douteux, incertain, sceptique

kētika, DKF, 235 : décider, ordonner, donner ou faire qqch sous conditions

kēti-keti : incertitude, quoi qu'il en soit, quand même, douteux, incertain, sceptique kētikila : embarrasser dans

kētikisa : se mettre en tête de douter ; avoir l'idée, envie de douter ; d'être incertain, pas sûr de

kAw, CDME, 283 : nourriture

kwànga, DKF, 351 : pain de manioc ; pain

nkòvi, nkòvya, DKF, 729 : feuille de chou, de cassave ; un tronc, une feuille de chou

nkòoya : chou, feuille de chou, chou vert ; feuille de manioc, concombre

nkòoyi : chou

kAy, EBD, 173: crier

káya (áa), DKF, 223 : appeler le chien à la chasse ; chasser ; criailler

kfA, EG, 597 : fond (d'un vase, etc.)

kómpa, DKF, 310 : creuser, évider, rendre concave

kofoko, DKF, 301 : être incurvé, concave, courbé, fléchi, creux (yeux) plissé, ridé (front) creuse, troué

kfA, EBD, 93 : élever, exalter

fiku, DKF, 149 : valeur, prix, qualité

fúka, DKF, 157 : respect, dignité, vénération ; hommage à un grand chef ; bonne conduite ; urbanité, politesse, formalité, cérémonies, étiquette ; génuflexions en présence des autorités supérieures ou signe d'adoration ; révérencieux, respectueux, orgueilleux, cérémonieux, poli

fūkama : tomber à genoux (sur le visage) ; s'agenouiller ; être prosterné ; être renversé, plier les jambes (comme une chèvre)

fūkamana : se prosterner devant, prendre l'attitude de la prière, adjurer, implorer, invoquer (Dieu)

kfA, CDME, 285 : couler

kúmba, DKF, 332 : couler (de l'eau, du sang, etc.) ; courir vite ; se traîner, glisser, ramper ; se faufiler

kfA, CDME, 285 : être discret

kúmba, kik., DKF, 332 : solitaire, sanglier

ngòmbe, DKF, 690 : secret ; fait de vendre une personne secrètement ; action de mettre qqn à mort malgré que le poison (**nkasa**) l'a acquitté

nkamfu, DKF, 708 : insensibilité à la douleur, apathie

nkēmuki, DKF, 716 : réserve, discrétion

kfa, EG, 597 : capturer, capture

kàa, DKF, 197 : fig. au sens de saisir, s'emparer de

kāfama, DKF, 200 : être saisi, étreint

káfi, DKF, 200 : bouchon, bourre

kāfinina, DKF, 201 : se saisir de, empoigner, s'accrocher à, se cramponner à, tenir, tenir ferme, serré (par la main)

kávi, DKF, 223 : bonde, bouchon ; bourre

kúmmba, DKF, 332 : serrure, cadenas ; verrou, loquet

kúmbi : crochet, crochet d'un ressort (platine)

n'káma, DKF, 707 : amas d'herbes et de terre pour arrêterl'inondation ; endiguement, digue, quai, berge ; la voie lactée

kfa, CDME, 285 : tirer sur (?) une cible

kfaw : combattant

ká, khá, na ~, 197 : onomat., crac ! bruit que fait un coup de hache, un coup de bâton, un coup de dents (d'un chien, etc.)

káfa, DKF, 200 : frapper, battre, claquer, fermer (p. ex. une porte) avec bruit

ké, DKF, 225 : onomat. pour sorte de bruit

kéfa, DKF, 227 : frapper, battre

kófi, DKF, 301 : coup de poing

kúmfu, DKF, 333 : coup ; force, pesanteur, gravité d'un coup (quand on frappe qqn)

ngàafi, DKF, 682 : qui agit avec vigueur, puissance, persévérance ; fourbe, canaille

kft, CDME, 285 : entailles

kàmvuna, DKF, 211 : déchirer (à belle dents) ; arracher, couper avec les dents

kèmvuna, DKF, 231 : déchirer, mordre, dévorer à belles dents, couper avec les dents

kíba, DKF, 237 : blesser, frapper avec

kHkH, CDME, 287 : devenir vieux

nkáaka, DKF, 705 : grands parents (du côté de la mère), parents de la mère, grand-père, grand-mère maternelle, titre de gouverneur, de chef, commandent

khkht, CDME, 287 : « hacking of cough »

kōfula, DKF, 301 : tousser, avoir la toux, toux sèche

kōholo: expectoration, crachat

kōhula: tousser, avoir la toux, le rhume

khA, CDME, 286 : hausser (la voix)

bi-kóoyi, DKF, 37 : cri de joie

kàaka, ~ **dyatusevo**, DKF, 228 : éclat de rire

kāakula, ~ **ngwa aku**, DKF, 203 : dire ah, ah, injurieusement quand l'enfant est envoyé pour une commission

kākumuka : rire, éclater (pouffer) de rire, rire de bon cœur

káya(áa) DKF, 223 : appeler le chien à la chasse chasser, criailler

kāyakana, DKF, 224 : parler à haute voix

kēekele, DKF, 228 : chanter, diriger un chant, commencer un chant, glousser

kēkeleka, **~ ndinga** : parler avec un voix de fausset = de tête

kóyó, DKF, 320 : interj. cri de joie

koya, DKF, 320 : appeler, crier, frapper, attendre de très longtemps, avoir une douleur (dans la tête)

khb, CDME, 287 : faire du tort (à qqn) ; être violent ; hurler

kháaka, DKF, 202 : qui autrefois a tué plusieurs hommes ; barbare

kēkema, DKF, 227 : donner un coup à faux (après un rat) avec un bâton

kika, DKF, 243 : tuer

kóka, **na ~**, **sala ~**, DKF, 302 : en hostilité et en guerre constament à cause de jugements injustes

kúba, DKF, 321 : heurter (contre), donner des coups (de cornes)

nkúba, DKF, 729 : coup formidable , dont on peut mourir ; racléé ; coup demalheur, calamité

ngungu, DKF, 695 : un très grand crime (avec des suites très graves)

ki, EG, 597 : crier, se plaindre

kāya-kaya, DKF, 224 : tousser difficilement, par accès, avec accompagnement de douleur, par suite d'une maladie de poitrine

koya, DKF, 320 : appeler, crier, frapper, attendre de très longtemps, avoir une douleur (dans la tête)

kóoyi, **kik.** : criant en gloussant, bruit, cris de joie ou de chagrin de qqn pendant que les joues sont pressées par les doigts, hélant, criant

n'keke, DKF, 715 : colère forte en sorte que les mots reste dans la gorge

꿍 **kkw**, EG, 597 : ténèbres

km, CDME, 286 : noir ; **km**, EG, 597 : noir ; **Kmt** : la Terre Noire, l'Egypte, PAPP, 232 : l'Egypte (litt. : Le Pays Noir) ; **Kmt**, CDME, 286 : les Egyptiens ; OEP, 262 : « Ce collectif se décompose comme suit: "kmt", féminin de "km" (qui comme nous l'avons déjà vu, signifie noir), est déterminé par un homme et une femme, les trois traits qui viennent après étant la marque du pluriel. En clair, cette manière d'écrire, qui est absolument conforme à la règle régissant la formation des noms collectifs, signifie que " Kmt " s'applique à une collectivité (les trois traits qui marquent le pluriel l'attestent) composée d'hommes et de femmes (l'homme et la femme accroupis le prouvent). Le scribe pouvait-il être plus explicite dans sa volonté de montrer qu'il entendait donner à sa graphie le sens de "Les Noirs" ? »

kàkaba, na ~, DKF, 202 : sombre, obscur ; nuageux (ciel) ; en colère, furieux ; amer (goût)

kè, DKF, 225 : fig. au sens de luire, briller

nkookila, DKF, 723 : soir, soirée ; après-midi

-ākana, DKF, 2 : suff. verbal donnant un sens indéterminé, souvent le sens de sombre, noir, p. ex. **zibakana** : être sombre, noir

-angani, DKF, 4 : suff. adj. de **–angana** donnant p. ex. le sens de sombre, **nazibangani** : sombre, noir

bőko-bőko, na ~, DKF, 50 : sombre, obscur ; noir comme jais

bőkongo, na ~ : sombre, obscur

Ka-kóngo, DKF, 203 : nom de clan, population d'un village

khàla ou **khàala** DKF, 204 : couleur

kála, DKF, 205 : charbon (de bois, de terre)

káma, DKF, 207 : bigarrure, rayure, se dit p. ex. de pièces d'étoffe de différentes couleurs cousues ensemble, ou d'animaux ayant des taches ou des raies sur le corps ; carré, dessin

kankalakani, na ~, DKF, 216 : foncé, sombre, noir ; mûr (d'un fruit qui a la peau foncée)

kéema, DKF, 230 : tache, moucheture (celles du léopard)

kénga, DKF, 232 : tache (léopard)

Kongo, DKF, 313 : nom de villages du Congo ; **ba ~** : (le peuple) congolais ; **bisi ~** : congolais (habitant du Congo) ; **nsi a ~** : Congo (le pays)

kòngolo, **na ~**, DKF, 313 : très sombre, à la peau noire ; foncée, noircie par la fumée, de la suie

kòngula : être sombre, couvert (le ciel) ; devenir mûr, sombre

kòngumuka : être bien mûr, noir (**nsafu**, etc.)

kúmbi, DKF, 332 : fiancée teinte en rouge

làkama, DKF, 377 : être sombre, noir, s'assombrir

làkanga, **làkani** : noir, noir foncé, noir de goudron ; amer, aigre, mauvais

lāmangani, **na ~**, DKF, 379 : de teint foncé

lu-kēngezi, **lu-kēngezyà**, DKF, 422 : obscurité, obscurcissement, brume (de la vue ou pour se montrer) ; loin

Lu-keni : nom de clan

lu-keni ou **lukeni-keni** : un petit chat sauvage

ngénguluka, **na ~**, DKF, 687 : beauté

nkàala, DKF, 706 : couleur en général, teinture

nkáni, DKF, 710 : beauté, une beauté (se dit de deux sexes) ; honnête, qui est joli, beau, agréable, charmant, ravissant, bien

nkénge, DKF, 716 : jolie, belle personne ; beauté

nkénge : un des quatre marchés ou des jours de semaine ; nœuds durs dans le manioc qui se faisaient parce qu'ils étaient plantés au jour de **nkenge** ou parce que la femme a eu ses règles quand elle les a plantés

Nkólo, DKF, 724 : nom de village

nkōlo-nkolo, **na ~** : le soir quand le soleil est couché

n'kóngo, DKF, 727 : esclave

n'kóngo : congolais

yőkongo, na ~, DKF, 1139 : obscur, ténébreux

▭🦅| **km**, CDME, 286 : totaliser, compléter, achever, payer ; achèvement

khama, DKF, 207 : cent, centaine

▭🦅▭ **kmt** : achèvement

kāmama : être presque fini, terminé, achevé, être presque plein

▭🦅\\\▭ **kmyt** : conclusion d'un livre ; compte final (?)

kánku, DKF, 217 : tout ensemble, tout le groupe, la masse, le tas, le tout

kènkita, DKF, 233 : cesser, finir, s'arrêter (pluie) ; s'éclaircir (le ciel)

kòma, DKF, 308 : mettre sur, augmenter, être en quantité, obliger, contraindre, donner en retour, forcer ; être en quantité, en tas, en masse, en foule, bande, troupe, multitude, se réunir en essaim (abeilles) ; monter en graines, porter des graines, des fruits, fructifier, mûrir, venir à maturité (**nsafu**)

kòmama : être plein

longo : argent, biens, propriétés qu'on paie du côté du mari à la parenté de la femme

nkáma, ~ kulu, DKF, 707 : tout, complet, tous ensemble, tout ensemble, tout le tas, le tout

nkáma : nom de nombre : cent (100) ; une centaine

▭🦉▭🦉 **kmkm**, OSGK, 16:30-19:20 : tam tam

ngòma, DKF, 690 : tambour ; tambour en bois, cylindrique, gros, long

Ngòma : nom propre

▭○▭| **kmt**, CDME, 286 : jarre

kamba, DKF, 208 : tasse indigène en bois ou en argile, avec manche

konga, DKF, 312 : petite dame-jeanne

▭\\\ **kmy (t)**, CDME, 286 : troupeau de vaches

kāmbukasa, DKF, 208 : foule (de monde)

kāmbakazi : foule, multitude

kánka, DKF, 216 : qualité, grand nombre de, tas, monceau, masse, mèche (de cheveux) ;

340

broussailles, hallier, touche, fourré, jungle, haie

kónga, DKF, 312 : tas, monceau, quantité (de gens, de fruits, etc.) ; groupe, foule, nombre, bande, troupe, etc., assemblée

nkőnga, DKF, 726 : bande, troupe ; foule de chasseurs ; armée

kni, CDME, 286 : être maussade (?) ; tristesse (?)

kànunu, DKF, 218 : vue

kànya : être sec, fané ; sécher, faner

kánza : envie de pleurer (ordinairement par suite de maladie) ; avoir le sommeil dur

kānzakana : être maigre, efflanqué ; marcher en se dandinant, en chancelant comme une personne maigre et faible

kānzakani, na ~ : maigre, faible

kanzi : désespoir

kanzikisa : importuner

kānzula, ~ meeso : essuyer les yeux le matin, les nettoyer pour pouvoir voir

kènuna, DKF, 233 : sourire

kénze : honte

khénzo : sensibilité (après une chute) ; colère ; mal

ngőngo, DKF, 692 : crainte, peur, frayeur, inquiétude, angoisse, tourmant ; cœur, pouls

knm, DKF, 286 : envelopper, emballer, enrouler

kànga, DKF, 213 : lier, relier (un livre) ; nouer, serrer, attacher, bander, conclure, lacer, sangler, ficeler, fermer (au moyen d'un lien) ; durcir, coaguler, se figer, geler, emprisonner, charger de liens ; marcher lentement, arrêter ; persévérer

kànkalakana, DKF, 216 : être embrouillé, emmêlé, en pelote, en masse, en boule ; être entortillé, enchevêtré dans ; être encombrant et difficile à porter ; être impliqué dans une affaire, pas vouloir reconnaître ; essayer de nier avec persistance ; être pris dans le filet de la superstition, du péché, etc. ; être ensorcelé ; avoir la mal chance (à la chasse ; être rendu impuissant)

knmt, CDME, 286 : obscurité

nkángu, DKF, 710 : lumière, lampe de style indigène ; noix qui contiennent de l'huile (noix de ricin) ou **mpuluka** embrochées sur un bâton

nkéngo, DKF, 717 : lampe, chandelle

nkōlo-nkolo, na ~, DKF, 724 : le soir quand le soleil est couché

yōkongo, na ~, DKF, 1139 : obscur, ténébreux

kns, PAPP, 317 : région du pubis

nkúnda, DKF, 734 : poil pubien

knt, CDME, 286 : mépriser, ne pas aimer

kándibila, na ~, DKF, 212 : amer

kèna, DKF, 231 : marchander (impoliment) ; refuser, ne pas vouloir recevoir, mépriser, dédaigner, critiquer ; examiner, déprécier (ce qui appartient à autrui, etc.)

kénnda : quereller, bavarder sans arrêt

khenda : désir de plaire

keene, DKF, 232 : c. adv., sens négatif

khènene : jalousie

khéeni, DKF, 233 : vilaine, sale

keni-keni : injure

kénsa : accuser, dénoncer

kènunuka : ricaner, faire (la moue, des grimaces) de mépris à qqn ; se moquer de, crier **he** et faire des grimaces ; éprouver de l'horreur, du dégoût, de la répulsion pour ;

avoir des nausées de ; mépriser, haïr, dédaigner, ne pas vouloir de

kènunuŋa : dégoûter, donner des nausées

kènya : mépriser, rabaisser, faire fi de (ce qui ne vous appartient pas) ; dédaigner, refuser, ne pas vouloir (nourriture) ; grimacer

khényi : dégoûtant

kenyi-kenyi : injure

ki-nkáni, DKF, 271 : beauté, ornement, qqch de beau, superbe, splendide (paysage, etc.)

kúndi, DKF, 336 : amitié, respect, affection, attachement, dévouement ; faveur, grâce, bienvaillance (se dit aussi de **nkisi**) ; louangé et aimé (homme avec lequel les femmes veulent bien se marier) ; favorite (femme)

ngòdi, ~ **ami**, DKF, 689 : je ne veux pas

ngòngo, DKF, 692 : refus énergique ; contraire de ce qu'on désire ou veut, mauvaise disposition, opposition ; **ngőngo ami** : je ne veux pas

nkéni ou **nkényi**, DKF, 717 : sensation de dégoût, qualité de ne pas pouvoir voir des blessures ; soulèvement de cœur, mal portant

nkénzo : besoin, misère, lamentation, difficulté, douleur, souffrance, sensibilité (d'un abcès) ; ardeur, application au travail

nkénzo : qqch de dégoûtant à voir, écœurant

n'kúndi, DKF, 734 : ami, compagnon ; relation, connaissance

Nkúndi : nom propre (personne, montagne, eau) ; ami

kr, CDME, 286 : enlever en grattant (des inscriptions)

kālumuŋa, DKF, 207 : égratigner

kúba, DKF, 321 : gratter, nettoyer, monder, balayer ; emporter, ôter, recueillir, ramasser (fruits) ; racler, nettoyer (un travail) ; nettoyer en léchant ; corryer, choisir, raboter (planche)

ksi, EG, 597 : se courber

kénzo, DKF, 233 : hanche

ksm, EG, 597 : contrecarrer, défier

kàmika, DKF, 209 : retenir, faire monter (de l'eau) ; recourir, cacher, mettre, suspendre devant (p. ex. un morceau d'étoffe devant la poitrine) ; terminer qqch, en venir à une décision, à un arrangement, se sentir appelé à, obligé, pousser, urger, forcer, obliger ; parler vite de qqch et s'en aller

kāmuku, na ~, DKF, 210 : barrer, endiguement

kanzikisa, DKF, 218 : importuner

kasanzyana, DKF, 219 : contre

kèsila, DKF, 234 : empêcher qqch de marcher, de passer, d'aller (en se mettant devant lui en lui barrant le chemin)

kTn, CDME, 287 : « charioteer »

káda, DKF, 199 : sandale

káada : échelle, escalier, qqch sur quoi on peut monter

kādaba : marcher lourdement, en frappant des pieds

kādama : se dépêcher, se hâter, aller vite ; fouler lourdement le sol avec les pieds (souliers)

ktkt, PAPP, 139 et 143 : (en) secret

kéta, DKF, 234 : se cacher (pour sur prendre qqn) ; se faufiler dans, se glisser au travers de ; poursuivre un gibier en se tenant prêt à tirer ; épier, faire attention à, être sur ses gardes, se retirer, se garder de, garder

kòta, DKF, 318 : entrer, pénétrer dans ; faire irruption, (s') insinuer, (s') introduire ; passer derrière les nuages (soleil) ; tomber, enfoncer (dans l'eau) ; entrer dans une société ; entrer en pourparlers, en relations d'affaires ; acheter une partie de

ktt, EG, 597 : (être) petit ; tout petit

-áka (**kwá**), DKF, 2 : au lieu de **ka** (négatif), que ne, pour que ne pas, de peu que, au cas où

-ākala, DKF, 2 : suffixe diminutif emphatique s'ajoutant à un diminutif déjà existant. Par raison d'euphonie ce suffixe se change parfois en **–akana, -ekele, -ikidi, -okolo, ukulu**

kā… kò, **ke… ko**, DKF, 197 : adverbe négatif, pas, ne pas

kana, DKF, 211 : non, ne… pas, en aucune manière

ké,DKF, 225 : petitesse, petit, mince, peu épais faible, médiocre, humble, fin, étroit, serré, étrique

kénza, DKF, 233 : manger peu à la foi (personne) ; mordre, ronger le lacet (rat)

kēnzo : morceau, partie, petit morceau

kètama, DKF, 235 : se rétrécir, devenir plus mince ; être étroit à un bout comme un tambour ; être conique ; être pris, être arrêté, retenu

kéte : être petit

kéte : petitesse ; petit, fin ; rabougri

ktt, CDME, 287 : fille

káda, DKF, 199 : poule en âge

káda : concubine ; la femme qu'on aime beaucoup

kóda, DKF, 300 : famille, dont on est descendue, parent maternel en ligne droite

kwàta, DKF, 353 : accoupler ; commettre un adultère ; corrompre une femme mariée

ktwt, CDME, 287 : chaudrons

ndùngu, DKF, 676 : marmite

nzùngu, DKF, 833 : marmite, casserole, ordinairement une marmite européenne ; chaudière

ky, EG, 597 : singe

ngàma, DKF, 682 : singe

nkéwa, DKF, 718 : singe

nkéwo: singe

nkíma, DKF, 719: un petit singe (au visage clair)

ky, sing. m., **kt**, sing. f., EG, 597: autre, un autre ; autre

káka, DKF, 201 : autre, etc.

ki, DKF, 23 : il, elle ; ce, cette ; qui

-nkáka, DKF, 705 : autre, quelque, quelques-uns, un peu, un peu plus

, _m

m, EBD, 92 : sur

m, EG, 567 : dans, comme, par, au moyen de, avec, avec, de, hors de, quand, bien que

kúma, DKF, 331 : endroit, lieu, coin (aussi d'un panier)

kúuma : place, endroit, lieu, un certain, quelque part, en un certain lieu

mu, DKF, 593 : en, dedans, par là, à cet égard

mūmu, DKF, 607 : pron. dém., 1ère posit., cl. loc. **mu**, ici, en ce même lieu ; auprès de

vā, DKF, 1043 : s'emploie comme adv. de lieu et comme prép. (**vá**) dans le sens de là-dessus ;

y, en, par-dessus de, ici, ci-dessus ; pour exprimer il y a

vá-ama, DKF, 1047 : lieu, endroit

vú-uma, DKF, 1080 : place, lieu, endroit, site ; espace, intervalle ; place libre, vide ; terrain vague ; lieu habité, résidence, localité ; contrée, région, pays ; certain endroit, lieu isolé, spécial (p. ex. cabinets, W.-C.) ; mauvaise place, endroit, point faible (blessure, abcès)

m, CDME, 100 : interr., qui ? quoi ?

mbi, DKF, 529 : interr., qui, que, quoi

m, CDME, 100: impér. nég., ne fais pas

-āani, DKF, 4 : suff. emph. dans la forme nég. de l'impératif

mbo, **mboo**, DKF, 548 : interj. nég.

memata, DKF, 548 : douter

m, EG, 567 : impér., prends

bá, DKF, 5 : fig. au sens de prendre, saisir, serrer, presser, fermer

má, DKF, 471 : interj., vois ! prends ! reçois !

mé, **na** ~, DKF, 547 : interj., vois donc !

mA, CDME, 100: « oryx » (gazelle)

mbàmbi, DKF, 520 : petite antilope ; gazelle

mAA, EG, 567 : voir, s'occuper de, se charger de

ma-yéna, DKF, 512 : nom propre = qui voit

móna, DKF, 571 : voir, regarder, observer, remarquer, constater ; prendre garde, distinguer, mettre à part ; découvrir, saisir, comprendre, admettre ; éprouver, sentir (le froid, etc.) ; apprendre, entendre dire ; témoigner, percevoir, apercevoir ; être transparent, clair

móni : transparence ; clarté

móni : génie, grande intelligence

yéna, DKF, 1127 : voir, découvrir

yéne : voir

mAa, EG, 567 : (être) vrai, réel, juste

mAat, EG, 541, 567 : vérité, droiture, justice

máa, DKF, 471 : s'emploie souvent devant un nom ou un titre pour exprimer le respect, pour honorer quelqu'un, pour illustrer la personne

mbéle, DKF, 526 : interj., vraiment, en vérité ; oh ! est-ce comme cela ? peut-être

n'tima, DKF, 794 : cœur, sentiment, conscience, l'intérieur, ce qui est en dedans

tíma, DKF, 973 : habitude, coutume, usage ; désir, souci, volonté, envie ; zèle, grande envie ; vive aspiration ; passion (ce mot s'emploie généralement pour indiquer qu'on a eu une telle propension mais qu'on y a renoncé finalement) ; chose, objet, but d'un désir ardent, de sentiments très vifs ; souhait, désir intime, de cœur ; désir suprême, zèle, ferveur, empressement ; besoin de vengeance ou sentiment de vengeance ; mécontentement

tíimina : envie de, désir de

tímbu, DKF, 973 : désobéissance, mépris

tìmbula : mépriser, ne tenir aucun compte (d'une exhortation) ; être insoumis, braver, rebiffer

mAa, CDME, 102 : présenter, offrir, faire une présentation ; digne d'être offert

kàba, DKF, 198 : partager, diviser, sectionner ; distribuer, donner, faire cadeau

kàba ou khaba : don

mAa, CDME, 102 : guider ; envoyer ; poser les freins (d'un bateau) ; étirer les membres ; pagayer ; se mettre en route

màangisa, DKF, 495 : s'élancer, sortir précipitamment, se précipiter

mAa, CDME, 102 : rive d'une rivière ou d'un lac

béla, DKF, 27 : être près de

bēla-bela : être près de

bīila, DKF, 38 : faire le bord d'un tapis, panier, etc. ; finir l'entrelacement de qqch

máza, DKF, 514 : eau, humidité, jus, liquide, petit-lait ; vif argent, mercure, blanc d'œuf ; ce qui coule

Mbàla, DKF, 518 : rive du fleuve Congo jusqu'à Ambrizette où convergeait autrefois tout le commerce

mbéla, DKF, 526 : bord, bords d'un rivage, bord extérieur ; bord d'un vêtement, extérieur d'une chose

mbēla-mbela, mu ~ : le long de, tout du long dans les environs immédiats (d'un village, d'une forêt) ; proximité

m'bīilu, m'bīlulu, DKF, 530 : bord, bordure (d'une marmite, d'un chapeau, tapis, etc.)

mAaw, CDME, 102 : brise

héebulu, DKF, 188 : brise légère ; âme

héfulu (-ee-) : souffle, brise légère

hèeha : flotter ; être agité par le vent ; mentionner ; être encorcelé ; être soufflé (par **bandoki** pour les manger)

hèhila : agiter en l'air avec ; inviter pour danser avec ; danser vis-à-vis

hèhula : souffle, brise légère

hèhulu: souffle, brise légère

hèka, hèka-hèka, DKF, 189 : souffler, haleter (comme un chien)

mpéeve, DKF, 580 : vent, air, brise, souffle, esprit, drapeau

mpèvele : vent, brise, souffle, courant d'air ; vent léger ; bannière, étendard, drapeau, pavillon

mpévo : ombre, fraîcheur, éventail, parasol, parapluie ; visière d'un chapeau, bordure d'un chapeau ; globe de lampe, abat-jour (d'une lampe) ; euphémisme pour lumière du jour (**mwini**) au **nkisi**

mpēvo, DKF, 581 : léger, pas lourd, disposition à interrompre, à ne pas persévérer ; abattu, déprimé

mpèvola : vent, souffle, brise légère

mpèvolo : vent doux, air, brise, souffle

mpēvuka, ~ **n'tima** : généreux, bienfaisant, qui donne volontairement du cœur ; porté au bien, bonté du cœur ; qui agit rapidement, facilement, aisément, volontiers

mpèvula : souffle de vent, vent des soufflets ; fraîcheur du soir, frais

mpèwa : chapeau ; bonnet

mpèwola, **mpèwula** : vent, brise ; bruit ; bruit

mw-ànda, DKF, 645 : courant d'air, direction, le côté duquel vient le son, le vent ; légèreté, au grand vent, son de qqch, écho

vèeka, DKF, 1055 : danser un vis-à-vis ; danser en se frottant mutuellement la poitrine

vèkama : halter comme un porc

vèka-vèka : qui halette, brûle de l'eau, avoir soif

vèkita : souffle ; haleter (comme un chien)

vēkita : flotter, pavoiser (herbe, pavillon)

vèva, DKF, 1061 : être léger ; se dérober adroitement, s'exquiver

vèeva: éventer, secouer, vanner ; nettoyer, épurer, jeter, souffler, vibrer doucement (comme le vent) ; agiter (un éventail) ; flamboyer

vèvila (èe) : souffler, tournoyer, s'agiter, flotter, ondoyer, onduler (au gré du vent) ; planer

mAaw, CDME, 102 : sorte de bois

vèvalala : floter au gré du vent ; courir vite

vèeve, baka ~ : aérer, ventiler

vèevi : nageoire

mpàva ou mpàha, DKF, 577 : un arbre dont on mange le fruit ; une petite noix presque amère et comestible

mpíwa, DKF, 584 : un arbre

m'víibwa, DKF, 634 : arbre à fruots noires dont le goût est âpre

mvíwa, DKF, 636 : arbre

mw-abi, DKF, 643 : grand arbre (**Mimusops Djave**)

mwa-m'wánndu, DKF, 645 : plante grimpante

mAa-xrw, EBD, 1 : triomphant

mAa-xrw, EG, 50 : sincère ("true of voice"); 51 : triomphant

mākana, DKF, 479 : quereller, se poser dans une position de combat

mAi, EG, 567 : lion

yìmbalala, DKF, 1134 : être couché (se dit d'un grand animal)

(Le déterminatif du palmier donné ici est absent du Sign-list de Gardiner), **mAmA**, CDME, 103 : « dom-palm »

mbámba, DKF, 519 : palmier rotin ; canne

mAqt, CDME, 103 : escalier

maka, DKF, 478 : marcher, monter, grimper sur

māngama, DKF, 494 : monter, s'élever, se hausser

mAr, CDME, 103 : déposséder

mAr, var. **mAi**
(**r**),EG, 567: misérable, maudit

mAT,PAPP, 66 et 69 : proclamer

mAT, CDME, 104 : proclamer

mAT : acclamer

vūula, DKF, 1025 : ôter, enlever, dévêtir, déshabiller ; dépouiller ; retirer, arracher (vêtements, habit, plumes) ; se déshabiller, se dévêtir

mpèle, DKF, 578 : une mauvaise maladie : plaies sur le corps ; gale, rogne ; sanie, pus, humeur

Mpèlo : nom propre = gale, rogne, etc.

mpéne, DKF, 579 : nudité, partie sexuelle de l'homme ou de la femme ; qui est nu, déhabillé, raclé, misérable ; sans ressources ; nu (se dit des graines, des fruits qui n'ont plus leur enveloppe)

mú-ula, DKF, 602 : humeur querelleuse

ma-ta, DKF, 505 : parole, manière, façon de parler

Má-ta : nom propre = ce que l'on dit

tā, DKF, 942 : dire, mentionner, faire exécuter, effectuer, accomplir qqch, vérité, récit de ce qui est, de ce qui se passe

tāamana, DKF, 948 : jouer, se jouer, badiner ; faire des jeux, s'amuser, plaisanter, railler, se moquer de

tá-matá : qui manque la parole

támba : communication concernant la maladie d'un parent, sa mort ou un accident qui l'atteint

tāmbalala : répondre, répliquer à un appel (au secours) ; cri d'appel

tāmbudila, DKF, 949 : répondre affirmativement à qqch ; approuver, répondre qqch de favorable ; être d'accord avec ; admettre, reconnaître ; être disposé à ; être content de, consentir ; confesser, avouer, admettre, convenir

mAwt, EG, 567 : rayons

mbāwu, DKF, 524 : grande chaleur ; ardeur fièvreuse, fièvre, poudre ; échauffé, tiède ; ardent, zélé, sensible, prompt de se battre, de se mettre en colère

mbàwu : feu

wusya, na ~, DKF, 1107 : clair, luisant

mAwt, CDME, 103 : nouveau ; renouveller ; être renouvellé

mpā, DKF, 572 : neuf, nouveau, récent, frais (qui est arrivé, qui a été fait) ; moderne, actuel ; bon, joli, agréable

vā, nouvelle, nouveauté ; nouveau, frais, récent

mAX, CDME, 103 : brûler

bánga, DKF, 18 : être dur, être en colère ; souffir, être chaud

bāngati, na ~ : très chaud ; chaleur extrême, qui brûle

mbāngala, DKF, 522 : deuxième moitié de la saison sèche, des grandes chaleurs (août-octobre)

mbāngatala : grande chaleur, état étouffant

mbāngazi : chaleur, chaleur excessive, brûlante, éclat du soleil

mpangula, DKF, 576 : forgeron

mAyw, PAPP, 79 et 85 : germes

mya ou **mia**, DKF, 651 : se dissoudre, fondre, s'imbiber (comme du sel) ; absorber (l'eau)

m-a, EG, 568 : prép., ensemble avec, dans la main de

mīita, DKF, 569 : serrer bien

maDAbt, EBD, 104 : prise

ma-taafi, DKF, 506 : fourche ou prisonnier dans une fourche

𓅓𓏏𓎿𓏤𓉐 **maHat**, var. 𓊃𓏏𓎿𓏤𓉐 **miHat**, EG, 568 : tombeau

ma-kuti, DKF, 484 : lieu d'enterrement des chefs du village

𓅓𓎟𓏤𓏌𓏲 **mahri**, EBD, 104 : récipient

kila, DKF, 246 : pot, bol, cuvette

𓅓𓄿𓏲 **mai**, EBD, 154 : venir

yīima, DKF, 1134 : errer, rôder, planer (un épervier)

yīimana : rôder

𓅓𓄿𓏏 **makt**, EBD, 105 : vraiment

kēdikà, DKF, 226 : vérité, le vrai, véracité, véridicité ; réalité, certitude, vrai, sûr, certain

kedika-kedika : certainement, parfaitement, sincèrement.

Ma-kēdikà, DKF, 480 : nom propre = vérité

𓂝𓈖𓏏 **(m) a (n) dt**, EG, 568 : la barque matinale du dieu-soleil

màta, DKF, 506 : grimper, saillir (en parlant des animaux mâles)

mànta, DKF, 499 : grimper, monter ; se percher (oiseau) ; faire de grandes enjambées, enjamber

𓅓𓏏𓈖𓐍𓏏 **manxt**, CDME, 105 : penditif

mānganana, DKF, 494 : se tenir debout, en évidence ; se redresser, se regorger (pigeon) ; se redresser la poitrine en avant, ne pas bien convenir ; se tenir immobile en regardant, garder (ne pas sortir, ne pas se montrer)

𓅓𓏤𓃀𓏤 **mar**, EG, 568 : (avoir) de la chance, du succès

méela, DKF, 548 : chance, bonheur

mù-ula, **fula** ~, DKF, 602 : fig. bénir, donner du bonheur, fortune (comme le père donne)

𓄿𓅓𓏤 **maX**, OC, 278 : brûler

354

méka, DKF, 548 : luire, briller, répandre de la clarté (lumière, couleur), être, devenir rouge du feu, chauffé au rouge

mòoka, DKF, 570 : craquer, crépiter

m-bAH, BEC, 105 : devant

ma-būuku, DKF, 473 : siège, derrière

baku, DKF, 11 : siège

bángu, DKF, 19 : partie de devant pagne

mD, PAPP, 392: dix

kūumi, DKF, 333 : dix, dizaine, pièce ou billet de 10 francs

mD, OEP, 395 : profond

díma, DKF, 118 : (peu usité), sans fond, très profond

díma, mu ~ : au milieu

dīmina, DKF, 119 : sombrer ; plonger ; entrer dans ou sous, p. ex. des herbes hautes ; pénétrer sous, descendre sous (terre ou eau) ; se coucher (soleil) ; descendre (à fond) ; se précipiter (sédiment dans un liquide, etc.)

dīmina, mu ~ : au milieu

dīmuka : s'immerger

dīmuna : immerger ; faire disparaître dans, sous

dímva, DKF, 120 : tremper, jeter dans l'eau

ndíma, DKF, 669 : profond, profondeur (eau), endroit profond

ndīmina : profond

mDAb, CDME, 123 : chasser (des adversaires)

mànnga, DKF, 494 : refuser, repousser, objecter, décliner ; s'en défendre, remercier, ne pas entrer dans telles considérations, n'être pas d'accord ; être désobéissant

355

mDAt, CDME, 123 : rouleau de papyrus, livre, lettre

mDAt, CDME, 123 : ciseau

mDd, CDME, 124 : presser fortement, frapper, pratiquer (des vertues) ; obéir (des ordres)

mDH, OEP, 403 : filet

mDt, CDME, 123 : huile

n'kánda, DKF, 708 : peau, cuir, écorce, croûte, enveloppe, couverture ; peau de bête dont on enveloppe les étoffes, le tabac, etc., de là : parchemin, papier, livre, lettre, contrat, document, note, facture, lettre de change

méeza, DKF, 551 : un large couteau

ndīndii, na ~, DKF, 670 : tenant ferme

ndindi : nœud

ndīndimini : rigidité

ntīnti, DKF, 795 : désobéissance ; fierté, bravade

n'tīntibidi : onomatopée pour qqch qui frappe dans

ntīntibidi : raideur, rigidité, qui est raide, rigide, droit

n'tīntu : mort sur le coup

mi-díka, DKF, 564 : filage, cordon, fil ; chose retordue, filée

motuku, DKF, 572 : pendre

mu-díka, DKF, 594 : toron de cordon tordu, c'est-à-dire cordon de deux ou trois torons

máazi, DKF, 515: graisse, embonpoint, double menton; huile, beurre et autres produits graisseux, friture, gras, sing. **dyazi, fidyazi**: un peu de graisse, d'huile

ndēnde, DKF, 666 : huile de palme

mds, CDME, 123 : tranchant (couteau) ; pénétrant (vision) ; dur (caractère) ; ferme (pied)

mdt, PAPP, 149 et 153 : parole

mdyw, PAPP, 152 et 155 : calomnie

mdw, EBD, LXXXIII : paroles

mdw, EG, 571 : parler, causer ; mot ; parole.

ab. **mdwnTr** : paroles de dieu

lúsa ou **lúza**, DKF, 444 : faire du fracas, ronfler, faire du bruit (tambour) ; crépiter (feu)

lúsa : haute estimation de qqch ; zèle, attente de recevoir (ce qu'on apprécie) ; envie, convoitise, envie de flâner

lūusa, DKF, 445 : pousser (une voiture)

lūsakana : avoir un son violent qu'on entend à grande distance

ndazi, DKF, 664 : envie, zèle

ndèza-ndéza, DKF, 667 : un grand et long couteau

ndinza, DKF, 670 : colère

ndūsakani, DKF, 676 : qui a un son dur, violent qu'on entend à grande distance

dáma, DKF, 107 : dire qqch de préjudiciable, injurieux

dáma : propos diffamatoire

dámi : reproche, blâme

déva, DKF, 112 : calomnier, diffamer, maudire

dēvula : injurier

dimu, DKF, 119 : ironie

dóma, ~ **kyuvu**, DKF, 129 : demander, questionner, poser une question, interroger

dóoma : nigaud (injurieux) ; fourbe

dóva, DKF, 130 : injurier

dùma, DKF, 133 : être à la mode ; être très vantard, vaniteux, prétentieux, capricieux

dŭma : orgueil, vanité ; poupée de mode ; habitude de, parler avec ostentation, injurieusement ; ostentation, vanterie

dūvula, DKF, 136 : insulter, criailler désagréablement

dwebula : parler du mal de qqn, calomnier

lēula, DKF, 398 : injurier

lēvula, DKF, 399 : injurier, mépriser, insulter, offenser, maudire

lewo, DKF, 399 : paroles injurieuses

lēwula : blasphémer, injurier, insulter

lu-dími, DKF, 415 : langue (membre) ;

lu-dími : petite bande de qqch (d'arrière-faix)

míla, DKF, 565 : permission, promesse

ndími, DKF, 669 : langue

táva, DKF, 957 : offense (injure)

tuba, DKF, 987 : dire, parler, mentionner, raconter

wáda ou **wádáa**, DKF, 1089 : interj., à la bonne heure ! soit ! je veux bien !

mH (y), CDME, 113 : avoir des soucis ; penser, soupeser ; soin

méke, DKF, 548: muet, incapacité de parler correctement, couramment

mmonga, DKF, 571 : tristesse

mH, EG, 569 : coudée, mesure linéaire de 523 mm, comme mesure d'espace (27.3 sq mètres)

míka, DKF, 565 : mesurer, mesurer au pas

mH, CDME, 113 : remplir, être plein de, payer, complètement, compléter, finir

mambisa, DKF, 188 : s'accroître

ma-hālakasa, DKF, 477 : grandeur de qqch

mH, CDME, 113 : tenir, saisir, exercer une prise sur, capturer

bá, DKF, 5 : fig. au sens de prendre, saisir, serrer, presser, fermer, **E** ~ ! pris ! saisit ! fermé !

báka, DKF, 9 : posséder, avoir, recevoir ; gagner (son pain), gagner (au jeu) ; acquérir, se procurer ; obtenir, toucher à ; prendre, attraper, saisir ; prendre au vol ; prendre, s'emparer, trouver ; mettre l'embargo sur, s'appropier, surprendre, attaquer à l'improviste (de crime)

kìma, DKF, 247 : être fort, solide, ferme, fixe, dur, rude ; se maintenir, être ferme

mHA, CDME, 114 : nuque

mākuna, DKF, 484 : jeter par-dessus, en arrière ; culbuter, jeter la tête de côté ou en arrière

mānguka, DKF, 495 : jeter la tête en arrière, de côté

mēkuka, DKF, 548 : rejeter la tête en arrière ; tomber à la renverse

n'kúmbu, DKF, 733 : reins ; dos

mHi, 114 : 1. noyer, être noyé, inonder ; 2. nager, lancer (un bateau)

makìima, DKF, 481 : orage, tempête

ma-ngòngo, mvula za ~, DKF, 495 : pluie prolongée, pluie qui dure toute la journée

ma-ngùndu-ngúndu : bruine, gouttes dans la fôret (après la pluie)

m'mínga, DKF, 566 : nage ; **ta ~** : nager

mu-ɣombo, DKF, 596 : baie, crique d'une rivière

n'kūmbulà, DKF, 733 : averse (de pluie)

nóka, DKF, 749 : pleuvoir à torrents, tomber (comme la pluie) ; couler, avoir des fentes, avoir une fuite ; l^cher de l'eau ; euph. pour : crier, pleurer

nóko : pleuvoir

nóko : rosée, bruine

mHnk, CDME, 115 : partenaire (?)

ma-kàngu, DKF, 480 : ami

mHyt, CDME, 114 : coll. poisson

m'mingu, DKF, 567 : une espèce de poisson

n'kōnkutu, DKF, 727 : petit poisson

nkūmbala, DKF, 733 : sorte de poisson

mhwt, EG, 569 : famille, maison

Ma-kúta, DKF, 484 : nom propre, nom de pays

kúta, DKF, 343 : héritage

kúta : bien, richesse, propriété (ce qu'on a dépensé pour se procurer p. ex. une foule d'esclaves) ; esclaves ; chef très riche

mhy, CDME, 112 : être oublieux, négligent

ma-kénko, DKF, 481 : manque

mongongi, DKF, 571 : qui est attentif ; observateur, gardien

mi, PAPP, 189 et 190 : comme

ma, DKF, 471 : préf., cl. **ma**, se joint au verbe et au substantif pour désigner une personne par ses traits les plus caractéristiques : mœurs, habitudes, manière d'être, aspect, activité, etc., sans que cette désignation devienne son nom propre

mpìla, DKF, 581 : espèce, genre, sorte, façon, manière, classe, race, famille, qualité, style, description, grandeur, matière, forme, créature, modèle ; **mpilamosi ye**, semblables à, de la même manière que (avec comparaison)

min, EG, 568 : aujourd'hui ; EBD, 215 : journellement

muna, DKF, 608 : saison

miw, EGG, 568 : chat

nyāu, DKF, 814 : chat

mkAt, CDME, 119 : support, piédestal

méka, DKF, 548 : porter un lourd fardeau avec peine, avec effort

mkHA, CDME, 119 : la nuque

mākuka, DKF, 483 : relever la tête, la jeter en arrière ; tomber en arrière, tout de son long

mākuna, DKF, 484 : jeter par-dessus, en arrière ; culbuter, jeter la tête de côté ou en arrière ; répondre oui avec la tête

mēkuka, DKF, 548 : rejeter la tête en arrière ; tomber à la renverse

mkHA, EG, 570 : négliger

ma-kénko, DKF, 481 : manque

mongongi, DKF, 571 : qui est attentif ; observateur, gardien

(le déterminatif du conteneur qui accompagne le mot est absent du Sign-list de Gardiner) **mks**, CDME, 120 : conteneur

n'kese, DKF, 717 : gargoulette

mkt, EG, 570 : « right place »

mākama, DKF, 479 : se tenir, se trouver (tranquille)

mkty, OEP, 406 : protecteur

kánda, DKF, 211 : supplier, exorciser pour empêcher la pluie de tomber au moyen d'un **nkisi**

kāndama, DKF, 212 : être à l'abri d'un mal grâce à un **nkisi**

kāndamena : défendre

nkētani, DKF, 718 : qui garde, qui attrape, qui est aux aguets contre un autre (généralement pour trouver un motif d'accusation) ; guerre, désaccord, division

361

𓅓𓅓 **m-m**, CDME, 596 : prép. parmi ; adv. là dedans

mu, DKF, 593 : en, dedans, par là, à cet égard

mūmu, DKF, 607 : pron. dém., 1ère posit., cl. loc. **mu**, ici, en ce même lieu ; auprès de

𓅓𓅓 **mm**, CDME, 106 : transporter (bœuf)

méma, DKF, 548 : être lourd ; peser, soupeser ; porter qqch avec peine, avec effort ; gémir, gémir, haleter, soulever et gémir

méma : grandeur

mēma-mema : qui est lourd, raide (corps) ; douloureux, sensible

mn, EG, 94 : un tel

ki-náni, **kinániyo**, DKF, 262 : terme qui s'emploie pour désigner qqn dont on cherche le nom sans le trouver, « un certain » « un tel », « chose »

mu-náni ou **mw'enani**, DKF, 608 : un certain

náani, DKF, 658 : une certaine personne

mn, EG, 568 : rester, demeurer, être ferme, stable

-āma, DKF, 2 : suff. verbal de n. pass. ou d'état qui indique une circonstance, un état survenu à la suite de l'action

kwāminina, DKF, 350 : demeurer ferme jusqu'au bout, persévérer, s'opiniâtrer, s'entêter, s'obstiner ; être ou faire qqch continuellement, sans arrêt, avec persévérance, constamment, perpétuellement, très assidu auprès ; forcer, presser, obséder

máma, DKF, 489 : se lever, se placer, se tenir immobile, tranquille, paisible (devant le photographe)

máma : support, colonne, pilotis, image, figure, nid de termites (rond, au-dessus de la terre) ; monceau, pierre, monument commémoratif ; personne qui ne peut parler, entendre, etc. ; épouvantail, mannequin pour effrayer les oiseaux ; qqch d'immobile, corps mort, personne défunte ; qqn qui ne peut devenir gras, rabougri (arbre) ; paralytique, raide comme un mort

mãnga-manga, **telama ~**, DKF, 494 : rester immobile les yeux dans les yeux (comme prêt à se jeter l'un sur l'autre et à se battre) ; être orgueilleux

méma, DKF, 548 : colonne

mèna : tarder, rester, séjourner ; être ferme, stable (comme une pierre), éternel, infini

mènama : tarder, s'attarder, s'attacher, rester ; délai, retard

méene, DKF, 549 : même

mène ya mène : assidûment, toujours

mènika, **~ dyambu**, DKF, p. 549 : tarder, empêcher (un procès)

méni-méni : restant, éternel

mómo, DKF, 570 : solide, immobile et sans rien dire en regardant

mn, EG, 568 : être malade

mn, EBD, 58 : douleur

mna, OEP, 413 : allaiter

nomana, DKF, 749 : s'engourdir

má-mvūmina, DKF, 492 : lait

yèma, DKF, 1126 : téter, sucer ; être allaité

mnD, CDME, 110 : mamelle

mbánga, DKF, 521 : glande, ganglion, grande mammaire lactifère

mnDt, CDME, 110 : joue

mbánga, DKF, 521 : mâchoire, os maxilliaire ; joue, opercule

mnDm, CDME, 110 : panier

mbàngala, DKF, 521 : corbeille à couvercle trièdre pour provisions

mbànga-mbànga, DKF, 522 : une plante grimpante dont on fait des corbeilles ; aussi un arbre

mndt, OEP, 379 : paupière

ma-ntìndi, DKF, 499 : grands yeux saillants

mnfAt, CDME, 108 : soldats aguerris, troupe d'assaut ; infanterie, soldat en général

māmba, ~ mu m'filu mu n'lolo, DKF, 489 : cri de guerre pour que l'on ne soit pas atteint par les balles mais qu'au contraire elles frappent l'arbre mfilu et nlolo

mni, EG, 568 : amarrer, mouiller ; attacher, joindre (qqn) ; dét.   ,   : mourir ; la mort

mànga, fwa ~, DKF, 494 : mourir sans cause (porc) ; tomber raide mort

mēnganana, DKF, 549 : près de se briser, de se rompre

mēnge, mēngene : faire le coït

mēnguka : se fouler ; se casser (bras et jambes)

mēnguna : enlever, détacher (en rampant) ; briser, casser, rompre

Mni, DEH, 91 : Menes

Mani, CN, 65 : titre des rois du Congo

mì-ina, DKF, 566 : loi, règlement, règles, ordonnance

Ními, ~ a Mpanzu, etc., DKF, 702 : nom de clan ; nkisi

Nyìmi, DKF, 837 : un nkisi, le second garçon

mni, EG, 568: une mesure pour l'huile ou l'encens

mana, DKF, 492 : article de commerce, d'échange

mānika, DKF, 496 : gain, profit (dans le commence)

mènama, DKF, 548 : être cher, à prix élevé

mènika, DKF, 549 : fixer un prix élevé

mnit, EG, 568 : collier avec contrepoit (pour maintenir l'équilibre)

mānama, DKF, 493 : être suspendu, posé au-dessus, étendu sur, pendre

mānika, DKF, 496 : suspendre, pendre (à la paroi) ; poser haut, sur

mnkrt, CDME, 110 : queue de buffle portée par le roi

n'kíla, DKF, 719 : queue (des écureuils, oiseaux, etc.) ; touffe, aigrette ; qqch que l'on veut donner par-dessus le prix fixé (dans un achat) ; mot obscène

Nkíla : nom propre

mnmn, EG, 568 : remuer, se déplacer, être dérangé ; **mnmnt** dét. ||| , ||| : troupeaux, vaches

mènama, DKF, 548 : courrir

mènana : sensation de frisson, frémissement

mēnguka, DKF, 549 : avoir peur

mnmt, PAPP, 80 et 85 : troupeaux

mnq, CDME, 110 : finir

kimàna, DKKF, 150 : qui termine, qui épuise, qui exalte (une réputation)

màna, DKF, 492 : terminer, finir, achever, mener à bonne fin, compléter, accomplir ; consommer, consumer, vider, conclure ; mettre la dernière main à, dépenser ; être fini, terminé, achevé, accompli, interrompu, employé, usé ; être jugé (procès)

mnqt, CDME, 110 : une place fraîche ; chapelle

mbánga, DKF, 521 : maison sur pilotis

mnS, CDME, 110 : cartouche

manáka, DKF, 492 : almanach, calendrier

mánga, DKF, 494 : orner une maison

mnsA, (**mnzA**)CDME, 110 : jarre pour liquides

nsí, DKF, 765 : dernière tasse de vin de palme d'une calebasse ; sédiment, reste sur le fond, levure, limon, amas au fond (du vin de palme)

mnt, mmnt, EG, 568 : journellement

mène, DKF, p. 549 : demain ; le matin

mène-méne, ky ~ : le jour suivant après demain

mnt, CDME, 107 : avalement

mìna, DKF, 566 : avaler, absorber, engloutir, dévorer

m'mìni, DKF, 567 : qui avale

minika : bien cacher, presser, panser, bander une plaie, une blessure

mìnuka, DKF, 568 : être avalé, s'avaler ; s'enfoncer en arrière, disparaître derrière ou sous l'horizon (comme le soleil)

mnx, EG, 569 : (être) efficient, beneficient, excellent

mana, DKF, 492 : grande activité, zèle, soin, stratagème, ruse, moyen pour atteindre son but ou pour obtenir ce qu'on veut

ngèela, n'kwa ~, DKF, 686 : personne qui fait qqch bien ; habileté ; ouvrier

ngèele : habileté ; ouvrier ; fabriquant

ngézi, DKF, 687 : habitude de faire qqch bien ; **n'kwa ~** : menuisier habile, ébéniste

nkéte, DKF, 718 : personne habile dans sa spécialité, qqn qui fait bien tout ce qu'il fait ; habileté professionnelle ; qui est soigneux, qui prend garde et soigne bien ; artisan, ouvrier, graveur

Nkéte : nom propre ; qui est habile

mnxt, EG, 569 : habit

mi-ngádi, DKF, 566 : le bord de l'étoffe qui est plié et auquel on coud un bord rouge ; bord d'étoffe rouge et jaune comme aux habits militaires

mr, PAPP, 417 et 418 : pyramide

mr, EG, 569 : pyramide, tombeau

mr, EG, 569 : (être) malade

mr, EG, 569 : ami(s), partisan(s) ;

mri : aimer, désirer

dèmana, DKF, 111 : être plein, surplein, entasser les uns sur les autres ; se presser, s'entasser les uns sur les autres, remplir jusqu'à la dernière place

zambula, DKF, 1153 : élever, hausser

nsamba, DKF, 755 : hématurie

nsamba : syphilis

tsamba, DKF, 1013 : hématurie

zàama, DKF, 1153 : avoir froid ; avoir la fièvre ; se sentir mal à l'aise, transi, glacé, sentir de la répugnance, de l'aversion pour ; frémir

láza, DKF, 385 : être aimé, apprécié ; être lascif (comme à l'époque du rut) ; avoir du zèle ; être ardent

lázya : être aimé

ma-záma, DKF, 514 : tendre amour, objet de prédilection

míla, DKF, 565 : permission, promesse

mõola, DKF, 570 : personne non mariée, célibataire

sìma, ~ **dyambu**, DKF, 898 : peser, considérer, réfléchir ; se reporter à

yèma, DKF, 1126 : aimer, vouloir

zāma, DKF, 1153 : chérir, choyer

záma : tendre amour, objet de prédilection

zĩima, DKF, 1165 : aimer, se plaire à

zóla, DKF, 1170 : vouloir, vouloir obtenir, aimer

zóna : aimer

mr, OC, 273 : houe

nséngo, DKF, 763 : hachoir, houe, pioche

mr, EG, 569 : attacher, relier

nsòma, DKF, 771 : les fils **mpusu** qui sont redressés dans le métier

nsòma : fourche, fourchette, râteau, aiguille ; épingle, poinçon, alène (qui servent aux tisserands indigènes)

nsóma : aiguillon, aiguille à coudre ; pointe, dard

nsòmono, DKF, 772 : séparé de ; par pièces

sìmbika, DKF, 900 : bien peigner, lisser, repasser, unir, aplanir qqch de façon à ce que cela reste ainsi (cheveux, étoffe, etc.)

sòma, DKF, 911 : enfiler (une aiguille, des perles) ; faire entrer, mettre, placer, poser, amorcer (une ligne à pêcher) ; serrer, ficeler, sangler

súma, DKF, 922 : mettre, placer, percer des feuilles de **nkunza** dans des lattes de palmier pour les employer comme couverture, comme toiture ; passer, faire entrer, enfiler, aller en croissant, pousser (en haut) ; enfoncer, fourrer, plonger des brins (morceaux) de bois çà et là pour éprouver, pour savoir où les grillons ont leurs demeures ; coudre à longs points

súma : point de couture, coup d'aiguille

zémba, DKF, 1159 : prendre en bas ; être suspendu et pendant ; balancer, pendiller

zòmama, DKF, 1170 : s'attacher (comme) une flèche) ; pénétrer, s'enfoncer

zòmika, DKF, 1171 : fixer qqch sur un objet pointu (fourchette, lance, etc.)

zòndo, DKF, 1171 : tresse

zúmu, DKF, 1175 : mettre, placer, poser

mr, EG, 569 : canal

mrt, CDME, 111 : chemin

mrw, OEP, 412 : variété de bois

máala, DKF, 486 : grêle, grésil, etc. qui tombe du ciel

ma-làla : petite averse, menue pluie

ma-lōola, DKF, 488: petite pluie

mi-idila, **ta ~**, DKF, 564 : être débordant, être trop plein

mili, DKF, 565 : boyau

mpusu, DKF, 590 : grande route, chemin public

mw-ála, DKF, 644 : couloir de art, de la musaraigne ; sentier des souris ou d'autres petits animaux dans l'herbe ; voie pour l'eau, filet d'eau entre les pierres ; cours d'eau, flot, marée montante

mw-álu : chemin sur lequel on s'approche de qqn où on l'attaque ; la partie plus rapide d'un fleuve ; fil d'eau ; courant ; traces d'animaux

mw-ìdila, DKF, 649 : ruisseau, détroit ; confluent, estuaire ; golfe, baie ; courant (dans un marais)

mw-ìla : ruisselet, ruisseau ; courant inférieur ; affluent (avec son embouchure) ; estuaire

Mw-ìla : un **nkisi**, nom propre = cours d'eau

nzíla, DKF, 827 : chemin, sentier, route, ruelle, rue, passage, voie, direction ; fig. chemin, moeyn, voir, occasion, chose occasionnelle

zíma, DKF, 1165 : mare

m'mólo, DKF, 570 : essence d'arbre

mú-ula, DKF, 602 : écorce d'arbre, auge, séble (d'arbre) pour y porter du manioc

mu-lánda : une variété d'arbre

mù-ulu, DKF, p. 603 : un arbre à feuilles piquantes et brûlantes (dont se servent les **nganga**)

mu-lùla : une variété d'arbres.

Mu-lúmba, DKF, 604 : nom propre = une sorte d'arbre

mrw, CDME, 111 : tenue ; paquet d'habits

mbúla, DKF, 539 : étoffe rouge, écharpe

zàla, DKF, 1152 : ourler, border (couture) ; rapiécer

zàmba, DKF, 1153 : frange, houpe, touffe, châle, étoffe à franges ; petit pagne (des femmes) ; graines, etc. qui s'attachent aux habits ; 2 mètres d'étoffe avec franges ; houpe, touffe de cheveux

zyánda, DKF, 1180 : vêtement des hanches qui entoure le bassin, robe, jupe, jupe de **nkimba**

mryt, EG, 569 : rive, côté, « harbour »

bélaou **bēla-bela**, DKF, 27 : être près de

ma-sína, DKF, 504 : lisière, bord, bordure

mbéla, DKF, 526 : bord, bords d'un rivage, bord extérieur ; bord d'un vêtement, extrémité d'une chose

símu, DKF, 901 : terre ferme ; rive, rivage, côté ; bord, berge (d'une rivière) ; versant d'une vallée

mryt, CDME, 112 : crocodiles

ngándu, DKF, 683 : crocodile

mSa, PAPP, 189 et 190 : guerre ; CDME, 119 : expédition ; faire une expédition

mākana, DKF, 479 : quereller, se poser dans une position de combat

Mākana : **nkisi** pour la chasse, on appelle le prêtre **Makana**

méka, DKF : 548 : rompre, casser, briser

370

mēetanana, DKF, 551 : se tenir un peu penché prêt à se battre

mìka, DKF, 565 : tenter, essayer ; entreprendre une action secrète pour nuire ; faire des signes, des ruses pour conjurer, p. ex. la chance au jeu ; détruire, corrompre par **kinganga, kindoki** ; ensorceler (**sa kyungu**) ; pousser, agiter, tourner (**nkisi**) pour ensorceler

mìkana : se battre l'un l'autre à **kinganga** ; être ennemis ; se haïr l'un l'autre

séma, DKF, 887 : battre, frapper

mSa, CDME, 119 : marcher

màka, DKF, 478 : marcher, monter, grimper sur

mSw, OEP, 385 : épée

máazu, DKF, 515 : lame

méeza, DKF, 551 : un large couteau

ms, CDME, 117 : veau

sīmini, DKF, 900 : être très gros et gras, replet, obèse (personne)

ms, CDME, 117 : bouquet

mása, DKF, 503 : maïs, millet

síma, DKF, 899 : plante ; arbuste (**Garcinia Gilletii**)

ms, PAPP, 113 et 115 : hâter

ma-sēnga-senga, DKF, 504 : marcher d'un pas chancelant ou mal assuré

sèema, DKF, 887 : venir, arriver ; être, arriver, parvenir (à destination) ; avancer, pousser, passer à la surface de l'eau (un bateau)

ms, EG, 570 : apporter

sèema, DKF, 887 : rendre, dédommager, compenser, rembourser, recouvrer ; (re) faire qqch de nouveau

371

𓄟𓏤𓀞 **ms**, EG, 570, « encl. part. expressing surprise or reproof » ; CDME, 117 : sûrement, en effet

sì, DKF, 894: s'emploie pour exprimer l'étonnement, la surprise, le regret, le déplaisir, le chagrin ou pour attirer l'attention sur un changement d'état de circonstance

síma, DKF, 898 : s'opposer à, empêcher, mettre obstacle à ; arrêter, faire cesser (une bataille), détourner, intervenir (dans une querelle) ; séparer (des combattants, des adversaires) ; empêcher, retenir, apaiser déconseiller ; dissuader

sīmana, DKF, 899 : s'étonner ; exprimer son étonnement, son déplaisir, son dédain, son mépris en jaissant un certain bruit avec la bouche **mh ! eh !** être étonné

sīmina, DKF, 900 : s'étonner

sīminika : faire exprimer son étonnement

sīminina, ki ~ : point d'exclamation

𓄟𓏤𓂝𓃀 **msbb**, CDME, 117 : se tourner (**Hr** : vers) ; servir qqn ; négocier (?)

zùmba, DKF, 1175 : faire un travail occasionnel d'aide, de journée, travailler moyennant une part de la récolte ou du grain, prendre un remède pour s'amuser ou pour obtenir un subside accordé aux malades, remède, etc., prendre par à qqch (p. ex. : manger avec d'autres qui mangent, ou parler dans un procès) ; récompenser, payer des femmes pour des petits travaux

𓄟𓏤𓂧𓀞 **msDi**, EG, 570 : haïr

mèntana, DKF, 550 : être ennemis, se haïr l'un l'autre

ma-sàada, DKF, 503 : amertume, acidité

sànda, DKF, 873 : mépriser, dédaigner, refuser ; ne pas vouloir (se marier avec qqn, etc.) ; haïr, ne pas répondre à qqn ; désaprouver ; blâmer, critiquer, redire à, reprendre ; injurier, détracter, diffamer, se moquer de, conspuer, insulter à, tourner en ridicule

msDr, CDME, 119 : orielle

kútu, DKF, 343 : oreille

msdw, PAPP, 205 et 206 : fuir

nsālafu, DKF, 754 : pluriel de **lusālafu**, fourmi voyageuse

nsolo, DKF, 771 : ouverture

msH, EG, 570 : crocodile

sénga, ~ dyankula, DKF, 890 : tronc de bois qui flotte, qui surnage sur l'eau (auquel les nasses sont liées)

msi, EG, 570 : mettre au monde ; **ms**, dét.

: enfant ; **msi**, CDME, 116 : créer, porter à la lumière, faire, fabriquer

meseta, DKF, 550 : artisan

mesta, DKF, 551 : menuisier

mēetasi : raboteur de planches

mss, PAPP, 111 et114 : modeleur

mu-sa, DKF, 622 : souche, famille, tribu ; république ; descendance, espèces, peuple, la grande foule, la basse classe, le public

mst, CDME, 116 : bâton

mw-enze, mw-énzi, DKF, 648 : ce qui est juvénile ; qui n'a pas atteint tout son développement en taille, en maturité, jeune bête (p. ex. chien, porc, etc.) ; se dit aussi des hommes ; vierge, pureté, non souillé, qui est virginal

mst, OEP, 413 : mère

mswt, CDME, 116 : enfants, descendance

mw-íssi, DKF, 650 : habitant de, indigène

mw-íssi : s'unit aussi aux noms propres, aux substantifs abstraits ou aux verbes qui, dans ce cas, prennent le préfixe **ki** pour désigner une coutume, une habitude, une disposition d'esprit pour une ou plusieurs personnes

(m) sktt, EG, 570 : la barque vespérale (du soir) du dieu soleil

nsìka, DKF, 765 : soir

nsíka : paix

nsìka-nsìka : soir, près du coucher du soleil, après le coucher du soleil

𓉔𓏤〰𓏤𓂩 msnH, CDME, 117 : faire une rotation ; retourner ; retourner pour s'en aller (« turn away »)

nzúnga, DKF, 833 : détour, contour (d'un chemin, etc.) ; tour, circonférence ; modèle de coiffure ; courbé, en zigzag, serpentant, détourné, par détours

zénga, DKF, 1160 : tourner (autour d'une montagne, etc.) ; faire un détour ; fig. faire une allusion à, viser qqn (dans son discours)

zènnga : danser

zénnga : tourner comme un hamac

zúnga, DKF, 1176 : aller, venir, passer autour, tout autour (d'un obstacle, d'une montagne) ; agiter, secouer, brandir autour, en cercle, p. ex. les bras, une arme ; entourer (de ténèbres) ; environner de toutes parts ; faire le siège ; errer (ça et là) ; côtoyer ; rendre un procès long en faisant rire l'auditoire

zúnga : mouvement de rotation, tour ; vertige, syncope, évanouissement, épilepsie, etc.

zyúnga, DKF, 1183 : aller autour (d'une montagne, etc.) ; avoir le vertige

𓉔𓏤𓏤𓀃 mss, CDME, 118 : chanceler

sànsala, DKF, 877 : être ivre, en ribotte, pris de boisson ; tituber, aller de côté et d'autre ; trébucher, chanceler, broncher, faire un faux pas ; instabilité ; faiblesse, négligence ; nom s'appliquant à tout ce qui peut produire l'ivresse ; le vertige ; le vertige

sàasala, DKF, 880 : tituber

sāsalà, **na ~**, **kala ~** : être léger, pas lourd

sàsala-sàsala : titubant, près de tomber, chanceler

𓉔𓏤𓏤𓊖 mss, CDME, 118 : tunique

mu-sísi, DKF, 624 : soie, queue d'une pioche

374

mst, EG, 570 : tablier en peaux de loups (« apron of foxes skins »)

mata ou **kim.**, DKF, 506 : étoffe semblable à des morceaux de mouchoirs

tìma sinza, DKF, 973 : étoffe semblable à des morceaux de mouchoirs

mstA, EG, 324 : « liquide »

mása, DKF, 503 : eau, cours d'eau, courant, ruisseau

mási, DKF, 504 : eau

máza, DKF, 514 : eau, humidité, jus, liquide, petit-lait, vif argent, mercure blanc d'œuf ; ce qui coule

zíma, DKF, 1165 : mare

msxn, aussi **msxnt**, EG, 570 : lieu de repos

ma-nzàkala, DKF, 501 : qui est assis

zàkala, DKF, 1151 : être assis, demeurer ; s'asseoir

Zàkala : nom d'un cours d'eau = s'asseoir

mTAm, CDME, 121 : un vêtement de femme

n'tĕmpeketè, DKF, 791 : habit, redingote, pardessus

mTn, CDME, 122 : route, chemin ; course ; **mTn** : obéir

ndálu, DKF, 662 : grande disctance

ntìngini, DKF, 795 : désobéissance

ntingi-ntingi : crampe au doigt ou à l'orteil ; qui est désobéissant, récalcitrant

ntíngu : mépris, insumission, indiscipline ; insolence, injure

ntíni : direction, côté, aire de vent ; fragment, morceau de qqch

n'tĭini : qqn qui s'enfuit, s'évade

tĭina, DKF, 974 : courir ; se sauver, filer à toutes jambes ; s'enfuir, éviter, échapper à ; se mettre à l'abri, en sûreté ; se cacher ; avoir peur ; craindre, trembler, frémir ; être horrifié, épouvante ; voyager, parcourir un pays ; être désobéissant, insoumis, ne pas vouloir, éviter, se dérober

tīngama, DKF, 975 : s'échapper, se dérober

tíngu : envie, habitude de se dérober, d'être insoumis, récalcitrant, contredisant ; désobéissance, insoumission, bravade, insolence, impertinence

tìnguna : se dérober, éviter, ne pas vouloir, refuser ; être désobéissant, récalcitrant ; mépriser, braver ; être insolent, impertinent, effronté ; parler avec ostentation, souvent en colère ; injurier, insulter

tíni : morceau, bout, fragment, pièce, miette, débris ; ce qui est incomplet ; ce qui reste de qqch ; bout, lanière, partie de la roue, du chemin ; direction, étendue, espace ; distance, un bout (de chemin)

mt, OEP, 385 : dépouiller ?

damva, DKF, 107 : prendre, attraper, s'emparer de

dàndala : perte

mt, OEP, 411 : mourir, mort, un mort

dandalala, DKF, 107 : être mort ; se sentir geler, glacé de froid

ma-toto, DKF, 507 : défunt, feu

toto, DKF, 986 : défunt, feu

mtmt, CDME, 121 : discuter ; discussion

ntántani, DKF, 788 : qui dispute, querelle, chicane, échange de gros mots

tànda, DKF, 951 : dire, exprimer, parler, causer, discourir ; plaider, s'adresser, rapporter, raconter, discuter, prononcer un discourir sur

mtn, CDME, 121 : récompenser

mtr, CDME, 121 : témoigner concernant ; exhiber des vertues ; charger (des tâches) ; instruire ; être fameux, renommé

mtrt, EG, 571 : milieu du jour

mtrw, CDME, 121 : inondation

tànta, DKF, 953 : agiter, secouer qqch ; secouer la tête en signe de ne pas vouloir ; être désobéissant, indiscipliné

tàntana, DKF, 954 : disputer, discuter, débattre

tànda, DKF, 951 : donner, partager, dispenser qqch ; distribuer

n'tēleki, DKF, 790 : héraut, prédicateur, ecclésiaste

ntēleko : témoignage, ce dont on témoigne, ce que l'on prêche ; déclaration, proclamation solennelle

ma-sínnsa, DKF, 504 : **ntangu a ~** :midi au milieu du jour

ténda, DKF 965 : luire, rayonner, éclairer briller fortement (éclat du soleil)

tēndana : luire, rayonner, éclairer (du soleil)

n'sínnza, DKF, 768 : milieu du jour, moment où l'on renouvelle ou nettoie l'entaille d'où coule le vin de palme

n'sínzu, DKF, 769 : à midi

n'dōdilà, DKF, 671 : rosée

n'tàlazi, DKF, 786 : bord, rivage

n'tēndila, DKF, 791 : vague, vagues grossissantes, remous des eaux après le passage d'un bateau

tela, DKF, 961 : goutte ; niveau à bulle d'air

téle, DKF, 962 : goutte

ténda, DKF, 965 : nager

ⲙ̄ty **mty**, CDME, 120 : précis, exact, régulier, habituel, exactitude

ⲙ̄tyt **mtyt** : rectitude

ⲙ̄tt **mtt**, **mtt (nt) ib**, CDME, 120 : affection (?)

mw, CDME, 105 : eau, pluie, sperme

mw, EG, 568 : eau

ntēndo, **ntēndoko**, DKF, 791 : sincérité

ntínti, DKF, 795 : propreté scrupuleuse, répugance à toucher qqch de malpropre ou des doigts sales ; délicatesse, exactitude, humeur difficile ; excat, difficile, fin, délicat, propre, méticuleux

ntīnti : désobéissance ; fierté, bravade

tómbo, DKF, 982 : présent de réconciliation

mámba, DKF, 489 : eau, liquide, jus, suc, sève ; réservoir, inondation

m'bú, DKF, 537 : grand lac, mer, océan

mpúnga, DKF, 589 : sueur, fort écoulement du sang

mpúva, DKF, 590 : eau courante, torrent

mpūyungu,na ~ : couvert de sueur

mu-vúmbi, DKF, 629 : pluie prolongée, déluge, forte averse, inondation

mu-vungisi : rosée, brouillard, neige

mvùla, DKF, 638 : pluie, temps pluvieux, averse ; orage

m'vúmbi, **~ amvula** ou **mvula ~** : une pluie violente et prologée

m'vwìla, DKF, 642 : courant du milieu d'un marais ; rigole ; bas-fond

mwàmuna, DKF, 645 : répandre (p. ex. du sel dans la nourriture) ; verser (de l'eau) ; mouiller, baigner un peu

mwànga, DKF, 646 : répandre, verser, épancher, jeter autour, semer (semence) ; dispercer, arroser, asperger

mwànga : pluie au mois de janvier ; petite pluie ; la petite saison sèche après Noël

ntáva ou **n't.**, DKF, 789 : marais, marécage, boue, terrain boueux ; jardin, champ, parairie marécageuse ; champ de tabac

ntáya : vase, limon

nùmvika, DKF, 807 : boire

vúmba, DKF, 1027 : fuir, couler, perdre, goutter, fuir goutte à goutte ; dégoutter

vúmba : glou

vúmba :boisson, potion

vúmbi, kiv., mvula kiv. : pluie interminable

vūmina : tetine pour le lait

vūmpula : boire avidement

vúmvutu, na ~, DKF, 1029 : mouillé, humide (la rosée)

vūndu, DKF, 1029 : humidité

vūndula, DKF, 1030 : rendre mou, tendre ; ramollir (en mettant dans l'eau) ; patoger dans la rosée

vūndulà : la première pluie (au début de la saison des pluies)

vúva, DKF, 1083 : le bord même de la rive et de l'eau, rivage ; de l'eau qui monte entre les pierres sur le rivage

wúuma, DKF, 1105 : sécher, s'évaporer, être aride sec

wúma : répandre, disperser ça et là etc ; **ki ~ masa** : jeter de l'eau sur soi, baigner

mwt, PAPP, 33 : mère

mwt, CDME, 106 : poids

múti, DKF, 627 : celui qui conçoit, qui engendre

379

méta, DKF, 551 : porter qqch de lourd, d'accablant ; être chargé ; (maladie) qui peine, qui cause des gémissements ; bredouiller les mots ; haleter, gémir ; s'asseoir désolé ; plein des gens gémissants

mww, EG 568 : « muu-dancers, in funerary ceremonies »

mu-wá, DKF, 629 : sorte de danse où l'on se fait vis-à-vis, poitrine (hommes et femmes)

mwyt r, OEP, 379 : salive

dite, DKF, 125: salive

má-ntè, DKF, 499 : crachat, bave, salive

má-te, DKF, 506 : salive

mXA, CDME, 115 : avoir le cœur enclin ; incliner (son cœur)

màaka, DKF, 479 : personne paresseuse

mànnga, DKF, 494 : effuser, repousser, objecter, décliner ; s'en défendre, remercier, ne pas entrer dans de telles considérations, n'être pas d'accord ; être désobéissant

mXA, CDME, 115 : un bateau

n'lúngu, DKF, 748 : pirogue, canot

mXrw, CDME, 116 : place basse

kí-ila, DKF, 246 : pieu, support de cloison

kí-ila : chose certaine qu'on ne veut pas dire

nkindi, DKF, 720 : bas-ventre (de la femme)

nkolo, DKF, 724 : la chair au-dessous des branchies du poisson **Pelmatochromis Polylepis**

nkūndubulu, DKF, 734 : colline ; figure de petite taille ; ombre des morts, esprit du défunt ; nain, pygmée

nkùtu, DKF, 736 : colline saillante, sommet de montagne où l'on bâtit souvent le village

𓅓𓐍𓂋𓅱𓏏𓏭𓏤𓏤𓏤 **mXrw**, EG, 570 : administration, « gouvernance »

mi-kéle, **mi-kélo**, DKF, 565 : loi

mi-kyēno: défense, loi, commandement

𓅓𓐍𓏏𓅱𓏭𓏤𓏤𓏤 **mXtw**, CDME, 116 : intestins

nkúnda, DKF, 734 : corde, cordon

𓅓𓐍𓏤 **mx**, CDME, 115 : respecter

mènga, DKF, 549 : haïr

mèngana : haïr, se révolter contre

n'kándu (**nkándu**), DKF, 709 : honneur, respect, respectable, qui inspire le respect, qui est grand et gros ; épaisseur, fermeté, étendue ; pas transparent ; grand, ferme, compact, épais, fort (pour les étoffes, les couvertures)

nkínda, DKF, 720 : respect, qui inspire le respect, influence

n'kinda-n'kinda : personne peu sérieuse, à laquelle on ne peut pas se fier ; homme ferme, constant

𓅓𓃭𓐍𓅭 **mxA**, CDME, 115 : lier solidement, mettre ensemble

mēnganana, DKF, 549 : près de se briser, de se rompre

mēnge, **mēngene** : faire le coït

mēnguna : enlever, détacher (en rampant) ; briser, casser, rompre

𓅓𓃭𓏏𓏥 **mxA**, EG, 570 : balancer, égaliser ; ab **mxAt** : balance

manga-manga, DKF, 494 : impair, dépareillé, non partagé, ce qui reste après la répartition et ne suffit plus à un partage ultérieur

𓅓𓏠𓏠𓏠𓏤𓈖 **mxnt**, CDME, 115 : face

hònga, DKF, 191 : guetter, essayer d'avoir (animal, femme, etc.)

kènga, DKF, 232 : veiller sur, monter la garde, soigner ; surveiller, inspecter, regarder attentivement, avoir l'œil sur, épier, prendre soin de (ou que), se garder de, prendre garde à ; économe, soigneux

kèngidila : soigneux, économe ; suivre des yeux

kèngila : veiller sur… fidèlement, avoir grand soin de ; inspecter, observer ; épier, espionner, explorer, faire une reconnaissance (dans une marche, pour voir si on peut avancer)

kèngisa : regarder de travers sur

kèngula : appeler, saluer, visiter

kènguluka, DKF, 233 : aller, marcher en faisant attention, avec précaution, surveiller, regarder (si), veiller sur, garder, rechercher ; s'approcher avec précaution pour bien voir

kēnguluka : passer devant, à côté, autour de qqch avec précaution, crainte, peur (superstitieux)

kèngumuka : chercher qqch, regarder après, minitieusement et souvent (p. ex. des arbres à fruits, etc.)

ma-kínga, DKF, 482 : action de passer devant en hâte ; vite, rapidement

~~~~~ **n**

~~~ **n**, EG, 571 : « afformative prefix in some reduplicated verb-sterms »

n, DKF, 654 : préf. de la cl. **n** (**m**)

n' : préf. de la cl. **n'** (**m'**)

~~~ **n**, EG, 571 : prép., var. ~~ , rare forme initiale
~~~ **in** : à, pour, appartenant à

-á-, DKF, 1: signe de gén., d'attribution ou d'accord

nà, DKF, 654 : conj. et prép., correspondant à **ye** ou **ya**, et, avec, etc.

yá = yi + a, DKF, 1109 : gén. de la cl. sing. **m**, **n** ; **nzo yabiza** : une gentille maison

yá = yi + a : gén. de la cl. pl. **yi** ; **yinzu yambi** : de mauvaises marmites

⌢ **n**, EG, 572 : (ne…) pas (forme abrégée de 〜〜〜 **nn**)

kāani, DKF, 216 : non, certes non, certainement pas ; ne… pas encore

ku-náana, DKF, 335 : manquer, ne pas être trouvé

kwa-náana, DKF, 351 : manquer, ne pas être trouvé

lèe, na ~, DKF, 385 : intej., rien ; c'est fini ; ce n'est rien ; tout à fait préparé

léla, DKF, 389 : ne pas pouvoir, ne pas être obligé à

nàana ou **naana**, DKF, 656 : préf. **ku-** ou **di-**, rien, néant, gratis; sans frais, pour rien; vide, sans contenu, sans aucune cause ni prétexte, sans utilité, ni motif, hors d'usage, libre, vacant, non occupé, fugitif, innocent, indemne (de sortilège) ; pardon

nàana, ~ yo : non

na-nana, ŋa ŋana, DKF, 657 : un certain

nán'ete : peut-être

〜〜〜**n**, EAAN, 129 : eau

nàna, DKF, 656 : être marée, basse, baisser (de l'eau)

nA, EG, 572 : ceci, le, proprement avec un sens neutre

ma, DKF, 471 : préf., cl. ma, se joint au verbe et au substantif pour désigner une personne par ses traits les plus caractéristiques : mœurs, habitudes, manière d'être, aspect, activité, etc., sans que cette désignation devienne son nom propre

ná, DKF, 654 : préf. au moyen duquel on forme une quantité de mots, qui ont pour leur signification la valeur de substantif, d'adjectif ou d'adverbe. Ces mots n'appartiennent à aucune classe déterminée, c'est pourquoi ils manquent de préf. d'accord. Les mots formés avec **na** peuvent l'être au moyen de substantifs et de verbes. Ceux qui le sont avec des substantifs sont peu nombreux, par exemple **nangó**, jaune, rougeâtre, de **ngo**, jaune d'œuf. Ceux qui le sont au moyen de verbes, c'est-à-dire les substantifs, adjectifs ou adverbes sont très nombreux, car on peut les former de plusieurs manières avec presque toutes les désinences verbales

ná : part. de respect qu'on ajoute aux noms d'hommes et d'animaux et même de choses pour exprimer le respect ; **na-mundele** : monsieur **mundele** ; **na go** : monsieur le léopard ; **na-kinzu** : la grande (vénéré) marmite

ná: part. que l'on ajoute au substantif (de préférence à l'infinitif) pour personnifier ce mot ; l'on exprime ainsi les qualités de la personne par le mot principal, par exemple **na-kaka** : le solitaire (se dit souvent des éléphants mâles qui vivent isolés) ; **na-lomba** : le noir

ná : s'emploie parfois devant un nom de famille pour exprimer : un certain, par exemple **natoko siidi bo** : un certain jeune homme a agi ainsi

ná : part. emphat. que l'on emploie ordinairement devant le verbe à l'impératif mais qui peut également se trouver devant d'autres mots, par exemple **naseti !**: fais-le donc !; **nabwe ya sa ?** : comment alors devrais-je faire ? ; **nabyempi ?** :mais où donc peuvent-ils être ?

-nā : suff. qui s'ajoute aux pron. dém. pour exprimer la distance, l'éloignement, **dyādina** : celui-là, tout là-bas

nāaba-naabi ou **nà-bīi-nà-bīi**: démonstratif simple

nAw, CDME, 125 : brise

nwì, **na ~**, DKF, 810 : onomatopée pour les vents du ventre

naa, CDME, 126 : lisse, égal, non décoré ; « smoothness of complexion » ; « mix smoothly »

nàngu ou **bi-**, DKF, 658 : aspérité, inégal

nai, EG, 573 : voyage en bateau, en canot, en barque

nat, CDME, 126 : expédition

nàta, DKF, 659 : porter, mener, amener, prendre avec soi, entraîner, emmener, transporter, enlever, expédier, prendre qqn avec soi (comme compagnon, porteur) ; fixer (à un crochet, à une grille) ; être pris ; être coupable, criminel ; être enceinte (litt. porter un embryon) ; marcher sur les traces, ressembler ou faire qqch comme un autre

ndávi, DKF, 664 : messager, porteur ; qqch qu'on fait venir, commission, message

ndávila : messager

nai, CDME, 126 : être indulgent, clément

n'dáaza, DKF, 664 : malheur, malédiction

n'dínda, DKF, 669 : rétribution, vengeance

ngàna, DKF, 683 : colère

yìna, DKF, 1134 : mépriser, dédaigner ; être mécontent de qqn, exigeant ; murmurer contre qqn, s'opposer à

Yìna : nom propre = qui méprise

yìina : défendre, interdire de ; déclarer tabou

yìnama : plier, s'incliner, s'accroupir, se blottir, s'humilier ; être, devenir soumis ; faire des concessions ; se soumettre (à la volonté d'autrui) ; être triste, affligé

yinga, DKF, 1136 : chagrin

nar, CDME, 126 : poisson

ndela, DKF, 665 : petit poisson (**Eutropius Grenfelli**)

naw, CDME, 126 : serpent

n'dúuma, DKF, 674 : serpent noir

ndúuna, DKF, 675 : un serprent foncé, très vénimeux qui se meut rapidement. Il fait un bruit particulier pour attirer sa proie ; généralement nom de petit serpent dont on ne sait pas le nom particulier

nwáni, DKF, 809 : un serpent

nb, EG, 573 : chaque, tout, n'importe lequel

búna, DKF, 74 : tous

bwē, DKF, 91 : tous

mbídi, DKF, 529 : quantité ; grand nombre, abondance ; ~ **a** : beaucoup de

m'bīdi-m'bidi : tout, tous

nb, EG, 573 : seigneur, maître, propriétaire de (chose, attribut)

búnu, DKF, 81 : ancêtre, qqch d'ancien de la famille

nb, CDME, 128 : seigneur ; le roi

Mbénza, DKF, 528 : un **nkisi** ; grand chef ; grande dignité et titre de chef ; nom propre

nb, CDME, 128 : lier

nàmbukisa, DKF, 656 : coudre, attacher

nbD, CDME, 130 : destructif

Nbd, (**nbD**), CDME, 130 : « the Evil one »

ki-nyùmba, kinyyumba, DKF, 287 : esprit, être spirituel, fantôme, spectre, apparition, mauvais esprit, démon, esprit d'un mort (partie de l'être humain qui va dans la fôret) ; fig. vieille personne, spectre, méchante personne ; un esprit d'un mort qui n'est pas ni méchant ni **ndoki**

nbdw-qd CDME, 130: ceux d'un mauvais caractère, des enemis de l'Egypte

nìmba, DKF, 702 : désoler, détruire (aussi par négligence) ; faire qqch sans soins, détruite la récolte par sorcellerie (**yungula**)

nbdt, OEP, 380 : tresse de cheveux

bìnda, DKF, 40 : tresser, tordre

nbi, PAPP, 111 et 114 : fondre

bìndakana, DKF, 41 : qui peut être croisé

dèba, DKF, 109 : être mou

dèbila : être souple ; marcher lentement

lèba, DKF, 386 : rendre las

zèba, DKF, 1157 : devenir mou

lèbula, DKF, 386 : rendre faible, mou, sans force (par le feu) ; faire flétrir, rétrécir, amincir, tiédir, réchauffer, racornir par la chaleur (une feuille, etc. ; assouplir ; faire blanchir, bouillir un peu, mettre **nsafu** dans l'eau chaude

lèba, DKF, 386 : rendre las, faible, courber

lèbama : être accordé [instrument], harmonieux, sonore, en accord, être tendu, dressé, armé [fusil] ; être ferme, énergique, franc [de caractère]

lēbakana : pouvoir être faible mou, souple

lèbika : parler doucement, faiblement, tromper, promettre et ne pas tenir, agir et se montrer sans consistance, manquer à sa parole

lémba, DKF, 391 : calmer, parler pour apaiser, détourner [la colère d'un **nkisi**] ; invoquer, conjurer [**nkisi**] pour qu'il soit obligé de détourner sa colère, sa méchanceté ; faire qqch soigneusement, gentiment, bien, de façon louable, tranquillement, prudemment

lémba : faire rejaillir [de l'eau] ; jeter de l'eau sur, arroser pour amollir qqch, asperger, sanctifier, consacrer par aspersion

lémba : faire mal [dans la tête] ; fumer du chamvre ; brûler de l'herbe

lémba : prendre

lémba : châtrer ; apprivoiser

lemba : sortilège, ensorcellement

lémbe : un salut, paix

lēmuka, DKF, 393 : être obéissant

lēmvuka : être dominé, écrasé, aplati ; s'humilier ; être humble, demandé grâce, une faveur, demander pardon, de l'indulgence ; tomber, se rendre [forteresse] ; être apprivoisé, soumis ; obéir ; instruit, dressé

lèva, DKF, 398 : être souple, tendre, mou

ló, DKF, 400 : hameçon

lóba, DKF, 401 : pêcher à la ligne ; ôter avec soin, prendre qqch doucement (pour que rien d'autre ne soit détruit) ; prendre, s'emparer de, avec un hameçon ; pêcher, surveiller, chercher à ganger, interroger, commettre la fornication

ndebakani, **ndébangani**, DKF, 664 : qui est mou

n'lémvo [-u], DKF, 745 : bienveillance, charité, condescendance ; soumission, longanimité ; douceur, bonté, amabilité ; relâchement, docilité ; pers. douce, docile ; soumis, doux, gentil, bon enfant, aimable, apprivoisé, docile, souple, obéissant

zèba, DKF, 1157 : détacher, lâcher, dénouer, devenir mou, tendre [viande] ; souple, ni raide, ni dur [p. ex. des ressorts] ; être lâche, se relâcher [p. ex. des ressorts] ; être dans le besoin, misère ; être facile, aisé, ni sévère, ni difficile [jugement, etc.]

zéba : cuire à point ; jouer avec la nourriture

zèbangana : être fondu, amolli, assoupli, être faible, sans force, lâche

nbi, CDME, 129 : nager

lòba, kil., DKF, 401: boue verte dans l'eau

lóoba, ta ~: nager

Lōobila : nom de pays ou d'eau = clair (eau)

lōbi-lobi, na ~: claire, pure (eau)

lōobula: rosée; larmes; nébulosité (ciel); trace (après le passage d'un animal) dans l'herbe, etc. ; chemin piétiné dans les herbes

loe : rosée

nambu, DKF, 656 : rive, rivage

ngabu, DKF, 682 : marais, marécage

𓈖𓃀𓇋𓏏🔥 **nbi**, CDME, 130: flame; brûler

làkata, DKF, 377 : se brûler, se brûler à, carboniser ; être brûlé

làkula, DKF, 378 : faire brûler, enflammer, flamboyer

n'lábu, DKF, 742 : flamme

n'láki : flamme

n'láku : flamme ; amorce de pulvérin

𓈖𓃀𓃀𓇋𓏏🔥 **nbibi**, CDME, 130 : être chaud

bőmbe, DKF, 52 : cendres ; terre brûlée de l'âtre ; soude ; poudre, feu

𓈖𓃀𓇋𓏏 **nbit**, CDME, 130 : roseau

mbóndi, DKF, 535 : plante de haricot [plante grimpante] dont les feuilles se mangent

mbóndi : un petit arbre dont les feuilles sont employées au **nkisiNgovo** ; liane très forte à feuille comestible

mbōtya, DKF, 537 : espèce de buisson

𓈖𓃀𓈖𓃀 **nbnb**, CDME, 130 : garder

mbamba, DKF, 519 : bourreau ; personne qui doit exiger la punition d'un meurtrier

𓈖𓏏 **nbt**, EG, 573 : bassin ou chose semblable

lú-mpiini[a], DKF, 434 : bol

𓈖𓏏var. 𓈖𓏏 **Nbt-Hwt, Nbt-Hyt**, EG, 573 : le déesse Nephthys

ndűmba, DKF, 674 : jeune femme, jeune fille, vierge ; mademoiselle, jeune mariée

ne-bwe, DKF, 679 : femme

nkúmba, DKF, 733 : jeune fille

nűmba, DKF, 807 : se dit d'un enfant qui veut rester chez les femmes

nűmba : adultère

Nbt, EG, 573 : « Ombos, near Tûkh in Upper Egypt; **Nbt** (**y**) the Ombite, epithet of seth »

Nùmbi, DKF, 807 : pays au Nord de **bavili**

Nùmbu : un pays, un clan

Nbyt : Kôm Ombo, Ombi, « a town some distance N of Elephantine »

nùmbuna : pervertir une chose, une information. On dit que le nom du pays **Numbu** en dérive

nbw, CDME, 129: or

lòmba, DKF, 404 : s'assombrir, se noircir, devenir sombre, mûrir [les fruits du **nsafu**], etc. qui deviennent foncés) ; s'assombrir (ciel) ; teindre, passer en couleur (en général) ; teindre foncé

lòmbe : étoffe rouge

lòmbe : obscurité ; chose noire, suie

ndòmba, DKF, 672 : action de se noircir ; obscurité, pas bien noir, assez foncé

ndòmbe : ténèbres, noirceur ; qui est sombre, noir, bleu, brun, foncé

ndőmbe : nom propre = d'un teint noirâtre

n'lőmbe, DKF, 746 : un noir, nègre

n'lòmbo : temps voilé, obscurité, noirceur ; nuage foncé ; maturité (de fruits noirâtres, bleus)

nD,CDME, 143 : protéger ; protéger (de la magie) ; protection ; protecteur

ngyengye, DKF, 700 : prospérité, chance

nD, CDME, 143 : conférer (une dignité, **n** : sur)

ndènde, DKF, 667 : commandement sur la place du marché

nD, EG, 576 : écraser

ngèngele, DKF, 687 : fermeté, ce qui est compact, massif ; qui est rassasié, pelin ; quartz ; cristal ; nœud ou enflure dur sur le corps

ngèngi, DKF, 688 : fermeté, solidité, immobilité

nD, EG, 576 : demander, rechercher ; CDME, 143 : prendre conseil, demander conseil, consulter (qqn), enquêter (au sujet de qqch)

ndánga, DKF, 663 : envie, essai d'induire qqn au mal pour l'accuser ; espionnage, enquête

nD, EG, 577 : fil

ndáta, DKF, 664 : pièce d'étoffe de 10 à 12 mètres

ndēedila, DKF, 665 : bande d'étoffe, de papier

ngēdi, DKF, étoffe **mpusu**

nD, CDME, 143 : farine

n'diba, DKF, 668 : pouding de farine de cassave

nDA, EG, 577 : être étouffé, réprimé

n'dìtu, DKF, 671 : grande chaleur, chaleur brûlante, étouffante (d'un feu ardent) ; bain de vapeur

n'ngadi ou ngádi, fyeta ~, DKF, 682 : serrer la gorge ; étouffer

ngánga, na ~, DKF, 684 : serré, étriqué, étroit (vêtement) ; juste à la taille ; enflé ; saillant

nDb, CDME, 144 : gorgée

ndobi, DKF, 671 : vin de palme vieux et acide

nDht, A. E. **nHdt**, EG, 577 : défense

ndánga, DKF, 663 : maxillaire inférieur, au dedans et au dehors, la moitié du maxillaire inférieur, partie du visage (animal)

nDm, EG, 577 : (être) doux, agréable, **ndm** : espèce d'arbre

ndúmbu, DKF, 675 : végétal aromatique (en général) ; encens

ngàmi, ngámi-ngámi, DKF, 683 : acidité, colère, irritation intérieure, qqch qui pèse sur le cœur et dont on voudrait se délivrer en parlant ; forte acidité ; élancement dans les dents (d'acidité)

ngani, DKF, 684 : colère ; acidité, aigreur

ngányi, DKF, 685 : aigre

nDrw, CDME, 145 : tenir, attraper, arrêter, prendre possession de, observer des règles, tenir aux ordres, continuer (voyages) ; se refermer (plaie)

ndola, DKF, 672 : châtiment, punition

nDs, CDME, 145 : peu, petit

lāasya, DKF, 384 : souffrir de la faim

ndánzakani, DKF, 664 : maigreur ; une souris

n'dànzengene : enfant pitoyable, très maigre

ndāsakani : personne petite, maigre

ndasi : abondance

nDsDs, CDME, 145 : brûler

ndēnsangene, DKF, 667 : chaleur ; état étouffant, suffocant

ndóso, DKF, 673 : fusil (jouet), fusil pneumatique

nDt, EG, 577 : sujets, serfs

ndíti, DKF, 671 : esclave avec sa famille, descendants des esclaves

ndb, EG, 576 : couvrir, « averlay, » **m** avec (metal)

ndbwt, EG, 576 : superficie, extension maximale

ndùba, DKF, 673 : filet de mur

làmmba, DKF, 379 : s'étendre, s'allonger (aussi une histoire) ; durer longtemps ; croître en longueur (p. ex. une plante grimpante) ; ramper, s'élever, s'enrouler en hauteur reposer, être étendu pour dormir chez une femme ; aller, errer ça et là

láammba, kil. : pagne court à franges, en tissu de palmier

lambaka, DKF, 380 : être jeté loin

lambula, DKF, 381 : étendre, tendre, allonger qqch, déplier, prolonger (la durée), renvoyer, ajourner, élargir, étirer

ndà, na ~, ~ yo, DKF, 661 : plein de (p. ex. plein de, moindre) dans une maison

ndáala, 662 : loin, à grande distance

ndàbu : pays bas, de marais, marécage, vallée où on plante des palmiers **mpusu** ; place à part

ndàmba : qui atteint, qui s'étend en s'enlaçant en hauteur, plante grimpante ; plante rampante avec des feuilles odorantes (comestibles)

ndàmba : arc-en-ciel

ndàmbuka, DKF, 663 : longueur, étendue, allongement

ndamvu : grandeur

ndà-ndà, na ~ : plein jusqu'au bord

ndè, na ~, DKF, 664 : plein, plein jusqu'au bord

ndèfwa, na ~, DKF, 665 : plein jusqu'au bord

n'dímba, DKF, 669 : vallée, val, plaine, terrain uni, campagne

nf, EG, 574 : le mal

nfa, EG, 574 : enlever

nfr, EG, 574 : (être) bon, bien, beau, heureux ; heureusement

ndùbi, DKF, 673 : haute plante à feuilles longues

m'félele, DKF, 551 : oppression, fléau ; insolence, impertinence

mfűmfu, DKF, 557 : état maladif, qui est toujours malade, proprement dit : qualité d'être sale et malade

fíla, DKF, 149 : pousser, déplacer, conduire, amener, mener ; accompagner, faire escorte ; tourner (le corps) ; expédier, envoyer

lu-vémba, DKF, 457 : morceau, fragment de craie, argile blanche craie, trait à la craie que les **nganga** tracent sur le corps

m'fula, DKF, 555 : violence, injustice

mpēdinga, DKF, 577: plat clair de **yuuma**, sans huile de palme

mpémba, DKF, 578 : craie, glaise, terre blanche

mpèmbe, DKF, 579 : blancheur, pâleur ; qui est blanc, pâle, clair, transparent, lumineux, gris ; au teint clair

mpémbe : une place ouverte et dégagée où tout est propre et élégant ; dehors, en plein air

mpémbe : craie ; ~ **mpolo** : prospérité

mu-pè, DKF, 622 : qui est blanc

nevo, DKF, 681 : ornement de marmites

nsofi, DKF, 770 : beauté ; qui est jeune, beau

nsómvi, DKF, 772 : beauté

nyēfa, DKF, 814 : être bien, bon ; être magnifique, joli ; ~ **nitu** : bien portant

nyĕfisa : embellir ; **~ nitu** : faire en sorte qu'on se porte bien

nyyefa, DKF, 836 : qui est joli, magnifique

nyèva, DKF, 816 : être beau ; être mieux ; recouvrer la santé, se porter bien, se trouver bien, prospérer ; faire qqch doucement, lentement, prudemment

pè, **na ~**, DKF, 846 : blanc, clair, pur

pédi, **kip.**, DKF, 846 : plat clair de **yuuma**, sans huile de palme

vĕedila, DKF, 1054 : être propre, clair, pur, sans taches, brillant, transparent, limpide, translucide ; devenir blanc, blanchir ; netoyer ; propreté, clarté, transparence ; limpide, sainteté, pureté ; propre, clair, pur, sans tache, limpide, transparent, saint

vēdinga, **yuuma ya ~**, DKF, 1054 : **yuuma** clair sans huile de palme

---

nfrw, EG, 574 : manque, pénurie ; **nfrw** : la chambre la plus intérieure ; **nfr (w)** : zéro

fúla, DKF, 159 : manquer de

fúlwa, DKF, 161 : ne pas recevoir, manquer de ; être dépourvu de, dénué de ; ne pas avoir de ; être dégarni de, négligé ; ne pas être considéré ; être soustrait, retiré, dérobé ; manquer

mfùlu, DKF, 556 : gîte, lit ; place de repos où l'on dort, place où l'on travaille assis, où on séjourne ; place (en général) ; demeure, position, situation

mfùlu : réunion, assemblée, assemblée législative ; conseil

Mfúlu : personne qui n'a plus rien ; enfant qui moura de faim

Mpámba, DKF, 574 : manière injuste ou illégale de se procurer qqch ; **mu ~** : sans motif ; arbitrairement, illégalement, inutilement, en vain ; les mains vides

mpāula, DKF, 577 : espace vide, espace intermédiaire, écartement

mpāvala : vide ; désert, solitude, lieu en friche, place vide ; absence, défaut ; rien, nul ; désert, ravagé, vide, non occupé, vacant, libre, impraticable, inutile ; (personne) pauvre, misérable

mpéne, DKF, 579 : nudité ; partie sexuelle de l'homme ou de la femme ; qui est nu, déshabillé, dépouillé, raclé, misérable ; sans ressources ; nu (se dit des graines, des fruits qui n'ont plus leur enveloppe)

Mpéne : nom propre = déshabillé, nu

mpēnene : envie des biens d'autrui

mpénza, DKF, 580 : nudité, qui est découvert, dégagé

mpōtidi, DKF, 586 : négatif

mpóto : sot ; pers. inerte, pesante ; qui ne peut pas facilement parler et expliquer qqch ; fou, sot

Mpóto : nom de femme = qui sait comment faire qqch mais ne le veut pas

mpōtori : négatif

nyefuka, DKF, 814 : quantité, masse

vàudi, DKF, 1053 : partie ; pièce isolée ; chose mise de côté, à part, à l'écart ; secte ; diviseur (en arithmétique)

vàula : séparer, diviser, partager ; prendre à part ; isoler ; couper de, retrancher ; mettre de côté, changer, échanger, troquer, changer de ; se frayer un passage

véla, DKF, 1056 : négatif

véla : vide, espace vide ; vanité, frivolité ; vide, qui ne contient rien ; inutile, vain, frivole

véla : tache ; fig., flétrissure, souillure, moucheture, bigarrure (sur la peau) ; tache

dénudée (sur la tête, le sol) ; dartre, etc. ;
défaut, vice, tare

véla : endroit dans la forêt, ordinairement
sacré

vĕela : être propre, net

véne, DKF, 1058 : nudité

vēnene : désir, envie, convoitise, passion
(accompagnée de jalousie, de ruse)

vétete, **na ~**, DKF, 1061 : blanchâtre, tout
grisonnant (cheveux)

nfrw, CDME, 132 : fin, arrière partie d'un
bâtiment

nfryt, CDME, 132 : dernier, fin

fŭla, DKF, 159 : tissus filamenteux à
l'extrémité inférieure des branches de palmier

fūula : finir ; accomplir ; acheverr ; détruire ;
exterminer

mfùfula, DKF, 555 : bord (d'une robe, etc.),
bordure, coin, etc.

mfúla: premier-né

mfūula : fin, achèvement, terme

m'fùmfula, DKF, 557 : bord, bordure, coin,
côté, extrémité, arête, rivage, talus, rive, lisière
près (d'une forêt)

mpotolo, DKF, 586 : fin

nfryt, CDME, 132 : corde de la barre du
gouvernail

mfula, DKF, 555 : tissu indigène

nft, plus tard **ntf**,EG, 575 : desserré ;
branlant, vague, ample, lâche ; en liberté, échappé ;
dissolu, relâché ; peu rigoureux, vague ; approximatif ;
stagnant ; négligent ; peu sérieux ou peu consciencieux,
mou ; ralentir, diminuer, relâcher

nyēfu-nyefu, DKF, 814 : mou, léger

ntofo-ntofo, DKF, 796 : qui est flexible,
souple, objet flasque

nft, CDME, 131 : haleine, vent

397

 **nfA** : souffler

fúla, DKF, 159 : souffler, rendre par la bouche et par les narines ; frémir ; être en rut (chèvre) ; déborder en fermentant

fúlu, DKF, 160 : poumon ; organe respiratoire ; vessie natatoire

fúna, DKF, 163 : fermenter, lever ; gonfler (le tatouage) ; monter (l'eau) ; augmenter ; grossir, accroître ; devenir gros et gras ; s'amasser, s'amonceler

nafuna, DKF, 655 : être enflé (les yeux)

nftft, EG, 574 : bond, saut ; bondir, sauter. Aussi **ftft**, EG, 566 : bond, saut ; bondir, sauter

nyèfa, DKF, 814 : danser, marcher lentement, prudemment

nyùmva, DKF, 818 : danser

ng, EG, 576 : une espèce de taureau

nánge, ou **náŋe**, DKF, 658 : gros, volumineux, fier, irritable

nyáma, **nyyama**, DKF, 812 : viande (en général) ; gibier ; œufs qui ne sont pas couvés (pour un **nkisi**) ; sein (d'une femme enceinte) sans lait ; le premier lait d'une femme qui vient d'accoucher est cru être mauvais

ngb, CDME, 141 : aller de côté, divertir

ngùbi, DKF, 693 : ruse ; menteur, spoliateur, escroc, pillard

ngg, CDME, 142 : caqueter (de l'oie)

kēekila, DKF, 228 : pleurer, crier, jaser, parler, chanter, glousser, caqueter (poules qui vient de pondre) ; fig. de personne qui bavarde beaucoup

nkēekila, DKF, 715 : caquet, gloussement (poule)

nkēlele : pintade, paon

ngi, CDME, 141 : ouvrir

ngì, na ~, DKF, 687 : plein jusqu'au bord

ngĩngimà, DKF, 688 : grandeur du précipice, de l'abîme ; animal fabuleux, monstre, etc. dans l'abîme

ngmgm, CDME, 142 : conspirer

ngánga, DKF, 684 : causer de la douleur, faire mal ; être en colère, gronder, ne pas vouloir donner, refuser de faire quelque chose

ngánga-yá : qui menace qqn en procès

ngw, CDME, 141 : perte

ngofo, DKF, 689 : en vain

ngofwila, DKF, 690 : ce qui fait sans but, inutilement, en perdant (son temps, ses forces, etc.) ; dissipé, en vain, inutile, sans but ; vainement, inutilement

ngóvo, DKF, 693 : déception ; pour rien, en vain, inutilement, pour aucune cause ; libre, gratis, sans salaire

nHA, EG, 575 : (être) dur, rugueux ; dangereux

nãngamwa, DKF, 657 : être forcé, poussé, contraint, ennuyé, embêté

nangi, DKF, 658 : ennuyeux, gênant, pénible

nìnga, DKF, 703 : dureté, cruauté, manque de complaisance (défi, grande misère) ; avarice, parcimonie

nHA-ib, CDME, 136 : homme triste

ngèbe, DKF, 686 : deuil ; tristesse

nHAt-ib : tristesse

nHbt, EG, 575 : bourgeon de lotus

nongo-nongo, DKF, 750 : plante semi-ligneuse à belles feuilles pennatifides

nóngu : une jolie liane (**Phisostigma venenosum**)

nõngu-nongu : plante, petit arbre (**Sesbania punctata**)

~~~~ 𓇑𓄿𓏏𓂝 **nHbt**, PAPP, 331 et 332 : cou

láka, DKF, 377 : cou, col, gorge, partie de qqch qui ressemble au cou, p. ex. la partie étroite d'un chandelier, d'un pied de table tourné, etc.

làka-làka : soif, goitre

ndáka, DKF, 662 : langue, gosier, gorge, gueule, gras sous la bouche (des poissons)

ndáka : langage, voix

ndākala : larynx, langue

n'ngádi ou **ngádi**, **fyeta ~**, DKF, 682 : serrer la gorge ; étouffer

𓄿𓏏𓀀 **nHi**, EG, 575 : demander (qqch) ; **nH, nHt** : prière

naka, DKF, 655: prédire l'avenir, prophétiser ; être devin

ngunza, DKF, 696 : qqn qui parle au nom d'un chef ; héros, prophète

ngunza, DKF, 696 : une recherche soigneuse et attentive (de qqch de douloureux ou de beau)

𓏴𓄿𓀀 **nHm**, EBD, 93 : délivrer, sauver

kànkana, DKF, 217 : libérer, acquitter, sauver, aider qqn dans le danger ; résister à, lutter contre

kànga, DKF, 213 : lier, relier (un livre) ; nouer, serrer, attacher, bander, conclure, lacer, sangler, ficeler, fermer (au moyen d'un lien) ; durcir, coaguler, se figer, geler, emprisonner, charger des liens ; marcher lentement, arrêter ; persévérer

kanga, DKF, 214 : délivrer, libérer, sauver

n'naku, DKF, 655 : raison de sévir

nyàka, DKF, 811 : recouvrer la santé, devenir bien portant ; être guéri (d'une plaie) ; être accouchée de ; être délivré de ; se libérer d'une dette ; payer une dette ; être purgé contre l'effet du poison **nkasa**

Nyaka : nom propre (personne) : qui est sauvé du poison **nkasa**

nHmn, EG, 575 : sûrement, assurément

náako, DKF, 655 : peut-être, probablement, c'est possible, apparemment, près de, environ

nánga, DKF, 657 : v. aux. s'emploie pour exprimer probablement, sûrement, tout à fait, certain, sans doute

nánga : peut-être, il se peut, probablement, c'est possible, par hasard

nángi, DKF, 658 : peut-être

nángu : peut-être

náng'eeti : peut-être

ngáatu, DKF, 685 : peut-être

nHn, CDME, 137 : se réjouir

nāaka, ~ tusevo, DKF, 655 : rire aux éclats

ngúngi, DKF, 695 : qqn qui est actif, d'humeur enjouée, grande joie ; qui aide les siens

nkánngi, DKF, 710 : sorte de danse

nyòmba, DKF, 817 : danser bien

nyunga, DKF, 819 : se réjouir, sauter, danser de joie

(le déterminatif montrant un homme tenant un gâteau est absent du Sign-list de Gardiner) **nHr**, CDME, 137 : gâteau, pain

kela, DKF, 228 : cassave (manioc) épluché et séché au soleil, employé pour la fabrication de **mbamvu** (bière)

kēlula, DKF, 230 : manger, ronger, grignoter, déchirer, mettre en pièces (avec les dents)

lùku, DKF, 424 : farine de manioc avec laquelle on fait les gâteaux, les poudings ; pain de manioc tamisé

nHr, CDME, 137 : ressembler

nhm, CDME, 135 : danse de joie (?)

nhm, CDME, 135 : crier ; grondement (du ciel)

nhmhm, CDME, 135 : rugissements, grondement

nhnhA, CDME, 135 : trembler

n'nánga, DKF, 657 : famine, jeûne pour individu

nõnga-nonga, DKF, 570 : modèle, patron, mesure de comparaison, ressemblance exacte ; exact, correct, précis, semblable au modèle (mesure exacte)

nkánngi, DKF, 710 : sorte de danse

nyòmba, DKF, 817 : danser bien

nyunga, DKF, 819 : se réjouir, sauter, danser de joie

kànkama, DKF, 217 : parler, exhorter (ordinairement en vain) ; cracher, crachoter, gémir ; se plaindre, vouloir vomir (rendre) et ne pas pouvoir ; tenir (par le cou)

kúmba, DKF, 332 : bruisser, murmurer, crier, crisser, bourdonner (abeille, mouche) ; huer, chanter, grogner ; répondre, dire « oui » à haute voix (plusieurs à la fois)

ngùna, DKF, 695 : grognement, grondement sourd, marmottement, grommellement

n'kimbikiti, DKF, 719 : strie douloureuse occasionner par un coup de fouet

nkúmba, DKF, 733 : qui mugit, rugit ; qui appellent en chœur ; étonnement, murmure

ngãngini, DKF, 684 : murmurer

Kànkana, DKF, 217 : être jeté, poussé, aller de-ci de-là, de côté et d'autre ; tituber, chanceler ; être emporter de-ci de-là (par le vent, par les vagues) ; se donner de la peine pour tenir, quand on s ebat contre qqch ; se lever lentement (d'une personne grasse)

nhp, CDME, 135 : copuler, faire le coït

nhp, EG, 575 : se lever tôt

nhs, EG, 575 : (se) réveiller

nhs, CDME, 136 : hippopotame

nht, EG, 575 : abri, refuge

nht, EG, 575 : sycomore

nhy, EG, 575 : un peu

nyùnga, DKF, 819 : secouer, frétiller, grouiller ; se déplacer, se mouvoir (en tournant) ; frotter le derrière sur le sol où l'on est assis

nyúngu : humeur querelleuse, provocante ; bruit, fracas, rixe

n'kémba, DKF, 715 : concubine, maîtresse

nkámvi, DKF, 708 : yeux appesantis (par le sommeil)

n'kámvi : fœtus, enfant né avant terme (pendant les premiers mois)

nánga, DKF, 657 : douleur dans les yeux

nùuka, DKF, 806 : dormir

ngúnza, DKF, 696 : grandeur

nénga, DKF, 680 : consultation secrète. **ku ~** : à part, en consultation secrète, se mettre à part, se retirer pour un besoin particulier (p. ex. au W. C.)

n'katu, DKF, 713 : espèce d'arbre

náaka ou **kin.**, DKF, 655 : membre du corps (œil, oreille, etc.) ; partie de qqch (de maison), chose, objet

nánga, DKF, 657 : être riche, posséder des biens

n'nánga : personne riche, bien portante, à l'aise ; intendant, fonctionnaire supérieur de la cour

n'nánga : famine, jeûne pour individu

nyé, DKF, 814 : un peu

nyēnye : qui marchande, qui aime à marchander ; ladrerie, avarice

nyénye, nyēnyekenè : un peu, près de

ni, EG, 572 : rejeter

nìnga, DKF, 703 : dureté, cruanté, manque de complaisance (défi, grande misère) ; avarice, parcimonie

nínga : jalousie

nīnginina : demander, implorer obstinément, insister, vouloir obtenir, avoir grande envie, être très porter à ; persuader, s'imposer, donner de force qqch à qqn (un malade) ; conjurer, essayer de séduire qqch

níini : économie; prudence, avarice (dans ses achats ou en mangeant, en donnant)

nyānya, DKF, 813 : faire mine de ne pas vouloir avoir, mais ensuite accepter et manger ; s'amuser, jouer

nyanya, kin. : avarice

nyènya, DKF, 816 : calomnier, mépriser, s'amuser de qqn, le mystifier ; se moquer de lui ; rabattre le prix

nyenya : se détourner

nyēnye : qui marchande, qui aime à marchander ; ladrerie, avarice

nifw, EBD, 94 : haleine

nùufuna, ~pfuku, DKF, 806 : sentir, flairer

nùufuta, nùufata, nùufuka : sentir, respirer une odeur

nik, CDME, 126 : scélérat

néka, DKF, 679 : provoquer (à se battre) ; agacer ; fâcher, irriter, offenser, convoiter

404

nìkina, ~ **nkanka**, DKF, 701 : menacer qqn, susciter une querelle, un ennui

nis, EG, 573 : appeler, **r**, **n** (une personne) dans le culte funéraire, invoquer

Ninsi ngumba, DKF, 703 : nom de personne ou de **nkisi**

nsyensi, DKF, 783 : **nganga** qui vole, pille les tombes ou les morts

sínga, DKF, 903 : injurier, insulter, outrager avec un grand mépris ; souhaiter « mort » et passion, la mort et la ruine de qqn ; vouer qqn à l'intérêt ; maudire, excommunier ; envoyer à tous les diables, donner sa malédiction à

nit, CDME, 125 : faute, mauvaise action

léedi, DKF, 386 : qqch qui peut vous tromper, duper ; qqch qui semble sans danger, p. ex. un lacet

ndèedi, DKF, 665 : fausseté, fourberie, hypocrisie

nitit, CDME, 126 : gêner, entraver

n'tídi, DKF, 793 : entêtement, qui ne veut pas se rendre, céder ; force, énergie ; personne qui est persévérante, p. ex. à marcher tout le jour ; qualité d'être raide, dur, nerveux

n'tídidi, ~ **mu dyata**, DKF, 794 : persévérance, rapidité de marcher, de venir et retourner

tanta, DKF, 953 : agiter, secouer qqch ; secouer la tête en signe de ne pas vouloir ; être désobéissant, indiscipliné

nitit, CDME, 126 : bégaiement

ntántani, DKF, 788 : qui dispute, querelle, chicane, échange de gros mots

tāntama, DKF, 954 : disputer, discuter, débattre

niwt, EG, 572 : ville, village

n'nōnzika, n'nōnzingila, n'nōnzinginina, DKF, 751 : reste d'un village, d'un peuple ; quelques-uns

Númbi, DKF, 807 : pays au Nord de **bavili**

Númbu : un pays, un clan

nzó, DKF, 829 : case indigène, maison, chaumière, cabane, demeure, domicile, chambre, appartement, foyer, intérieur, famille, résidence, nid, construction, bâtiment

n'zònde, DKF, 831 : section d'un village ; hameau

wuya, na ~, DKF, 1108 : place ouverte, sans arbres où on tend des pièges

nk, EG, 576 : s'accoupler

lēeka, DKF, 387 : dormir, s'endormir, sommeiller ; faire la méridienne ; se coucher, se reposer ; gésir à terre ; être au lit ; passer la nuit, se délasser, rester debout la nuit

lēeki, DKF, 388 : personne sensuelle

néka, DKF, 679 : enlacer

nkA (y), EG, 576 : réfléchir, penser, méditer

néka, DKF, 679 : espionner, examiner à fond ; calculer ; rechercher ; faire une enquête ; faire quelque chose avec discernement, prudemment, sagement ; savoir quelque chose mais le taire

nnéki : espion

nēkisina : être muet sur qqch, attendre d'en parler

nkn, EG, 576 : dégâts, dommages, tort

nèeka, DKF, 679 : craquer, éclater avec fracas

nùkuna, DKF, 807 : heurter, se jeter sur, se presser, s'écraser

nkt, EG, 576 : un peu, bagatelle

nkáti, DKF, 713 : qui est radical, le plus important, le vrai sens ; tout à fait, complètement, absolument comme, ainsi que

n'káati : grandeur, grandes proportions, quantité

nkātiti : qui est rempli à moitié

n-m, EBD, 103 : qui est-ce que ?

n-m, pour **in** mEG, 574, qui (est-ce qui) ? qu'est-ce qui ?

n'nàni, DKF, 658 : qui ? quel ? à qui ?

nana, DKF, 656 : qui

nandi, DKF, 657 : interr. qui ?

nm, CDME, 133 : tourner mal, aller ; voler

nìmba, DKF, 702 : désoler, détruire (aussi par négligence) ; faire qqch sans soins ; détruire la récolte par sorcellerie

nònumuna, DKF, 751 : prendre avec soi, emporter qqch sans en avertir ; voler

nma, EG, 574 : agir de manière partiale, être partial

ndàmbu, DKF, 663 : partie, moitié, morceau (indéterminé, région, division, section, fragment, demi, moitié, paragraphe)

nma, CDME, 133 : aller dormir

nìmba, DKF, 702 : être engourdi, sommeiller, dormir, se pencher, **ma ~** : maladie du sommeil

làmmba, DKF, 379 : s'étendre, s'allonger (aussi une histoire) ; durer longtemps ; croître en longueur (p. ex. un plante grimpante) ; ramper, s'élever, s'enrouler en hauteur, reposer, être étendu pour dormir, dormir chez une femme (coït) ; aller, errer çà et là

nmH, EG, 574 : « poor man, orphan, waif »

nomanana, DKF, 749 : être laissé, resté seul; de son espèce; être seul de son espèce (p. ex. un peu de nourriture sur un plat ; une touffe de cheveux sur la tête ; une maison isolée ; un oiseau sur une branche ; le nez au milieu du visage

nòmika : petite part, parcelle

𓇋𓏤𓄿𓈖𓏤𓃀𓈖𓃀 **nmi**, EG, 574 : crier fort; bas (« vb., of cattle »)

nòma, DKF, 749 : questionner, poser une question, demander, interroger

𓈖𓇋𓄿𓃀𓏤𓆭 **nmnmw**, OEP, 391 : dormir

làmbala, DKF, 380 : coucher

làmbalala : reposer étendu, tout de son long ; se reposer, dormir ; être couché, se coucher

nomana, DKF, 749 : s'engourdir

𓈖𓄿𓏤𓃀 **nmi**, CDME, 133: voyager, traverser

nàma, DKF, 655 : suivre, accompagner

𓈇𓊪 **nmtt**, EG, 574 : promenade, petit tour, démarche, chemin, allée

nàmitina, DKF, 656 : suivre

nānaba, DKF, 657 : aller, s'en aller aux champs ou dans la forêt, parce qu'on a faim, pour y trouver à manger

nānamana : se rendre aux champs ou à la forêt pour y trouver à manger, parce qu'on a faim

nònama, DKF, 749 : marcher, etc.

nònima, DKF, 450 : marcher en trottinant, marcher, faire un long chemin

𓈖𓈖𓈖 **nmw**, OEP, 391 : nain, courtaud

ndamvu, DKF, 663 : grandeur

ndēmbo, DKF, 666 : grandeur ; qqch de grand et de haut (une armoire)

nnèmba, DKF, 680 : un très petit oiseau (plus petit que les oiseaux à miel au Congo)

𓈖𓈖𓀉 **nni**,PAPP,56 et 57 :somnoler

nonga, DKF, 749 : dodeliner de la tête (en dormant)

nùngana, DKF, 807 : dormir, sommeiller, fermer les yeux, tâtonner, chercher qqch en tâtonnant (comme quand on ne voit pas)

nùngina : être assis et dormir, sommeiller, fermer les yeux, pencher la tête, engourdissement, demi-sommeil

nni, EG, 574 : être fatigué, paresseux

nèena, DKF, 680 : laisser, laisser après soi, déposer (un fardeau ou ne pas achever son travail), se fatiguer, aller au cabinet, à selle (W-.C), faire ses besoins, chier

nànzana, DKF, 659 : avoir peu de force, n'être pas robuste

nnm, EG, 574 : « err, go wrong »

nòna, DKF, 749 : mentir, murmurer

nōnanga : parler de n'importe quoi (dans le jeu)

nnt, LH, 179 : ciel inférieur

néne, muna ~, DKF, 680 : l'intérieur ; à l'intérieur de

ngúdi, DKF, 693 : partie intérieure, centre en dedans ; domaine intérieur, l'intérieur, le milieu ; le cœur, le noyau, la capsule

nnw, CDME, 134 : eaux primordiales ; EG, 573 : peut-être avec deux manières différentes de lire : 1. niw ou nww, 2. nnw ou nwnw : eaux primordiales

níw, CDME, 125 : eaux primordiales

díini, DKF, 122 : rosée

kwìlu, DKF, 359 : nom de village près d'une montagne, fleuve du même nom

Mbángu, DKF, 522 : nom d'un cours d'eau ; ~ a simbi : nom de nkisi

nàna, DKF, 656 : être marée, basse, baisser (de l'eau)

ngúdi, DKF, 693 : mère, dame, tante, femme âgé ; parenté du côté de la mère ; âge, autorité, la plus longue tringle de l'instrument diti ; clan, famille ; arrière-faix ; féminin, maternel

nnwHty, EBD, 110 : saigner

npA, OEP, 395 : être mouillé

npApA, CDME, 130 : battre des ailes, voleter

npAt, CDME, 130 : un gâteau

Ngwá, DKF, 696 : mère, femelle, femme ; parenté maternelle

n'làngu, DKF, 743 : eau, liquide ; qui est acqueux

nùngika, DKF, 807 : creuser, perforer

nùngikina : percer un arbre jusqu'à l'écorce, mais sans la traverser (les bostryches)

ná-mpàa, **ná-mpòo**, DKF, 656 : plein de sueur, couvert, trempé de sueur

nïfuka, DKF, 701 : sangloter, pleurer abondamment

hèeha, DKF, 188 : flotter ; être agité par le vent ; mentionner ; être ensorcellé ; être soufflé (par **bandoki** pour le manger)

pàpa, DKF, 844 : battre des ailes, voleter ; souffler (quand il fait du vent)

pàapa : aile

pèepa, DKF, 848 : souffler, faire du vent ; s'agiter ; flamboyer, vibrer, frémir, trembler ; éventer ; flotter au vent

pèepe : souffler

vèeva, DKF, 1061 : éventer, secouer, vanner ; nettoyer, épurer, jeter, souffler, vibrer doucement (comme le vent) ; agiter (un éventail) ; flamboyer

mpata, DKF, 577: igname, pomme (d'hippopotame)

m'páti : espèce d'igname

npD, CDME, 130 : abattre

npDt : couteau tranchant

mbèele, DKF, 526 : couteau, lame de couteau, poignard ; glaive, épée

mpàta, DKF, 576 : un couteau à large lame

pātata, DKF, 845 : blesser

npnpt, CDME, 130 : bord inférieur d'un habit, bord

mbèmba, DKF, 527 : nom d'une sorte d'étoffe ; tirant d'étoffe cousu sur un pagne ; une toise d'étoffe

mbúbi, DKF, 538 : étoffe double, étoffe et doublure

nprt, EG, 573 : bord, bord (d'un « sheet of water »)

m'fùfudi, DKF, 555 : bord

m'fùfula : bord (d'une robe, etc.) ; bordure, coin, etc.

m'fùmfula, DKF, 557 : bord, bordure, coin, côté, extrémité, arête, rivage, talus, rive, lisière près (d'une forêt)

m'vìla, DKF, 634: bord ou tresse d'une corbeille

m'vìlu : bord ou tresse d'une corbeille ; bord d'un marmite, l'endroit ou l'on a terminé le travail, bordure des murs, ourlet, lisière d'étoffe, raies comme ornement autour des poteries

nqawt, EG, 576 : « notched sycomore figs »

n'ngàdidi, DKF, 682 : un arbre aux noyaux amers qui se mangent (**Garcinia criadidi**)

n'ngàdidi : un arbre aux fruit grands et rouges dont les noyaux se mangent, ils sont amers comme les noyaux de cola

ngàdila : fruit de **n'ngàdila**

nqm, EG, 576 : être souffrant, triste

ngáakina, DKF, 682 : amertume

nqm, CDME, 141 : être chauve

nkòmbila, DKF, 725 : languissant ; trace de qqch

komba, DKF, 308 : aplanir, adoucir, lisser, ôter en grattant ; raboter

nkòmba, DKF, 724 : les cheveux rasés en forme d'arc tout autour de la racine

nr, CDME, 134 : foncer

lànda, DKF, 381 : suivre, poursuivre, courir après ; chercher, aller chercher ; quérir qqch ; accompagner, escorter, reprendre un discours interrompu ; continuer à parler ; faire des observations sur ce qui a été dit ; se conformer à, imiter ; refaire, redire, répliquer, répéter à plusieurs reprises et dans plusieurs sens

Landa : nom propre = qui vient après

nri, EG, 575 : être en terreur

nri, CDME, 134 : avoir peur

lèndo, DKF, 394 : autorité, puissance, les autorités ; force, énergie (pour exécuter qqch)

lu-lèndo, DKF, 428 : force, possibilité, puissance, pouvoir, jusridiction, capacité, autorité, faculté, violence, puissance absolue, despotisme, bravade, mauvais vouloir ; indépendance ; insubordination ; fier, despotique, orgueilleux, provoquant

Lu-lèndo : dieu d'empire, de contrée, qui gouverne tout le pays ; nom propre

n'dokula, DKF, 672 : brigand

nri, CDME, 134 : protéger

lùnda, DKF, 435 : soigner, cacher, préserver, observer ; garder, protéger ; économiser, ménager, mettre, placer de côté, à part, en réserve ; déposer, enlever (des biens) ; réserver ; amasser des provisions

nS, EG, 576 : supplanter, écarter

n'kákala, DKF, 705 : qualité d'être (en nombre) impair ; qqch qui n'a pas son semblable ; qui lors d'un partage reste en surplus (et qu'on doit déchirer), laissé comme surplus

nSA, CDME, 140 : grains de sable

nkéngisila, DKF, 717 : gravier

nsē-nsēnge, **nsēnsenge**, DKF, 763 : poussière, poudre ; balle

nSni, CDME, 141 : enrager, rage

nSny, EG, 576 : enrager, rage

nkémi, DKF, 716 : cruauté, méchanceté, folie, violence, rage, courage de tuer ; cruel, furieux, très en colère, fou, furieux, rageur

nkémo : cruauté

nkène : douleur, humeur bourrue ; désobéissance

nkéni : cruauté

nsá, DKF, 751 : acide, grande acidité, qui est fatigué d'avoir trop marché, sensibilité, colère, acidité, très acide

n'sá : poison, qui est venimeux, vénéneux, venin, douleur de morsure de serpent, dard

nsànsa, DKF, 758 : haut mal, épilepsie, convulsions

nSnS, CDME, 141 : déchirer (des documents)

nkanka, DKF, 711 : petite fente par laquelle coule le vin de palme qui sort de l'entaille pratiquée dans le palmier ; le petit éclat qui tient ferme le **nkuta** au tirage du vin de palme

n'sánsa, DKF, 758 : en guenilles, tapis de papyrus usé ou en morceau de ce tapis

nSp, EG, 576 : respirer

nkéfo, DKF, 714 : mauvaise odeur de la terre (après la pluie) ; odeur d'un mourant ; odeur cadavérique ; odeur de mauvaises dents

n'kűbi, DKF, 729 : odeur forte dans la forêt produite par plusieurs arbres à fleurs ; odeur de

413

l'animal **nzòbo**, d'une chienne ou une truie qui a mis bas ; mauvaise odeur de corps ; puanteur

nsímpa, DKF, 767 : calebasse servant à humer le chanvre

nSrw, EBD, 93 : jour (?)

nkàala, DKF, 706 : couleur en général, teinture ; ~ **mpumbu** : aube, aurore, teintes rosées du matin

nSw, CDME, 140 : émission d'une plaie

n'kubu, DKF, 729 : hémorragie, menstruation abondante et de longue durée ; règles

n'súnza, DKF, 778 : sang en caillots

nSw, CDME, 140 : récipient

nkálu, DKF, 706 : cruche, jarre (d'argile) ; courge ou calebasse (**Lagenaria vulgaris**)

nkúba, DKF, 729 : petite cruche à eau, cruchon de terre

n'kúdu, DKF, 730 : cruche en grès, pot ; (ironiquement) cruche de vin de palme donnée à celui qui est désigné pour être **ndoki** et manger **nkasa**

nkúdu : caisse, coffre de fer

n'kùlu, DKF, 731 : vieille cruche pour aller chercher de l'eau ; cruchon de grès des Européens autrefois

ns, EG, 575 : langue

lènto, **na ~**, DKF, 397 : goût moelleux, bon

lènto-lènto, **na ~** : lèvres douces, exquises.

lēntuka : être entièrement mangé, léché

lénnza : manger (injure) ; se lécher (comme un chien) ; lécher ; rafler et manger

léta, DKF, 398 : sécher ; lécher, manger tout (jusqu'au fond de la marmite) ; se pourlécher, laper, manger comme un chien ; manger (injure)

léta : parler, causer de tout ; ramasser tout ; plats (cheveux)

lētama : être dévoré, mangé

lētika : manger tout ; mettre fin à

lēto-leto, **na ~** : qui dit tout ce qui vient à la bouche ; avoir la langue bien tournée (comme les petits enfants)

lētubula : causer, parler de tout

lèya, **na ~**, DKF, 399 : goût insipide ; « chaud » ; détestable (comme du poisson empoisonné)

ns, OEP, 404 : flamme

lēesa, DKF, 398 : un soleil modéré

lēesama : diminuer (le soleil)

lèsika : réfléter, reluire ; flamboyer ; briller, luire ; se transfigurer

léeza, DKF, 399 : soleil doux agréable ; soleil pour malades, soleil du soir ; jeune femme jolie et douce

lèzima : briller, scintiller, éblouir ; être brillant, etc.

lèyo, **na ~**,DKF, 399 : chaud, tiède, réchauffé (l'eau par le soleil)

lèyula : réchauffer

lu-sàka, DKF, 445 : fourneau de pipe pour la pipe **nkondo**, pluriel **tu-** : tire-balle

lu-sàki : splendeur, éclat

lu-sàkimu : action de rayonner, éclat, splendeur

lu-sàku : fourneau

n'sàka, DKF, 752 : fourneau de pipe pour la pipe de calebasse, pipe pour fumer le chanvre

nsàka-nsàka, **na ~**, DKF, 753 : lumineux, clair de lune

nsè, **na ~**, DKF, 760 : brillant, scintillant, éblouissant

sàkima, DKF, 867 : luire (la lune) ; briller

nsA, CDME, 139 : sorte de couteau

lèza, DKF, 399 : être aigu, tranchant, couper bien (couteau)

léeza : couteau long

léezi : ciseau pour dents

léezya : couteau long

sìna, DKF, 901 : ciseau pour travailler les dents

nsb, CDME, 139 : lêcher

síba, DKF, 894 : manger copieusement

súba, DKF, 918 : gloutonnerie

nsp, EBD, 61 : entailles

nóosa, **nōosina**, **nóoso**, DKF, 751 : fentes, écorchures d'un tronc d'où la gomme et la sève coulent et tombent sur le sol ; goutte de sueur ou de graisse sur la peau

nsr, CDME, 140 : colère (?)

nsalaba, DKF, 754 : petit crime ; cas litigieux

nsr, CDME, 140 : mettre de l'huile sur une plaie

nsènda, DKF, 762 : sorte de plaie spongieuse qui s'étend sur la paume des mains ou sur la plante des pieds

nss, CDME, 140 : faire des dommages, endommager

n'sánzu, DKF, 759 : butin des brigands, de guerre, ravage

nsánzu : pillage, dépouiller, un village

sánza, DKF, 878 : piller, ravager, dévaliser, dévaster, dérober ; prendre, voler, dépouiller, détrousser ; saisir, ravager, saccager, mettre à

nsw, EG, 575 : roi de la Haute Egypte, roi

nswt, CDME, 139 : flamme

nTr, PAPP, 145 : dieu

ntr, CDME, 142 : divinité

ntrt : œil divin

ntry : divin, sacré

nTTw, CDME, 143 : liens

sac ; dilapider, disperser, étaler (p. ex. un mets sur une assiette)

sánzu, DKF, 879 : butin, proie, dépouille ; prise, biens, prises de brigands, de voleurs, de la guerre

nesi, DKF, 681 : orgueil, fierté

n'swá ou **n'soa**, DKF, 780 : approbation, promesse, permission, congé ; sanction, licence, liberté, droits, pleins pouvoirs, pouvoir, puissance, droits de tutelle ; commission ; beauté, gloire, honneur, bonté ; témoignage, témoin

n'swa, DKF, 781 : bénédiction, bonheur, chance, succès ; médecine, etc. sur quoi on souffle et en faisant un geste avec les bras on dit **weka nganga** ; à quoi on répond : **yoboyobo**

sùsa, DKF, 929 : luire (feu)

ngìsi, DKF, 689 : tabou, chose profane, immonde ; commandement, défense, mesntruation ; ~ **na** ~, le saint des saints

n'kísi, DKF, 721 : fétiche, sorcellerie, ensorcellement, force magique, sortilège, charme, maladie attribuée à un fétiche ; de fétiche, magique

Nkisi, EB, 383 : « est un objet artificiel censé habité ou influencé par un esprit, en tout cas doué par lui d'un pouvoir surhumain »

n'siku, DKF, 766 : loi, règlement, ordonance, commandement, règle (obligatoires pour tous) ; tentation ; illégal, sans valeur, interdit

ntánta, DKF, 788 : amulette en forme de cordon, ruban, sac avec diverses médecines, qui est lié autour du front comme protection

n'tánta : bretelles

tánta, DKF, 953 : portant, bretelles, cordon de perles autour des épaules et de la hanche

Nt, EG, 572 : Neith, la déesse de Sais (Divinité de la guerre qui avait comme attributs l'arc, la flèche et le bouclier. Voir DSDE, 115)

nto, DKF, 796 : cruauté

n'tòota, DKF, 798 : arc, flèche

n'tòto, DKF, 799 : arc (arme) ; en forme d'arc ; arqué

nt, EG, 572 : la couronne rouge de la Basse Egypte

bánda, DKF, 15 : coiffe, bonnet de chef fait de **mpusu** ; fez rouge ; couronne ; coupe à anse et à large ventre

bándi, (à), DKF, 16 : bonnet

bándila, (à), DKF, 17 : bonnet fait de **mpusu** ; fez rouge, coiffe, petit bonnet, casquette de voyage

n'tínu, DKF, 795 : roi, chef, président, empereur ; albinos

nt-a, EG, 576 : coutume, observances

ndádi, ou **ndadi**, DKF, 661 : contrat de mariage, le village où on est marié ; beau-frère, alliance, famille du beau frère

nzádi, DKF, 820 : beau frère, belle-sœur ; une sorte de danse et tambour, amant

nt, EG, 572 : eau

ntádi, DKF, 785 : chute d'eau, courant, caractère, grotte, caverne, terrier de sanglier, etc.

ntēleka, DKF, 790 : chute, cascade

ntó, DKF, 795 : source, puits, jet d'eau ; fontaine, trou d'où sort qqch, p. ex. une blessure d'où le sang coule ou un trou dans un arbre d'où sort la sève, qui est mal formé, qui ne joint pas, petit trou (d'où un liquide s'échappe) ruisseau, rivière, fil d'eau, courant, baie d'un fleuve

ntódi, **ntódya** : humidité, fraîcheur

ntófa, diika, nwika ~ : avaler un bouillon

nyánza, DKF, 813 : fondre, évaporer, se liuéfier ; devenir humide, graisseux (la peau) ; briller, luire, rayonner ; être rouge, rougi, rouge-blanc ; être malléable

nyánza : pleuvoir à petites gouttes ; commencer à pleuvoir ; cracher, rejaillir, jeter l'eau, seringuer de l'eau ; se répandre ; écarter, se dispercer ; se miltuplier ; d'où : **manyánza** : bruine, etc.

ntf, EG, 576 : irriguer, aroser

ntáva, DKF, 789 : marais, marécage, boue, terrain boueux, jardin, champ, prairie marécageuse ; champ de tabac

ntéba : vase, limon, boue ; pâte

ntēntebelè, DKF, 792 : peu de profondeur (de l'eau)

ntipu, DKF, 795 : marée pleine

ntóba : marais, marécage, vase profonde où l'on s'enfonce ; limon

ntōbani, DKF, 796 : maladie des yeux ; les yeux enflent et sont pleins de larmes, écoulement des yeux ; yeux noyés des larmes

ntófa, diika, nwika ~ : avaler un bouillon

ntōmpo, DKF, 797 : très grande cruche d'eau avec une large ouverture

ntryt, EGEA, 207 : natron

ntundu-ntunda, DKF, 802 : goût mauvais de l'eau

ntS, EG, 576 : être aspergé

ma-tonti, DKF, 507 : eau, qualité d'être aqueux

ntéke, DKF, 789 : terre, glaise, boue, limon, fange, mortier de terre, glaise

ntíka, DKF, 794 : pièce d'eau où on trempe des maniocs

tònta, DKF, 585 : être humide, mêlé d'eau, humecter, qui dégoutte, qui coule à goutte qui a une fruite, une voie d'eau

tònti : goutte

tontikila : tremper dans la soupe, dans la sauce

tònzi : goutte

ntt, EG, 576 : que

nde, DKF, 664 : certes, ainsi ; comme, ainsi que

nw, PAPP, 77 et 84 : visible

nw, GE, 303 : voir, regarder

nwēngimina, DKF, 810 : commencer à sortir (d'un enfant à la naissance)

nùfu, DKF, 806 : fantôme, revenant

nùnu, DKF, 808 : revenant, apparition

nw, EG, 573 : (être) faible, mou

nànza, DKF, 659 : glisser, boiter ; être près de tomber

nànzakana : marcher lentement ; à petits pas (comme une personne très maigre, faible)

nōo, na ~, DKF, 749 : faible, fatigué, affaibli, sans force

nùna, DKF, 807 : vieillir, être grisonnant, âgé ; être, devenir incapable d'agir, de travailler, rester, rester longtemps, être empêché, retenu longtemps, être ancien sur la place, ne pas pouvoir être vendu, avoir froid, être gelé, se tapir, être pourri, mauvais

nūunama : marcher à petits pas comme un enfant

nūunika, DKF, 808 : marcher vite, persévérant

nùnina : personne très âgée et impotente

n'nùnisi : qqn qui retarde (une autre personne), qui s'attarde en un endroit

nùnu, DKF, 808 : personne âgée, impotente ; revenant, apparition, esprit d'une personne décédée ; très vieux, caduc

n'nùnu : vieillard, vieille personne

nwàna, DKF, 809 : lutter, combattre, se battre ; quereller, disputer avec vigueur ; s'efforcer, faire des efforts énergiques

nw, CDME, 127 : pron. dém. ce, ces

Voir aussi **tw**

lu-, DKF, 409 : préf. dim., employé seulement dans certains cas

lu- : préf. sing. cl. **lu**

lu- : pron. pers. dém. ou rel., cl. **lu**

nw, EG, 573 : temps

ngáanu, DKF, 685 : plus tard, plus loin, bientôt ; au soir, ce soir, dans l'intervalle

ngáati : vers les midi, plus tard, tout à l'heure, par intervalles, de temps en temps

ngáatu : ensuite, après, plus tard, plus avant dans la journée, bientôt

nwd, EG, 573 : « move crookedly, aslant »

nwātanana, DKF, 809 : s'en aller, filer à toute vitesse

nwātuka : marcher lentement, prudemment, en rampant, sur la pointe des pieds, doucement, sans bruits

nwātu-nwatu, na ~ : qui marche sur la pointe du pied

421

nwH, EG, 573 : corde

nwi, CDME, 127 : prendre soin de ; collectionner, assembler

(le déterminatif d'un homme avec les cheveux en désordre est absent du Sign-list de Gardiner) **nwn**, CDME, 128 : désordre ; être en désordre ; « pull **m** : at one's hair)

nwy, CDME, 127 : eau, inondation, bassin

nwy, CDME, 127 : retourner (**r** : à une place) ; venir (**n** : vers qqn) ; retourner (qqn)

nwā, na ~ ou **na-nwā-nwā**, DKF, 808 : fig. au sens de qui se glisse, se faufile sur la pointe des pieds, trottiner (comme un chien)

núnga, DKF, 807 : lacets pour des oiseaux

nunga : mesure à laquelle un ressort peut se plier, mesure d'une courbe

n'nónga, DKF, 750 : baguette de tisserand, bobine

n'nóngo : bobine ; broche, ensouple, déchargeoir ; poutre du métier de tissage ou bâton qui fait le service à la fois d'ensouple et de bobine ; aiguille ; fléau de balance

nónga, DKF, 749 : ramasser

nwekolo-nwekolo, DKF, 810 : amoncellement

n'wōlodo : qui ramasse des débris, des restes d'aliment ; qui recueille des épis

m'vóni, DKF, 636 : personne négligente, insensée

nnū, DKF, 806 : buveur

nūa : boire

nwā, DKF, 808 : boire ; aspirer, sucer, absorber, humer ; avaler ; fumer

bwāna, DKF, 89 : rencontrer, concorder, se rencontrer ; saisir une balle (en jeu)

wāana, wāanana, DKF, 1091 : se rencontrer ; survenir, arriver

Nwt, CDME, 127 : la déesse ciel ; le ciel lui-même

ndùnda, DKF, 675 : partie de la tête, partie centrale, pointe, sommet, faîte, aiguillon ; **va ~** : à la place ouverte ; en haut

nwx, CDME, 128 : chauffer, être brûlé

nóka, DKF, 749 : fumer

n'nōokani : bon tabac

nxA, CDME, 137 : balançant, pendant

nākuka, DKF, 655 : marcher lentement, traîner

nāakuna : courir

nàngana, DKF, 657 : marcher doucement, à petit pas (comme quand on est faible)

nénnga, DKF, 680 : vaciller (pont suspendu)

níka, DKF, 701 : rester, tarder, continuer, persévérer

nòoka, DKF, 749 : marcher vite, courir ; s'enfuir

nòoka : se fatiguer, s'éreinter, s'épuiser de fatigue ; se vider ; s'amolir, devenir mou, bon, pas gluant (manioc) ; flexible, souple (couteau) ; s'apprivoiser

nōnga-nonga, DKF, 750: qui chancelle, vacille

núu-núnga, DKF, 808 : se balancer sur un ponceau, un arbre, basculer ça et là

nxA, CDME, 137 : couteau

kúki, DKF, 325 : couteau à manche noir ; à manche blanc

nkàaku, DKF, 705 : le couteau tanzi

nkàakulu, DKF, 706 : le couteau tanzi

nkanka, DKF, 711 : petite fente par laquelle coule le vin de palme qui sort de l'entaille pratiquée dans le plamier ; le petit éclat qui tient ferme le **nkuta** au tirage du vin de palme

nkànku, DKF, 711 : couteau aiguisé en rong pour l'enlèvement des rameaux de palmiers ; ciseau

nxAxA, CDME, 137: pendantif, fléau

kēkama, DKF, 227 : donner un coup à faux (après un rat) avec un bâton

kùkama, DKF, 326 : chanceler, vaciller, branler

nxb, CDME, 138 : stipulation

kàmba, DKF, 208 : montrer, désigner du doigt ; parler (sur) qqch ; annoncer, prêcher, raconter ; avertir (qqn de qqch) ; dire, ordonner (qqch à qqn) ; prescrire, recommander ; conseiller

kàmba : pas ainsi ! n'est-ce pas ainsi ? (comme cela)! oui, certainement ! souvent employé pour introduire une question

nxn, EG, 575 : (être) jeune ; enfant

n'déeke, DKF, 665 : cadet, plus jeune personne

Ndéeke : nom propre = plus petit, plus jeune

n'dēekele : petit frère

ndēke-ndeke : petit frère

n'léeke, DKF, 744 : frère cadet, parent plus jeune ; jeune homme, garçon, fillette, enfant ; un sujet du chef, subordonné en dignité, de grade inférieur : qui est plus tard, plus jeune, disciple, élève, qui surveille, suivant, sujet, serviteur

nxt, EG, 76 : (être) fort, puissant, victorieux ; force, victoire

kàata, DKF, 221 : frapper fortement, frapper avec qqch

nxt, PAPP, 331 et 332 : érection

káta : être obligé, contraint, forcé, devoir

kāata : prendre, tenir ; serrer ferme, bien

nìka, 701 : moudre, broyer, écraser sur une pierre ; frotter et frapper comme lorsqu'on lave du linge

nìkuna, DKF, 702 : secouer, inciser, mettre en mouvement ; remuer, bercer, pousser, heurter, réveiller qqn en le secouant

nínga, DKF, 703 : remuer (la queue)

nkāatu, DKF, 743 : prise vigoureuse, épaisseur, résistance, fermeté (étoffe), douleur forte ; goût amer

nkāatu-nkaatu : force, énergie, puissance, douleur cuisante

nkávi : personne forte, vigoureuse

núnga, DKF, 807 : gagner, vaincre ; avoir raison ; triompher dans la dispute ; gagner un procès ; être droit, honnête (pas coupable) ; être innocent, sans dettes

nunga : mesure à laquelle un ressort peut se plier, mesure d'une courbe

nxwy, EG, 575 : "how grievous (is)!; **nxwt** : plaintes, pleurs

ngunda, DKF, 695 : chagrin, épreuve

ngwi, DKF, 698 : mot injurieux, blessant, que l'on a dit

nxx, CDME, 138 : être vieux

nkáaka, DKF, 705 : grands parents (du côté de la mère) ; parents de la mère ; grand père, grand'mère maternelle ; titre de gouverneur, de chef ; commandant

nkákaba : fusil mauvais et vieux

nyny, EG, 573 : rendre hommage

níini, DKF, 703 : joie (à propos d'un grand bonheur)

☐ p

☐ **p**, CDME, 86 : tapis, natte, paillasson, dessous-de-plat, napperon

☐ **p**, CDME, 86 : base (pour une statue)

pA, PGED, 67 : avoir fait dans le passé

pA (**w** ?), CDME, 87 : « aux. with past meaning »

pAwt, PAPP, 55, 56 et 58 : l'ère antérieure

pAt, EG, 565 : antiquité, temps primordiaux

bàabu, DKF, 7 : petite pièce d'étoffe

bàaba, DKF, 5 : tapoter, frapper pour égaliser, lisser, aplanir

pepe, DKF, 848 : être égal, uni, plat

bā, DKF, 5 : v. aux. d'un sens adv., venir de ; émaner, sortir de

bé, DKF, 25 : être, venir de

bādama, DKF, 8 : commencer et persévérer, etc.

bādika : commencer, entreprendre (un voyage) ; se mettre à, en ; entrer, faire son entrée dans (= commencer)

bādukulu : commencement

bánda, DKF, 15 : commencer, mettre en marche, procéder à, se déclarer (ulcère)

bánda : cause, raison, chose

bāndika, DKF, 16 : commencer ; débuter

bándu, DKF, 17 : fond, pied (d'une montagne) ; extrémité inférieure de qqch (p. ex. une lance, etc.) ; commencement de qqch ; chose, raison d'être ; cause

bānduka : commencer

mbándu, DKF, 521 : commencement d'un travail

pA, EG, 564 : voler

426

mpéya, DKF, 581 : queue de poisson, nageoire

pāadada, DKF, 841 : le bout de l'aile

pàpa, DKF, 844 : battre des ailes, voleter ; souffler (quand il fait du vent)

pàapa : aile

pèepa, DKF, 848 : souffler, faire du vent, flotter au vent

pèe-pèe, na ~ : qui est mince, léger

pèepe : souffler

phèepe : tuyau (du fusil)

phēpelà, phepele : papier

pèpele : minceur, légèreté (d'une étoffe) ; mince, léger

pèpele : papillon

pè-pèepe : qui flotte au gré du vent (une étoffe)

pè-pète, na ~ : tendre, visqueux (manioc)

pè-pèya : mince (peu épais, délié)

pè-pèyi, na ~ : propre, fin

phèepi : narine, fosse nasale ; bouche d'un fusil

pèpila : papillon

pèpili : papillon

pèepo, tabuka na ~ : s'évanouir

pèpumuka : souffler

pùlumuna, DKF, 854 : voler, voleter

pùlumuna : faire voleter, voltiger, battre des ailes

pùla : voleter, battre des ailes, s'en aller en voletant

pùpa, DKF, 855 : battre des ailes, voleter, voltiger

pùpumuka, 856 : voler, voleter, être emporter par le vent

pùpumuna : faire voler, voleter

ve, DKF, 1054 : aile

véévé, DKF, 1061 : aile

vèvidila, DKF, 1054 : battre des ailes ou frapper avec autre chose

véya, DKF, 1062 : aile d'oiseau

vèya-vèya, **m'vèya-m'vèya** : l'oiseau **nkuya-nkuya**

vèya-vèya, **kiv.** : nageoire (poisson)

pAD, PGED, 41: genou, jambe

bongo ou **mbongoni**, DKF, 55 : genou

pAd, EG, 565 : genou

mpáadi, DKF, 573 : pied, sabot fourchu

mpándi, DKF, 575 : fourche

mpāndukwa : support, bâton ; tuteur ordinairement fourchu (pour soutenir le bananier)

páadi, DKF, 841 : pied fourchu

pAD, CDME, 88: pain

púka, DKF, 854 : arachides enveloppées dans des feuilles

pAqt, **pqt**, EG, 565 : lin fin

páki, DKF, 842 : morceau d'étoffe pour le vêtement des femmes (on le place par devant ou par derrière)

páki : épaule (d'un habit) ; patte de l'épaule, épaulette

páki : morceau d'étoffe qui mesure moins d'une toise

pāaku : morceau d'étoffe

pāakudi : pièce d'étoffe, bande, modèle, figure carrée

píka, **kip.**, DKF, 849 : chiffon ; morceau de drap, bande d'étoffe

pūkudi, DKF, 854 : morceau, tirant d'étoffe

pAs, CDME, 8 : pot pour l'eau

pōsika-posika, DKF, 853 : barboter, se verser de l'eau

póso : pot à anse, chope d'ivoire

pAt, EG, 564 : pain, pain de, l'offrande

dí-mpa, 119 : pain, morceau de pain

pósa, DKF, 853 : manger

vósa, DKF, 1076 : manger ; être peu ferme, mou, pas capable de résister

pAwt, CDME, 87 : poids (d'une maladie)

phú, DKF, 853 : maladie

pwàta-pwàta, DKF, 857 : (aller) péniblement

pAx, CDME, 87 : gratter

pàka, DKF, 841 : gratter, fouiller, écarter (avec les pattes comme p. ex. une poule qui cherche sa nourriture)

pAxd, OEP, 411 : luxation, déplacement de l'os

pākula, DKF, 842 : abattre qqch en frappant la base sur laquelle cette chose repose

var. de **pAxd**, CDME, 93 : être tourné sens dessus dessous

mpóko, DKF, 584 : articulation, partie d'un membre, partie entre deux articulations, jointure d'un bras, d'un pied, morceau court, longueur courte de qqch

pat, EG, 565 : humanité, nobles

bu-mpanda, DKF, 73 : politesse

bu-mpàti : manière de faire qqch lentement, prudemment, bien

lu-balamu, DKF, 409 : rang, dignité

mpāta, ta ~, DKF, 577 : considérer, réfléchir

mpáta tuuta : stupidité (méprisant = comme un cochon)

mpātaba : une femme capable ; employé comme terme injurieux

mpati, PK, 60, n° 634 : possesseur

paw, OEP, 404 : flamme

paù, paùu, na~, DKF, 846 : onomatopée pour un coup de feu

pDi, CDME, 97 : aiguiser (un couteau)

pātata, DKF, 843 : blesser

pd, EG, 566 : s'étirer, (être) large

m'vabi, DKF, 632 : dent non aiguisée

pádu, na ~, DKF, 841 : grand, dilaté (d'estomac) ; qui a trop mangé, qui a le ventre gros, enflé

páala, DKF, 842 : grand (large), plat bassin ; (des hommes) adultes

pàtata, DKF, 845 : prendre à pleines mains

phéto, DKF, 848 : la longue perche qui est pliée et serrée dans un piège

phùlula, DKF, 854 : qui est très grand, gros

vùla, DKF, 1025 : être agrandi, augmenté, développé, élargi ; vouloir beaucoup, désirer beaucoup

vùla : voracité

vùla : grande maison, château, gare, station, résidence très grande, maison avec faîtage court et comble brisé ou à mansarde aux deux pignons

vúla : grande foule, affluence, grand cortège, suite, procession

vùla : être préférable, supérieur ; surpasser, dépasser

430

vùlama : venir, arriver en foule, en masse

vùlu : voracité, avidité, gourmandise, manque de retenue, de mesure, désir, envie de se procurer, d'avoir, d'obtenir autant que possible ; affronterie, insolence, impudence, hardiesse, confiance en soi-même, haute idée de soi, art de se procurer autant que possible (p. ex. se quereller)

vùluka : être, devenir gros, gras, obèse, épais, grand, s'engraisser ; être élastique, reprendre sa forme (comme une balle après qu'on l'a pressée) ; être épais, bouffants (p. ex. des cheveux retroussés)

vūlumuka, DKF, 1026 : pousser, croître, être développé, avoir atteint sa croissance, son développement ; être adulte, avoir atteint toute sa taille, sa hauteur

vūluta : parler à haute voix, tout haut, crier, rugir (comme le léopard) ; hurler, avoir une grande éloquence, menacer

vùlu-vùlu : obésité, grosseur, grossièreté, massivité ; personne précoce

pd, CDME, 96 : genou

mpáadi, DKF, 573 : pied, sabot fourchu

mpándi, DKF, 575 : fourche

mpāndukwa : support, bâton ; tuteur ordinairement fourchu (pour soutenir le bananier)

páadi, DKF, 841 : pied fourchu

pds, EG, 566 : boîte

padi-padi, DKF, 841 : deux ou plusieurs bâtons qu'un porteur fixe de chaque côté d'un fardeau pour le tenir, pour le diriger ou l'équilibrer

pds, CDME, 96 : aplanir

bánda, DKF, 15 : être solide, ferme ; se figer, congeler, épaissir (nourriture, etc.) ; maigrir

431

𓏤𓂝𓏐 **pdst**, CDME, 96 : boulette

𓏤𓂝𓄿𓂋𓈖𓏭𓏤 **pdswt**, EG, 566 : colline de sable (de la côte du delta)

𓊪𓏤𓅐 **pgA**, CDME, 96 : ouvrir

𓊪𓏤𓅆𓎺 **pgA**, CDME, 96 : bol

𓊪𓏤𓄿 **pggt**, CDME, 96 : crapeau ou grenouille

𓊪𓎛 **pH**, EG, 566 : atteindre, attaquer

bánda, DKF, 16 : pustule, gale sur une tête chauve

phàatu, DKF, 845 : chambranle, cadre, bordure, châssis, etc.

pākalala, DKF, 842 : se tenant étendu, distendu comme un parapluie ; être dressé (les oreilles pour écouter)

pākidila : étendre ; empêcher, barrer le chemin, p. ex. en étendant les bras

páki, DKF, 842 : un puisoir, une écope d'écorce, etc. pour puiser l'eau d'une pêcherie afin de pêcher les poissons

pháki : petit entonnoir, etc.

mpāngu, DKF, 575 : la plus grande grenouille d'eau

mpáka, DKF, 573 : différent, dispute, raisonnement, contradiction, contestation ; doute ; négation, dénégation, objection, observation, protestation ; querelle, discussion

mpáka : force au combat ; pouvoir, puissance, domination ; habileté, virtuosité

mpàka : gage

páakala-páakala, wiza ~, DKF, 842 : venir vite, avec précipitation

pèka, DKF, 846 : chercher, être en quête de, fureter, visiter (un lieu) pour chercher après qqn ou qqch

pēkuka, DKF, 847 : tressaillir ; sauter et faire des courbettes (comme un chien) ; s'en aller, se ranger (de côté), en arrière (d'un coin)

pìka, DKF, 849 : battre, frapper

pōkika, ~ **nkome**, DKF, 851 : frapper, assomer d'un coup de poing

□ 𓈖𓂝 × **pHD**, CDME, 93 : couper, découper, hacher

pāaka, DKF, 841 : enfoncer (un couteau) ; asséner un coup de poing à ; blesser ; couper en morceaux, débiter, détailler ; dépecer, dépiécer ; mettre en pièces, détacher de l'étoffe ; déchirer comme un léopard

páki, DKF, 842 : morceau d'étoffe pour le vêtement des femmes (on le place par devant ou par derrière)

páki : morceau d'étoffe qui mesure moins d'un toise

pāakudi : pièce d'étoffe, bande, modèle, figure carrée

pàngalakasa, DKF, 844 : abîmer, détériorer, dégrader ; démolir (une construction) ; déranger ; annuler, résilier (un contrat) ; vicier

pàngila : couperet, hachoir, coutelas

pángu : modèle

píka, DKF, 849 : mettre qqch dans un éclat de bois (la viande pour rôtir) ; enfiler passer, faire entrer qqch dans une chose

pòka, **pòoka**, DKF, 851 : baisser, diminuer (l'eau d'un fleuve, d'une fontaine) ; être sur le point de manquer (nourriture) ; être faible, chancelant, pas ferme ; s'affaisser, s'enfoncer, maigrir (de privation, de maladie)

pòoka : se briser, se casser (bras et jambes)

pōoka : prendre qqch avec la main, une poignée de qqch

phóko : partie d'un membre

pùuka, DKF, 854 : pénétrer, fendre (la foule) ; venir ou entrer hardiment, sans peur ; s'en aller et quitter avec colère la maison d'un mort (se dit d'une veuve)

pūuka : une petite quantité de qqch

pūkudi : morceau, tirant d'étoffe

pHrr, EG, 566 : courir

pHrt, PAPP, 113 et 115 : course

mpekidi, DKF, 578 : errant dans le vaste monde

pākala, DKF, 841 : qqch qui claque au vent (le pan d'un manteau ou qui frappe le sol (sandales, souleirs) pendant la marche

páakala–páakala, wiza ~, DKF, 842 : venir vite, avec précipitation

péka, DKF, 846 : marcher, flâner, cheminer, s'éloigner ; se séparer, flotter au fil de l'eau, être emporte au gré des vents ou des courants

péka, pēeka, DKF, 846 : sauter très haut

pèkakana : être pressé, charge de besogne, ne pas s'attarder (ou rester) dans un endroit

pèkana : chercher en vain, venir, arriver en retard, trop tard, aller et prêter l'oreille (dans un procès)

pèkumuka, DKF, 847 : venir, s'enfuir, décamper, bien vite, rapidement

pùuka, DKF, 854 : pénétrer, percer, fendre (la foule) ; venir ou entrer hardiment, sans peur ; s'en aller et quitter avec colère la maison d'un mort (se dit d'une veuve)

pūku, na ~ : qui sort rapidement

pūkuka : s'en aller

pùkumuka : s'en aller

vèeka, DKF, 1054 : envoyer ; faire partir ; dépêcher ; faire passer ; envoyer ; porter à qqn ; lancer véka, DKF, 1055 : être, aller, s'en aller ; partir bien loin, trop, très loin ; s'écarter, passer devant ; avancer, pousser en avant, trop loin

pHty, EG, 566 : force

bà ou bá, DKF, 5 : fig. au sens de donner, heurter contre

bàa : fig. au sens de tapoter, égaliser, aplanir en frappant

bàta, DKF, 22 : frapper (de sorte qu'il claque)

bíta, DKF, 44 : tranquiliser ; faire dévier, détourner ; prévenir, empêcher avec force ; saisir, enlacer dans les mains ; tenir un batailleur, le jeter en bas pour arrêter la bataille

mbàta, DKF, 524 : coup avec qqch de plat ; coup avec la paume de la main ; gifle, soufflet ; taloche

mpáka, DKF, 573 : différend, dispute, raisonnement, contradiction, contestation doute, négation, objection observation, protestation, querelle, discussion

mpáka, force au combat ; pouvoir, puissance, domination, habileté, virtuosité

mpáka : gage

mpetamu, DKF : 580, force, violence, véhémence, passion, chaleur

mpwāsu, DKF, 591 : gaîté, vivacité

pìka, DKF, 849 : battre, frapper

pōkika, ~ nkome, DKF, 851 : frapper, assomer d'un coup de poing

pùdila, DKF, 853 : activité, force, intelligence pour faire qqch, assiduité ; action d'être vigoureux, énergique, adroit

pHwy, OEP, 379 : anus ; EG, 565 : parties de derrière, fin

fòkoka, DKF, 153 : être prêt, fait, terminé

fòkola : achever, finir, terminer

pHwyt, CDME, 92 : anus

pis, EG, 565 : amener le blé (sur le dos des ânes)

pn, EG, 565 : ce, cet, cette

p-n, EG, 565 : « he of »

pA, EG, 565 : ce, cet ; cette ; **pA**, CDME, 87: adjectif démonstratif et article défini masculin, singulier, ceci, le

pw, EG, 565 : ce cet, cette ; **pwy** : ce, cet, cette

tf, aussi **tfA**, EG,600 : « that », **tw**, CDME, 294: (3) démonstratif: « this, that »

Voir aussi **nw**, **pw**, **tA**, **tw**et **wnn**

fùni, DKF, 165 : anus, derrière (en général) ; organes génitaux (en général des femmes, parfois aussi des hommes)

mpèke, DKF, 578 : bout de l'oreille

mpèeko, 578 : bord, bordure, côté (d'un chemin, etc.) ; rivage d'un fleuve

mpwīlu, DKF, 592 : fin, bout, terme

pèke-pèke, DKF, 846 : à l'autre bout (avant-aile) d'une aile

pìita, DKF, 850 : lier solidement, fortement, rendre qqch stable (en le liant bien)

ba-, DKF, 5 : préf. de la cl. **ba** qui renferme fréquemment toute créature vivante et s'emploie aussi pour désigner l'élément collectif ; **banuni** : la volaille ; **bampembe** : les blancs

ba : pron. de la cl. **ba** ; pron. pers. subj. et obj., les, ils, eux ; dém. simple de la 1re posit., ces, cettes, ceux-ci, celles-ci ; rel., qui, que

bāana, **bana-bana**, DKF, 15 : pron. dém., 3e posit. cl. **ba-** : ces, cettes, ceux, celles, ceux-là, là-bas ; **bana… bana** : les uns… les autres

be (= **ba** + **e**), DKF, 25 : pron. pers. cl. **ba**

bi-, DKF, 34 : préf., cl. **bi**

bi- : pron. pers. rel. ou dém., cl. **bi**

bó, DKF, 47 : pron. pers. pl. eux

bōobo, DKF, 47 : pron. démo. 2e posit., cl. **ba**, ceux là-bas

bōobo : pron. dém., 2e posit., cl. **bu**, qui signifie ainsi, comme cela, précisément ainsi ; **bo, boobo** : justement

bu, DKF, 58 : pron., cl. **bu**, pers. et rel. celui, celui qui

búuna, DKF, 74 : c. adv., ainsi, de même ; précisément la même chose, comme

ndé, DKF, 664 : lui

o, DKF, 839 : article employé dans certaines classes; un, une, le, la

pna, EG, 565 : renverser

pàlakasa, DKF, 842 : mettre en désordre, confusion, chaos

pìndula, DKF, 850 : tourner

pns, CDME, 89 : couper (une jointure)

bānzu, na ~, DKF, 20 : ouvert en hâte ; cassé en deux ou brisé en deux à la hâte

bānzula, DKF, 21 : partager, séparer de ; ouvrir ; soulever une couvercle

pōola, DKF, 852 : rompre, briser, détacher, p.ex. un pied des feuilles de chou, etc.

pnw, EG, 565 : souris

ba, DKF, 5 : un rat

mpúku, DKF, 587 : rats et souris (nom générique)

Mpúku : nom propre = rat

peno, DKF, 848 : gourmandise, gros mangeur

pr, EG, 565 : maison

bá, DKF, 5 : nom générique des figures à quatre angles droit ou s'en rapprochant, modèle ; patron

bānsala, DKF, 20 : cour

bānzala: cour, basse-cour

bānzama : être étendu, visible, plat, plan (village, etc.)

fùlu, DKF, 159 : chaise, siège ; nid ; aire de poule ; place, endroit, lieu ; masure, boîte

lòmbo, DKF, 404 : auberge, logis, logement, hospitalité

lùmbu, DKF, 431 : clôture, barrière, haie, enceinte, mur, muraille, palissade ; demeure du chef ; toute les maisons et les places clôturées ; cour, résidence ; harem

mbánza, DKF, 523 : ville, le village principal, cité, résidence du chef, la capitale, cimetière

mbási, DKF, 523 : cour

mbázi, DKF, 525 : cour

mbázi: place publique, place pour juger, pour délibérer, etc. ; cour, terrasse, parvis, jardin, tribunal

mbèe, DKF, 525 : très grand village, très grande ville

váta, DKF, 1052 : domicile, hameau, village, ville commune

vùla, kik. : cabane, hutte, guérite

Pr-aA, CDME, 89 : Grande Maison, Palais

mbèe, DKF, 525 : très grand village, très grande ville

páala, DKF, 842 : grand (large), plat, bassin ; (des hommes) adultes

páala : fanfaronnade

pāala : être, devenir mince, maigre, chétif ; être consumé (par la maladie), amaigri, réduit à l'état de squelette, n'avoir plus que la peau sur le dos

vùla, DKF, 1025 : grande maison ; château, gare, station, résidence ; très grande maison avec faîtage court et comble brisé ou à mansarde aux deux pignons ; endroit où l'on vend des mets préparés ; auberge, restaurant, cuisine

pri, EG, 565 : avancer, monter

lumbi, DKF, 431 : messager, envoyé ; délégué

pàla, DKF, 842 : avancer, sortir, arriver, parvenir (à destination) ; avoir la diarrhée

pàlangana, DKF, 843 : chanceler, vaciller, avancer, sortir avec peine, d'une porte à cause d'un grand fardeau

pela, DKF, 847 : laisser, donner la place

pela : faire quitter à une femme son mari pour obtenir le paiement d'une dette, ou comme dédommagement, et cela avec consementent de la famille de la femme

pìla, DKF, 849 : différence, dissemblance

pìlangana :s'égarer, se perdre, errer, faire fausse route ; être dérouter

pòla, DKF, 852 : sortir

pri, EG, 565 : champ de bataille

mvíta, DKF, 635 : guerre, mêlée, combat

pùda-pùda : frayeur

víta, DKF, p. 1021 : guerre, lutte, combat ; embuscade ; en embûche pour attaquer

vìvila, ~ **ntima** : être persévérant

vónda, DKF, p. 1073 : tuer, faire mourir

prt, EG, 565 : hiver, **prt** : graine; **prt**, CDME, 91: fruit, graine

bunda, DKF, 75: grain noir

phéela, DKF, 847 : terrain nouvellement cultivé

prw, OEP, 395 : terre émergeant pendant l'inondation

póola, DKF, 852 : grosse enflure, tuméfaction, gonflement

pry, LH, 191 : héros

pàlana, DKF, 843 : s'efforcer d'être bon et égal à un autre, chercher à obtenir (atteindre) l'égalité en richesse, en abondance, etc.

pSn, CDME, 95: séparer, fractionner

pāaka, DKF, 841 : couper en morceaux, découper ; dépecer, dépi» cer, mettre en pièces, détacher (de l'étoffe) ; déchirer comme un léopard

pSS, CDME, 95 : être à cheval, s'étendre (soi-même)

pākalala, DKF, 842 : se tenant étendu ; distendu comme un parapluie ; être dressée (les orielles pour écouter)

páka-páka : extrémité d'une aile d'un oiseau (avant-aile)

pākidika : étendre ; empêcher, barrer le chemin, p. ex. en étendant les bras

psDntyw, **psDn**, **psdn**, EG, 566: fête de la nouvelle-lune

pása, DKF, 845 : grande joie, exultation, bonne chère ; solennité, triomphe

psDt, EG, 566 : la compagnie de neuf dieux, « l'ennead »

báza, DKF, 24 : jumeaux

pōsa-posa, DKF, 853 : arriver en foule, en grand nombre comme les hommes au marché

psd, EG, 566 : briller

pèdima, DKF, 846 : briller, faire des éclairs, reluire

pédi-pédi : brillant, etc.

pèdyama : briller, éclairer (faire des éclairs), **mvula yi ~**, pleuvoir et faire des éclairs

pése-pése, na ~,DKF, 848 : qui est très blanc (dents)

phèezo, DKF, 849 : terre blanche

psg, EG, 566 : cracher

pàsa, DKF, 845 : parler vite, bavarder, découler de, se répandre, déborder

pàsumuka : ruisseler, pleuvoir averse, se répandre à flots

pàsumuna : faire ruisseler, etc.

pósa, DKF, 853 : parler, bavarder ; mâcher qqch, en le faisant craquer ; croquer, grignoter

pōsika-posika : barboter, se verser de l'eau

pòsumuna : faire ruisseler

psH, EG, 566 : mordre

phèse, **phèsi**, DKF, 848 : blatte

mpénzi, DKF, 580 : une petite sorte de cancrelats

mpè-phénga : mâchoire, os maxillaire

mpèse : cancrelat bractées de noix de palme

vénza,DKF, 1060 : ~ **meeno** : montrer ses dents en souriant ; ~ **seva** : rire largement, à ventre déboutonné

psi, EG, 566 : cuire, bouillir

bàzala, DKF, 24 : se fâcher de ; être vexé, cuire, faire mal

bàzala :cuisson

bázi-bázi,na ~ : très chaud, brûlant, fiévieux

bàzima,DKF, 25 : brûler (soleil, etc.) chauffer à blanc; être fiévreux

mbàzima,DKF, 525 : chaleur fiévreuse, brûlant

mbàzu(aa) : feu, grande chaleur, chaleur, poudre

mbàzu-mbázu :fièvre

psS, EG, 566 : diviser

bàasa, DKF, 21 : fendre, fendiller, partager ; scier, mettre en pièces (le long de, au long de) ; séparer ; couper en deux ; fig. ouvrir, mentionner clairement, de façon précise ; aller devant ; crier fort, brailler

Bàasa : nom propre = (=baasa yaka : partager le manioc) ; personne qui fait part de qqch à qqn

básaou **báasa** : morceau, partie de qqch

bàasuka : être scié en deux, fendu, brisé ; se fendre, etc.

bàasuna, DKF, 22 : scier, fendre, partager (jusqu'au bout)

bénza, DKF, 31 : fractionner, fendre, partager une liane (**mbamba**) en lanières ; déchiqueter, disséquer ; fêler ; fig. mentionner tout, distinctement et clairement

bésa, DKF, 32 : renverser de côté (herbe, cheveux pour faire la raie) ; partager, séparer, équarrir

pàsa, DKF, 845 : aller à l'écart, de côté

pása : dépecer, découper, démembrer

pàsuka : se casser

pāsula : dépecer

pàsuna: emmener à côté; ôter un morceau de qqch

pàsuna : casser

vàsa, DKF, 1051 : faire sauter en morceaux ; voler en éclats ; fendre ; danser à côté de qqch, des deux côtés ; diviser, séparer, séparer, distinguer, partager, répartir ; séparer, distinguer

vàsuka : être réduit en pièces, brisé en mille morceaux, rompu ; avoir sauté (un morceau, un éclat, une dent, un cran) ; avoir fait (une brèche, une entaille) ; être séparé

vàsuna, DKF, 1052 : briser, casser en mille morceaux ; fendre ; broyer, écraser ou casser de quelque autre façon ; casser un morceau de qqch ; enlever un bout de ; entailler ; faire sauter un éclat, un cran ; séparer

vàsu-vàsu, na ~ : en deux, divisé, etc.

vēsuna, DKF, 1060 : couper un morceau ; détcaher, ôter, casser, prendre (un morceau) du bord de (marmitte, assiette) ; entamer, entailler le bord de qqch

psSt, CDME, 95 : tapis

phúsu, DKF, 856 : petit morceau d'étoffe

pùusu, ~ **dyamponya** : ceinture ; écharpe large

psSw, CDME, 95 : arbitre

phèse, **phèsi**, DKF, 848 : serment

pss, CDME, 94 : résultats d'un travail

pèsa, DKF, 848 : récompenser, donner un cadeau, payer

psx, EG, 566 : être en désordre, éperdu

físa, DKF, 152 : frotter, gratter, se frotter (yeux) ; tâter, chercher des poux en tâtonnant la tête

pītakana, DKF, 850 : être mêlé, mélange, embrouillé (p. ex. ses affaires avec celles d'un autre)

pt, EG, 564 : ciel, paradis

mbáta, DKF, 524 : zénith, sommet, point culminant, cime, partie supérieure

pene, DKF, 848 : qui est relevé

PtH, EG, 566 : Ptah, dieu de Memphis

póto, DKF, 853 : remuer, faire de l'argile ; aussi bouillonner, ondoyer, onduler

ptH, CDME, 96 : créer ; CRE, 74 : « **Ptah** représente la puissance cosmique créatrice de formes. Il est le feu coagulant et créateur, à la fois la cause – le monde crée -, et l'effet – la scission »

ptpt, EG, 566 : fouler aux pieds, écraser

pīta-pita,na ~, DKF, 850 : bruit, rumeur, trouble, tumulte (comme dans une rixe), bagarre

ptr, EG, 566 : apercevoir, voir

ptx, EG, 566 : renverser

pw, CDME, 88: 1. démo. ceci ; 2. interr. qui ?
quoi ? quoique (« whichever ») ; EG, 565 : c'est que

pwy, CDME, 88: dém. ceci, cela ; EBD, 168 :
que, qui

Voir aussi 〰 **p-n**

mpòta, DKF, 586 : chassie, pus dans les yeux

vòta, DKF, 1076 : chassie, fluxion des yeux,
disposition à pleurer, bêtise

pātama, DKF, 845 : aller à pas mesurés ;
piétiner ; tomber, verser ; s'asseoir
négligemment ; s'embourber, se crotter

pātika : fouetter (fouettement de la pluie) ;
taper des pieds (dans la marche) ; mettre une
chose, p. ex. **yuuma** sur assiette avec bruit **pa** ;
aller à pas mesurés, aplatir avec qqch ; plâtrer ;
embourber

pètama, DKF, 848 : s'asseoir subitement

pōtama, DKF, 853 : marcher à pas fermes ;
tomber, tomber avec force (avec bruit)

bu, DKF, 58 : pron., cl. **bu**, pers. et rel. : celui,
celui qui

bu : dém., 1ᵉ posit., cl. **bu**, quand il a pour
objet **buuma**, il prend le double caractère de
l'adv. et de la conj., **~ ti** ou **~ tu** : mais ; **~ nsi** :
ainsi, justement, à l'instant ; **bu** est
fréquemment employé, dans la langue
familière, comme abrév. de **buna, bubu**, etc. ;
bu sa bu, bu sa bu : alors agi ainsi, ou comme
cela ; **na bu, na bu** : telles et telles (choses) ;
ainsi, comme cela ; c. interr. (on emploie aussi
bu si **bonso** est sous-entendu) ; comment ? c.
conj. quand, alors, comme ; puisque, vu que ;
c. ad. Maintenant ; donc, ainsi, donc ; **~ kwa
kia** : comme le soleil se levait, il faisait jour

bwé, DKF, 91 : pron. interr., cl. **bu** :
comment ? **mu ~** : pourquoi ? **na ~** : comment
donc ?

bwédi : interr. cl. **bu** : comment ?

bwéyi, DKF, 92 : interr. emph., cl. **bu** :
comment ?

444

mbé, mbé-é, na ~, DKF, 525 : excla. interr., oh ! n'est-ce pas ?

mu, DKF, 593 : préf. de la cl. mu correspondant à la cl. ba au pl.

mu : préf. de la cl. mu correspondant à la cl. mi au pl.

mu : préf. pers., s'ajoute souvent au subst. pour exprimer 1° habitant ou visiteur d'une localité déterminée (par son nom), p. ex. mumboma, voyageur de Mboma (Boma) ; 2° personnes qui exécutent l'action indiquée dans le mot principal, p. ex. mungozi, ronfleur, de ngozi, ronflement

n', DKF, 654 : préf. de la cl. n', qui remplace la cl. mu ; la cl. du pluriel correspondante est ba

n' : préf. de la cl. n', sing. et pl. ; n' remplace la cl. mu au sing. et mi ou min au pl.

pwgA, PGED, 42 : fragment, morceau de bois

bànga, DKF, 18 : petitesse, jeunesse (terme de tendresse) ; petite poule ; jeune monsieur

bánga (à) : tas de débris (pour poteries, marmites brisées, etc.)

pāaka, DKF, 841 : enfoncer (un couteau) ; asséner un coup de poing à ; blesser ; couper en morceaux, débiter, détailler ; découper, dépecer, dépiécer ; mettre en pièces, détacher (de l'étoffe) ; déchirer comme un léopard

puɣa, DKF, 854 : tronc (d'arbre)

var. pXr, EG, 566 : tourner, faire le tour ou un détour ; servir

fìka, fìika, DKF, 148 : recevoir un présent d'un prétendant (amoureux) ; être généreux, faire la cuisine et donner à manger ; donner qqch

fìka, fìika : libéralité, générosité

fòkoka, DKF, 153 : se tourner, être tourné, retourné, plié, replié

445

fòkola : retourner, plier, replier, doubler (en pliant)

fòkula, ~ maalu : mettre, plier les jambes comme une chèvre

kènda-kènda, DKF, 231 : parcourir une petite distance (et après se regarder)

kìndu, DKF, 265 : renversement, culbute ; **~ yakala** : faisant une volte

kíndu : estropié

kìndula : renverser, retourner, mettre, placer sens dessus dessous ; culbuter ; plier, courber, pencher, faire signe de la tête, saluer ; avaler qqch de chaud

kīndula : amputer ; couper, casser

kīngumuka, DKF, 269 : marcher en roulant

kí-ngunda, DKF, 270 : bosse, bossu (femme bossue)

kí-ngundukulu : chose ronde, boule

mpàka, DKF, 573 : corne

mpòka, DKF, 584 : corne (d'un animal) ; cornet à ventouse

mpòko : corne (des animaux)

mpóko : articulation ; partie d'un membre, partie entre deux articulations ; jointure d'un bras, d'un pied ; morceau court, longueur courte de qqch

nkíndu, DKF, 720 : rixe, bruit, vacarme, tumulte, querelle, sens dessus dessous, soulèvement populaire

pāngi, DKF, 844 : un oiseau à bec cornu

pèkumuna, DKF, 847 : tournoyer, tourbillonner (comme les feuilles emportées par le vent)

phòka, DKF, 851 : corne

446

pXrt, EG, 566 : remède

kínda, DKF, 263 : être fort

Phingi, DKF, 850 : **nkisi**

pinngu, *fwa ~* : mourir sans maladie, subitement

pxA, CDME, 93 : une boisson

paka, **~ mampa**, DKF, 841 : laper, lécher de l'eau comme un chien

pxA, CDME, 93 : sorte de grain

píki, DKF, 849 : noix, pépin, noyau, fruit du palmier raphia

pxA, CDME, 93 : purger, révéler (un secret)

pàka, DKF, 841 : gratter, fouiller, écarter (avec les pattes comme p. ex. une poule qui cherche sa nourriture)

pxA, CDME, 93 : pavement

mbùka, DKF, 538 : place, place de repos, place pour dormir, où l'on mange ; couche, couchette, lit, camp

q

qAA, CDME, 275: élévation

n'kúnka, DKF, 735 : faîte de la maison, sommet, hauteur

qAA, CDME, 275 : graines (?)

káa, **kik.**, DKF, 197 : grande calebasse

ngóngo, DKF, 692 : haricots pour des **nkisi**

ngōno: haricot, grains des différentes plantes à gaine

nkéni, DKF, 717 : semence de graminées ; graines

qAa, EG, 596 : vomir

kàa, DKF, 197: amertume, goût amer, odeur de brûlé (tabac)

kāakula, DKF, 203 : cracher (bruyamment)

láka, DKF, 420 : vomir

qAb, EG, 596 : intestin

nkābalà, DKF, 704 : membranes

n'kómbe, DKF, 725 : entrailles ; une part de l'estomac entortillée de morceaux d'entrailles

n'kómbi : entrailles

qAbt, CDME, 276 : mamelle

ngumbe, DKF, 694 : muscle

nkābalà, DKF, 704 : membranes, etc.

qAi, EG, 596 : (être) haut, géant, sonore, long (du temps), **qAw** : hauteur (abstrait) ; **qAA, qA (y) t**,dét. $|$: colline, haute place ; **qAy** dét. : haute place

kayé, **ka-yénge**,**ka-yēngele**, **va**, **ku**, **mu** ~, DKF, 224 : très haut, en l'air, jusqu'au ciel, au plus haut dans les nuages (nues).

n'kīngiki, DKF, 720 : hauteur, plateau de montagne

qAH, EGEA, 181 : limon, terre

kàaka, DKF, 201 : piocher, arracher (à la pioche) avec les racines, labourer, retourner (un champ) ; écobuer (= enlever par tranche la couche superficielle d'un sol couvert de plantes)

kuka, kik., DKF, 325 : termitière

kúka : faire une levée de terre, disposer la terre en plates-bandes ; construire un tertre, une butte pour semer dessus ; butter (des pommes de terre)

kùku : espèce de termites, nid de termites fait d'argile disposée en forme de champignon

kuku, DKF, 326 : petite pioche, houe, binette

kúku, DKF, 326 : pierre généralement brûlée, scorie, semblable à un nid de termites, généralement employée pour mettre des marmites sur l'âtre ; d'où : pied d'une marmite ; être, foyer ; endroit où l'on vend des mets préparés ; auberge, restaurant

nkàaka, DKF, 705 : champ labouré après un feu de prairie, champ avec des herbes piochées

⌴𓅀⌴𓅀𓏤 **qAqA-ib**, CDME, 276 : vaine gloire (?)

kūkuba, DKF, 326 : boire, boire tout au nez, à la barbe de qqn (injure)

⌴𓅀𓏤𓃻 **qAs**, CDME, 276 : vomir

n'kàsa, DKF, 712 : arbre très grand à bois dur (**Erithrophleum guineense**)

nkàsa : écorce vénéneuse de l'arbre **nkasa** que l'on écrase et mêle à l'eau que boivent les personnes accusées de sorcellerie, etc. ; afin de découvrir si elles sont vraiment coupable

⌴𓅀𓏤𓍯 **qAs**, EG, 596 : attacher un fil (un arc)

⌴𓅀𓏤𓅀𓏤𓏤 **qAsw**, CDME, 276 : liens

kásu,DKF, 220 : ceinture, sangle, lien ou nœud d'un lien en cercle pour monter sur les palmiers peau ; cuir qui enveloppe le manche d'un outil (**tanzi**) ; ~ **dyalaka** : ruban (de cou) ; tout ce qui sert à lier ; ~ **dyantu** :ruban, cordon, bandeau (du front) diadème (de la tête), ~ **dyavumu** : ceinture de flanelle

nkási, DKF, 712 : courroie, lanière de cuir ou cordellettes de peau

⌴𓏤𓂝𓏤 **qaH**, EG, 596 : plier le bras, coude ; dét.
𓊃𓏤 : angle, coin ; **qaHt** dét. 𓊃𓏤 : district

kìiku, DKF, 245 : joint, jointure, assemblage, rallonge

kónko, DKF, 314 : coin, encoignure, angle

kònko : loi, ordre, règle, norme, commandement, ordonnance, décret, prescription, défense (p. ex. de faire, de manger, d'employer une certaine chose dans une famille ou une tribu) ; le droit canon, condition ; coutume, usage, forme

kónko : jointure

n'kūngulu, DKF, 735 : bord de qqch ; rebord d'un vêtement ; bordure faite en repliant une mine bande

qaHt, PDEG, 66 : épaule, morceau d'épaule

nkēnenga, DKF, 716 : articulations des hanches ou des épaules ; (omoplate d'épaule)

qaHw, CDME, 277 : lumière du soleil

kàwa, na ~, DKF, 223 : rouge

qbb, EG, 596 : être frais, calme, en sécurité

n'kámba, DKF, 707 : tranquillité, calme qu'on ne peut trouver, paix, beau temps (de jour ou de nuit)

n'kélo, DKF, 715 : attention ; subtilité

n'kúmbi, DKF, 733 : pause, silence momentané, brusque

qbH (?), CDME, 278 : mort

nkába, fwa ~, DKF, 704 : mourir de mort violente

nkāabalà, fwa ~ : tomber mort sur le sol (animal tué) ; tomber raide mort

nkāabilà, DKF, 704 : colère, irritation ; fwa ~ : tomber raide mort ; vonda ~ : tuer d'un seul coup

qbHw, CDME, 278 : volaille sauvage

ngémbo, DKF, 686 : roussette, sorte de grande chauve-souris (Roussettus aegyptacus)

ngùmbi, DKF, 694 : perdrix (Francolinus squamatus) ; pintade ; francolin à la gorge nue (Pernistes cranchi)

nkómbe, nkómbi, DKF, 725 : un oiseau

nkumbila, DKF, 733 : grandes plumes des ailes et de la queue des oiseaux